国家自然科学基金面上项目(72474232)
湖南省社科基金重点项目(24ZDB010)
湖南省社科基金重点智库专项课题(18ZWB22)

企业水管理会计研究

QIYE SHUI GUANLI KUAIJI YANJIU

周志方 曾辉祥 李世辉 李香花 金友良 ◎ 著

中国财经出版传媒集团
经济科学出版社
Economic Science Press
·北京·

图书在版编目（CIP）数据

企业水管理会计研究 / 周志方等著. -- 北京：经济科学出版社, 2025.7. -- ISBN 978-7-5218-6963-7

Ⅰ.TV213.4

中国国家版本馆 CIP 数据核字第 2025YX9280 号

责任编辑：张　燕
责任校对：刘　娅
责任印制：张佳裕

企业水管理会计研究

周志方　曾辉祥　李世辉　李香花　金友良　著

经济科学出版社出版、发行　新华书店经销
社址：北京市海淀区阜成路甲 28 号　邮编：100142
总编部电话：010 - 88191217　发行部电话：010 - 88191522
网址：www.esp.com.cn
电子邮箱：esp@esp.com.cn
天猫网店：经济科学出版社旗舰店
网址：http://jjkxcbs.tmall.com
北京季蜂印刷有限公司印装
710×1000　16 开　23.25 印张　370000 字
2025 年 7 月第 1 版　2025 年 7 月第 1 次印刷
ISBN 978 - 7 - 5218 - 6963 - 7　定价：118.00 元
(图书出现印装问题，本社负责调换。电话：010 - 88191545)
(版权所有　侵权必究　打击盗版　举报热线：010 - 88191661
QQ：2242791300　营销中心电话：010 - 88191537
电子邮箱：dbts@esp.com.cn)

前　　言

在水资源短缺且成本高昂的背景下，中国水资源管理模式不得不从重供给的"开源"向重需求的"节流"转变。如何从战略高度充分认识节水的重要性和紧迫性，切实做好水资源管理工作；如何科学利用水资源，大幅度提高用水效率；如何加快污水处理及再利用，这些都是亟待解决的问题。然而，现行的水会计系统难以有效核算、反映、评价、控制和优化企业在水资源输入、消耗、输出及回收再利用等关键环节的用水效率，无法满足企业可持续发展的根本需求。针对其不足，本书基于企业水流转路线，尝试构建企业水管理会计框架体系、核算体系和评价体系等。其对企业实现水资源节约、环境保护、生态经济与可持续发展战略规划具有重大理论意义与实践价值。

本书的主要研究内容包括以下四个方面：(1) 从水管理环境变迁和水管理会计研究的视角，考虑内外部环境，总结水管理会计的产生和发展趋势，明晰研究起点；通过对相关学科的交叉对比，分析其学科特征、不足与契合点，以及与会计学的内在关联，指出研究契合点、空间与边界；(2) 通过对水管理会计的学科与理论基础研究，解析水管理会计体系学科特征，明确企业水管理会计发展定位，构建企业水管理会计基本理论架构；(3) 基于企业水流转路线，详细探讨企业水资源预算管理体系，环境价值链视角上的企业水成本核算与管控，企业水效率评价与决策优化，以及基于COSO框架的水风险管理；（4）通过对企业生产全链条中水资源消耗、流转与价值转化的深层次逻辑剖析，构建企业污水处理项目综合效益预测评价体系并提出企业水资产融资决策评价模型和水信息披露管理体系。

  本书的学术创新点有三个方面：（1）创新规划生产线物量中心，合理设计企业水管理会计体系。通过将生产线划分为若干个物量中心，围绕物量中心展开水资源成本的计量、核算和控制，从而提供企业内部水资源流转的经济效益与环境效益分析。此方法克服了传统会计仅关注财务数据的局限，完善了现有水资源管理理论。（2）引入水流价值流转方程式，巧妙构建企业水管理评价模型。从企业资源输入、流转与循环、输出三个环节构筑基于资源效率、价值循环以及环境效率一体化的基本式与结构式。通过模型揭示企业水资源物质流动与价值流转间的内在机理，剖析生产流程间水流、环境与经济绩效的相互依存关系及变化规律，为企业水流路线的优化提供决策支持。（3）针对高耗水高污染制造企业，解析水资源价值流决策行为。通过水流分析建立水管理会计成本计算、水效率评价、水风险控制框架体系和水项目投融资分析，水管理会计既适用于高耗水、高污染特征的造纸、纺织等一些特定的流程制造企业，也广泛适用于其他一般性制造企业及工业园区生产活动。

  水管理会计研究以会计学、环境科学、经济学和法律等相关学科为基础，运用多学科集成创新方法展开研究，丰富了现有环境与资源会计理论，同时对建立资源节约型、环境友好型社会以及实现美丽中国起到了重要的推动作用。但是，限于著者学识和水平，本书涉及的某些方面存在一些不足，如水成本的控制方法选择单一，目前仅采用环境价值链管理模式进行水成本控制分析；水绩效评价指标选取标准有待优化，目前选取标准仍带有一定主观色彩，指标体系的建立不够全面完善；水风险管控与分析尚未有效协同，目前缺乏规范的水风险管控标准和要求等，恳请各位专家、学者和广大读者不吝指正。

目　　录

第1章　绪论 ··· 1

　　1.1　研究背景与意义 ··· 1

　　1.2　研究思路与方法 ··· 8

　　1.3　基本架构与主攻关键 ····································· 11

　　1.4　主要创新点 ·· 15

第2章　水管理会计的产生与发展：基于文献评述视角 ······ 18

　　2.1　会计环境变迁 ··· 18

　　2.2　水管理会计的产生与发展 ······························· 37

第3章　水管理会计基本理论体系构筑 ······················· 65

　　3.1　学科基础 ··· 65

　　3.2　理论基础 ··· 68

　　3.3　水管理会计的基本理论架构 ···························· 71

第4章　水管理会计学科比较与系统对接 ···················· 85

　　4.1　水管理会计与传统管理会计的比较与对接 ··········· 85

　　4.2　水管理会计与成本管理会计的对比分析 ·············· 93

　　4.3　水管理会计与碳管理会计的比较分析 ················· 96

第5章　企业水资源预算管理 ·············· 102

5.1　企业水资源预算管理概述 ·············· 102
5.2　企业水资源预算管理体系构建 ·············· 106
5.3　案例应用——以 BJ 股份水资源预算管理为例 ·············· 116

第6章　企业水成本核算与管控
——基于环境价值链视角 ·············· 131

6.1　企业水成本核算程序与模型 ·············· 131
6.2　企业水成本管理与控制 ·············· 138
6.3　案例应用——以 RS 纸业为例 ·············· 142

第7章　企业水效率评价分析与决策优化 ·············· 157

7.1　企业水效率概述 ·············· 157
7.2　企业水效率评价分析 ·············· 160
7.3　企业水效率决策优化 ·············· 167
7.4　案例应用——以 A 纺织企业为例 ·············· 175

第8章　基于 COSO 框架的企业水风险管理 ·············· 181

8.1　企业水风险的内涵和特征 ·············· 181
8.2　企业水风险管理体系设计 ·············· 183
8.3　案例应用——以 H 纺织企业为例 ·············· 203

第9章　企业水项目投资决策评价 ·············· 226

9.1　企业水项目投资动机分析 ·············· 226
9.2　企业水项目的投资决策分析 ·············· 229
9.3　企业水项目投资决策评价模型构建 ·············· 239
9.4　案例应用——以 X 企业污水处理项目为例 ·············· 259

第10章　企业水资产融资决策评价 ·· 271

10.1　水资产融资决策分析 ·· 272

10.2　水资产融资决策评价模型构建 ······································ 282

10.3　案例应用——以BHZY股份有限公司废水回用项目为例 ······ 293

第11章　企业水信息披露管理 ·· 302

11.1　水信息披露内涵 ·· 302

11.2　水信息披露影响因素 ··· 304

11.3　水信息披露管理体系 ··· 312

11.4　案例应用——以HFZY股份有限公司为例 ························ 322

第12章　企业水资源价值流管理 ··· 327

12.1　企业水资源价值流管理概述 ··· 327

12.2　企业水资源价值流管理的计划与执行 ····························· 331

12.3　企业水资源价值流管理的诊断与改进 ····························· 339

12.4　案例研究——以X企业为例 ··· 341

第13章　结论 ·· 346

13.1　基本结论与观点 ·· 346

13.2　研究局限 ··· 349

13.3　未来展望 ··· 349

主要参考文献 ·· 351

第1章

绪　　论

1.1　研究背景与意义

1.1.1　研究背景

水资源作为人类社会不可或缺的一种资源，不仅为人类生存和发展提供了资源基础，更为现代化和城镇化过程的推进提供了源源不断的动力支撑，决定了人类社会的可持续发展。随着人口、经济的日益增长以及环境的不断恶化，水资源短缺、水资源低效及水资源污染问题不断涌现，水资源供需矛盾的产生和加剧，使得人们不得不重新认识"水"这一领域，水资源管理已成为全世界关注的热点。世界环境和发展委员会早在1988年就提出，水资源正在取代石油成为全世界关注的主要问题。

水虽然是地球上存在最普遍、数量最充裕的自然资源，但联合国环境规划署（UNEP）在其可持续发展水资源调查中指出，全球水资源中约97.5%为海水，淡水仅占2.5%[①]。此外，根据联合国教科文组织（UNESCO）的调查，每年实际可供人类生活与生产活动有效利用的淡水资源量是有上限的，

---

① 联合国环境规划署. 水与可持续发展 [EB/OL]. [2025-03-03]. https：//www.un.org/zh/sustainability/waterpollution/impfacts.shtml.

全球淡水资源中只有约90万亿立方米是可再生且可持续利用的①，这一数量凸显了淡水资源的稀缺性及其对人类社会活动的重要制约作用。根据联合国教科文组织发布的《联合国世界水发展报告》，全球大约半数人口至少在部分时间内经历严重缺水，1/4人口面临"极高"的用水压力。全球对淡水的需求预计将在2030年超过可持续供应的40%，全球水资源利用形势日益严峻。2023年《联合国世界水发展报告》显示，过去40年里，全球用水量以每年约1%的速度增长。预计到2050年，全球用水量仍将以目前的速度增长，据预测，至2050年，全球面临水资源短缺困境的城市人口将显著增长，其规模预计将从2016年的9.3亿人大幅扩张至17亿～24亿人。由此可见，对于全球水资源的管理显得尤为紧迫。

当今，全世界都面临着水资源紧缺问题，具体表现在以下方面：水资源紧缺（人均水资源量少、空间分布不均以及时间分布不均），水效率低以及水污染严重。在世界各国普遍存在着用水危机的大背景下，我国目前水资源更是面临着极其严峻的形势，甚至已成为限制经济发展和生态社会可持续发展的大问题。

我国是全球人均水资源最贫乏的国家之一，超过1/3的土地面临着高或极高的水资源压力，中国的人均水资源拥有量约为2 300立方米，这一数值仅占全球平均水平的28%，位列全球第121位，说明目前我国水资源相对匮乏。尤为严峻的是，在中国北方地区，人均水资源占有量更是低至全球平均水平的1/5～1/4，亟须采取有效措施加以应对②，水资源压力在各国中属于中高水平。根据第七届中国西部科技进步与经济社会发展专家论坛，我国600多个城市中，截至2022年12月有400多个城市供水不足，其中严重缺水的城市有110个，而极度缺水省份高达8个，具体名单如图1-1所示。而伴随着人口增长、工业化和城市化进程的扩张，生活用水、工业用水需求也呈现出大幅度增长，水资源短缺的状况将更加严峻。依据国家建设部门的早期预测，若按照当前的用水增长速率进行推算，中国预计将在2030年迎

---

① 联合国教科文组织. 废水：待开发的资源（联合国世界水发展报告2017）[M]. 中国水资源战略研究会，全球水伙伴中国委员会，译. 北京：中国水利水电出版社，2017.
② 中华人民共和国水利部. 1999年中国水资源公报[R]. 1999.

来水资源短缺的峰值期。届时，随着全国人口规模预计增长至约 16 亿人，人均水资源占有量将缩减至 1 760 立方米，这一水平将使得中国正式步入联合国相关机构界定的中度缺水国家之列（即人均水资源量低于 2 000 立方米的国家）①。

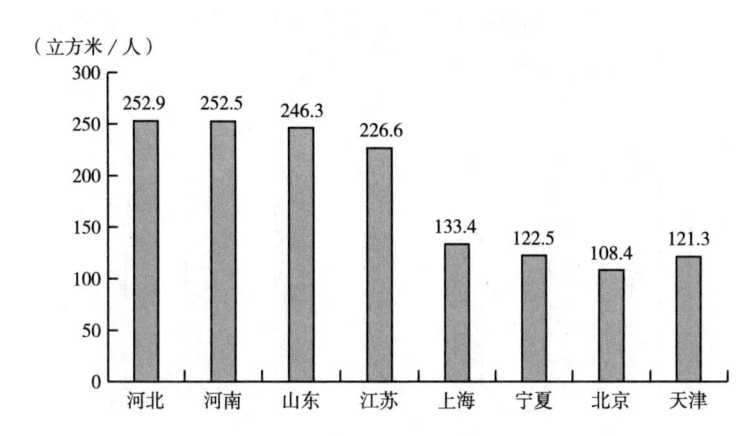

图 1-1　2022 年我国极度缺水地区人均水资源量

资料来源：国家统计局。

此外，我国农业、工业、生活用水等各方面的用水效率均处于世界较低水平，尤其是在进入工业化阶段后，以大量资源换取发展速度，对各类资源的依赖程度大大增加，消耗的资源却无法得到有效利用。以 2023 年为例，我国全年用水量为 5 906.5 亿立方米，工业用水为 970.2 亿立方米，占用水总量的 16.4%，万元工业增加值的用水量为 24.3 立方米②。基于我国水资源消耗巨大，水资源利用效率不高的现状，水效率评价研究具有重大的现实意义。

与此同时，我国还面临着水污染日趋严重这一严峻问题，工业部门和商品化农业引致的严重污染导致了水质的恶化，进一步减少了现存的可利用水资源。图 1-2 展示了 2016~2022 年中国工业废水排放量规模，《全国地表水环境质量状况》的数据显示，从河流水质来看，劣 V 类水占比 4.7%；从

---

① 国家计划委员会，科学技术部. 中国 21 世纪议程——中国 21 世纪人口、环境与发展白皮书 [R]. 1994.

② 中华人民共和国水利部. 2023 年中国水资源公报 [R]. 2023.

湖泊水质来看，劣Ⅴ类湖泊占比4.8%；轻度富营养的湖泊占比23.4%，中度富营养的湖泊占比3.9%，水体富营养化等问题依然严峻。根据住房城乡建设部的最新统计，2022年全年污水总排放量高达625.8亿吨，远远超过环境容量，其中工业用水排放物最为复杂、危害性大，是造成水污染的主要来源。近年来，由于国家的高度重视，工业废水处理行业快速发展，废水排放量有所下降，但是仍维持在较高水平。

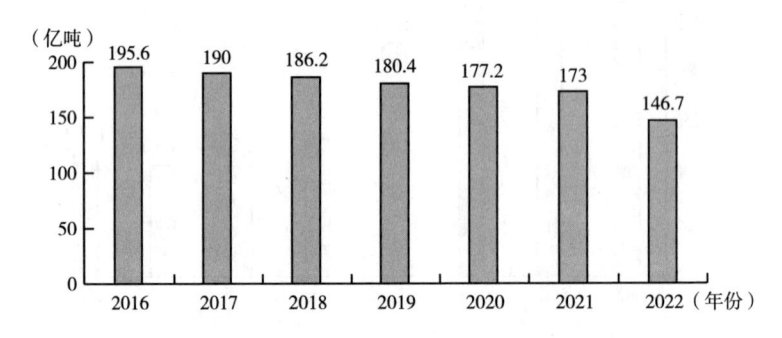

图1-2 2016~2022年中国工业废水排放量规模

资料来源：《中国环境统计年鉴》。

1993年，联合国大会正式采纳了《21世纪议程》，其中一项重要举措是将每年的3月22日设立为"世界水日"，此举旨在对水资源实施全面、一体化的规划与管控策略，强化水资源保护力度，以应对日益加剧的淡水短缺挑战。同时，通过广泛的宣传活动，旨在提升公众对于水资源开发与保护的重要性的认知与意识。1996年世界水理事会成立，为世界各国提供有关水问题的论坛场所。目前，美国、新加坡、日本、澳大利亚及欧盟各国均已建立了完善的污水处理及回用管理体系。2020年联合国仍在《联合国世界水发展报告》中明确指出，气候变化与极端事件的发生已加剧了当前的水资源紧张态势，而水资源管理不善则会导致这种严峻的形势进一步升级。

在此背景下，自2008年以来，我国颁布了一系列法律法规以期保护改善我国水环境，促进经济社会的全面协调和可持续发展。在2012年颁布的《关于实行最严格水资源管理制度的指导性意见》中，明确提出了一项关键目标，即实现用水效率的显著提升，使之达到或逼近国际领先水准，具体表现为将每万元工业增加值的用水量严格控制在40立方米以下的"资源利用上限"，以此作为水资源管理的硬性约束。2014年4月颁布了《中华人民共和国环境保护法》（以下简称《环境保护法》），同年印发的《关于深化水利改革的指导意见》提出要开展水资源使用权确权登记、建立多层次的水权交易平台，2015年发布《水污染防治行动计划》（即"水十条"），2016年，水利部出台《关于加强水资源用途管制的指导意见》，2017年6月修订的《中华人民共和国水污染防治法》（以下简称《水污染防治法》），明确规定了加强水污染防治标准与规划体系建设，并完善监督检查、信息公开和责任追究等综合性监管机制，2018年1月颁布《排污许可管理办法（试行）》，同年我国开始施行新环保法，涉及水污染防治方面的重大修改达55处。2021年12月，按照"十四五"规划纲要要求，国家发展改革委会同有关方面组织编制了《"十四五"重点流域水环境综合治理规划》，提出"深入打好污染防治攻坚战，加强大江大河和重要湖泊湿地生态保护治理"的要求，强调切实改善水环境质量。修订通过的《中华人民共和国海洋环境保护法》自2024年1月1日起施行，该法强调了海洋环境质量的管控，推进海域综合治理，并提升重点海域的海洋环境质量。

水资源的紧缺同样带来了一系列思想和理论的变革。自水管理会计被公开提出以来，美国、欧盟及南非等相继建立了契合各自本土流域特性的监测与评估技术框架。历经数十载的演进，水生态系统完整性监测技术不断革新，评估方法日益完善，同时，配套的政策体系也实现了快速构建与发展，有效支撑了流域综合管理的实践，展现出显著的应用成效与优势。以澳大利亚为代表的发达国家在实行水管理上已经取得一定成效，在水核算、水量分配与调度、水权交易等方面进行了有益的探索和改革，建立了科学合理的水核算体系和管理制度。2009年，澳大利亚正式发布了《水会计概念框架》（WACF），为水资源管理领域引入了全新的会计视角。随后，在2012年，该国进一步细化了相关规范，接连颁布了《澳大利亚水会计准则第1号》（AWAS 1）与《澳大利亚水会计准则第2号》（AWAS 2），形成了系统的水会计核算、报告和审计监督制度。

在我国，水核算的完善和创新问题也得到广大学者的关注，水资源会计账户设置、水资源会计核算体系构建、水资源资产负债表的编制、水足迹等问题均成为近些年的研究热点。如周普等（2017）提出了针对水权益实体的水资源会计核算框架；冯丽等（2020）对水会计恒等式的要素进行探讨，并构建了某一地区的水会计核算体系；甘泓等（2014）、黄晓荣等（2017）提出了编制水资源资产负债表的实施路径和编制理论；杨雅雪等（2015）通过利用投入产出模型对新疆生产和消费水足迹以及虚拟水贸易进行定量核算；海里曼等（Hanemann et al，2020）讨论了澳大利亚水市场与水产权改革之间的关系，并与美国西部（特别是加利福尼亚）的水权进行了对比，对我国水权改革研究有所启发；黄晓荣等（2020）在水资源实物量资产负债表编制的基础上，根据水文循环和水资源自身特性，通过能值分析方法，把水资源多用途转换成同一标准的能值进行定量化价值研究，从而在一定程度上改进或弥补了水资源价值测算方法存在的判断标准差异的不足；石微和汪劲松（2021）立足于二元水循环模式，结合水循环过程中社会水循环对自然水循环产生的外部性影响，阐明了确认水资源负债的理论依据和理论逻辑；陈波等（2022）从国家治理现代化的视角，以内蒙古河套灌区为例，以水权制度为核心构建现代水资源体系，通过水权激励和约束激励，编制标准化水核算报表。陈明帅等（2024）提出了一种基于区间随机双层规划方法（CM - ISBP）的联合用水管理模型，用于规划水权交易方案，量化水权交易和系统节水的相互影响；郭辉（2020）等将水权交易和节水管理合同整合在一起进行联合分析，提出了优化我国市场化节水服务的新途径。

1.1.2 研究意义

自改革开放以来，中国已将资源节约与环境保护确立为基本国策，并明确将可持续发展战略置于国家战略的核心地位，积极投身于社会主义生态文明建设的伟大实践之中。特别是党的十八大以来，在习近平新时代中国特色社会主义思想的科学引领下，中国坚定不移地秉持"绿水青山就是金山银山"的绿色发展理念，致力于探索生态优先、绿色发展的崭新路径，旨在推动经济社会各领域实现全面而深刻的绿色转型，建设资源节约型社会。在水资源不可能无限制开发且成本高昂的情况下，中国水资源管理模式不得不从重供给的"开源"向重需求的"节流"转变。如何从战略的高度充分认识节水的重要性和紧迫性，切实做好水资源管理工作；如何加快污水处理和再利用；如何科学利用水资源，大幅度提高用水效率，特别是工业用水，这些都是亟待解决的问题。只有解决好以上问题，才能缓解我国水资源瓶颈制约和环境压力，确保我国工业经济协调发展和整个社会的可持续发展。因此，完善水资源管理会计体系在实践与理论两方面都有不可忽略的重要意义。

1.1.2.1 理论意义

（1）为企业水管理决策提供数据支撑。

当前，企业在水管理会计领域面临挑战，难以从水资源管理流程优化、节水策略实施及绩效评价体系构建等维度精准识别问题。为此，需深入探讨如何系统性地设计这些关键环节，以全面捕捉并记录供应链各环节的节水实践信息，从而实现对生产流程、产品制造及业务活动节水成效的清晰透视。此举旨在促进成本费用的精准分摊，并最终生成高质量的水管理会计报告，为企业的水资源管理决策提供坚实的数据支撑。国内尚未有完善的水资源会计体系、水风险管控体系、企业水成本研究、水信息披露标准以及水资源价值流研究等，本书通过全方面探讨水管理会计的相关问题，丰富了目前水管理会计领域相关理论，进一步将会计领域同资源和生态环境相结合，促进会计学科的发展。

（2）为企业水效率评价提供理论支撑。

基于对现有水效率相关文献的梳理，对工业企业水效率评价及管控的研究现状进行简要总结，可为日后学术界水效率研究方面提供理论借鉴。本书试图深入分析工业企业中水效率的主要驱动因素，建立多层次多因素的工业企业水效率评价体系，并将层次分析法（AHP）、资源价值流转、效率抵消总量等理论应用到体系中，扩展企业水效率所应考虑的指标层，为工业企业的水效率评价提供理论支撑。

1.1.2.2 实践意义

（1）改善我国企业水资源利用现状。

通过构建全面合理的水效率评价体系，有助于降低工业企业水成本与水风险，提高水效率；通过构建基于产品生命周期的水成本控制评价系统，可以帮助企业探寻控制水成本的新渠道，挖掘水成本下降的空间；通过帮助高水消耗、高水污染企业正确评估自身的水财务风险程度，有助于其科学全面地评估水财务风险管理决策情况等。总之，此体系多维度地阐释了环境管理会计及其配套工具的应用框架，具体涵盖时点、时期、计量、特殊性信息等多维度，从而全面构建了环境管理会计理论体系与实践指向，对改善我国企业水资源利用现状具有重大意义。

（2）完善水利投融资体系与经营管理体系。

当前，水资源管理主要聚焦于实体资源的调配与利用，尚未提升至资产化管理的战略高度。同时，关于水权界定与水市场的探讨，仍局限于较为抽象的理论探讨层面。本书通过对水管理会计体系的研究，对水项目投资、融资的详细探讨，能够深化水价理论研究，科学设定水价标准，对于加速水市场的构建与发展具有关键作用。将市场竞争机制有效融入水利行业，从而激发行业活力，进一步推动水利投融资体系与经营管理体系的健全与完善，其现实意义显著而深远。

（3）助推我国经济和社会可持续发展。

通过水资源会计的研究，将稀缺水资源纳入水资源资产管理，进行合理开发和利用，有助于明确水资源保护的重要性，促进节水和环保意识的加强。此外，也有助于缓解社会缺水问题，使我国的水资源总量维持在相对稳定的水平，切实保障民众利益。对于整个社会来说，推动水污染治理技术的转化应用，对优化我国高耗水企业资源配置、促进产业绿色转型有着重要的现实意义，对于建立资源节约型、环境友好型社会有着重大意义，也是确保我国经济和社会可持续发展的重要手段。

1.2　研究思路与方法

1.2.1　研究思路

本书研究思路可以归纳为两种属性、两种角度、两个维度和一种思想。

两种属性：水资源资产是一种特殊的资产，具有资源和环境双重属性。一方面，将水资源作为一项资产，考虑其利用效率、水权交易等；另一方面，还需综合考虑企业行为对水环境的损害，实现企业水资源有效利用的目标。

两种角度：从水流分析角度解析企业水资源流转周期各环节的状态，从会计学角度完成对流程制造企业水流的财务价值描述，为企业水资源可持续利用的实施、规划、决策提供有用的会计数据。

两个维度：通过内部损失与外部损害相结合的两维度分析方法，对水资源的利用情况进行研究，分析和揭示企业的经济效益及生态环境效益，判断水资源可持续利用实施的优先改造点。

一种思想：运用流程管理的思想，揭示各种因素对水资源核算、管理和利用的计算与分析方法，并与现行会计、统计、环保及技术工艺数据库相衔接，以形成可用于过程动态控制的"标准"水价值流图，为企业实施水管理会计模式的动态运行控制服务。

根据上述研究思路，可构建出本书的技术路线，如图1-3所示。

根据研究思路和技术路线，本书从以下角度出发，层层推进，构筑水管理会计理论与方法体系。

首先，本书从资源属性和环境属性两方面综合考虑，将水资源视为一种特殊资产，形成双重属性的分析框架。其次，本书从水流分析角度及会计学角度出发，基于企业水流路线的作业单元、制造流程以及生态循环链，描述成本、产值、废弃损失、环境损害评估值及废水排放状态，形成相应的价值流分析图，为企业水资源可持续利用的实施、规划和决策提供有用的会计数据。再次，本书从内部损失与外部损害两个维度出发，对企业水资源的实际利用情况进行研究，通过对实施生态经济和水资源可持续发展目标后的状态进行分析，评估其经济效益与环保效果，实现生态效益与企业环境效益及经济效益的有机结合。最后，本书运用流程管理的思想，在流程企业各个生产或运营决策环节中，构建企业水资源的相应体系或模型，计算与分析其带来的经济效益，并基于水流路线提出优化方案，对企业水资源流程管理过程中的效益进行动态跟踪，实现企业水流各个环节的资源控制。

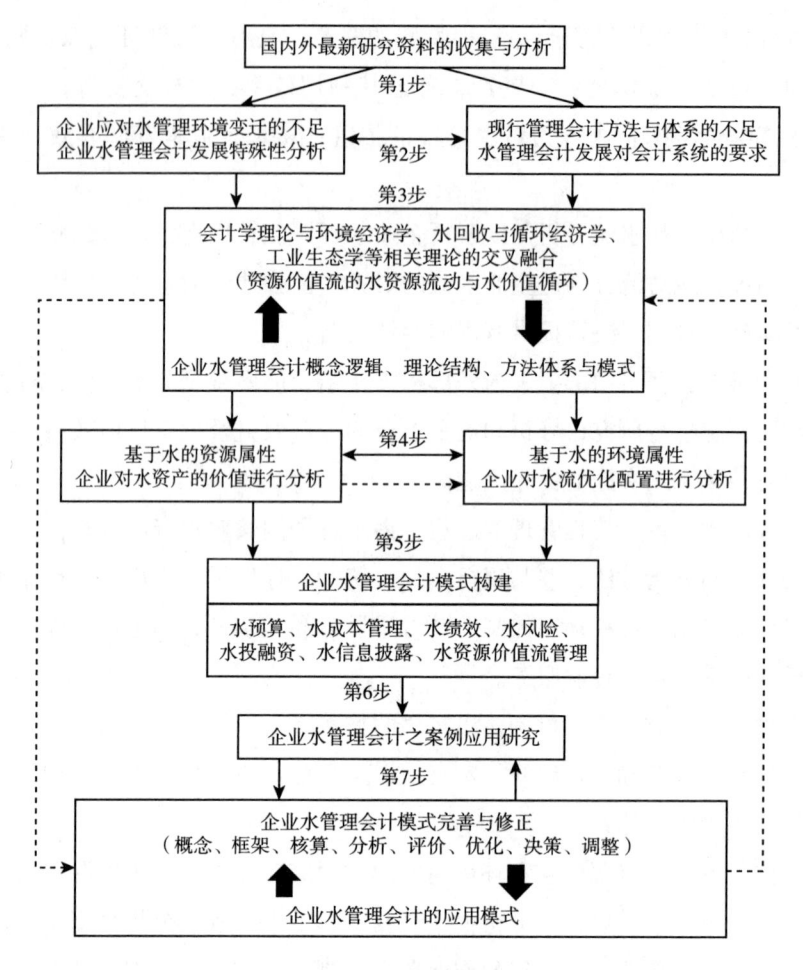

```
                    ┌─────────────────────────────┐
                    │  国内外最新研究资料的收集与分析  │
                    └─────────────────────────────┘
                         ↙      第1步       ↘
    ┌──────────────────────────┐        ┌──────────────────────────┐
    │ 企业应对水管理环境变迁的不足 │ ←第2步→ │ 现行管理会计方法与体系的不足 │
    │ 企业水管理会计发展特殊性分析 │        │ 水管理会计发展对会计系统的要求│
    └──────────────────────────┘        └──────────────────────────┘
                         ↘      第3步       ↙
              ┌────────────────────────────────────────┐
              │ 会计学理论与环境经济学、水回收与循环经济学、│
              │      工业生态学等相关理论的交叉融合        │
              │ （资源价值流的水资源流动与水价值循环）     │
              └────────────────────────────────────────┘
              ┌────────────────────────────────────────┐
              │ 企业水管理会计概念逻辑、理论结构、方法体系与模式 │
              └────────────────────────────────────────┘
                         ↙      第4步       ↘
    ┌──────────────────────────┐        ┌──────────────────────────┐
    │   基于水的资源属性          │ ←----→ │   基于水的环境属性          │
    │ 企业对水资产的价值进行分析   │        │ 企业对水流优化配置进行分析   │
    └──────────────────────────┘        └──────────────────────────┘
                         ↘      第5步       ↙
                    ┌─────────────────────────────┐
                    │     企业水管理会计模式构建     │
                    ├─────────────────────────────┤
                    │ 水预算、水成本管理、水绩效、水风险、│
                    │ 水投融资、水信息披露、水资源价值流管理│
                    └─────────────────────────────┘
                              ↓  第6步
                    ┌─────────────────────────────┐
                    │   企业水管理会计之案例应用研究  │
                    └─────────────────────────────┘
                              ↓  第7步
                    ┌─────────────────────────────┐
                    │   企业水管理会计模式完善与修正  │
                    │ （概念、框架、核算、分析、评价、 │
                    │      优化、决策、调整）         │
                    └─────────────────────────────┘
                    ┌─────────────────────────────┐
                    │    企业水管理会计的应用模式    │
                    └─────────────────────────────┘
```

图 1-3 技术路线

1.2.2 研究方法

本书采用了如下研究方法。

1.2.2.1 内外部环境价值链管理法

采用内外部环境价值链管理方式，界定水成本的核算边界，将水成本管控评价指标体系渗透到流程企业内外部水元素流转的全过程，探寻流程企业各个环节能够降低水成本的方案。

1.2.2.2 层次分析法和全排列多边形综合图示法

采用层次分析法和全排列多边形综合图示法相结合的研究方法，构建水效率评价指标体系，进而对企业水资源进行优化配置，实现水资源的可持续利用。

1.2.2.3 模糊层次分析法

采用模糊层次分析法构建水资产（项目）投融资评估模型，投资评估模型采用最大偏差法确定指标权重，融资评估模型采用熵值法确定指标权重，根据模型结果综合得分评判各投融资方案的可行性。

1.2.2.4 PDCA 循环管理方法[①]

采用"物质流—价值流"的 PDCA 循环管理方法对水资源价值流管理体系构建与优化进行研究，为企业生产中水资源核算和管理决策提供了有效方法和工具。

1.2.2.5 案例研究法

采用案例研究法对国内典型企业案例进行研究，应用水流分析方法，解构企业能源消耗、水效率以及水价值流转的一般规律，并对其实践应用经验进行研究总结。

1.3 基本架构与主攻关键

1.3.1 基本架构与研究内容

本书共分 13 章。

---

① PDCA 全称 Plan-Do-Check-Act，由美国质量管理专家沃特·阿曼德·休哈特（Walter A. Shewhart）提出，后由爱德华兹·戴明（W. Edwards Deming）推广，因此也被称为"戴明环"。

第1章对本书的研究背景、目的、意义、思路、技术路线、方法、关键点以及创新点进行阐明。

第2章从水管理环境变迁和水管理会计研究的视角，考虑内外部环境，总结了水管理会计的产生和发展趋势。自然资源核算体系为水管理会计的产生和发展提供了外部环境条件，目标体系导向的战略管理促进企业管理决策方法变革，企业追求长期经济效益的内部需求促进了水管理会计的发展。水管理会计研究从时间维度介绍了我国水会计到水管理会计研究的发展，评述了国家宏观法规政策的制定如何影响企业的水管理会计微观政策，归纳国内外水管理会计的理论研究进展与实务发展状态，并为后续研究奠定基础。

第3章通过对水管理会计的学科与理论基础研究，构建水管理会计基本理论架构。揭示了水管理会计的目标是通过研究企业水足迹，达到企业经济效益与环境和谐共生双丰收；明确了水管理会计理论基础涉及会计学、环境经济学等多个学科及利益相关者理论、水足迹理论等多种理论，从属于管理会计学科门类；并采用集成耦合方式完成了对水管理会计的概念框架与理论结构研究。

第4章通过与传统管理会计学、成本管理会计学、环境管理会计学的比较，分析水管理会计学与相关会计学科分支的异同，解析水管理会计体系学科特征，明确水管理会计与企业现行会计系统的对接设计。此外，明确了企业水管理会计的发展定位——归属于会计体系下的新兴学科分支，指导企业水管理会计实践。

第5章为企业水资源预算管理体系研究。基于企业预算管理模型，从水资源在企业生产环节中的流转这一角度进行预算管理活动设计，建立企业水资源预算管理子系统，将水资源预算过程分解为三个阶段：企业水资源供用预算管理—企业水资源处理预算管理—企业水资源循环再利用预算管理。从企业长期决策的层面考虑，提出在该子系统中，企业还需要增加对水资源循环再利用的节水设备与技术的资金投入，最终实现企业收益最大化。

第6章为环境价值链视角上的企业水成本核算与管控。通过对企业整个生产经营过程中水成本的分配与归集分析，建立了企业水成本核算模型。基于环境价值链视角，结合生命周期环境影响评价方法，对企业水成本进行管理，并采用层次分析法对水成本管控进行评价。对 RS 纸业整个生产流程中的水资源成本进行分析，建立了企业生产流程中的水成本核算与管理方法。

第 7 章是企业水效率评价分析与决策优化。结合层次分析法和全排列多边形综合图示法，从经济、社会、环境三个层面解构企业水资源效率，剖析水资源在企业内部的投入、循环以及价值产出流程，构建出一套科学适宜的流程企业水效率评价指标体系，并对企业水效率决策进行优化设计。

第 8 章为基于 COSO 框架的水风险管理。在对企业水风险内涵和特征分析的基础上，构建了基于 COSO 框架的水风险管理体系，即结合产品生命周期理论，从产品设计、材料采购、产品生产及产品使用，以及废弃物处理四个阶段的水风险识别出发，构筑了企业水风险评估指标体系，并结合物元可拓模型和层次分析法对企业水风险进行综合评估。此后就评估结果进行分析，进一步提出前馈控制、过程控制、持续控制三类控制措施体系。同时为巩固成效、持续改进水风险管理体系，从内部环境、信息沟通、监控三个方面为水风险管理体系提供保障。

第 9 章基于污水处理项目经济效益、环境效益、社会效益、管理效益和技术效益五类评价指标，对企业污水处理项目投资方案评价展开研究。以吨水运营成本和污染物耗氧当量的研究为基础建立了企业污水处理项目运营成本预测评价体系。通过对污水处理项目投资风险的定义，界定了企业污水处理项目面临的风险。最后选择模糊层次分析法作为预测评价方法，建立了企业污水处理项目综合效益评价体系。在此基础上，确立了企业污水处理项目综合效益预测评价体系的步骤、评价指标选取的原则，建立了层次分析模型，明确了企业污水处理项目综合效益预测评价模型。

第 10 章为企业水资产融资决策评价。在对水资产融资主要影响因素进行分析的基础上，构建一套基于模糊层次分析法的企业水资产融资决策评价模型。根据评价标准和构建原则，综合考虑各方面因素和实际操作性，从 5 个方面选取共 13 个评价指标构成水资产融资决策评价体系，采用熵权法来确定各项评价指标的权重，并根据评价标准对各影响指标进行打分，根据综合得分评判各融资方案的可行性。

第 11 章为水信息披露管理研究。通过水信息披露内涵与框架对水信息披露的基本内容进行阐述，从内部因素（如产权性质、企业规模、负债程度等）和外部因素（如相关的法律法规、媒体关注、市场化程度和社会文化背景等）两个角度，为研究不同企业水信息披露程度的不同提供依据，进行水信息披露影响因素研究，对水信息披露质量提出要求，在此基础上构建水信息披露管理体系，分析高水敏感性企业的水信息披露现状，提出管理优化方法。

第 12 章为企业的水资源价值流管理研究。基于对企业生产全链条中水资源消耗、流转与价值转化的深层次逻辑剖析，构建一套系统化的水资源价值流转核算流程与模型。巧妙融合资源价值流分析工具与投入产出技术，对水资源进行全面核算，旨在精准定位各物量中心内水资源利用效率低下及污染严重的具体环节，并深入剖析其构成要素，为企业实施水资源高效管理与污染防控策略提供坚实的决策支持，为企业生产中水资源的核算和管理决策提供有效的方法和工具。

第 13 章总结了本书的基本结论及观点，阐述了本书的创新点并对未来发展进行展望，指出在水资源供需矛盾日渐尖锐的背景下水管理会计体系仍需进一步拓展与创新。

1.3.2 主攻关键点

本书的主攻关键点主要分为以下四个方面。

一是如何设计科学可行的水成本控制体系。虽然国外对于环境成本的研究早于我国，但仍缺乏全方面对环境成本控制的分析，整体的研究观点、结论以及建议都较为宏观，缺乏在企业层面将水成本单独列出的针对性研究。而在企业水成本控制方面，几乎没有专门的水成本控制和评价体系构建与模型，因而如何设计一个科学可行的水成本控制体系是研究的一个关键点。本书将环境价值链引入水成本管控，以 RH 纸业为例，首先，基于内部环境价值链进行水成本控制，通过对从事前、事中、事后三个角度进行具体的方案设计，分析 RH 纸业该如何从事前预防、事中清洁生产、事后综合治理三个角度实施水成本控制。涉及水成本数据的分配和归集、废弃物综合治理和提高废水循环率等一系列问题。其次，基于外部环境价值链分析，涉及物料供应链和顾客价值链的整合问题。

二是如何构建合理的企业水效率评价指标体系。目前关于水效率评价的研究大多以宏观层面即某一省份或某一行业作为研究对象，针对企业微观层面的研究较少。此外，由于目前我国企业环境信息披露方面存在一些问题，尤其对于起步较晚的水信息方面的披露工作不够重视，信息数据获取难度大，因而如何结合我国具体国情与企业实际发展状况进行指标体系构建就成为研究的关键点。本书以企业内部的资源价值流转为切入口，采用层次分析法和全排列多边形综合图示法相结合的研究方法，将企业水效率从经济、社会、环境三个层面进行解析，并通过解构水资源在企业内部的投入、循环以及价值产出或水效率的资源投入或价值产出的流程进行分析，构建了一套相对科学适宜的水效率评价指标体系。

三是基于COSO框架识别企业水风险来源及评价防范问题。通过划分产品设计、材料采购、产品生产、产品使用及废弃物处理阶段，基于经营活动及业务流程，归纳出水风险的九个方面。在此基础上，构建水风险评估指标体系，并结合层次分析法和物元可拓法对水风险进行综合评估。最后提出前馈控制法、过程控制法、持续控制法三类措施体系，希望能科学有效地管理企业水风险，提高经济效益。

四是应用水成本流转分析企业水管理及水流优化决策的实现。通过对企业水资源的物质流分析与价值流分析进行耦合研究，第一步，进行内部水资源流成本的归集；第二步，进行内部水资源流成本的分配；第三步，开展外部环境损害成本核算。最后利用投入产出分析工具，构建了循环经济投入产出表及基本分析模型。通过水资源价值流分析及资源流转方程式对其环境效率、资源生产率进行再计算，最终达到优化企业水资源管理的目的。

1.4 主要创新点

1.4.1 首次构建了水资源管理会计体系

学术思想前沿：创新规划生产线物量中心，合理设计企业水管理会计体系。本书认为，水流价值是以企业中水流流转路线为基础，将整个生产线划分为若干个物量中心（基本的成本计算单元和成本控制中心），各项水资源成本的计量、核算和控制都是围绕物量中心展开的；分别在物料的投入、消耗与循环、输出这三个流程中跟踪、描绘水流实物量，并以此为基础计算价值量；结合外部环境损害对企业内部的水资源流转情况进行描述，从而分析其具体的经济效益与环境效益。同时，本书将水资源价值流划分为水资源流输入价值、水资源流有效利用价值、水资源流损失价值、水资源流附加价值（资源流转效益）四大类。针对每一类型的价值范畴进行解析，并与传统会计系统中的成本费用概念进行了比较，从而为水管理会计的实践应用奠定了良好的理论基础。与现行会计理论相比，水管理会计在概念结构、价值流转模式、计量基础、数据集成处理、水流路线优化的价值评价与分析、决策与优化过程等方面皆有较大的突破与创新，能够拓展现行会计理论与方法体系的应用范围和水平，并在较大程度上弥补了企业水流计算与分析理论的不足。

1.4.2 系统优化了水资源效率评价模型

学术观点新颖：引入水流价值流转方程式，巧妙构建企业水管理评价模型。本书从企业资源输入、流转与循环、输出三个环节构筑基于资源效率、价值循环以及环境效率一体化的基本式与结构式，等式左边可分解为右边水流投入、应用、产出三个环节子指标的连乘积。借助资源价值流转方程式工具，综合考虑资源消耗、环境负荷与经济绩效一体化，借鉴"环境影响(impact) = 人口(population) × 富裕程度(affluence) × 技术水平(technology)"方程（简称IPAT方程），将环境效率、资源效率和附加值产出效率纳为一体，构建绿色供应链及其企业间的资源价值流转方程式。通过模型中各个要素的因子替代（单因子与多因子分析），可揭示企业水资源物质流动与价值流转间的内在机理，剖析企业生产流程间水流、环境与经济绩效的相互依存关系及变化规律，从而为企业水流路线的优化提供决策支持。

1.4.3 创新扩展了水资源管理应用领域

研究情景独特：针对高耗水、高污染制造企业，解析水资源价值流决策行为。本书以流程制造企业为主要研究对象，特别是针对在生产领域存在高耗水、高污染特征的造纸、纺织等企业，故研究可较为精准地体现发展中大国的产业特征，体现出发展中国家在工业化初、中级阶段开展水资源价值流分析与决策的行为特征。另外，本书着重解构了企业内部流程的水流价值变动一般规律，并以水流分析为基础，建立集结的水管理会计成本计算、水效率评价、水风险控制框架体系、水项目投融资分析，广泛适用于其他企业及其园区生产活动。

第 2 章

水管理会计的产生与发展：基于文献评述视角

2.1 会计环境变迁

2.1.1 自然资源核算体系研究进展

在当前全球环境与经济发展相融合的时代背景下，自然资源核算体系的构建与发展已经成为生态经济学、环境科学与可持续发展规划等领域的重要议题。自然资源核算体系的发展历程，不仅见证了人类对自然资源价值认知的深化，也在不断探索如何将自然资源的消耗、保护与恢复等活动真实反映在国民经济核算体系中，以期实现经济与环境的和谐共生。自然资源现状，特别是水资源现状，对自然资源核算体系的构建与演进起到了决定性的影响。水资源作为生命之源和社会经济发展的重要支撑，其有限性、分布不均、质量和供需矛盾等问题日益凸显，迫使我们在核算体系中寻求更全面、更精细的评估方法和管理策略。水资源核算体系作为自然资源核算体系的重要分支，不仅需要量化水资源的物理量，更需考虑其生态价值、经济价值和社会价值，以实现水资源的合理配置与可持续利用。通过对"自然资源核算体系的发展、自然资源现状、水资源现状、自然资源核算体系发展状况、水资源核算体系"等主题的文献综述，我们将不断改进和创新水资源的计量、评估和管理手段，推动全球环境保护与可持续发展目标的实现。

2.1.1.1 自然资源现状

(1) 自然资源整体状况。

人类社会的发展伴随着自然资源的开发与利用,自人类社会进入工业化时代以来,人类对自然资源的需求增加,开发速度加快。世界自然基金会发布的《2004年地球生态报告》显示,人类所消耗的自然资源已超过地球所能生产的20%;《2010年地球生命力报告》指出,人类对自然资源的需求已经超出了地球生态承载力的50%;《2018年地球生命力报告》也指出,拥有生物多样性的自然为人类提供了丰富充沛的服务,构成了现代社会的基石,然而,自然和生物多样性均以惊人的速度消逝;《2022年地球生命力报告》强调,当前自然生态面临严峻挑战,必须立刻采取变革行动,扭转生物多样性退化趋势。人类对自然资源的过度开发已经引发了全球性的自然资源枯竭问题,不合理地开发利用自然资源的行为还造成了资源破坏与环境污染问题,荒漠化、干旱、土地退化、淡水资源缺乏、生物多样性丧失以及空气污染、水污染、土壤污染等环境问题在全球范围内凸显。

人类的生存与发展高度依赖于自然资源,自然资源的减少、破坏以及污染问题,不仅对人类的生存造成威胁,还制约着社会的发展,因此加强自然资源的保护与管理势在必行。全球自然资源总量减少以及破坏、污染问题的存在,要求我们对自然资源从实物量、价值以及质量的角度进行统计、核实与测算,这有助于自然资源的合理利用与高效配置,促进生态环境保护。

(2) 水资源现状。

水是生命之源。在所有自然资源中,水资源是人类赖以生存的重要资源,但由于人口增长、工业发展、生态破坏等原因,全球水资源问题层出不穷,水资源短缺和水污染问题为我们敲响了警钟,水资源治理形势严峻。

①全球水资源现状。

全球水资源短缺与污染问题,其根源可追溯至久远的历史时期,并在20世纪后半叶因多重因素的交织而日益凸显。这一时期,人口规模的急剧扩张、工业化的迅猛推进、城市化进程的加速、集约农业的广泛实践,以及民众生活水平的显著提升,共同构成了对水资源前所未有的压力与挑战。众多国家正面临用水量激增的严峻挑战，导致水资源供需失衡问题日益尖锐。对此，联合国于2003年和2006年相继发布了两版《联合国世界水发展报告》，该报告均依托海量权威数据，向全球发出了水资源渐趋枯竭与稀缺的强烈警示。此外，第四届世界水论坛所发布的报告进一步指出，水资源短缺并非发展中国家独有的困境，即便是欧洲，也有约4 100万人口面临饮用水供应不足的难题，同时另有超8 000万人口缺乏基本的排水系统、污水处理及卫生设施①。

就全球来看，无论国家处于何种发展阶段，水资源短缺均已成为共性问题，其显著特征之一便是人均淡水占有量的持续下降。在全球水资源总量保持相对稳定的情况下，人口的增长直接导致了人均可获取淡水资源的日益稀缺。在此背景下，2007年3月22日迎来了第十五个"世界水日"，联合国将此年的主题聚焦于"直面水短缺挑战"。通过对全球149个国家提交的水资源数据及联合国人口预测信息的综合分析，我们不难发现，预计到2025年，全球范围内将有46~52个国家不幸步入缺水国家的行列②。而《联合国世界水发展报告》显示，当前全球范围内，超过10亿人口正居住在水资源匮乏的区域，且这一困境预计将在不远的2025年显著加剧，届时或将有高达35亿的人口遭受水资源短缺的严峻挑战③。

随着工业化进程的加速、城市化的广泛铺开以及集约农业模式的快速推广，众多水域与河流不幸蒙受了严重污染的侵袭，导致水质状况持续恶化，这一现状不仅损害了自然环境的健康，也对人类社会的可持续发展构成了严峻挑战。工业废水、城市污水和农业污染（农药、化肥等）是水环境的主要污染源。第四届世界水论坛所依据的联合国水资源全球评估最新成果显示，全球范围内，每日有数以百万吨计的废弃物被倾倒入河流、湖泊与溪流之中，每升废水排放即意味着8升淡水资源的污染。亚洲地区的城市河流普遍遭受污染侵袭，无一幸免；而在美国，高达40%的水资源流域正饱受食品加工废弃物、金属残留、化肥及农药等多重污染之困；反观欧洲，其55条主

---

① 联合国教科文组织. 2018年世界水发展报告：自然为水［R］. 2018.
② 联合国教科文组织. 2020年联合国世界水发展报告：水与气候变化［R］. 2020.
③ 联合国教科文组织. 2024年联合国世界水发展报告：水——促进繁荣与和平［R］. 2024.

要河流中，仅有区区5条尚能维持勉强可接受的水质标准。《联合国世界水发展报告》深刻指出，河流周边生态系统的"退化与中毒"现象已严峻至"危及依赖河流水源进行灌溉、饮用及工业生产的人群之健康与生存基础"的境地①。此外，水质恶化与贫困及不良卫生条件之间形成了恶性循环，互为因果。更为严重的是，污染物大规模直接渗透至地下水层，致使绝大部分地下水资源的水质急剧下降，源头清泉与未受玷污的湖泊、河流已越发难以寻觅。在水资源短缺的情况下，水污染问题进一步加剧了人类水资源供需矛盾，严重影响全球水安全。

②我国水资源现状。

在全球水资源短缺与污染严重的情况下，我国水资源现状同样堪忧，《中国生态环境状况公报》指出，作为一个长期受干旱缺水困扰的国家，其淡水资源总量虽达到28 000亿立方米，位列世界第4，但人均占有量却仅为2 200立方米，远低于世界平均水平（仅为1/4）及美国水平（仅为1/5），在全球排名中滑落至第121位，不幸跻身全球人均水资源最为匮乏的13个国家之列。在排除掉难以高效利用的洪水径流以及偏远地域的地下水资源后，我国实际可开发利用的淡水资源总量急剧缩减至约11 000亿立方米，人均可获取量也下降至仅约900立方米，且资源分配极不平均。20世纪末叶，全国范围内超过六成的城市（即600余座）中，有超过400座城市遭遇供水压力，其中110座城市更是面临严重的缺水危机，全国城市缺水总量累计攀升至60亿立方米，这一现状强烈凸显了水资源管理与调配的迫切需求与重大意义②。

当前，我国水资源正面临严峻的污染挑战，具体体现在两大方面：其一，江河湖泊体系普遍遭受重度污染，特别是城市周边湖泊，多数已陷入富营养化困境，众多湖泊因此失去了供水、旅游及水产养殖等多重功能，对人类生存环境构成了重大威胁。深入分析我国七大核心水系，发现珠江与长江的水质状况总体维持在较为优良的水平，相比之下，松花江则表现出轻度的水体污染迹象。黄河与淮河的水质恶化更为明显，达到了中度污染的程度。

---

① 联合国教科文组织. 世界水资源开发报告: 不确定性及风险情况下的水管理[R]. 2012.
② 世界银行. 中国水治理新时代: 综合报告[R]. 2019.

尤为严重的是辽河与海河两大水系，其污染状况已达重度，河流污染的严峻形势亟须得到高度重视与有效应对。其二，局部海域污染问题同样突出，受污染海域多集中于沿海城市的近海区域，对海洋生态系统及人类活动区域造成了显著影响。四大海区近岸海域中，渤海为轻度污染，东海为重度污染。近年来，我国近海海域因营养盐过剩问题，其污染范围呈现出了不断扩大的趋势，这一现象令人担忧。此外，地下水资源的水质状况也日趋严峻，具体表现为水质的持续恶化。而恶化过程部分归因于过度开采活动，它不仅导致了地下水位的显著下降，还诱发了地面塌陷等地质灾害，进一步加剧了水资源管理的复杂性。

全球都面临着水资源短缺与污染的问题，而水作为生命之源，水资源短缺与污染下，生物多样性减少，生态环境失衡，将会威胁人类的生存。水资源还是社会发展的最重要资源之一，水资源短缺会造成城市缺水问题，制约农业发展，影响经济和社会的发展，区域水资源的严重短缺会引发战争，影响全球和平。因此，水资源的短缺和污染对自然环境与人类社会都产生了严重后果，保护水资源安全意义重大。亟须从量与质两个方面严格把控水资源管理，对其进行数量的核算与质量的评估以促进水资源合理利用与开发，维护好水资源安全。

2.1.1.2 自然资源核算体系发展状况

由于自然资源枯竭，社会发展的资源约束趋紧，唯有不断完善自然资源的管理，才能实现资源环境与经济的协调发展。对自然资源的科学管理是建立在资源的科学统计和合理评估基础之上的，为促进自然资源数量与质量的客观衡量，科学决策资源的开发与利用，全球不同国家、组织开展了自然资源核算的研究，在自然资源核算的实践中自然资源核算体系得以不断发展完善。

(1) 国外自然资源核算体系的发展。

20世纪50年代，荷兰、挪威等国家率先开始了自然资源核算的实践探索。挪威最早开展资源环境核算，挪威国家统计局和能源委员会于1978年形成《挪威自然资源核算》研究报告。与此同时，荷兰中央统计局自1985

年起便启动了针对土地、能源、森林、水资源等领域的综合核算工作，展现了其在环境核算领域的先驱地位。此外，荷兰率先倡导并实施了排放量核算，为国际环境核算领域树立了标杆。1987 年，法国国家统计和经济研究所发表《法国的自然遗产核算》，1989 年发布包括《环境核算体系——法国的方法》等一系列重大研究成果。1990 年，墨西哥在环境经济核算领域迈出了重要一步，它将水资源、土地等关键自然资源纳入核算范畴，完成了绿色 GDP 的核算体系；菲律宾构建了一个全面而系统的环境账户体系，该体系不仅涵盖了传统的市场商品与服务，还创新性地纳入了非市场商品与服务等所有经济活动的投入与产出。1993 年，美国建立了资源环境经济整合账户体系。同年，联合国与世界银行和国际货币基金组织等首次提出"环境经济核算体系"（即 SEEA）。同时期日本也踏上了本国环境经济综合核算体系（SEEA）的深入探索之旅，致力于构建一套详尽且全面的 SEEA 实例体系。印度尼西亚于 1996 年完成了本国 1990~1993 年的自然资源环境账户核算。2014 年，联合国颁布了《环境经济核算体系：中心框架（2012 年版）》（SEEA - 2012），这一里程碑式的成果标志着首个全球统一的环境经济核算国际标准正式确立，为各国及地区开展环境经济核算提供了科学、规范的指导框架。澳大利亚在 SEEA - 2012 的基础上，编制土地账户进行核算，还将自然资源核算与传统会计准则结合，建立了水资源和土地资源会计理论体系。2018 年，新西兰发布《环境经济综合核算体系 2018》，总结了截至 2017 年的自然资源资产存量和流量。在国外，许多发达国家以及部分发展中国家开展了自然资源核算实践探索，形成了适用于本国的核算体系，而联合国等国际组织在各国实践的基础上，积极推进自然资源核算体系的研究，为自然资源核算提供了国际标准。

（2）国内自然资源核算体系的发展。

国内自然资源核算开始较晚，自新中国成立以来，我国自然资源核算的发展历程可概括为四个阶段。

①认识积累阶段（新中国成立到改革开放前夕）。

从新中国成立到改革开放前夕，水源污染、森林破坏、草地退化、水土流失等资源环境方面的问题在工业化过程中逐渐凸显。在这一时期，国家的环保意识经历了从无到有的渐进式累积过程，然而，社会各界所达成的共识主要聚焦于环境保护与污染防治的紧迫议题上。遗憾的是，关于自然资源核算的需求尚未广泛形成，相应的研究探索与实践应用更是处于萌芽状态，亟待进一步的发展与推动。

②初步探索阶段（20世纪八九十年代）。

20世纪80年代初期，为有效应对日益严峻的环境挑战，国务院领导下的环境保护工作小组办公室与国家统计局联合制定了环境保护统计制度，为环境数据的系统化收集与分析提供了重要保障。1988年，国际合作在自然资源核算领域迈出了重要步伐，国务院发展研究中心与美国世界资源研究所合作，启动了"自然资源核算融入国民经济核算体系"的研究项目。同时，国家环保局也展开了对自1978年以来我国国民储蓄率的专项核算工作，其重点聚焦于将自然资源核算机制整合进国民资产负债核算体系之中。双方在资源估价、损耗计量、分类体系构建等方面取得了丰硕的研究成果，为后续的环境经济一体化管理奠定了坚实的理论基础与实践指导。1991年李金昌等学者在其著作《资源核算论》中，系统性地构筑了资源核算的理论架构，这一框架不仅为资源核算领域提供了坚实的理论支撑，同时深入探索了水资源、土地资源、森林资源、草地资源以及矿产资源等多元化资源类型的核算方法与路径。1994年3月25日，国务院于第16次常务会议上审议并批准了《中国21世纪议程：人口、环境与发展白皮书》，该议程着重强调了构建环境与经济综合核算体系的重要性，旨在促进资源的有效保护与环境的可持续发展。此后，国家层面积极部署，启动了多项研究项目，以加速资源环境科学与生态学研究领域的进步与发展。回顾20世纪八九十年代的演进历程，我国在这一关键时期实现了从单一环境保护向环境保护与资源高效利用并重战略的深刻转型，标志着我国在可持续发展道路上迈出了坚实的一步，开始探索适合我国国情的自然资源核算。虽然在学术及理论方面取得了众多成果，但自然资源核算的实践活动仍然很少。

③快速发展阶段（进入21世纪到党的十八大召开）。

2002年，我国国民经济核算体系迎来革新，新增自然资源实物量核算表，为资源核算奠定坚实基础。随后，国家统计局在多地试点资源核算，涵盖森林、水等关键领域。2004年，国家统计局与环保总局合作，提出绿色国民经济核算体系框架，并试编全国自然资源实物量表，涵盖土地、矿产、森林、水等资源。次年，在十个省市开展试点编制，通过实践积累宝贵经验，推动绿色经济核算体系在全国范围内的应用与发展，为实现经济、社会与环境的和谐共生贡献力量。在《国民账户体系2008》（SNA2008）中，自然资源被明确列为一项资产进行核算。与此同时，多位学术研究者积极投身于我国单项自然资源核算的探索之中，尤其是在土地资源核算领域内取得了显著的成果。具体而言，谢高地（2003）等针对青藏高原的自然草地生态系统，实施了详尽的生态服务价值评估工作；而霍雅勤和蔡运龙（2003）则聚焦于甘肃省会宁县这一特定区域，对其耕地资源的价值进行了严谨且科学的估算与衡量。在矿产资源核算方面，陈建宏（2009）将"资源经济学"与"环境会计学"理论相融合，对矿产资源的物质储量和经济价值进行了初步而系统的估算与探讨。在森林资源核算方面，2004年标志着国家林业局与国家统计局合作的新纪元，双方共同启动了具有里程碑意义的"中国森林资源核算与绿色GDP研究项目"，取得了阶段性重要成果，为绿色经济核算体系增添了新的动力。在水资源核算方面，徐晓鹏和武春友（2005）以及许家林和王昌锐（2006）等，深入剖析了水资源的价值内涵与市场定价机制，不仅极大地丰富了水资源价值理论体系，还引领了水资源核算方法论的革新与发展。这十数年间，我国的自然资源核算工作已从理论构建迈向了理论与实践紧密结合、指导实践深入探索的新阶段。

④全新突破阶段（党的十八大以来）。

自党的十八大以来，中国政府深刻认识到生态环境保护与自然资源核算的重要性，将生态文明建设提升至国家战略高度，融入"五位一体"总体布局与"四个全面"战略布局之中。为响应中央号召，国家林业局与国家统计局依托国际先进经验如《环境经济核算体系（2012）》，同时结合我国国情，于2013年启动了森林资源核算的全面研究，涵盖林地林木资源、森林生态系统服务、社会与文化价值等多个维度，以及绿色经济评价体系构建，为推动我国森林资源核算工作奠定了坚实基础。2014年，双方联合发布的研究成果，不仅展示了我国在森林资源核算领域的初步成就，也预示了绿色经济核算体系构建的广阔前景。同年,党的十八届三中全会明确提出"探索编制自然资源资产负债表",这一创新举措迅速在全国范围内引发积极响应,各地纷纷开展编制实践,旨在通过量化手段更科学地管理和保护自然资源。自2015年国务院发布试点方案以来,包括呼伦贝尔、湖州、娄底、赤水、延安在内的多个城市作为首批试点,率先开展了自然资源资产负债表的编制工作。随后北京怀柔、天津蓟州、河北等地也相继加入,形成了良好的示范效应,非试点地区同样积极探索适合本地实际情况的编制路径。经过多年努力,我国自然资源资产负债表编制工作已在全国范围内广泛开展,不仅提升了自然资源管理的科学性和精细化水平,也为实现经济、社会、环境的可持续发展提供了有力支撑。这一突破性进展,不仅彰显了我国在生态文明建设方面的坚定决心和显著成效,也为全球自然资源核算与管理贡献了中国智慧和中国方案。

(3)水资源核算的发展。

水资源作为重要的自然资源之一,被纳入自然资源核算体系中,许多国家与组织都把水资源作为重要核算对象,在水资源核算方面展开了研究与实践探索。

①国外水资源核算的发展。

1991年,荷兰统计局在发展国民经济核算的过程中率先提出了环境与经济综合核算体系(National Accounting Matrix including Environmental Accounts,NAMEA),随后在该框架基础上系统整合了水资源利用、水污染物排放等数据,并与社会经济活动账户建立联动关系,进一步发展出具有荷兰特色的国家水资源核算体系(National Accounting Matrix including Water Accounts,NAMWA)。1999年戴维·莫尔登(David Molden)、萨克提瓦迪维尔(Sakthivadivel)提出了对水资源利用率和生产力的核算评估。德国基于1990～1993年针对大气排放物、废弃物及废水处理的经济活动数据,率先构建了一套水资源排放账户体系。随后,该进程持续深化,至1995年,德国已成功编制并实施了全面的水循环账户。关于水资源核算的研究,澳大利亚统计局采纳了联合国环境经济核算体系中水环境经济核算体系的核心理念,对各类型水资源存量进行综合核算。与此同时,澳大利亚气象局内设立的水资源会计准则委员会，精心构建了水会计核算框架，不仅确立了水会计与审计的规范标准，还致力于编制水资源资产负债表，旨在动态反映水资源实物量存量的增减变动情况。2012年，联合国统计司（UNSD）发布了《水资源环境经济核算体系（2012）》（SEEAW2012），这是SEEA体系下专门针对水资源核算的全球性统计标准，由联合国、世界银行、OECD与欧盟统计局（Eurostat）等机构联合制定。同年，联合国编写了《水统计国际建议》（IRWS），IRWS与SEEAW一同为国际水资源核算提供统一的指标体系。

②国内水资源核算的发展。

我国水资源核算的研究起步较晚，但在借鉴国外经验的基础上快速发展。21世纪后，随着我国自然资源核算体系的逐步完善，水资源核算工作方才正式拉开序幕。2006年，水利部与国家统计局共同启动了"中国水资源环境经济综合核算研究项目"。2009年，我国完成了水资源环境经济核算的总体框架。自党的十八届三中全会首次提出了"编制自然资源资产负债表"的构想以来，国内对自然资源资产负债表的研究热情高涨。同年11月，国务院正式颁布了《编制自然资源资产负债表试点方案》，而水资源资产负债表是我国先行试点核算的三大资源资产负债表之一。编制水资源资产负债表将是我国水资源核算发展的重要突破。

③水资源核算发展对企业的影响。

在自然资源核算体系不断发展的背景下，水资源核算作为自然资源核算的重要部分在实践中不断完善。随着国家对水资源保护与利用越来越重视，企业层面的水资源信息对政府相关部门、投资者、企业管理者等利益相关者的影响越来越大。随着宏观层面水资源核算与管理要求的不断提高，对企业微观层面的水核算提出了更高的要求。同时，不论是从事水务的企业还是其他企业都对水资源的保护负有重要责任，因为企业是重要的水资源耗用者和主要的水污染造成者，在我国建设生态文明的道路上，企业的水资源保护和管理工作尤为重要。而企业要在水保护方面发挥作用，就要做好水管理，对于水管理，核算是基础，水量和水质等方面的核算可为企业水管理提供基本信息。在企业开展水核算和水管理工作的过程中，国内外水资源核算体系的发展和实践经验为其提供了借鉴以及一定的标准。

2.1.2 基于可持续发展的企业管理决策方法变革

2.1.2.1 企业可持续发展

在我国近年来的发展历程中,可持续发展不仅作为核心理念贯穿始终,还深刻体现在"科学发展观"及"绿水青山就是金山银山"的深刻论断中,彰显了其作为国家发展战略的主线地位。该理念源自西方,面对经济危机频发、环境恶化加剧、资源枯竭挑战等全球性难题,社会迫切呼唤一种更为理性与和谐的发展模式,于是可持续发展理念应运而生并迅速传播开来。回溯历史,1972年联合国首届人类环境会议召开,与会国共同签署《人类环境宣言》,标志着全球范围内对可持续发展追求的正式启动。自1978年"可持续发展"一词首次亮相于世界环境与发展委员会官方文献以来,其内涵不断深化,直至在《我们共同的未来》这一世界环境与发展委员会的标志性报告中,被精准界定为"既满足当代需求,又不损害后代满足其需求之能力的发展",从而全面融入生态学、社会学、政治学等多学科领域的研究范畴。值得注意的是,《中国21世纪议程》对中国可持续发展战略的阐述强调,其核心在于发展本身,这是把握可持续发展精髓的关键。这一观点与学界主流不谋而合,众多学者普遍认为,可持续发展的研究重心应置于经济领域,经济的持续健康发展构成了社会可持续性的基石。鉴于企业在国民经济中的基础性作用及在市场活动中的主体地位,它们自然成为推动经济高质量发展、探索可持续发展路径的核心研究对象。因此,企业如何有效促进可持续发展,成为亟待深入探索的重要课题。

可持续发展的核心要义在于,在推动经济增长的同时,致力于资源的高效利用与环境的精心保护,旨在为后代子孙保留充足的发展空间,确保人口、经济、社会、资源及环境之间达成和谐共生的可持续发展状态,实现全方位、多领域的协调并进,其含义可以概括为"天人合一(和谐)和代际公平"。可持续发展涵盖了社会层面与企业层面的双重维度,社会可持续发展旨在达成一种发展模式,即不仅满足当代社会的需求,同时确保不对后代满足其需求的能力造成负面影响。而企业可持续发展,则聚焦于企业在追求自我生存与成长目标的同时，需兼顾经济效益的提升与市场地位的稳固，并注重构建强大的竞争力，以在未来多变的市场环境中维持持续的盈利增长与综合实力提升，从而确保企业能够历经时间考验，保持长久的繁荣与活力。为了促进企业和社会的可持续发展，企业应积极地履行社会责任。当今人类面临水资源危机，这就要求企业履行相关社会责任，积极进行水资源管理，实现企业管理决策方法的变革以满足企业可持续发展的需要。

2.1.2.2 企业管理决策方法的变革

企业管理经历了从业务管理到战略管理，从一般管理到目标管理，管理决策方法从定性决策方法到定量决策方法的变革。

（1）一般管理与定性管理决策方法。

早期管理实践侧重于企业整体层面的泛化管理，将企业内外的繁杂事务统一纳入单一决策体系，权力高度集中于高层管理者手中，实行的是一种典型的集权管理模式。在这一阶段，管理决策方法以定性分析为主，高度依赖高层领导的主观经验与直觉，或是借助行业专家与决策者的智慧集合进行决策。定性决策方法，作为一种"软性技术"，其核心在于管理决策者运用社会科学理论框架，结合个人经验、判断力及组织智慧，通过深入剖析决策对象的本质特性，把握其内在逻辑与运行规律，进而对经营管理目标设定、方案构思、评估及执行策略作出明智判断。此方法尤为适用于那些受社会经济环境、政治因素等非量化变量深刻影响，因素间关系错综复杂，融入大量社会心理元素，且难以精确量化的综合性决策场景，它在特定历史阶段内，对于解决特定管理难题展现出了显著的有效性。

定性决策领域涵盖了多样化的方法体系，其中广泛应用的有经理人直接决策、专家咨询会议、头脑风暴集思广益以及德尔斐预测技术等，而德尔菲法（Delphimethod）则以其独特的优势成为这一领域的标志性方法。尤其当面对长远战略规划时，鉴于众多不确定因素的交织影响，德尔斐法展现出了非凡的适用性，它能够有效应对不确定性，为决策提供稳健的支持。

（2）目标管理与定量管理决策方法。

管理领域的先驱德鲁克（Drucker）于1954年在其里程碑式著作《管理

的实践》中率先引入了目标管理的概念，阐述了"目标管理结合自我调控"的理念。其核心观点是，工作并非目标的先决条件，而是目标的确立引领了工作任务的界定。据此，他强调"企业的宗旨与任务需转化为具体目标"，若某一领域缺乏明确目标，则该领域工作易被边缘化乃至忽视。因此，管理者应秉持目标导向的管理哲学，当组织高层确立总体目标后，需进行精细化的目标分解，确保这些目标能够具体落实到各个部门及个体层面。随后，管理者依据各分目标的达成情况，对下属进行绩效评估、反馈及相应的奖惩措施，以此驱动组织的整体效能提升。

随着目标管理的发展，企业所作出的管理决策不再是仅集中于高层的管理决策，此时的企业管理强调战略性的管理，强调在公司层、业务单位层、职能层确定不同的目标，目标由宏观到微观，实施不同的战略管理，作出与战略管理目标相应的战略选择。目标管理使得企业成为一个统一的目标体系，从宏观目标细化到微观目标，各目标细化却又环环相扣，上一级目标指导着下一级目标，下一级目标的实现保证着上一级目标的实现，最终保证企业最高战略目标的实现。目标管理使得企业整体目标层层细分，为了确保目标实现，管理决策需要定量的方法以使各级目标的实现可控且可测量。

定量决策技术广泛应用于需要量化分析的决策场景，它依赖于数学模型与公式的构建来应对复杂的决策挑战。此过程涉及运用数学手段，精心构建能够映射各影响因素及其相互关系的数学模型，随后通过对该模型的精确计算与求解，筛选出最优的决策方案。对决策问题实施定量分析，不仅加速了常规决策流程，还显著提升了决策结果的精确性与时效性。因此，采用定量决策方法作为决策制定的基础，是决策科学化进程中的一个显著标志。值得注意的是，定量决策方法体系丰富，主要涵盖风险性决策、确定性决策以及不确定性决策三大类别，每一类别均针对不同类型的决策情境提供了科学严谨的解决方案。

2.1.2.3 管理决策方法变革下的水管理会计发展

随着水资源外部环境的恶化，国家越来越重视对水资源的管理，出台一系列法规政策改善优化水资源环境，规范各利益相关者的行为。比如，2015

年国务院印发的《水污染防治行动计划》(简称"水十条")、2017年新修订的《水污染防治法》都旨在规范各相关方行为。当今社会，人的各种行为都离不开市场经济的运行，基于"理性人"假设，人都会或多或少去考虑自己行为的利益动机或是压力动机甚至是声誉动机，而作为市场经济运行的主体——企业更是如此，企业出于营利的利益动机和国家法规政策的压力动机以及履行企业社会责任的声誉动机，都需要一套良好有效的信息工具来为其管理决策服务。

过去，水会计是企业进行水资源核算、水资源管理的主要信息工具，在一定程度上、一段时间内能够较好反映企业水资源耗费以及污水处理情况，为外部投资者的投资决策提供了信息支持，有助于外部利益相关者对企业有一定程度上的了解，从而引导外部利益相关者的行为，反过来最终影响企业的行为。但水会计主要是向外部利益相关者提供企业水资源管理的信息，基于企业的一些目的，并不能真实地反映企业水资源管理的效果，更不能满足企业内部管理决策的需要。而水管理会计却能很好地满足企业管理决策的需要，真实有效地反映企业水资源管理的效果。因此，水管理会计的出现及应用迫在眉睫，于国家、企业、个人都有积极意义。

现在，水管理会计成为各方关注的焦点。企业都是基于可持续性发展而长期存在的，其管理都是实行目标体系导向的战略管理。管理会计正是满足企业战略管理需求的一个很好的信息决策工具，随着会计的变革，管理会计显得越来越重要，这促进了企业管理决策方法的变革，企业管理决策方法越发倾向于提高企业内部管理有效性程度，真实有效地反映企业内部管理信息，实现企业最优管理决策，最终实现企业战略目标。正是目标体系导向的战略管理触发了企业管理决策方法的变革，使得企业更强调定量的管理决策方法，这种企业内部环境的改变促使企业水会计的变革和对水管理会计的关注，期待可以定量化地提供一些水管理会计工具帮助企业决策以满足企业的水资源管理需要。此外，较之水会计，水管理会计能更真实有效地反映企业水环境成本，使企业发现其运营的薄弱环节加强水资源管理，创新水资源管理方式，降低水环境成本，最终达到有效管理水资源的目的。因此，水管理会计的变革及应用成为企业水资源管理的重点。

2.1.3 环境变迁对企业水管理会计发展的需求分析

2.1.3.1 环境现状

水是维系生命存续、支撑生产活动及构建生态平衡不可或缺的基石。自新中国成立以来，特别是改革开放以来，我国在水资源的勘探开发、高效利用、优化配置、节约实践、环境保护及管理体系构建等方面取得了引人瞩目的进展，为经济社会的稳步前行与民众生活的和谐安定作出了重要贡献。然而，我们需深刻认识到，人口众多与水资源相对匮乏、时空分布极度不均，是我国水资源领域的基本现状，而水资源短缺的严峻性、水体污染的普遍性以及水生态系统退化的趋势，已构成了经济社会可持续发展的重要桎梏。《2023 年中国水资源公报》显示，我国水资源困境仍较严峻：其一，人均水资源占有量约为 2 000 立方米，仅为全球平均水平的 1/3；其二，水资源供需矛盾持续存在，2023 年全国用水总量为 5 906.5 亿立方米，部分地区特别是北方地区依然面临供水紧张；其三，农田灌溉水利用效率稳步提升，灌溉水有效利用系数达 0.576，但与国际先进水平仍有差距；其四，黄河流域水资源开发利用率接近 80%，远超国际公认的 40% 警戒线，生态压力不容忽视；其五，尽管全国水质总体改善，但部分区域水体污染仍未根本缓解，水环境治理任务依然艰巨。展望未来，随着工业化与城镇化进程的深入，水资源需求预计将长期保持增长态势，供需矛盾或将进一步加剧，我国水资源管理的挑战将更加艰巨。因此，加强水资源综合管理，推进节水型社会建设，强化水污染治理与生态修复，已成为确保水资源可持续利用、促进经济社会绿色发展的必然选择。

自 20 世纪中叶以来，科技进步的浪潮虽推动了社会前行，却也悄然间加剧了环境污染的严峻态势，其中水环境的恶化尤为显著，对人类生存环境与居住条件构成了前所未有的挑战与潜在危害。随着公众对环境问题认知的深化，人们逐渐觉醒于工业化进程中环境损害所衍生的深远负面影响，意识到这一趋势若不加以遏制，终将侵蚀我们赖以生存的家园根基。鉴于此，环境保护的理念应运而生，并迅速成为社会各界的共识，催生了一系列旨在遏制环境恶化、促进可持续发展的环保法律与政策框架的出台。这些举措不仅体现了人类对自然和谐共生理念的回归，也标志着全球范围内环境保护行动的新篇章。

改革开放以来，随着经济的快速发展，我国进入了环境污染事故的高发期，集中出现了国外工业革命以来出现过的环境问题，这给我国的环境安全带来了巨大的挑战。与此同时，国家从树立和落实科学发展观，发展循环经济，建设资源节约型、环境友好型社会，建设社会主义生态文明等重大战略思想出发，加快了城市污水处理及再生利用设施建设的步伐。

解决我国日益复杂的水资源问题，实现水资源高效利用和有效保护，根本上要靠制度、靠政策、靠改革。鉴于水利领域改革发展的新趋势与新需求，我国在深刻反思并系统归纳水资源管理长期实践的基础上，于2011年通过中央一号文件及中央水利工作会议，郑重提出实施最为严苛的水资源管理制度，确立了水资源开发利用总量控制、用水效率提升及水功能区排污限制的"三条控制线"，旨在通过制度革新，确保经济社会发展步伐与水资源及水环境的承载能力相协调。为积极响应中央关于水资源管理的战略部署，国务院特制定并颁布了《关于实行最严格水资源管理制度的意见》，该意见不仅全面规划了最严格水资源管理制度的实施蓝图，详细阐明了"三条控制线"的具体目标，还配套提出了一系列精细化管理措施，明确了各级职责分工与工作重点。这一系列举措的出台，标志着我国水资源管理迈入了一个新阶段，必将有力推动最严格水资源管理制度的深入贯彻与执行，促进水资源的科学、合理、高效利用与保护，进而为经济社会的可持续发展提供坚实的水资源保障。

近年来，我国水环境监测体系持续得到优化与加强。根据历年的《中国生态环境状况公报》，在监测网络构建层面，国家地表水监测体系实现了显著扩容，监测断面数量自"十二五"时期的972个跃升至"十三五"时期的2 767个，并于2018年圆满达成国家地表水自动监测站的全面联网目标。据生态环境部和中国地质调查局验收信息，国家地下水监测工程已圆满竣工，建成覆盖全国的专业监测网络，共设监测点10 168个，标志着我国地下水环境监测体系进入系统化、网格化新阶段。在监测管理机制的革新上，国家地表水考核断面推行了采测分离模式，确立了"国家主导考核与监测"的原则，此举极大提升了监测数据的客观性与准确性。水质信息公开工作也取得积极进展，众多地区积极响应，主动拓宽公开范围，不仅限于国家层面，更延伸至省、市、县各级断面，内容也从概括性水质概述深化至详尽的监测数据披露。特别是《集中式生活饮用水水源水质监测信息公开指南（试行）》的出台，为集中式饮用水源的水质信息透明化提供了明确路径与规范。值得注意的是，2019年5月，生态环境部开创性地发布了全国地级及以上城市国家地表水考核断面水环境质量排行榜，前、后30名城市名单的公布，不仅增强了公众对环境质量的关注度，更标志着我国水环境管理战略正加速向以水质改善为核心目标的转型迈进。

生态环境部《2022年中国生态环境统计年报》数据显示，2022年我国环境污染治理投资总额达9 013.5亿元，虽较2021年的9 491.8亿元略有下降，但整体仍保持高位，体现出国家对生态环境治理的持续投入与高度重视。随着环保投资力度的进一步加大，我国环保产业将迎来更为广阔的发展空间。根据《环保装备"十二五"发展规划》要求，"十二五"期间环保装备产业总产值年均增长20%，2015年达到5 000亿元。事实上，根据《环保装备制造业高质量发展行动计划（2022~2025年）》，"十三五"以来，环保装备制造业产值由2015年的5 500亿元上升到2021年的9 400亿元，迅猛发展的环保产业也必将带动水处理行业的快速发展。市场监管总局全国组织机构统一社会信用代码数据服务中心提供的数据显示，截至2023年底，我国生态保护和环境治理行业相关机构已累计超过17万家①。

水资源税改革试验性实施已显著取得正向进展。参与试点的九个区域正加速构建与水资源税相配套的征收管理体系，并密集发布了多项专项管理策略与政策措施，以支撑改革的深入实施与有效落地。水利与税务两大部门紧密合作，协同推进税收征管工作的有序进行。在此背景下，水资源税改革试点项目不仅得以稳步前行，还明显收获了积极成效，展现了部门间高效协作对于政策实施的重要推动作用。地下水超采得到抑制，企业用水结构得到优

---

① 市场监管总局全国组织机构统一社会信用代码数据服务中心. 全国组织机构统一社会信用代码数据［R］.（2023）［2025–03–03］.

化，高耗水行业、特种行业用水方式逐步转变，取水许可管理进一步规范，应办未办取水许可的用水户补办取水许可证。

市场化、多元化生态保护补偿机制已经初步建立。2019年初，国家发展改革委携手八部门共同发布了《建立市场化、多元化生态保护补偿机制行动计划》。到2020年，这一机制已初步构筑完成，显著激发了社会各界参与生态保护的热情与积极性，初步营造出一种"受益方付费，保护者获合理回馈"的良性政策氛围。为进一步完善市场化、多元化生态保护补偿机制，需强化资源开发补偿制度、深化污染物减排激励措施、完善水资源节约补偿机制，以及建立碳排放权交易补偿体系等核心环节。

水权交易制度改革不断深化。2019年1月25日，水利部、财政部、国家发展改革委、农业农村部联合印发《华北地区地下水超采综合治理行动方案》。3月6日，国家发展改革委等七部委联合印发《绿色产业指导目录（2019年版）》，其中第六项"绿色服务—水权交易服务"包括水权交易可行性分析服务、水权交易参考价格核定服务、水权交易方案设计服务、水权交易技术咨询服务、水权交易法律服务、水权交易平台建设等。

水权交易服务纳入《绿色产业指导目录（2019年版）》，为更清晰地界定产业范畴，确保政策与资金能够精准导向于绿色发展中最为核心、紧迫且关键的产业领域，从而高效支撑国家重大战略部署、重点工程项目及关键政策实施，为打赢污染防治这场硬仗及构建美丽中国愿景筑牢坚实的产业基石。从2014年7月开始，水利部就在宁夏、江西、湖北、内蒙古、河南、甘肃、广东等7个省（区、市）启动水权改革试点。试点地区采取取用水户直接交易、政府回购再次投放市场等方式，积极探索开展了跨区域、跨流域、跨行业的水权交易。例如，广东搭建地方水权交易平台，积极发挥平台在水权交易方面的作用；宁夏创新水权交易形式，并将其纳入公共资源交易平台；河南建设农业水权交易项目；内蒙古首次利用市场机制开展了再生水水权交易等。

2019年4月15日，国家发展改革委、水利部联合印发《国家节水行动方案》，为了深化水资源使用权的明确界定，需精准确立各行政区域内的合法取用水权益边界，并依据科学方法合理核定各取用水户的许可水量分配，以促进水资源的公平、高效利用。探索流域内、地区间、行业间、用水户间等多种形式的水权交易。在满足自身用水的情况下，对节约出的水量进行有偿转让。建立农业水权交易制度。对用水总量达到或超过区域总量控制指标或江河水量分配指标的地区，可通过水权交易解决新增用水需求。加强水权交易监管，规范交易平台建设和运营。

深化生态保护补偿制度。2021年9月，中共中央办公厅、国务院办公厅印发《关于深化生态保护补偿制度改革的意见》，要求加速完善生态保护补偿机制，强化有效市场与有为政府的深度融合，同时兼顾分类补偿与综合补偿的平衡性，推动纵向与横向补偿机制的协调并进，并确保激励机制与约束机制的协同作用。至2025年，应构建起一套与经济社会发展阶段相契合、基本完备的生态保护补偿制度体系。以生态保护成本为主要依据的分类补偿制度日益健全，以提升公共服务保障能力为基本取向的综合补偿制度不断完善，以受益者付费原则为基础的市场化、多元化补偿格局初步形成，全社会参与生态保护的积极性显著增强，生态保护者和受益者良性互动的局面基本形成。

2.1.3.2 水环境治理是企业责任

自改革开放以来，我国凭借粗放型经济增长模式实现了经济的飞跃。然而，这种模式在促进经济高速发展的同时，也伴随着高额的资本投入与能源消耗，导致经济效益相对低下，并对水环境造成了几乎不可逆转的严重损害，逐步演变为制约经济持续健康发展的关键障碍。其中，工业企业作为经济的中流砥柱，特别是那些重污染产业，因排放大量有害物质而成为水环境污染的主要贡献者。鉴于企业本质上追求经济效益最大化，单独依靠市场机制来应对水环境问题显得尤为局限。有鉴于此，我国政府迅速响应，连续颁布了一系列环境法律框架与政策规范，旨在引导并规范企业的经济活动，削减污染物排放量，进而增强对水环境的保护力度。这些严格的环境监管措施虽在减轻环境污染方面成效显著，但其伴随的污染治理成本上升，也势必对企业的经营绩效造成一定的挑战与负担。

企业需从源头上扼杀水污染，大幅度削减主要污染物的排放总量，严格管控新增污染物的产生,并有效削减既有污染物的存量,从而积极促进绿色生产模式的形成,最终转型为生态产品供给的关键主体。构建一套以党委领导为引领、政府主导为驱动、企业为主体责任承担者、社会组织与公众广泛参与的环境治理新体系,是赢得污染防治攻坚战的关键所在,也是提升环境治理效能、实现可持续发展的基础性工程。在新时代的征程中,企业需积极拥抱新发展理念,坚定不移地走生态优先、低碳循环、绿色发展的道路,确保经济发展与环境保护相得益彰,这已成为企业持续前行的必由之路。强化生态文明与环境保护的建设,全力推进蓝天、碧水、净土三大保卫战,其核心策略在于优化能源结构、产业结构、交通运输结构及土地利用布局,这些关键领域的转型与企业的切身利益紧密相连,是其生存与发展可持续性的重要基石。因此,企业务必紧跟时代步伐,给予生态文明建设以高度重视,紧密结合自身实际情况,深入践行党和国家的生态环境保护方针与政策,共同绘制绿色发展新蓝图。

企业应切实承担起环境保护的主体责任。《环境保护法》明确指出:"企业、事业单位及其他生产经营主体负有防治、减轻环境污染与生态破坏的责任,并需依法对造成的损害负责。"为有力推动污染防治攻坚战的深入实施,企业需严格遵循生态环境保护的法律法规与政策导向,深化对主体责任的认识与理解,不断激发内部动力与积极性,以更加主动的姿态投身于污染防治的实践中,为环境保护贡献企业力量。

2.2 水管理会计的产生与发展

2.2.1 水管理体系的起源与发展

历经多年演进,中国在水资源管理的法规框架上取得了显著进步。国家的根本法律——《中华人民共和国宪法》(以下简称《宪法》),为所有法规的制定提供了基础和依据。《宪法》明确指出,包括水资源在内的诸多自然资源,如矿产、森林、草原等,均归国家所有。在此基础上,中国构建了一个以《中华人民共和国水法》（以下简称《水法》）为基石，辅以《水污染防治法》和《中华人民共和国水土保持法》（以下简称《水土保持法》）等关键法律，以及一系列行政法规和地方性法规的全面水资源法规体系。下面将从五个阶段的理论层面和实务层面进行叙述。

2.2.1.1 兴修水利：夯实发展根基

（1）理论层面。

在新中国成立之初，国家面临着重建的巨大挑战，资源匮乏，基础设施亟待修复。水利设施遭受了严重破坏，导致农业灌溉系统无法正常运作，洪水防控体系受损严重，水电站建设数量有限，水土流失和土地退化问题日益严重。在这一时期，国家的水利工作重点集中在防洪、排涝和干旱应对上，农业成为水利工程服务的主要领域。尽管1954年颁布的《宪法》首次明确了水资源的国家所有权，但关于水资源的法律利用和管理体系尚未形成，水利对于农业的重要性已成为社会共识，然而相关的法律框架尚未得到充分发展。

自1949年中华人民共和国成立之初，即设立了水利部，该部门随后组织了第一次全国水利会议，以应对国内频繁的水患问题。会议确立了以防治洪水灾害和推动水利基础设施建设为核心的发展策略，旨在促进国家生产能力的大幅提升。此外，会议还着重讨论了水利行政管理的整合问题，提出了将全国的河流和湖泊纳入国家统一管理体系的初步构想，确保水资源由国家机构集中调配，以满足全民利益。在水资源的开发与应用规划上，强调必须经过水利管理机构的批准，确保局部利益与整体利益的协调一致。这次会议为中国初期水资源的合理利用和发展奠定了基础，并对后续的水利政策和实践产生了深远的影响。

（2）实务层面。

在新中国成立之初，国家倾注了大量财力和物力资源于水利工程的构建之中，不仅重视专业人才的培养、科技研发的深化，还积极扩充了管理机构的人员配置，这一系列举措促使水利事业在新中国成立后迅速而全面地复苏与发展，有效减轻了洪涝灾害造成的损害，对农业生产的繁荣与国民经济的稳健增长产生了深远的积极影响，形成了良性的发展循环。在新中国成立初期的水利发展篇章中，"大跃进"时期尤其关键，见证了众多关键水利项目的规划与竣工。《1959~1961年"三年自然灾害"概述》统计的数据显示，在1958~1961年，国内建成了超过900座规模不一的水库①，这些工程显著增强了国家对水资源的调控与储备能力。在那个时期，还依据流域统一管理的理念，成立了包括黄河水利委员会、长江水利委员会和淮河水利工程总局在内的多个流域管理机构，这些机构直接隶属于水利部，负责各自流域内的水利管理工作。

综合来看，自中华人民共和国成立至"文化大革命"落幕期间，我国在水资源的开发上力图改变以往受自然条件限制的局面，一方面，致力于防范极端降水引发的洪水灾害，保护农田不受损害；另一方面，采取措施以应对干旱带来的水资源短缺问题。在这一时期，水利法规的构建尚在初级阶段，缺乏系统的规划和明确的政策导向，相关法规分散且数量有限，主要由国务院出台的行政法规和政策文件构成，法规体系的构建与行政管理紧密结合。同时，这一时期法规主要聚焦于洪水防控和水利工程建设，对于其他众多方面，覆盖不足，缺乏明确的法律依据和规范。

2.2.1.2 调整过渡：水资源利用立法萌芽

（1）理论层面。

在1980年，水利部完成了一份关键的报告，即《关于水利工作若干问题的报告》，该报告回顾了三十年来水利工作的重要成就，并提出了对未来水利发展和水资源管理的指导性建议，这份报告对后续的水利工作产生了重要的影响。不久后，该报告在10月6日得到了国务院的批准，正式成为具有法律效力的行政法规。

在那个时期，国家对水资源的法律框架进行了重要构建，主要集中在水利设施管理和水污染防控方面。改革开放至20世纪80年代中期，国家加速水资源开发、管理及保护领域的立法步伐。1980年，水利部率先颁布《河

---

① 李克军. 如何评价"大跃进"时期的农田水利建设 [R]. 2014.

道堤防工程管理通则》及《水库工程管理通则》，为水利工程系统化管理奠定了坚实的法制基础。随后在1982年，山西省颁布新中国成立以来首部全面的水资源管理地方性法规，这一举措深刻激发了社会各界对水资源管理向科学化、法治化转型的广泛思考与讨论。同年，国务院也出台《水土保持工作实施细则》，为水土保持工作的规范化、制度化提供了更为明确的指导。1984年，全国人大常委会批准《水污染防治法》，标志着我国在水资源管理领域有了首部专门法律，其目的在于控制水污染，保护生态环境，确保水资源的可持续利用。

（2）实务层面。

在这一时期，水利发展的焦点从大规模水利建设转向了水资源的可持续开发与保护。水利工程不再仅限于支持农业，而是扩展至支持整个经济和社会的全面发展。尽管水利工程的投资有所减少，灌溉面积在近十年内并未见到显著的增长，但是随着经济体制的逐步改革，水资源的定价机制、水利建设的资金投入都开始摆脱过去的严格约束，变得更加灵活和适应性强。

总体而言，中央政府对水利工程的重视逐渐从单纯的建设热情转向了对水资源更深层次的理解和利用。水的价值不再仅限于其在自然界中的流动形态，它在提供滋养、支持农业灌溉、调节洪水等方面的作用之外，还展现出了更广泛的用途和价值。

2.2.1.3 依法治水：提升管理水平

（1）理论层面。

中国在水资源的管理和利用方面取得了显著进步，逐步实现了规范化和法制化。1988年1月21日，《水法》正式颁布，标志着我国水资源管理进入了一个新的阶段。该法律明确界定了水资源的所有权，并确立了管理体制、基本原则和主要制度，结束了长期缺乏明确法律依据的状况。作为新中国成立以来的首部水资源基本法律，其条文简洁明了，但也未能涵盖所有细节。因此，除了《水法》外，还需制定一系列特别法律、行政法规、部门规章和政府规章，以构建一个完整的水资源法规体系。1988年，水利部组织了对全国水法规体系建设的研究与整体部署，开展了《水法》体系构建与水利法规配套工作的规划设计。到1994年，全国政府法制工作会议强调了经济立法的重要性，并指出水法规体系的建设应与社会主义市场经济下的水利新体制相适应，从而形成了新的规划。随后，国家相继颁布了《水土保持法》与《中华人民共和国防洪法》，并对《水污染防治法》进行了适时的修订与完善。至20世纪末，中国已成功构建起一个初步的水法规体系框架，该体系涵盖4部核心法律、17项行政法规、逾80项部门规章以及300余项地方性法规与政府规章，为各类涉水事务的开展提供了全面、坚实的法律支撑与规范依据。

（2）实务层面。

在推进国家水资源管理的进程中，实施了全面的"水法规体系总体规划"，并在地方层面加强了水行政法规的制定。水利部的角色经历了显著的转变，从具体的水利工程管理扩展到更广泛的水资源宏观调控，依法进行水资源的开发、利用和保护。通过行政法规和明确的职能划分，水利部与其他部门如交通、建设和地质矿产等的职能交叉问题得到了有效解决，结束了以往多头管理的局面。尽管水利部被赋予了全国水资源统一管理的职权，但在实际操作层面，地表水与地下水，以及城乡水资源的管理仍面临一定程度的分割，这往往需要跨部门或单位的协作机制来加以应对。譬如，地下水的管理实践往往需要水利部与地质矿产部合作，而城市规划区域内地下水资源的开发利用与保护职责则落在建设部的肩上。与此同时，地方政府也在积极行动，致力于水资源管理机构的构建与完善。《中国水利统计年鉴（1991）》显示，得益于各级政府的鼎力支持，至1991年底，全国范围内规划设立的地级市、县级市及县级水资源管理机构中，高达93%的机构已顺利建成，这一成就为水资源管理的法治化进程奠定了坚实的组织基础。随着水资源有偿使用机制的落地实施，全国各地纷纷响应，积极展开水资源费的征收工作。《中国水利统计年鉴（1991）》中还提到，截至1991年底，全国范围内超过1 200个县市已正式启动水资源费征收，当年全国范围内征收的水资源费总额近18亿元人民币。深圳市在1993年率先组建了水务局，这一举措实现了对水资源规划、开发利用、防洪排涝、供水保障及节水管理等职能的集约化整合，标志着深圳市在全市水行政事务上迈出了统一管理的新步伐。随后，在1994年，陕西省洛川县紧随深圳步伐，将原有的水利局改制为水务局，此举在县级层面实现了水资源与水利工程管理的全面统一，为区域水资源管理树立了新的典范。

2.2.1.4 法治完善：水资源利用的可持续发展

（1）理论层面。

随着社会的进步和经济的发展，早期的水资源管理法规逐渐显得力不从心，特别是在应对气候变化和推动经济体制转型方面。面对自然灾害的挑战，特别是洪水对水资源管理的冲击，迫切需要对现行的水资源管理法规进行更新和完善。在1998年，国家高层会议对农业和农村发展进行了全面规划，其中包括对水利建设的战略部署。同年，政府机构的重组进一步明确了水利部门在全国范围内水资源管理的主导作用，涵盖了各种水资源的统一协调。水利部门在深入分析和总结多年管理经验的基础上，提出了新的管理理念，强调从单一的工程建设转向全面的资源管理和可持续发展。这一理念在2002年修订的法规中得到了明确体现，强调了将水资源的可持续利用作为法律的核心目标。为了实现这一目标，水利部门在2007年发布了指导性文件，旨在帮助各地区科学制定用水定额，优化水资源的分配和利用。

（2）实务层面。

随着2000年上海水务局的成立，中国水务管理的整合迈入了一个新的发展阶段。2004年5月，北京市水务局在中央机构编制委员会办公室的批准下正式成立，这不仅标志着北京，也意味着全国范围内水务管理体制改革的进一步深化。此后，包括大连、成都等地的省级或副省级水务局也陆续成立，推动了水务管理的统一和规范。自2002年起，国家相关职能部门便着手筹划并编制了《全国水资源综合开发利用与保护规划》，历经数年努力，该规划于2011年荣获国务院正式批复，自此成为我国水资源开发利用、节约保护工作的纲领性指导文件。同年，国家又启动了全国性的城市饮用水水源地安全保障规划编制工作，这标志着中国在提升饮水安全方面展开了迄今为止规模最大、影响深远的规划布局。2006年，国家进一步启动了流域综合规划的全面修订工作，此项工作得到了全国各省、自治区、直辖市及各大流域管理机构的积极响应与深度参与,成效斐然。至2008年,我国七大主要流域管理机构已初步完成了流域取水总量控制指标体系的构建,并随之在全国范围内逐步推进水量分配与用水定额管理制度的实施。在此期间,共有27个省(自治区、直辖市)发布了详尽的用水定额标准,此举有效遏制了不合理的用水需求,促进了水资源的合理配置与高效利用,进而推动了我国产业结构的持续优化与升级。

根据水利部门的统计,到2008年,全国范围内已颁发超过70万张取水许可证,涉及的水量高达4 500亿立方米①。在水资源管理方面,水量的合理分配和调度已成为常规操作。虽然1988年版《水法》已初步建立了水量分配的框架,2002年的新《水法》也对其进行了补充,但对地方用水总量的监管和明确度不足,水量分配在实际操作中仍面临挑战,导致基于分配方案的总量控制措施难以落地实施。

自1999年起,水利部开始在全国范围内推动各行业的用水定额制定工作。至2008年,已有24个省级行政区制定了具体的用水定额,这对提升水资源的利用效率和建设节水社会起到了积极作用。2008年11月,东阳市与义乌市之间的水权交易开创了国内水权交易的先例,引发了广泛的关注和讨论。此外,国内多地也出现了多种形式的水权交易实践,这些都为水资源的管理和交易提供了新的视角和经验。

2.2.1.5 建立最严格的水资源管理制度

(1)理论层面。

在2009年初的全国水利工作会议上,强调了基于中国的水环境现状,迫切需要实施一项极为严格的水资源管理政策。随后在2011年,中央政府的重要文件《关于加快水利改革与发展的决定》进一步强调了这一点。到2012年,国务院出台了《关于实行最严格水资源管理制度的意见》,全面规划并详细安排了相关措施。该管理体系的核心在于划定"三条基本界限"并执行"四项关键机制"。这些界限和机制覆盖了从水源提取、使用到排放的

---

① 中华人民共和国水利部. 2008年中国水资源公报[R]. 2009.

整个水资源使用周期，旨在确保水资源的合理利用和保护。"最严格"的管理不仅体现在目标设定上，还涉及制度设计、执行措施、监督和责任追究等方面。近年来，中国在水资源管理方面持续努力，不断完善相关的政策和法规，以实现水资源的可持续利用。

(2) 实务层面。

为了有效实施最严格的水资源管理政策，必须获取大量即时水文数据，涵盖从水源提取到使用、消耗和排放的每一个环节。中国幅员辽阔，七大流域横跨广袤地域，河网密布，其水文特性展现出高度的复杂性与动态性。当前，我国水资源开发与利用策略的构建主要依赖于统计数据，这些数据涵盖了行政界限的水质水量监测、区域用水与节水总量的统计、河流入口排污量的记录，以及用户实际取水量的跟踪，要求持续且全面的监测体系作为支撑。然而，现实中普遍存在水资源监控设施不足的问题，这直接导致了水文信息更新不及时、内容不全面，且缺乏直接、精准的计量与检测数据作为决策依据。鉴于当前水文信息监测体系尚未全面覆盖，水资源管理制度在实践中的实施遭遇了不小的挑战，难以充分发挥其应有的效力。为了解决这一问题，2012年5月，中国成立了国家水资源监控能力建设项目办公室，专门负责推进水资源监控能力建设项目。该办公室计划在3~5年，构建中央、流域和省级三级共40个水资源监控平台，并在全国范围内对1.4万个国家级监测点进行监测，涵盖取水、水功能区和省界断面等关键领域，从而为实施最严格的水资源管理制度提供了坚实的技术基础和监测支持。

2.2.2 水核算体系的起源与发展

2.2.2.1 水资源主体界定

在2002年8月29日，全国人民代表大会常务委员会对《水法》进行了重要的修订。此次修订的核心是将水资源管理体制从"集中与分散相结合"转变为"流域与区域管理相结合"的新模式。水利部作为国家级水资源管理的最高机构，其职责包括但不限于水资源的合理开发利用、流域和防洪规划的制定、水利规划和战略的策划，以及相关法律法规的制定。水利部还承担着水资源统一协调、管理和监督的重任，致力于推动节水和水资源保护。与此同时，各省级行政区也设立了相应的水资源管理机构，负责本地区的水资源管理工作。此外，为了更好地管理大型河流，我国还特别设立了流域管理机构，这些机构在水利部的领导下，负责执行国家法律、行政法规，并在水资源管理和监督方面行使相应的职权。

流域内包含了丰富的自然资源和多样的生态系统，经济、社会和生态因素在这一区域内相互依存、相互作用。流域管理机构不仅要负责水土保持、防洪等任务，还需在水资源的分配与保护、扶贫开发和移民等方面发挥关键作用。为有效协调和管理流域内的水资源，流域管理机构需要具备跨区域协调的能力，并在必要时对相关职能部门进行垂直管理。

根据修订后的《水法》，我国的流域被划分为三个主要类别。第一类包括国家认定的关键河流和湖泊流域，例如长江流域（涵盖太湖流域）、黄河流域、淮河流域、海河流域、珠江流域、松花江流域和辽河流域。这些流域不仅跨越多个省级行政区，还对国家的生态平衡和社会发展具有深远的影响。第二类包括其他跨省、自治区、直辖市的重要河流和湖泊流域，例如洞庭湖流域。第三类指不跨越省级行政区的其他河流和湖泊流域。目前，我国在第一类流域上设立了七个流域管理机构，负责实施水利部的水行政管理职责，具有行政职能。同时，还存在着由生态环境部和水利部共同管理的流域水资源保护机构，这些机构通常在行政级别上略低于流域管理机构，专注于资源保护工作。对于第二类和第三类流域，新修订的《水法》在流域管理机构设立方面未予明确界定，这一法律空白在实际水资源管理中引发了管理职能的分散与割裂现象。以新安江流域为例，其管理权被分割至流经的浙江省与安徽省，各自承担部分管理职责。

由于行政区域与流域的界限并不完全一致，行政区域作为国家管理的基本单元，其在水资源管理中更侧重于本地区的经济和社会效益。这种管理方式往往关注于满足本地区的基础设施需求，而可能忽视了与其他流域区域的协调。因此，行政区域的水资源管理表现出一定的局限性、具体性和稳定性。与之相对，流域管理则从整个流域的整体利益出发，考虑效益和实施管理措施。流域管理不仅关注水资源对经济发展的支持，更重视水资源和生态系统的整体性和协调性。流域管理与行政区域管理各有其特点，流域管理更强调全面性和系统性，而行政区域管理则更注重效益和具体操作，这种差异为两者的结合管理提供了可能性。

2.2.2.2 资源核算体系

环境资源核算，也称为绿色 GDP 核算，构成了国家经济核算体系的关键一环，并且逐渐成为全球关注的焦点，亟须进一步的完善与发展。水资源作为国家经济发展和社会进步的基石，不仅是基础性的自然资源，更具有战略性的经济价值。为了深入实施可持续发展的理念，推动资源节约和环境友好型社会的建设，同时促进节水型社会的形成，确保水资源的长期可持续利用，迫切需要在绿色 GDP 核算体系内，加快构建和完善水资源环境经济核算的制度与框架。这一点已经得到了全球众多国家政府和专家学者的广泛关注与重视。近年来，联合国基于 20 多个国家的研究成果和实践经验，编撰了《水资源核算指南》，为我国在水资源核算领域的探索与实践提供了极具价值的指引与借鉴。

在构建这一水资源核算体系的过程中，我们紧密依托国民经济核算体系（SNA）以及环境与经济综合核算体系（SEEA）的坚实框架。该体系的核心在于深度融合经济活动数据与水文信息资源，从经济维度深刻剖析经济体与水文环境之间的相互作用机制，进而构建出一套全面覆盖水资源提取、消耗、排放及其质量演变等核心要素的数据监测与分析系统。此举不仅为水资源管理机构及政策制定部门提供了强大的综合分析平台，还在国民经济核算的广阔背景下，通过深化对水资源相关经济活动的洞察与评估，有效拓宽了国民经济核算的视野与范畴，促进了核算体系的全面深化与拓展。

中国在水资源核算领域的研究可以追溯到 20 世纪 80 年代末期。1991年，李金昌等学者发表了专著《资源核算论》，该书不仅探讨了水资源实物量的核算框架与定价策略，还创新性地提出了水资源价值量的核算方法论，并成功构建了一套系统化的水资源账户体系。这一贡献不仅为水资源核算领域开辟了新的研究路径，更为后续学术研究奠定了坚实而深厚的基础。紧接着，胡昌暖等（1993）对资源定价进行了深入研究，出版了《资源价格研究》，特别提出了基于水资源费的定价策略。此后，众多学者如王政（1992）、吴军晖（1993）、蒲志仲（1993）、黄贤金（1994）、姜文来（1999）、骆进仁（2016）和蔡威熙（2020）等，纷纷对水资源的价值评估、定价策略进行了广泛而深入的探讨。同时，王舒曼（2001）、王树林（2001）、陈东景等（2003）、吕雁琴（2005）、杨艳昭（2018）、孙付华（2018）、佟金萍（2022）和吴青龙（2024）等，也深入系统地探讨了如何将水资源核算有效融入国民经济核算体系之中，通过多维度的方法论探索与具体案例剖析，为这一领域的实践提供了多样化的策略选择与实证参考。2004年，国家统计局与国家环保总局联合开展的"中国绿色国民经济核算体系框架研究"项目，进一步将水资源纳入了自然资源的实物和价值账户中，这标志着水资源核算在国家层面得到了高度重视。沈菊琴与叶慧娜（2005）率先构建了水会计核算的理论架构，并对水资源资产计量方法展开了详尽的阐述与讨论。随后，张雪芳等（2006）在此基础上，进一步深化了对水资源会计账户体系构建、账务操作流程设计，以及信息披露机制的探索与研究。谭益民和张宏亮（2007）提出，为了构建一个全面的水资源宏观会计核算框架，需要从水资源账户的建立、定价机制的研究、水资源耗减价值的分析，以及如何将水资源纳入宏观环境会计体系等四个关键方面进行深入研究。吴优和李锁强（2007）进一步指出，水资源核算框架应涵盖流量核算、资产存量核算、质量状况核算，以及水资源的价值评估等关键组成部分。流量核算关注水在经济体系内的分配及其对环境的影响，资产存量核算则涉及水资源的期初和期末存量及其变化，质量状况核算着重分析不同质量等级水资源的变化，而水资源估价则评估其经济价值，包括使用价值和非使用价值，如遗产价值和存在价值。

自2014年起，国家将自然资源资产负债表的编制提升至战略高度，此举在国内学术界激起了广泛的研究热潮，并催生了诸多具有深远影响的学术成果。陈波和杨世忠（2015）在深入剖析澳大利亚2012年实施的水会计准则后，指出我国在水资源核算与财务会计核算领域面临信息披露不充分及法规体系不健全的双重挑战，进而强调了构建符合我国国情的水会计准则体系的紧迫性与重要性。刘汗和张岚（2015）也借鉴澳大利亚的成功经验，针对我国水会计的发展提出了一系列具有前瞻性的策略建议。与此同时，甘泓等

(2014) 开创性地设计了一套详尽的水资源资产负债表编制实施路径，其独特之处在于创新性地将环境视为一个虚拟的核算单元纳入该体系之中，旨在全面反映经济活动对水资源消耗及水环境造成的负面影响，从而深刻揭示经济体对水环境所承担的"隐性债务"，为水资源的可持续管理提供了更为全面、深入的视角。此外，国务院办公厅在2015年发布的《编制自然资源资产负债表试点方案》中，借鉴了联合国 SEEA-2012 中提出的水资源实物型资产账户的概念，在界定水资源资产核算范畴时，聚焦于年度内可再生的水资源，并结合严格的水资源管理机制，显著提升了核算体系的实用性与有效性。

尽管国内外在水资源核算领域已取得一定研究进展，但鉴于水资源固有的广泛性、流动性及其精确计量的复杂性，针对水资源资产转化流程的水会计核算研究仍显不足，系统性探讨尤为稀缺。当前面临的挑战主要包括：(1) 水资源会计理论体系与报表编制框架的系统构建亟待强化。当前研究多聚焦于单一报表如水资源资产负债表的初步设计，而缺乏对整个会计体系及报表间相互关联性的深入探索。(2) 水资源所有者权益的界定与表达需进一步明晰。当前对于由水资源资产与负债概念派生的"水资源所有者权益"概念，尚缺乏统一且明确的定义，在报表中也未能直接且清晰地反映，这在一定程度上削弱了水资源资产负债表的校验功能。(3) 水资源负债核算的全面性和深度有待提升。以澳大利亚水会计准则为例，其对水资源负债的界定主要聚焦于核算期间外因水文统计年与财政年不匹配而产生的"供水义务未履行"情况，而未能充分涵盖水权主体在水资源获取、分配、使用、消耗及排放全链条中的债权债务关系，以及经济体与环境间就水资源资产所产生的复杂债权债务动态，这些关键领域的核算空白亟待填补。

2.2.2.3 投入产出体系

投入产出分析这一概念最早由经济学家瓦西里·列昂惕夫提出，其核心在于通过分析不同经济部门间的货币交易，揭示产品和服务生产过程及其对环境排放的影响。在中国，众多学者对水资源的投入产出分析进行了深入研究，并取得了显著成果。陈锡康和陈敏洁（1987）全面阐述了水资源投入产出模型的理论框架，并深刻剖析了水价计算过程中面临的多重挑战。随后，高峰等（1998）则进一步构建了针对灌区的投入占用产出模型，并以韶山灌区为具体案例，成功编制了灌区投入占用产出表，这一研究深刻揭示了水资源对区域经济增长所产生的直接贡献与间接影响机制。

刘秀丽等（2003）开创性地融合了替换分析与线性规划技术，针对中国九大流域，精确计算了生产及工业用水的影子价格，为水资源价值评估领域引入了新颖且有效的评估工具。王红瑞等（2007）则采用替代分析模型与多目标规划策略，对北京市的水环境议题展开了全方位剖析，覆盖排污状况、虚拟水流动及其贸易影响等多个维度，这一研究显著深化了对城市水环境综合管理的认知。韩宇平等（2007）依托水资源投入产出宏观经济模型，不仅深入分析了水资源的影子价格，还系统评估了水资源短缺所可能引发的经济损失及其潜在风险概率，为水资源管理实践提供了强有力的经济分析支撑与决策参考。

严婷婷和贾绍凤（2009）创新性地将传统投入产出表与国民经济各部门的取水及排污数据相融合，成功编制了河北省2002年度水资源投入产出表，该表从水资源获取与污染排放的双重维度，深刻剖析了河北省内各行业部门的用水特性。方国华等（2010）构建了针对水资源利用及水污染防治的最优化控制模型，该模型为江苏省在经济发展、水资源可持续利用及水污染防控方面的策略制定提供了坚实的科学基础。

李方一等（2012）研究表明，通过区域投入产出模型可以深入理解山西省经济系统中虚拟水的贸易模式，揭示了该省在虚拟水贸易中的特点，为区域水资源管理提供了新的视角。这些研究成果不仅丰富了水资源投入产出分析的理论基础，还为实际的水资源管理和政策制定提供了重要的参考。

当前，在探讨经济行为如何影响自然环境时，投入产出模型已成为一种主流的分析工具。这种模型通过详细记录不同经济部门之间的交易，帮助我们理解生产活动对环境的潜在影响。具体到水资源的使用，经济—环境投入产出分析（EORA）数据库提供了一个细致的分类，将水的消耗划分为四个主要类别：农业用水、地表和地下水消耗、污染物处理用水以及植物蒸腾用水。其中，农业用水涉及农作物在生长过程中的水分消耗；地表和地下水消耗涵盖了在生产过程中使用的河流、湖泊和地下水资源；污染物处理用水则是指为了满足水质要求，需要额外的淡水来稀释生产过程中产生的污染物；植物蒸腾用水则涉及植物通过根部吸收并释放到大气中的雨水。目前，水资源消耗的研究重点在于如何准确核算水资源的使用量以及计算各经济部门的用水效率。伍新木等（2015）的研究进一步深化了这一领域，他们利用文本分析工具，分析了国内水资源管理研究的流动和变化，揭示了水资源与经济社会系统内部各要素之间的复杂关系。这项研究不仅为我们提供了水资源管理的新视角，也为制定更有效的水资源政策提供了科学依据。孙才志和郑靖伟（2021）在农业用水中加入了水资源消耗量，利用投入产出模型和结构路径分析（SPA）法分析了中国42个部门水资源消耗的总量和结构，以及水资源在生产链中消耗的具体路径。檀勤良等（2021）利用投入产出模型核算我国各省份间的净虚拟水流量，并通过关联分析及量化的风险指标表征了虚拟水流动对输入地区的风险缓解与输出地区的风险增加作用。水资源可利用性的不均衡和相关基础设施投资的不足，迫使水利部门认识到非常规水资源（NWR）在规划可持续水未来中的重要性，安吉拉基斯（Angelakis，2024）强调了现有和潜在可用的NWR，并讨论这些水资源的未来应用。

当前，许多投入产出分析的研究集中于单一领域或特定对象，未能全面整合资源利用、环境保护和经济发展的复杂关系。为了更真实地反映经济活动对资源和环境的影响，应同时评估资源的消耗和废物的生成。这种全面的分析方法要求我们在投入产出模型中，不仅要计入资源利用和废弃物排放，还要考虑资源再生和废弃物处理。具体来说，资源的利用和废弃物的排放应被视为投入，而资源的再生和废弃物的有效处理则应计入产出。通过这种方式，可以构建一个涵盖资源、环境和经济的综合性核算体系，实现三者之间的协调和平衡。这种一体化的核算方法有助于更准确地评估经济活动对资源和环境的影响，为制定可持续的资源管理和环境保护政策提供科学依据。它强调在经济发展过程中，不仅要关注经济增长的速度和规模，还要重视资源的可持续利用和环境的长期健康。通过将资源利用和恢复、废物产生和治理纳入统一核算框架，可以更好地理解和管理经济活动对自然资源和环境的综合影响，推动实现经济、社会和环境的和谐发展。

2.2.3 水管理会计研究动态

2.2.3.1 水信息披露与社会责任研究

在2015年联合国全球契约发起的倡议《首席执行官用水授权行动》中提到，水信息披露即企业向利益相关者报告与其水资源管理现状有关的信息，包括如何实施水资源管理战略及对其他业务的影响等。企业公开的水资源管理信息对于社会大众和所有利益相关方来说，是获取企业水资源利用和管理情况的关键途径。这种透明度也是社会监督企业履行其社会责任的有效方式。根据可持续发展和企业社会责任的理论，外部的利益相关者对企业的水资源使用和保护情况表现出了越来越高的关注和需求。为了满足这些需求并吸引潜在的投资者，企业需要对外公布其水资源管理的详细信息。学术界在这一领域已经开展了大量的研究，涉及如何构建一个全面的水资源信息披露体系，包括披露的内容、标准和评价机制。研究还探讨了影响企业进行水资源信息披露的内在和外在因素，以及如何通过提高信息披露的质量来增强企业的透明度和信誉。

杨美丽等（2002）提出，微观企业应当定期披露或专门报告经营期内的水资源使用情况，使受众者清楚国家水资源的开发利用状况和效果（陈波等，2015）。而森川智之（Morikawa，2007）开始关注企业水信息披露，拉杰普特（Rajput，2013）首次将"水信息披露"引入学术领域。根据美国环境保护署（EPA）的观点，企业公开其水资源管理的相关信息不仅有助于提升其在水环境管理方面的业绩，还对于企业整体的可持续发展具有重要意义。陈波和杨世忠（2015）通过对澳大利亚的水会计准则进行深入分析，建议我国应加强水资源信息的披露制度，通过财务报告的形式，全面、连续地向外界传递水资源管理的详细信息。他们认为，这种做法不仅必要，而且具有实际可行性，能够降低企业的运营成本，提高企业的经济绩效。李大元等（2015）进一步指出，水资源信息的公开披露能够增强企业的盈利能力和能源效率，从而提升企业的经济效益。杜丽州（2013）探讨了跨国公司在水资源管理方面的信息披露与其竞争力之间的关系，认为高质量的水信息报告对于提升企业的竞争力至关重要。曾辉祥等（2020）认为，水资源信息的披露与企业的资本成本存在内在联系，是企业社会成本投入的一部分。李世辉等（2021）研究表明，"水十条"有助于加强高水敏感性企业的水信息披露水平，并且在市场化水平较高的地区、监管距离较近的企业中，"水十条"的出台对企业水信息披露水平的正向影响更为显著。洛佩斯（Lopes，2018）通过分析巴西企业的可持续发展报告和相关数据库，发现企业的水资源信息披露对资本成本有显著影响。周志方等（2021）指出，企业在水资源信息披露的初期阶段，提高披露质量可能会增加资本成本，但随着披露水平的提升，能够减少信息不对称，降低资本成本。此外，水资源信息披露对股价的同步性有倒"U"型影响，特别是在民营企业中表现更为明显（李世辉等，2020）。

在环境科学与会计学领域融合的背景下，学术界对企业水资源管理信息的量化和披露给予了越来越多的关注。近年来，众多研究人员开始从会计学的角度出发，探索如何将企业的用水活动与财务管理相结合，并据此编制相关的水会计报告。这些报告涵盖了水资源的财务状况，如水资源资产负债表、损益表和流量表，旨在为利益相关者提供全面的水资源管理信息（新夫等，2023；贾玲等，2017）。在编制水资源资产负债表的过程中，主要有两种方法：会计核算方法和统计核算方法（郑欢玉和宋马林，2021）。统计核算方法侧重于从宏观角度展示一个国家或地区水资源资产与环境之间的关系，依据"水资源资产减去水资源负债等于水资源资产净值"的原则进行编制，并采用四式记账法和权责发生制为基础。这种方法不仅适用于国家或地区的水资源信息公开，也为公司层面的水资源管理报告提供了参考（耿建新等，2015）。会计核算方法则侧重于以实物量为基础，通过复式记账法来编制水资源资产负债表。这种方法遵循传统的会计等式"资产等于负债加所有者权益"，并采用权责发生制原则，旨在全面反映企业的水资源利用情况，促进资源的经济效益、社会效益和生态效益的最大化。通过这种方式，企业能够更有效地向外界披露其水资源管理的详细信息，增强透明度和责任感。

企业效益是一个综合性指标，它能够全面反映企业在经济管理方面的整体表现。在学术界，对企业效益的分类方法多种多样，不同的研究者会根据他们的研究视角和研究目标,采用不同的分类标准。例如,凯瑞(Kerry,2004)基于水资源利用所产生的价值,将企业效益分为直接效益和间接效益两大类。这种方法强调了水资源在不同使用场景下对企业效益的贡献。而甘泓(2009)则从水资源应用的受益对象出发,将企业效益细分为社会效益、生产效益、生态效益和环境效益。这种分类方式有助于清晰地识别和评估水资源在不同领域中的作用和影响。

此外,许多学者在研究企业效益时,还会将企业社会责任纳入考量,将其与企业的行业属性、经济表现和环境影响等多维度结合,这种分析方法有助于全面理解企业效益的构成和影响因素,为企业可持续发展提供更有价值的参考。

近年来的学术研究表明,企业在履行社会责任时,其所属的行业特性是一个不可忽视的关键因素。詹金斯等(Jenkins et al,2006)指出,特别是那些在生产过程中产生较多污染的企业,往往更可能在社会责任方面投入更多的努力,以减少对员工和环境的负面影响。雷韦尔特(Reverte,2009)进一步强调,那些在公众中具有较高知名度或敏感性的企业,更倾向于通过积极履行社会责任来提升其品牌形象,并以此提高企业的经济效益。马连福和赵颖(2007)、何丽梅等(2010)都证实了行业属性在企业社会责任信息披露中的重要性。

在经济效益评估方面,马斌、解建仓和汪妮(2001)率先运用模糊综合评价法,对水库调节所带来的经济效益进行了深入且系统的剖析。随后,雷杰等(2008)探讨了企业社会责任践行如何与企业经济效益的增进及可持续发展的目标相契合,揭示了企业通过积极履行社会责任能够有效增强其市场竞争力的内在逻辑。李武武和王晶(2013)基于利益相关者理论框架,利用来自25家上市公司年报的实证数据,进一步证实了企业社会责任与经营效益之间存在显著的正面关联性,为企业社会责任的经济价值提供了有力证据。王文成和王诗卉(2014)明确指出了企业社会责任与企业绩效之间的联动作用,即社会责任的履行能够积极促进企业绩效的提升。赵芸和黄解宇(2018)再次验证了企业社会责任对经济绩效的直接且正面的影响,强调了在企业战略规划中融入社会责任元素的重要性。

米子川和关浩杰（2009）运用层次分析法，基于社会、经济与生态等多重维度对水资源综合利用效益展开了全方位剖析。李婉琳（2015）立足企业的经济与社会双重角色，提出企业承担社会责任是对其追求经济与社会利益最大化目标的一种有益补充与战略调整，这一观点强调了社会责任承担对于促进企业长期稳健发展的正面效应，为企业的可持续发展路径提供了新的视角。

在环境绩效评价体系构建上，谢芳和李慧明（2005）率先设立了环境绩效评估的计算模型，深入探讨了企业环境责任如何作用于生态效益的生成与提升。随后，根斯特等（Guenster et al, 2011）引入了生态效率评分机制，实现了对生态效益更为精细化的量化评估与分析。辛杰和张兰燕（2018）则将焦点转向了企业社会责任的内在运作逻辑与外部驱动因素的综合考量，利用大数据技术的优势，深入剖析了企业社会责任实践的深化如何促进资源的高效整合与生态效益的显著提升，为理解企业社会责任与环境保护之间的动态关系提供了新颖而深刻的见解。

企业实施水资源管理的可持续策略，是构筑经济发展与自然资源及环境共生共荣的关键桥梁。经济视角层面，此类管理举措不仅助力企业实现成本削减与效益增长的双赢局面，还能有效惠及整个供应链生态，促进经济体系的整体优化。转向环境维度，采取诸如保护水域生态系统、实施水源地植树造林等行动，对于生态系统的维护与恢复至关重要，能够增强生物多样性保护力度，并显著降低温室气体排放，为应对气候变化贡献力量。社会层面，通过确保清洁水源的供应、改善环境卫生条件及促进个人卫生习惯的养成，企业能够显著提升公众健康水平，为民众带来更加优质的生活品质，进而推动社会的和谐与进步。这些措施不仅有助于企业自身的可持续发展，也为社会的可持续发展作出了积极贡献。

2.2.3.2 水风险研究

早在20世纪50年代末期，学术界就开始关注水资源系统中的风险问题，随后几十年间，这一领域的研究逐渐增多。世界自然基金会（WWF）和德国发展机构（DEG）将水风险定义为，由自然条件和人类行为引发的与水资源相关的潜在风险。这些风险不仅对企业评估外部威胁至关重要，也帮助投资者识别可能影响其投资价值的水资源问题，并为政府机构提供了深入理解水资源安全的关键指标。赖格等（Reig et al, 2013）将水风险细分为物理水量风险、物理水质风险以及监管和信誉风险三个方面。唐登勇等（2018）根据太湖流域的水环境现状、企业管理方式、相关标准及法规，修订了部分指标，建立了包括物理风险指标9项、监管风险指标4项和声誉风险指标9项的太湖流域企业水风险评估体系。霍夫施泰特等（Hofstetter et al, 2024）研究了农村水资源公地的威胁与前景。新夫等（2024）将企业所面临的水风险进一步细化为物理性风险、监管约束风险及声誉损害风险三大维度。物理性风险聚焦于水资源供应的稳固性议题，具体涵盖了水资源短缺危机、供水系统波动性、降水量缩减趋势、干旱灾害频发、洪水泛滥威胁以及水质恶化等一系列挑战，这些因素均对企业的持续运营策略与经济活动稳定性构成了不容忽视的关键影响。监管约束风险则涉及水资源管理和使用所面临的政策和法规方面的挑战。碳信息披露项目（CDP）在2013年的一项调查中发现，尽管水资源风险重要性日益凸显，但全球500强企业中仅有1/3意识到这一点，并未将其作为优先考虑事项。水资源管理的不足不仅可能导致企业的运营、声誉和财务风险，还可能成为投资者关注的焦点。

中国学者在水资源风险管理领域开展了广泛而深入的研究。具体而言，陈韶君等（2000）便运用蒙特卡罗模拟技术，针对黄河下游供水系统，在不同用水需求情境下评估了其缺水风险。随后，胡国华等（2001）创新性地开发出灰色—随机风险率模型，有效评估了嘉陵江苍溪段区域面临的有机污染风险。郝光玲等（2017）以北京市为案例，结合改进的模糊综合评价与灰关联分析模型，深入研究了南水北调受水区的水资源短缺风险问题。在面对水资源调度系统复杂性与不确定性的挑战时，付强等（2018）设计优化配置模型，旨在有效应对灌区水资源短缺风险。方思达等（2018）聚焦于气候变化对南水北调中线工程水资源供应的潜在影响展开了深入探讨。梁彩霞（2018）将因子分析法与熵权法相结合，对地区性水资源短缺风险进行了综合评价。此外，赵钟楠等（2019）从水量、水质及水生态要素三个维度出发，对水资源风险的内涵进行了深刻剖析。伍海泉等（2021）基于循环经济、资源价值流转及风险管理等理论,结合层次分析法与物元可拓模型评价法,构建了一个涵盖输入、循环、输出、管理四维度的水财务风险评价体系,并成功应用于 H 纺织企业,实现了对其水财务风险的精准评估。

这些研究成果不仅为水资源风险的识别、评估和管理提供了理论基础和实践指导,而且对于构建水权制度、流域初始水权分配、水权交易的理论框架以及交易方式和模型的构建具有重要的借鉴意义。通过这些研究,我们能够更深入地理解水资源管理的复杂性,并为实现水资源的可持续利用提供科学依据和技术支持。

2.2.3.3 水成本核算与计量研究

(1) 水成本核算。

水资源的有效管理需要依赖于企业对水使用的精确核算,这构成了水资源管理决策的基石。在 2022 年,欧洲财务报告咨询组推出了《双重重要性概念指引》,该指引强调了在财务报告中同时考虑财务影响和环境及社会影响的重要性。此外,国际可持续发展准则理事会也强调了将与可持续发展相关的财务信息纳入财务报告的重要性,认为这为传统的财务报表提供了必要的补充和深化。这些举措表明,环境因素在企业财务决策中的角色日益重要。根据国际会计准则制定机构的观点,环境成本不仅包括企业为了减少其运营对环境的负面影响而采取的措施所产生的成本,也包括企业为了遵守环境法规和实现环境目标而产生的额外费用。这些成本反映了企业在负责任地管理其对环境的影响方面的努力和支出,是企业可持续发展战略的重要组成部分。因此,企业在进行财务规划和报告时,必须将这些与环境相关的成本纳入考虑,以确保其财务报告的全面性和准确性。水成本是环境成本的一个分支,主要是核算水资源流转所带来的费用。

在中国的会计学术领域,普遍认同会计学科可以从两种主要视角来理解:一是将其视为一种"管理活动";二是将其看作一种"信息系统"。从管理活动的角度来看,会计不仅是数字的记录和计算,还是一个涉及收集、处理和应用经济数据的动态过程。这种方法强调通过会计手段来组织和指导经济活动,从而实现对经济效益的控制和优化。它促使经济活动的参与者在全面评估各种选择的利弊后，作出明智的管理决策。

"信息系统论"则将会计视为企业内部促进经济活动和加强管理的工具。它的目标是通过提供详尽的财务信息，帮助企业在微观层面上更好地理解和管理其经济活动。这种观点认为，会计系统是企业内部信息流通的重要组成部分，它为决策者提供了必要的数据支持，从而有助于提升企业的经济管理水平和经济效益。因此，会计不仅是一种记录工具，更是一种战略资源，对企业的运营和发展具有深远的影响。

从"信息系统论"的视角出发，水资源环境成本会计可以被视为一种周期性更新的经济信息平台，旨在为各利益相关方提供关键的水资源管理数据。这种方法侧重于通过货币单位来量化水资源的流动和存储，整合跨学科的知识进行综合核算和监管。在"管理活动论"的框架下，水资源环境成本会计则被看作一种管理工具，它在水资源的生态循环中发挥作用，监控和指导水资源的经济循环，确保水资源会计信息的准确性和有效性。其核心目标是为决策者提供全面的信息支持，从而促进水资源的高效开发和利用，推动经济和生态效益的提升，实现可持续发展的目标。甘泓和高敏雪（2007）提出，在中国，水资源和矿产资源的所有权依法属于国家，政府据此设定资源价格，这与西方市场驱动的定价机制有显著不同。这种由政府主导的定价方式可能未能充分反映资源的真正价值，限制了资源稀缺性在市场交易中的体现。刘普和高鑫（2010）强调市场机制在资源配置中的关键作用，认为水资源作为一种宝贵的经济资源，应通过市场手段实现其高效利用和合理分配。孙秀敏等（2010）指出，尽管城市水价的制定考虑了成本因素，但并未全面涵盖水资源的内在价值和相关的环境成本，导致经济核算未能充分反映资源消耗对资源价值的影响，从而低估了经济活动的外部成本。这些研究项目旨在更全面地评估自然资源在经济发展中的角色和价值，推动对环境成本的系统性考量和核算。

（2）计量研究。

企业在进行水资源环境成本的核算时，涉及对这些成本的量化，这包括对相关经济活动产生的成本进行识别和确认，然后采用合适的计量方法和单位来确定这些成本的具体数额。这一过程是确保企业能够准确反映其水资源使用和保护成本的关键步骤。

依据《企业会计准则》，在会计核算中可以使用多种计量属性，如历史成本、重置成本、可变现净值、现值及公允价值等。在水资源会计核算中，历史成本和公允价值是两种主要的计量属性。历史成本法侧重于记录实际发生的交易成本，一旦确定则保持不变，这有助于确保会计信息的可靠性。例如，企业为获取水资源使用权而支付的费用，即在支付时点确认为历史成本。公允价值法则基于市场交易中的自愿交易双方所达成的价格，国际会计准则理事会（IASB）和美国财务会计准则委员会（FASB）均强调了在没有强制或清算销售的情况下，交易双方在公平交易中所认可的价值。这种方法要求一个活跃且成熟的市场，以及交易双方对市场情况的充分了解。

贾亦真（2022）为落实水资源资产负债的编制，提高核算主体水资源资产化管理水平，在对比分析水资源和资产定义的基础上，明确界定了水资源资产的概念和范围。他建议，根据水资源服务价值和水权益实体对水资源的不同用水方式，将水资源资产划分为水权资产、水经济资产和水生态服务资产3大类14个子科目，并确定了水资源资产各科目的核算模型，进一步完善了水资源资产的确认、计量和列报体系，为区域水资源资产负债表的编制提供了一定的理论和实践参考。

在环境会计领域，关于如何计量环境成本的问题，学术界存在多种不同的观点。尽管议论纷纭，但学术界普遍的共识则是环境成本的计量方法应综合考虑定量和定性因素。在这一过程中，货币计量继续发挥其核心作用，而非货币计量则是作为补充。此外，有时为了更全面地反映环境成本，还需要辅以文字描述来提供额外的解释和细节。根据边际效用理论，所有环境资源的价值都可以通过其效用来评估，而在市场经济中，货币作为普遍的计量工具，自然成为衡量效用的一种方式。

鉴于环境资源的独特性质，完全依赖货币计量是不够的。许多影响环境资源的因素，如社会和经济因素，往往难以用货币来量化。因此，许多专家提倡将货币计量与非货币计量相结合，以更全面地评估环境成本。非货币计量可以包括多种指标，如经济技术指标（例如，每单位产值的污染物排放量）、质量指标（如达标率、处理效率、减少率），以及实物数量指标（如每小时污染物排放量)。这种多维度的计量方法有助于更准确地捕捉环境资源的复杂性和多样性。

2.2.3.4 水资源项目投融资研究

在中国,水资源的保护和可持续管理是一个日益重要的议题,涉及多种投融资机制。目前,主要的投融资途径包括政府财政拨款、银行信贷、资本市场直接融资、公私合作伙伴关系(PPP)模式,以及其他创新金融工具。国内学术界对此进行了深入研究,旨在探索更有效的资金筹集和使用方式。王军等(2012)指出,当前的投融资体系尚不完善,这限制了对水资源保护项目的投入。他特别强调了融资渠道单一性、融资机制滞后性、融资主体和领域不明确性,以及融资效益评价体系不完善性。吕梁等(2014)认为,我国在水资源保护投融资机制方面存在显著的短板,包括投资水平与环境质量改善需求之间的差距、投资主体角色的模糊性、投融资政策工具的缺乏以及配套建设的不足。为了解决这些问题,秦凤华(2008)提出,市场化手段是解决流域污染治理投融资问题的有效途径。董蕾(2012)建议实施流域水污染防治的社会补偿政策和税收补偿机制,以激励更多的投资。郑俊敏(2013)建立了一个多层次的环保投融资风险分担机制,以保护投资者的利益。柯任泰展和陈建成(2016)通过对河南省一个水生态文明项目的案例分析,展示了如何通过引入社会资本与政府合作,形成项目公司并提供资本金,依靠政府逐年回购的方式,来吸引社会资本参与公益性建设项目。他们的研究为吸引非国有资本参与水资源保护项目提供了新的视角和方法。这种合作模式不仅能够增加资金的流动性,还能够通过公私合作提高项目的效率和效果。

在深入研究水资源的保护和融资策略时,高令梅(2009)通过比较太湖与泰晤士河两大流域的治理策略,提出我国应采纳泰晤士河的治理经验,发展水权交易体系,实现水权的公平分配与有效流通,以及市场机制的健全运作。徐波(2011)以国家开发银行对太湖流域综合整治的金融支持为例,细致分析了资金的供需平衡,并强调了构建政府、金融机构与企业之间的合作融资模式的必要性。卢静等(2022)系统梳理、评估了长江经济带水环境治理投融资现状与成效,研究测算了长江经济带高质量发展背景下"十四五"

时期水生态环境保护设施投资需求。深入剖析当前水环境治理投融资存在项目实施系统性不强、未能形成治理合力、资金总体投入不足、投资回报机制不健全等突出问题，充分借鉴国外田纳西河流域治理、湿地缓解银行等先进经验与实践，从科学规划并实施流域治理重大项目、拓宽政府资金筹措机制、破解社会资本参与生态环境治理瓶颈问题、强化绿色金融支持等方面提出建议，以期构建支撑长江经济带高质量发展的水环境治理投融资机制，助力形成全社会共同参与的"共抓大保护、不搞大开发"格局。

2.2.4 研究评述

2.2.4.1 独特贡献

如今，水已远远不再是自由利益，而是越来越有价值的资产，因此必须对其进行会计管理。水会计学科的诞生，是在工业快速发展与环境保护需求不断增强的背景下应运而生的。水会计不仅关注水资源的财务价值，更重视其在生态系统中的长期可持续性，以及水资源管理对企业社会责任的影响。它通过整合会计学、环境科学、经济学和法律等多学科理论与方法，为水资源的合理利用、保护和报告提供了一套全面的分析工具和决策支持。水会计实践有助于推动企业在追求经济效益的同时，也承担起环境保护的责任，实现经济、环境和社会的和谐发展。

（1）水会计作为一种前沿学科，致力于对水资源及其相关权益进行细致的记录和监管。它在促进我国生态文明建设、实施严格的水资源管理政策、发展水权交易市场以及完善水资源评估体系等方面发挥着关键作用。水会计的实施不仅有助于提升水资源的规划和管理效率，还为构建自然资源资产负债表提供了理论基础和制度设计参考。通过这一学科的应用，可以更科学地评估水资源的价值，优化其利用方式，确保水资源的可持续管理和保护。此外，水会计的推广还有助于提高公众对水资源重要性的认识，促进全社会对水资源保护的参与和支持，从而推动经济、社会和环境的和谐发展。

（2）水会计作为一门新兴学科，其重要性在于它能够强化会计和审计在维护经济秩序中的核心作用。它通过调整政府在水资源政策制定、执行和监督中的多重角色，为水权交易市场的健康发展和水价的市场化提供支持。水会计的实施有助于形成更加公正和透明的市场环境，促进水资源的合理定价和有效配置。此外，水会计为国家和地区提供了一套强有力的监督和评价机制，用以监测和评估水资源管理政策的执行情况，确保政策的实施效果与预期目标相符。这一机制的建立，推动了水资源核算和管理向更高层次的精细化和标准化发展，提高了水资源管理的效率和透明度。水会计的深入应用，还有助于提高公众对水资源重要性的认识，激发社会各界对水资源保护的积极参与。通过教育和宣传，水会计可以成为连接政策制定者、执行者、监督者以及公众的桥梁，共同推动水资源的可持续利用和环境保护，为实现绿色发展和生态文明建设作出贡献。

（3）水管理会计学科在提升公众对水资源相关风险和机遇的认知方面发挥着至关重要的作用，它为及时采取有效措施以降低风险和把握机遇提供了基础。这一学科通过全面展示不同的水资源管理工具，促进了信息的有效传递，增强了管理层对水资源状况的理解和决策能力。同时，水管理会计还支持不同业务部门之间的协作，推动跨领域的团队合作，共同应对水资源管理的挑战。对于水资源会计领域本身，水管理会计的研究有助于揭示水资源管理工具的实施与企业水资源管理改进之间的内在联系，为理解和优化水资源管理提供了新的视角。其最大的优势在于能够整合来自不同来源的价值信息，为决策者提供全面、准确的数据支持。这种整合能力不仅有助于提高水资源管理的效率，还能够促进水资源的可持续利用，支持企业的长期发展和社会责任的履行。通过这种方式，水管理会计成为推动水资源保护和合理利用的关键工具。

2.2.4.2 未来发展方向

尽管水会计作为一个研究领域已经取得了一定的进展，但目前的研究尚未触及其核心问题——水资源的核算。此外，对于水会计的进一步拓展性研究也相对缺乏，这在当前经济背景下，难以满足我国对可持续发展的迫切需求。水会计的核心在于如何准确核算和管理水资源，这不仅涉及水资源的财务价值评估，还包括其生态价值和社会效益的考量。现有的研究往往集中在理论探讨和初步实践上，缺乏深入的实证分析和系统性方法论。这种局限性限制了水会计在实际应用中的有效性和广泛性，难以为水资源的可持续管理提供充分的支持。为了满足我国在可持续发展方面的迫切需求，水会计研究需要进一步深化和拓展。这包括但不限于：开发更为精确的水资源核算方法，探索水资源价值评估的新途径，建立适应不同地区和行业的水资源管理模型。通过这些研究，可以为政策制定者和企业管理者提供更为科学和实用的决策工具，促进水资源的合理利用和保护，支持经济的可持续发展。此外，水会计的拓展性研究还应关注其在不同经济和社会背景下的应用，考虑如何将水会计与其他学科如环境科学、经济学、法律等相结合，形成跨学科的研究视角。这不但可以丰富水会计的理论基础，也能够提升其在实际应用中的灵活性和适应性，更好地服务于我国可持续发展的战略目标。

（1）加强我国水会计的基础理论与核算方法的研究问题刻不容缓。当前，对水会计概念的明确界定变得极为迫切，同时，水成本核算方法亟待实现多样化。物理流核算是价值量核算的基石，而水足迹的精确计算不仅关系到管理会计，更深入到环境科学的领域。未来的研究需要跨越学科界限，深入探讨水权成本核算的技术方法，包括但不限于全生命周期分析方法和投入产出分析方法等度量方式，这些都需要学术界的深入研究和探索。水会计研究的深化应致力于概念的精确性，确保其内涵的清晰与外延的适应性。技术方法上，需要探索更广泛的核算途径，以适应不同地区和行业的特定需求。这不仅包括对现有核算技术的优化和完善，也涉及对新兴核算工具的创新和应用。水会计研究应关注其在实际操作中的可行性和有效性，通过实证研究检验不同核算方法在实际水资源管理中的应用效果，为水资源的合理配置和有效保护提供实践指导。同时，研究还应考虑政策、经济、社会等多方面因素，确保研究成果的全面性和深入性。通过这些综合性研究，水会计将更好地服务于水资源的可持续管理，为实现经济、社会和环境的协调发展提供有力支持。

（2）水会计的发展需要理论与实践相结合。企业在微观层面需要积极推进实践操作，通过实际操作积累宝贵的经验，进而提炼出理论。这种理论的形成不仅是对实际操作的简单归纳和总结，更包含了对实践过程中的经验、成果进行深入的批判性思考、规范性调整和理想性指引。通过这一过程，企业能够不断优化自身的实践方法，提升实践效果。其中，企业应注重理论与实践的相互促进。理论的提炼和完善应基于实践的反馈，反过来，理论的深化和应用又能指导实践，形成良性循环。这种互动不仅有助于企业在实际操作中发现问题、解决问题，还能够推动企业在更高层次上进行创新和改进。此外，企业在推进实践的过程中，还应注重跨学科的学习和借鉴。通过吸收不同领域的知识和方法，企业能够更全面地理解和应对实践中遇到的复杂问题。这种跨学科的视角有助于企业在理论和实践之间建立更加丰富和多元的联系，从而推动企业在理论和实践两个层面都实现更高质量的发展。最终，企业在微观层面的实践和理论的相互促进，不仅能够提升企业的竞争力，还能够为整个行业乃至社会的发展作出贡献。通过不断的实践探索和理论创新，企业能够更好地适应不断变化的市场环境，实现可持续发展。

（3）如何通过将传统的环境会计和管理会计的知识运用到水管理会计中发挥水管理会计的作用等问题仍需深入探讨。例如识别水管理会计信息的提供者、理解不同用户对水管理会计数据的需求、评估这些数据的有效性，以及如何将水管理会计数据整合到跨行业的系统中，是实现水资源管理绩效准确、全面和一致反映的关键步骤。这涉及对水管理会计数据的深入分析和应用，确保其在不同行业和领域中发挥最大效用。进一步地，研究还应关注企业管理者如何利用水管理会计来优化企业的业绩。这包括如何通过水管理会计的实践来改善企业的沟通、计划、控制和激励机制，实现这些管理活动的协调一致。通过这种方式，企业能够更有效地管理水资源，提高资源利用效率，促进企业的可持续发展。类似于碳会计，水管理会计的研究也可以探索合适的信息系统，以识别和支持供应链中的水资源风险管理。这不仅有助于企业识别和管理水资源相关的风险，还能够提升供应链的整体稳定性和抗风险能力。通过这些信息系统，企业可以更好地监控和管理水资源的使用，确保水资源的可持续利用。此外，水管理会计的研究还应考虑其在不同经济和社会背景下的适用性和可行性。通过跨学科的研究方法，结合经济学、环境科学、管理学等多个领域的知识，可以更全面地理解和解决水资源管理中的问题。这种综合性的研究方法有助于提升水管理会计的科学性和实用性，推动水资源管理向更高层次的精细化和系统化发展。最终,水管理会计的研究和实践不仅能够提升企业的水资源管理水平,还能够为整个行业的水资源保护和利用提供支持,促进经济、社会和环境的协调发展。通过不断的探索和创新,水管理会计将能够更好地服务于水资源的可持续管理,为实现绿色发展和生态文明建设作出贡献。

第 3 章

水管理会计基本理论体系构筑

3.1 学科基础

3.1.1 环境经济学

中国环境经济学的发展始于 1978 年全国哲学社会科学发展规划会议，该次会议强调了使用经济伦理等社会方法来解析环境问题的必要性。历经长期演变，其研究焦点已经由不可再生资源扩展到可再生资源（涵盖可再生能源的消耗速率、管理规则、具备可再生特质的生态体系及可再生能源对于贫困国家的意义等）。

在水的开采与应用中，可能会出现外部性，这是环境经济学的核心概念之一。所谓外部性，就是指当某个个体未经过市场交易时，其行为会对其他个体的利益造成影响，而无须承担任何费用或者获得相应的回报。由于水资源是一类公用资源，一旦某一公司对于水资源的消费上升，那么另一公司的消费就会相应地下降。公共产品非排他性这一特性导致了水资源对外部效用的形成。这种状况对水资源相对稀缺地区的企业影响尤为明显。个体用水行为可能对其他人和生态环境造成损害而未被计入其个人成本中，这使得人们对于水的掠夺变得过分强烈。正是因为这种外部性的存在，引发了水资源危机。基于环保经济学视角来看待这个问题，解决水资源危机的目标是把这些外部费用纳入个体成本里，从而实现资源分配最优化。

环境经济学作为水管理会计体系的一个组成部分，为水资源问题的解决提供了思考路径。确认并处理水权主体的责任、权益和利益关系是解决水资源危机的重要前提。这不仅是为了保护环境，而且能够在各个企业不造成资源浪费、减少资源配置损失的情况下，实现企业经济效益的最大化和提高水环境保护自主性与积极性。

3.1.2 资源经济学

经济学是一门对人类社会各种经济行为和关系进行全面研究的科学，同时也是一门探索如何有效地将稀缺资源应用于经济活动的科学。将资源因子延伸至经济学科，即形成资源经济学。资源经济学是一个新兴的学科，它将经济学原理和方法应用于研究资源与可持续发展之间的关系。经济学中的供给与需求、公共物品与外部性等理论都能在资源经济学中得以运用。尽管资源经济学起源于经济学与资源科学的发展，但是它对资源流动性的理解并非仅仅是对前者的继承，而是在此基础上将其扩展为四个主要因素，即物质流、人员流、能源流及价值流。在这四者中，价值流是其他三项元素经济变动的体现。

随着中国经济社会的发展，工业企业过量使用与消耗的水资源已经超过了水的供应能力和生态环境承载力，导致供水不足的问题愈发严重，进而成为影响国家发展和社会进步的关键障碍。然而，水资源经济学作为资源经济学重要的子领域，它是在一系列关于水资源经济学的理论基础之上构建而成的，并致力于解决如何最优分配有限的水资源这一核心议题。本书同样以该学科为基础，通过对水资源经济价值的分析，以及结合企业用水的外部性，帮助企业评价水资源利用效率，从而达到水资源高效、循环利用的目的。

3.1.3 循环经济学

循环经济发展模式是通过采用可持续方式，根据生态环境的原则制订计划并对各类天然物料及其承载力作出合理的安排，尽量从可以再生原料出发，同时兼顾到维护自然的需要和社会发展进程的积极活动。这种模式旨在让消费行为融入大自然的进程中去，确保所有原料和能量都能在一个有效且全面的环境管理体系下获得最大化的应用率，以此减少经济活动在消耗这些东西时可能产生的负面影响并且逐步改善其结果，最终实现社会发展的绿色化转型。

构建循环经济发展模式需要遵从"减量化（reducing）、再利用（reusing）和再循环（recycling）"的原则组合（简称3R原则），每个原则对于该发展模式都至关重要并缺一不可。这种类型的发展模式旨在使产品经过消费者使用之后可以再次转化为可以使用的二次原料而非成为无用的杂质或污染源，如果某些产品无法直接用于新的用途，可以在处理时期重新利用，所以该模式对公司在生产全流程中尽可能地节约能源并且尽量减少有害物质及固体废料产生起到监督作用。

众所周知，水资源短缺是遏制中国经济发展的主要因素，且企业面临的水资源风险已被界定为"因水的品质和数量大幅度降低导致的危害人类健康及经济活动的负面效应"。优化公司用水方式是解决水资源紧缺问题的关键手段，并且合理使用和高效管理水资源已成为公司运营中不可或缺的部分。唯有妥善平衡生态环境与经济发展，才有可能达到经济和社会双赢的效果，从而在推动社会经济可持续发展的过程中降低资源耗费和环境代价。

3.1.4 环境会计学

会计学的核心内容是以货币为主要计量手段，通过设置会计要素，核算企业的经济业务活动，以了解企业活动的价值变动状况及其原因。其核算对象是企业自身的资金运动，通过对资产、负债、所有者权益等静态要素的确认、计量，反映企业的资金存量状况，以及对利润、收入、成本等动态要素的确认、计量，掌握企业的资金流量，两者相辅相成，形成了会计学的核算方法体系。

环境会计学是在会计学基础之上延伸而来的，通过连接与企业相关的环境系统，形成会计学的分支学科。它将传统会计学中确认、计量、记录和报告的对象拓展到环境领域,在追求经济利益的同时,兼顾环保责任。对于环境会计的概念界定是:它是一种基于经济持续发展的策略导向,利用会计的基本原则及方法为理论框架,通过使用定性和定量方法,同时基于国家和企业的长期经济发展这两方面来构建环境会计的管理工具,并对其产生的影响进行确认、计量和报告的一系列活动。环境会计学借用会计学关于环境成本核算的原理,并且在此基础上进行了一定程度上的扩展、深化,最终形成了主要用于管控公司环境成本的环境管理会计学。

环境财务会计和环境管理会计属于环境会计的分支,尽管两者与水管理会计的研究假设、研究对象、研究基础等方面有一定的相似度,都能对本书有一定的借鉴意义,但是也存在本质的不同,相较于对环境污染末端的研究,本书以企业水资源为研究对象,以循环经济为目标,综合考虑企业在水资源、环境与经济绩效之间的综合协调发展关系。虽然环境会计学在企业循环经济发展及应用中仍存在诸多缺点,但其很多相关原理和方法,仍能为本学科提供重要的理论支撑。如水成本管理中的价值链分析需以会计学的货币计量理论为基础,成本分类方法也需要借鉴会计学。

3.2 理论基础

3.2.1 可持续发展理论

可持续性的定义包含三个主要方面:可持续生态、可持续社会及可持续经济发展。可持续发展以生态环境及其资源为基础,提出了一种长远的人类社会发展策略,其吸收了环境经济学中的理念,即经济活动对环境的影响是双向的,需要保证"经济—社会—自然"三维复合协调发展。从可持续发展理论来说,其核心思想与经济发展并不相悖。追求经济发展是人类社会永恒不变的追求。对于国家来说,推动经济发展更是亟待解决的问题。可持续发展是一种旨在改变高投入、高污染、高消耗、低产出等特点,推动建立经济、资源环境及社会复合系统持续、稳定、健康发展的共同发展模式。

与碳管理会计理念不同，相较于强调碳排放所带来的环境后果，水管理会计更注重的是企业如何充分利用水资源、降低用水成本、关注水资源回收以及减少水资源浪费等问题。水资源是一种共享资源，任何使用者的负面行为都可能影响其他人。因此，水资源使用反映了风险共担的理念，也就是说，政府、社区和企业应该对其所使用的淡水资源负责。在企业部门中，水资源消费的透明度和持续性压力尤为突出。

本书在可持续发展理论的基础上，形成水管理会计体系，企业以"双控约束"原则作为行动指南，提升其水资源利用效率，这既有助于优化企业的公共形象并强化竞争实力，也能推动绿色经济发展与社会的持续进步。本书预期能为企业增加环保责任感及改进水资源利用效率带来启示，同时也会给出企业面对水问题的更具体有效的解决方案。

3.2.2 利益相关者理论

近期以来，随着环境管理会计理论体系的发展，企业水管理会计已成为重要的扩展领域，主要目的是协助公司制定经营策略及提升与水资源相关经济活动的环境和经济收益。公司应把注意力集中在优化水资源的风险控制流程、水资源利用的效应、运营效率等方面。所以，有效的水管理会计对于公司以环保为主导的用水管理至关重要，它可以全方位地评价直接或间接用水对区域和生态环境造成的影响，履行相应义务，承担相应责任，考虑到与水资源关联的物理风险，追踪水资源管理的实际效果变化，并且真实准确地向核心利益方传达这些信息变得非常必要。水资源管理的目标对象不仅包含外部用户，还涵盖了内部和外部决策者。由此可见，水资源管理目标不局限于内部决策者，这也证实了利益相关者在其中的重要性。

应用于自然资源管理的利益相关者理念具备以下优点：这可以促使各方共享资讯、需要、策略与知识，以协同一致地实现社会目标；向利益相关者及大众传递适当数据，让其理解项目进展、存在的问题及其重要性；增进不同利益团体之间的互信度，降低可能出现的摩擦并推动有效的协作；明确公众关注的焦点和价值观，从而达成共识；借助合作与协调构建弹性的工作小组，使得计划制定和实施更具自主性和适应力，保障其持续性。

不同于传统利益相关者理论，本书重点探讨企业本身水资源管理利用情况及效率，该理论有助于企业在进行水管理的过程中，考虑利益相关者，从而让利益相关者以不同形式参与到企业水资源的治理中，形成利益相关者共同治理的局面。

3.2.3 资源流理论

根据资源科学的观点，资源流被界定为：在人类行为的影响下，资源会在不同的行业、消费链及地区间发生移动或转变，这包含了资源的地理空间位移（横向流动）和资源在企业的经济活动中所发生的形态、功能和价值的转化过程（纵向流动）。资源流理论则是以资源—环境—经济—生态为基础，涵盖物质、能量、价值、劳动力等基本要素。

基于资源纵向流动理论，起始资源的物质形态会随公司的制造进程持续改变，一部分资源会在公司内被再次使用或重新分配，极少部分资源能返回到大自然，剩下的绝大多数则转化为其他形态，例如商品及废料输出公司，同时在此期间，其价值也在变动。因此，可以将企业看作资源消耗、价值转变的载体，分析资源"纵向流动"的全过程，不仅能够了解企业生产流程中资源形态的变化，还有助于评价企业内部资源流动的利用效率，包括物质循环效率、能量转化效率和经济效率，从而为资源的高效利用、企业可持续发展提供依据。水管理会计以该理论为基础，通过探寻水资源的价值流动，对企业层面水资源流的分析与评价，构建水资源流的价值核算与分析评价体系，促使企业不断改进自身的产业链和减少废水排放率，提高水资源循环利用率的同时，减少水资源的消耗，促进企业再循环和再利用。

3.2.4 水足迹理论

长期以来，水源污染严重且用水需求巨大一直是中国民生发展的一大障碍。为了克服这个难题，必须寻找一种提高水资源使用效率的方法。这种方法是由荷兰的研究人员于 2002 年首次提出来的,即"水足迹"概念。该思路认为,水足迹是衡量某个特定的时期内,在一个固定的标准下,某个地区或者团体在制造和消费指定的产品与服务时所需耗费的水资源总量的指标。通过水足迹评估水的使用状态,我们可以更准确地反映出水资源在经济发展过程中的流转情况,并深入挖掘人类消费方式对于水资源产生的影响。

水足迹的基本原理是根据水资源的来源和用途将企业的水足迹分为三类——蓝水、初始灰水和残余灰水(如纺织工业),其中,生产、消费过程中对地表水资源的消耗为蓝水足迹;根据当前环境水质,稀释排放废物达到规定排放标准所需的水量,用于评价环境水质的为初始灰水;持续稀释符合排放标准的废水达到自然本底浓度所需的水量为残余灰水,通过对水足迹进行分类并整合水足迹强度和水生产率的计算模型来衡量水资源利用效率,该理论更多地关注水资源的管理等模型和指标,以反映水资源的利用与水资源承载能力之间的数量关系,对企业具有重要的指导意义和实用价值。

3.3 水管理会计的基本理论架构

3.3.1 内涵及其特征

3.3.1.1 水管理会计的含义

水管理会计,是指企业通过运用管理会计和循环经济等相关知识,在经济和环境两个方面对水资源进行有效管理和价值优化,以支持企业水资源管理决策,实现水资源最佳利用效率为最终目的,以企业经营活动和价值表现为对象,改善企业水相关业务经济与环境绩效,实现对水相关经济过程的预测、决策、规划等职能的一个管理会计分支。由于企业水资源管理体系尚未完全成熟,其代表性水管理工具零散,对企业来说借鉴性不大,所以本书通过整合相关理论,形成一套系统的管理体系以供企业提高经济效益和环境绩效,使之更能适应现在和未来的发展需求。水管理会计是管理会计的全新领域，将环境、经济等事项的各个方面都纳入其研究与实践当中是非常有必要的。

3.3.1.2 水管理会计的特征

（1）水管理会计注重企业效益。首先，水资源是一种公共资源，且与碳管理会计所注重的环境污染问题不同，水管理会计更多的是关注如何提高企业水资源利用效率、减少水资源浪费等问题。其次，管理会计除了基本的财务信息，也要更加重视非财务信息，这一特点顺应了水管理会计的需要。本书着重讨论企业如何提高水资源利用效率，但不仅局限于企业，对于其他组织和政府部门，也可以通过本学科了解水资源管理理论，并且通过此书能够更好地管理水资源，提高水效能。

（2）作为一种基于循环经济模式的水资源管理方法，水管理会计核心理念是以高效且可持续的方式对水资源进行开发与利用。这主要体现在遵循生态学的循环经济发展思路，并以此来设定水资源的使用方式及目的，坚持减少浪费、重复利用以及再次回收的原则，同时注重运用新的科技手段、新型材料和创新工艺，以便有效地减少和降低环境污染，在此基础上构建起一套完整的循环用水体系，旨在确保水的持续供应。具体来说，这个循环包括从水资源的引入到输出再到重新利用的过程，其以自然生态系统为蓝本，实现了"输入水资源—输出水资源—水资源循环利用"这样一个不断循环的过程，维持水资源的自然循环。其中，水资源投资是指从水资源开发利用的投入端控制水量和水质，限制水资源开采规模，防止水资源污染。水资源产出是指尽可能多地开发利用水资源的过程。循环经济水资源将传统的"治水、开发、利用"的一维流程转化为基于水质再生的"水资源循环利用"与"水生态环境修正或者复原"的封闭回路式的重复流转体系。循环流系统将水资源节约、利用、保护与循环经济有机结合起来，改变传统的水资源理念和方法，实现了真正的可持续发展模式下的水资源健康循环。

（3）水管理会计提供信息的时间特征是现在和未来的。水管理会计服务于企业的内部管理，内部管理要求根据过去和现在预测未来，对未来进行决策和控制。比如，在现有的水管理会计框架中，企业可以通过对历年水资源资本性支出、水足迹等分析，预测企业未来经济利益及预计的废水量等。

3.3.2 主要理论分析

3.3.2.1 水资源管理理论

中国的水资源面临着诸如匮乏、污染及灾难等主要挑战，因此有效管理对于解决问题至关重要。构建一门关于水资源管理的学科有着深远的理论与实际价值。这是一种涵盖了有关水资源的管理知识结构的研究，关注的是如何通过有效的手段来保障水资源的高效使用并维护环境安全，从而达到水资源的长久可持续发展目标。水资源管理学的核心主题非常明晰，即聚焦于一系列旨在确保水资源长期高效率使用的管理行为。

自20世纪80年代起，中国就开始了有关水资源管理学说的探索。早期阶段的水质管理工作仅是对现实操作过程里的内容进行了简要概括或累积，并没有深入其理论层面去全面解析水利工作的结构及构架。伴随着中国的淡水供应问题日益严重且对于可持续发展的需求也越来越高，学者们才逐步重视起了这一领域的理论研究，并着手建设一套完整的逻辑架构来应对这些新的要求和社会变革所带来的压力。其中，由赵保章编写的《水资源管理》（1994年）被视为国内较早的一本专注讨论如何有效运用有限水资源的著作之一。书中强调：无论是天空降雨还是地面河流或是深层泉眼乃至污泥浊物都并非孤立存在，而是有机联系、综合、相互转化的一个整体。其认为，水资源管理应立足水资源视角、水系统视角、水经济学视角、水法视角，建立合理的水资源开发利用、规划、布局和配置体系（赵宝章，1994）。

冯尚友在其著作《水资源持续利用与管理导论》中将水资源管理定义为支持实现水资源和环境可持续发展战略目标的一系列规范性活动的总称。包括政策引导、组织实施、协调控制、监督检查。林洪孝在《水资源管理理论与实践》中将水资源管理活动定义为：以水资源环境承载能力为基础，遵循水资源系统的自然循环功能，符合经济社会规律，依据生态环境法，运用监管、行政、经济、科技、教育等手段，通过全面系统规划，优化水资源配置，调控人类涉水行为，保护水资源。本书提出，随着人类对水资源问题认识的发展和加深,水资源管理逐渐形成一门专门的技术和科学学科。管理领域涉及自然、生态、经济、社会等多个方面。管理活动包括水资源所有权管理、水资源政策管理、水资源规划综合评价与管理、配水输送管理、水质控制与保护、节水管理、防洪抗洪管理、水情监测与天气预报管理、水资源组织与协调管理等水资源日常管理方面。

本书借鉴了水资源管理学的相关理论,相较于以上理论主要为了解决整个社会取水、用水等资源配置问题,本书更多的是关注制造业企业在生产过程中的水资源管理。并结合会计学理论,量化企业在取水、用水过程中的成本费用,计算企业资源利用率,以此来加强对企业水资源的管理,节约水资源,提高水资源的利用率,在满足企业水资源需求的同时,能够最大限度地降低成本,在实现经济增长的同时,实现可持续发展。

3.3.2.2 水资源成本理论

水资源成本是指企业在生产过程中对水资源所造成的全面影响,这不仅涵盖生产活动中对水资源的消耗,也包括对水资源的污染。同时,还涵盖了水生态恢复过程中可能产生和即将发生的费用。

依据此理论,本书认为水成本由三部分构成,即水资源费、排污费及治理费,这不仅包含已内化的开销,还涵盖未被内化的花费。具体而言,水资源费代表的是生产过程中产生的耗水金额,其计算方式是以消耗的水量乘以每立方米的价格,这是已经内化的成本;此外,根据《水污染防治法》的相关规定,所有向水中释放污染物质的企业必须按所排放的污染物类型和数量支付排污费,这也是一种内化的成本;至于治理费,它指代为了修复水质可能需要或者可能会产生的一些额外支出的总额。在中国,当前这种费用主要表现为排污费,当企业缴付排污费之后就可以合法地排放污水,对由此造成的对环境和他人的潜在影响无须承担责任。为了激励公司增强环保意识,这些相关成本应该纳入公司的运营中,并不能依赖现行的政府补贴策略。

3.3.3 理论结构与基本框架

会计理论结构包含会计理论的构成要素及其相互关系,构建的重点在于其理论的逻辑起点。目前，由于有关水管理的理论框架还没有一个比较全面的定义，本书对于水管理会计理论结构的构架更大程度上是基于管理会计，并且水管理会计作为管理会计的一个分支，最终参考框架还是要以支配管理会计方法发展的要素、目标及相互关系为基础。

关于管理会计的理论体系可以被划分为三个部分：首先是其基本构架，其中包含以下六个方面：（1）管理会计理论与技巧的根基；（2）管理会计的本质；（3）管理会计的主要目标；（4）管理会计的研究范畴；（5）管理会计的关键元素，如收益、费用、盈亏及资金流动等；（6）管理会计的原则与准则。其次，该理论体系还涵盖了四个层面：（1）起始层级，主要涉及管理会计理论基础、研究对象理论；（2）基础层级，重点阐述管理会计原则原理；（3）核心层级，聚焦于管理会计原则理论；（4）应用层级，详细介绍了管理会计流程策略理论及其实际操作过程。最后，则是把管理会计理论架构归纳为四点：（1）明确管理会计的目的；（2）定义管理会计的理念，即计算、传递、资讯、系统、规划、反馈以及成本性态；（3）确立管理会计的原则；（4）介绍管理会计的技术手段。

综合以上对水管理会计的主要理论来源和传统管理会计框架分析，本书认为，水管理会计理论结构是指理论系统内部各个组成要素之间按照一定逻辑关系进行相互联系和相互作用，使得水管理会计发挥功能作用的理性知识体系。具体包括：（1）水管理会计的目标；（2）水管理会计对象；（3）水管理会计的基本假设；（4）水管理会计原则；（5）水管理会计的主要活动。

3.3.3.1 基本目标

水管理会计的基本目标是通过研究企业水资源的物质流动和价值循环，来提高人们对水风险的认识，适时地采取行动降低水相关风险和抓住机遇以提高水资源利用效率，从而减少水资源浪费，实现企业经济效益与环境和谐共生双丰收。循环经济理念是水管理会计必须始终坚持的理念。在水资源开发利用的各个环节，水资源的高效利用和循环利用是"减量化、再利用、循环利用"的目标和原则。企业要注重采用新技术、新材料、新工艺，最大限度地减少污染，提高资源投入产出率，实现生态经济。并且水管理会计所包含的全面管理决策设置，能够有效地为企业提供更精准的管理决策，本书系统地整合了水资源会计方案，将理论与实践相结合，为企业管理者提供更有效的信息资源，以供其在长期及短期决策时参考。水管理会计的具体目标包括三个方面：一是为企业管理部门进行环境保护与管理、分析水资源价值流转与优化管理、循环经济最优化决策和改善企业可持续发展理念等方面及时、完整地提供客观、有效、真实的水资源价值流转数据和信息；二是通过水资源流转的成本分析和价值评估，确定企业水资源流转的最佳途径，为企业选择最有利于自身可持续发展的方案和战略路径提供思路；三是为企业财务会计人员、生产技术人员以及相关部门人员提供一个更好的学习方向，以便企业更好地进行水资源相关的会计确认、计量、记录与报告，并将其数据及时准确地披露反馈给管理层及公众，使企业的管理会计与水资源循环经济活动得到切实有效的展开。

水管理会计研究的总体目标是让企业明确，虽然水资源是可再生资源，但是无止境地浪费和毫无效率地利用最终导致的后果可能是企业本身无法承担的，虽然企业经济效益很重要，但是重视资源的有效利用和企业与环境和谐共生也是非常有必要的。

3.3.3.2 水管理会计对象

水管理会计对象是企业水资源生态循环过程中需要监督和核算的内容。凡是企业"涉水"的经济活动，都属于水管理会计核算和监督的对象。也就是说，与水资源流动相关的经济活动，可以反映企业水资源数量与质量的变化情况。

企业的水资源流动随着生产经营活动而贯穿企业生产的各个方面。因此，水资源循环流动包括水资源投入、水资源产出和水资源再生利用三个基本环节，它既包括一段时间内水资源流量的变动，也包括特定时点水资源存量情况。在本书中，水管理会计包括水预算、水成本、水效率、水风险、水信息披露等，根据水资源循环流动的过程，对上述经济业务进行计量与记录，核算企业水资源循环流动的经济效益及环境效益。

3.3.3.3 基本假设

关于水管理会计的具体基本假设如下所述。

(1) 责任主体假设。

在财务会计中，会计主体一般是指提供会计业务服务的具体部门，是企业会计确认、计量和报告的空间范围。管理会计与此不同，在实际应用中，不同的会计主体会根据不同的管理目标进行合并或划分，然后重新组合，称为管理会计报告主体。

水管理会计在这两种假设上进行了改进，在这一假设下，明确水管理会计的主体、划分空间范围界限非常重要。该责任主体假设着重在于确认企业责任归属，虽然可再生的水资源的使用不当不一定会造成环境污染，但是长期的水资源利用效率低下以及水资源浪费会对环境造成不同程度的损害，从而导致不可逆的后果。所以，将责任主体划分准确，把环境负担落实到各个主体，有助于实现可持续发展，提高水资源高效利用和循环利用的频率。

(2) 持续经营假设。

水管理会计的持续经营假设与一般的持续经营假设相同，即水管理会计主体的生产经营活动将长期持续，不会在近期破产。只有在时间上具有不间断性，才能保证水管理会计的预算、评估、决策和分析等各种活动所使用的方法保持稳定、有效。各个主体的相关计量都需要以此为前提。比如水管理会计体系中的预算管理，对企业成本费用进行预算时，若持续经营假设条件不再适用，原有的成本费用预算框架则无法准确反映企业未来的财务状况和经营成果。

(3) 货币计量与实物计量相结合假设。

在水管理会计体系中，水资源的核算可以采用货币与非货币的计量形式，即在传统的会计货币计量上，增加水资源的实物计量，建立水资源的存量与流量账户，以反映在企业生产过程中水资源的数量和形态的变化情况。水资源的实物计量可以从核算其数量和质量两方面入手，通过对企业水资源的质量进行分级，采取不同的定价方式，能够更好地衡量水资源价值，更直观、清晰和形象地了解企业在水资源管理效率、利用效率等方面的改善效果，这对于衡量企业水资源的价值具有积极的意义。

（4）水管理会计分期假设。

同传统会计类似，水管理会计也需要进行会计分期假设。其目的在于通过划分相同长度的会计期间，来对企业在相关主体的事项进行确认、计量及报告，并对各期间现金流量、财务状况、经营成果进行汇总、计算。通过会计分期假设，企业能够对水资源利用情况、财务数据和非财务数据进行纵向和横向比较。与水资源相关的资本性支出，比如节水支出、节水设备支出、水资源循环利用支出等，若能将费用具体归属至特定期间，并据此依据受益原则进行分摊，将极大地促进企业责任的明确划分，提升水资源利用效率，并对实现可持续发展目标产生显著积极影响。

（5）环境价值假设。

本书的重点在于为企业设计水资源会计方案，为企业高效利用水资源、创造循环经济型水资源和减少水资源浪费提供理论和实践基础。而对于水资源的不当利用可能导致的环境污染问题、政府对于水资源控制和管制问题，均不作重点讨论。所以这就存在一个假设，假设我国可再生水资源暂且能够足量供企业使用，并且关于企业在资源利用过程中应该对自然资源和社会环境承担的道德责任均点到即可。

3.3.3.4 水管理会计的基本原则

会计原则体现了会计实践的基本规律和基本要求。那么水管理会计也为会计人员在水资源流动过程中可能遇到的特定会计程序和方法提供基本的理论指导。在水管理会计基本原则的指导下，会计人员才能保证水管理会计核算和会计信息符合会计信息使用者的要求，实现会计目标。

（1）相关性原则。

相关信息是指影响决策或对预期结果有用的信息。财政部 2006 年发布的《企业会计准则——基本准则》中规定了八项会计核算基本原则：可靠性、相关性、可理解性、可比性、实质重于形式、重要性、谨慎性、及时性，其中，相关性指企业会计信息与信息使用者的经济决策相关联。信息在决策中的相关性由三个因素决定，即预测价值、反馈价值和及时性。若想让水资源管理会计数据能对决策产生影响,就必须同时符合以下三项要求:一是预测的信息能够为管理者提供有效的帮助;二是该信息能够被反馈给信息使用者;三是信息的提供是及时的。

(2) 可靠性原则。

可靠性是指,我们得到的要给管理者使用的水管理信息,必须是可靠的,是根据相关材料如实反映出来的。

(3) 可理解性原则。

水管理会计需要适当准确地呈现信息,并要求所提供的信息能够被使用者理解,使使用者能够清楚地理解其含义并能正确使用。

(4) 预警性原则。

通过应用水管理会计工具,企业能够识别出其存在的水资源风险,并对这些问题进行详细分析。这样可以帮助企业提前采取预防措施,从而实现预警功能。

(5) 重要性原则。

虽然信息的主要目标是协助用户理解企业的运营情况并作出正确的决定,但是这并不意味着提供的资讯数量越大对于公司策略选择就会更有益处。水资源管理的财务数据并非需要涵盖所有细节,而应着重于那些与企业业务决策密切相关的部分,这些部分应该尽可能地详细且准确。如果不对各种信息进行优先级排序或区分复杂程度,采用统一的方式去处理它们,将会导致过度的劳动成本和人力浪费,同时也会阻碍信息的实时传递。

(6) 定性与定量相结合原则。

水管理会计的分析不仅是依靠数据分析,还有非数据分析。这就需要水管理会计工作人员通过筛选分析各种对企业有用的,能够为企业决策提供帮助的信息。定性与定量相结合的方法恰好也构成了一个完整的结构体系,能够更好地为企业作决策提供帮助。

(7) 灵活性原则。

由于目前为止水管理会计还没有形成一个完整的体系,各个学者都还在摸索中,与其有关的各种理论都整合得不够全面,所以需要遵循灵活性原则。本书虽然能够为企业应对水风险问题提供些许参考方案,但是具体解决措施还是需要以实际情况为准，企业的决策也需要根据企业内外部条件的变化随时进行调整。

3.3.3.5 主要内容

（1）水预算管理。

预算管理是指企业基于一定的战略目的，对未来经营状况的财务结果进行合理的、全面的预算编制，再通过制定严格的监督和考核制度，确保预算的执行。在此过程中，将预算结果和实际结果相比较并对结果进行充分地分析，进而能够在企业经营过程中进行不断调整和完善，实现预算和管理的有机结合。企业管理者可以根据预算的执行状况对于企业未来的发展目标进行调整，有利于企业自身成长和核心竞争力的提升。成本费用预算有以下三个方面：①供用水环节成本；②处理水环节成本；③循环再利用水成本。

（2）水成本核算。

各企业在水管理成本方面要想实现循环经济，就需要对自身原本的成本核算体系进行审视、调整。满足"减量化、再使用、再循环"的要求。这三项发展要求企业在日常的生产经营过程中，加强对成本的审核和监督，严格控制成本开支，建立健全的成本监督机制，组织好成本核算工作，保障各项基本工作正常运行，及时发现可改进的生产工艺流程，采用合理的成本核算方法对水成本进行核算，正确计算产品成本。

本书在对水成本进行管控时，引入产品生命周期理论和质量成本控制思想，基于内外部环境价值链管理模式，探寻各个环节能够降低成本的方案。

（3）水绩效评估。

根据资源价值流转理论，水效率及水资源的使用效果是衡量水绩效的两个重要层面。水资源效率评价通过分析和评价某一地区或企业生产、生活过程中对水资源的开发利用程度或使用效率，以及由此带来的经济效益、环境效益和社会效益，进而对水资源进行优化配置，有助于降低工业企业水成本与水风险，提高水效率，实现水资源的可持续利用，对改善我国水资源利用现状具有重大意义。本书依据科学性、有效性、定性与定量相结合的原则，在对指标体系进行分析的基础上构建评价体系，构建完善的水效率评价的重点在于综合考虑各方面的影响因素，基于科学性、有效性、定性与定量相结合等原则以确保评价结果的全面、准确与客观。常用的评价指标类型有极大型、极小型、中间型、区间型以及定性指标：极大型指标为数值越大越好；极小型指标为数值越小越好；中间型指标为越靠近中间值越好；区间型指标为指标数值落在某个区间为佳；定性指标不具有可计量性，无法用数值衡量。本书认为经济层面为影响企业水效率的主要因素，三个层面的权重比为4∶3∶3，然后将经济、社会、环境三个层面的指标通过权重分配综合计算得到目标层及水效率的最终指标，并根据最终指标的大小评价目标企业水效率。

(4) 水风险防范。

本书研究的水风险仅涵盖企业层面，指的是企业由于在生产时未采取能提高用水效率、减少污水排放的水管理活动，易受到环保处罚、水权交易、排污权交易、产业淘汰的负面影响，从而导致企业经济和声誉等方面的不良后果的可能性。本书借鉴资源价值流分析的思路，将资源价值流核算引入水风险评估中，在确定评估对象的基础上，对该企业生产流程进行分析，从水资源的输入、循环、输出和管理四个方面构建水风险评估指标体系，并结合层次分析法和物元可拓法对水风险进行综合评估。水风险控制是在识别、评估的基础上对于水风险管控后续工作如何开展的探索。为了预防水风险的发生，企业须采取一系列的预防和管理措施。由此，针对不同的水风险类型，本书提出前馈控制法、过程控制法、持续控制法三类措施体系。

(5) 水投融资决策。

相对于传统的企业投资决策，水项目投资所涉及的成本、效益范围更广以及风险更多。然而，目前常用的项目投资决策评价方法都没有将这些新的因素纳入评价的范围，使得现有的投资决策方法无法帮助企业投资者作出合理的决策。并且由于水资产融资决策是一个涉及多方面因素的决策过程，而且全国水权交易发展还不成熟，水资产融资也是刚刚兴起，没有系统成熟的融资决策评价研究。因此，水（项目）投融资决策评价与分析十分重要。在投资决策评价模型构建中使用了多重指标体系，其融入了与企业相关项目产生的废水排放量、污染物耗氧当量、污染物去除耗氧当量处理费用、污水处理项目运营成本等评价指标，来衡量企业的投资决策。因此，企业要转变经济利益最大化的决策模式，要同时对环境效益、社会效益进行兼顾，在其投融资决策分析中融入相关的社会成本及效益观念。水管理会计的基本框架如图 3-1 所示。

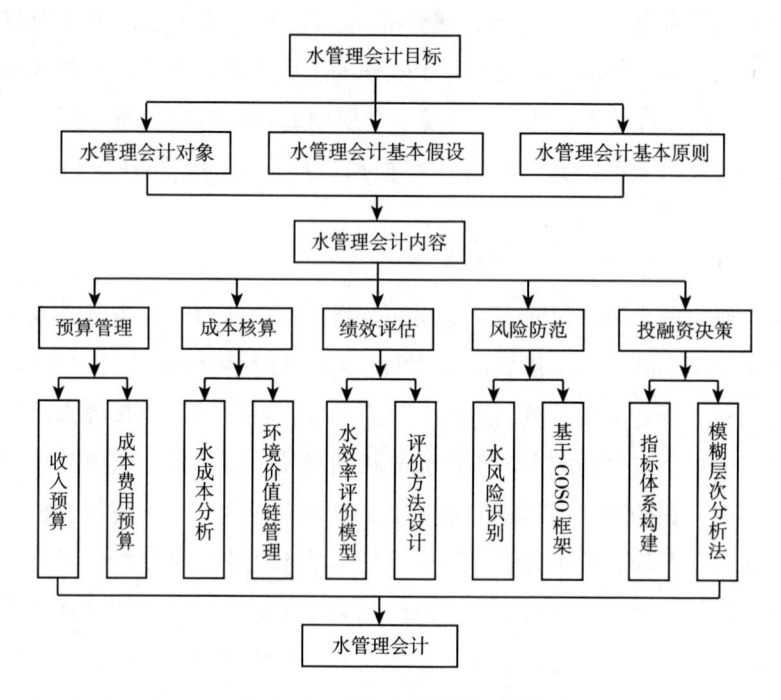

图 3-1 水管理会计基本框架

3.3.4 学科归属与定位

水管理会计是建立在财务会计、成本会计、管理会计、环境会计、环境经济学和生态经济学等学科理论基础之上的，结合工业生态学、流程工程学等相关内容，研究水资源循环利用，提高企业水资源经济效益和环保效果，对企业水资源进行反映、分析、评价、控制与优化的一种新兴、边缘交叉性学科分支。水管理会计的具体学科归属与定位如图 3-2 所示。

由图 3-2 可知，水管理会计集成耦合资源流理论、资源经济学中的资源概念内涵和资源价值判断，工业生态学中的物质流转平衡和减量化、资源

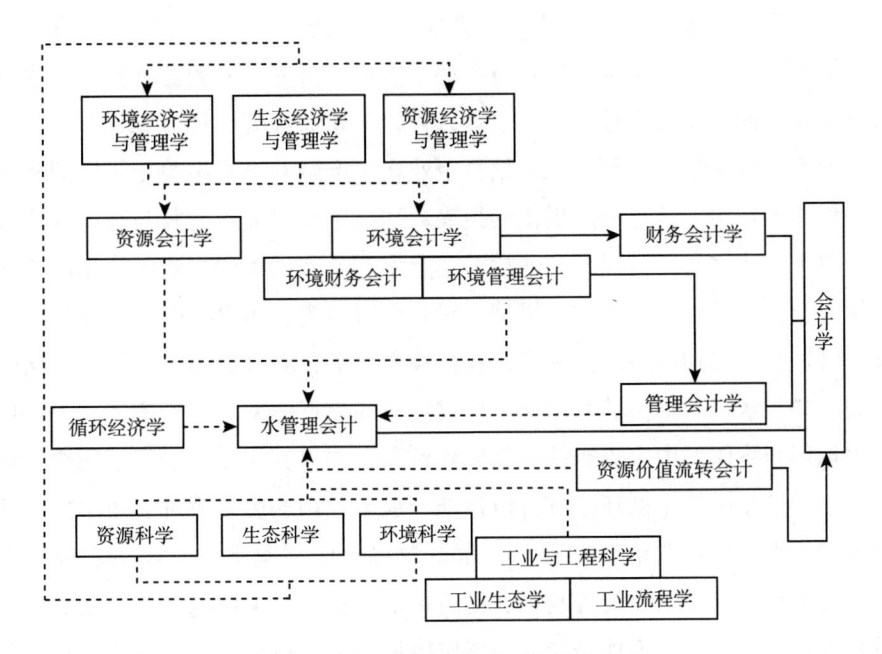

图 3-2 水管理会计的学科归属与定位

注：实线表示从属关系；虚线表示学科基础与理论来源。

化模式，流程工程学中"链、环、网"及对应流程与节点资源实物量计算，财务会计学中的货币计量、成本确认与核算、成本流转确认与记录，管理会计学中的成本预算管理、管理决策优化管理、风险识别与管控、管理效率评价、信息披露管理，环境会计学中的环境成本计算、环境绩效评价、环境设备投资决策等相关内容，针对企业价值链中水资源的物质流转及价值流转情况，以资源流转会计中价值（成本）核算为理论导向，结合管理会计中的各种管理手段，通过探讨企业水资源在物质流转过程中发生的不同空间上的位移进行价值确认、计量、记录和报告，并在此基础上对水资源使用效果和效率进行价值评价与分析，以达到为企业提高水资源利用效率、进行设备投资改造、降低生产成本、改善生产工艺流程、防范水风险、优化管理决策提供思路的一种管理活动。

综上所述，可知水管理会计并不是一个完全独立于会计学的平等学科，而是会计学的一个新兴研究领域，其研究交叉点涵盖资源、环境、管理与经济等领域。其通过融合各学科的理论，并结合水资源的特征，为企业进行水资源管理提供理论基础。因此，水管理会计在研究方法和程序上既有传承性，又有其创新性。主要表现在以下两个方面：首先，在数据计算上，水管理会计一方面以现代会计学的四个会计假设、相关性等会计原则为基础，以水资源流转价值量为计算对象，核算企业在生产经营过程中关于水资源利用的一切成本费用，该过程所提供的报表数据属于历史成本，其与会计的资金运动原理一致。另一方面，又通过对企业生产各个过程中水资源使用的成本费用分析，并采用灵活多样的模型，对企业成本进行预算、管理与评价，这又与管理会计的功能一致。其次，在核算方法上，融合成本会计的逐步结转模式，并与水资源价值链相结合，形成独有的核算体系及评价模型。充分揭示水循环经济体系中水资源的价值变化信息，并将其应用于造纸、纺织、食品加工等行业中的水循环经济价值诊断、成本控制、决策改善、效率提升及业绩评价中。从企业角度来看，在水资源恶化的情况下，企业用水成本上升，改善污水处理效果及再利用、提高用水效益、减少环境污染对企业来说越来越重要。对此水管理会计的支持作用将进一步凸显，水管理会计在现代企业管理体系中的地位也将至关重要。总之，水管理会计不仅充实了会计学的理论，还为企业水管理提供了理论依据与实践指南。

第4章

水管理会计学科比较与系统对接

4.1 水管理会计与传统管理会计的比较与对接

4.1.1 与传统管理会计的比较分析

水管理会计是在传统管理会计及相关学科的基础上发展而来，与传统管理会计相比，在会计主体、信息获取等方面基本一致。而在学科研究的理论、信息使用者、管理目标、研究视角、会计环境与假设上存在较大差异。

4.1.1.1 水管理会计与传统管理会计的共同点

水管理会计与传统管理会计的共同点主要表现在以下两个方面。

（1）会计主体相同。传统管理会计反映和监督的是企业在生产经营过程中的资金运动；水管理会计是反映企业水资源取得、消耗、循环等各个阶段经济活动的过程和结果，两者的会计主体都是企业，均属于微观会计范畴。

（2）信息处理程序和数据采集方法基本相同。会计信息处理的过程基本上是确认、计量、记录、发布并公布财务状况，虽然两者存在着细微的不同之处，但是它们的整体架构是一致的。从数据采集方面来看，两者都主要通过与外部企业及其他关联方发生交易形成的原始凭证、账单以及其他外部的参考材料来获取。

4.1.1.2 水管理会计与传统管理会计的不同点

从会计理论基础与管理目标出发,两者的差别主要表现在以下六个方面。

(1) 会计环境不同。传统管理会计的环境是在传统经济系统下的反映。然而,水管理会计所处的环境已经从传统经济体系转变为以节约资源、保护环境和高效利用水资源为核心的可持续经济体系。

(2) 理论基础不同。传统管理会计主要以科学管理理论、组织行为学、权变理论和经济学等学科为基础,以此为会计学科提供认知、方法、概念等基本理论;水管理会计除上述传统学科基础外,还需以可持续发展理论、利益相关者理论、环境经济学和环境会计学为基础,其内容更为丰富。

(3) 管理目标不同。传统的管理会计也被称为"内部报告会计",它依赖于一套特定的技术手段来处理由财务会计及其他领域产生的数据,并对其进行比较、评估和解析,从而向公司内管理层提供有用的运营及决策建议。其重点在于企业内部的经营管理,旨在提高企业的经济效益。然而,水管理会计是从更广泛的管理会计视角出发,定期生成并且发布关于水的会计报表,以供所有需要水管理会计信息的用户获取全面且精确的数据,包括水资源规划、监控、管理和分配等方面,这些数据有助于信息使用者作出明智的决定。水管理会计侧重于提高企业水资源的利用效率,追求经济和环境效益双赢,实现企业的可持续发展。

(4) 会计假设不同。传统的财务管理工作主要基于四个基本原则:会计主体、持续经营、会计分期和货币计量假设;而水管理会计在已有会计假设基础上,增加了环境价值假设、货币计量与实物计量相结合假设,认为自然环境具有价值本性,其研究的前提条件更多、更为复杂。

(5) 信息使用者的差异。传统管理会计信息主要面对与企业经营管理活动相关的内部管理部门和内部各级管理人员,侧重于向企业内部管理者提供与计划、评价、控制企业经营活动有关的各类信息。而水管理会计信息除用于内部管理、评价、控制外,还能向外部利益相关方提供信息,如政府部门、能源部门和环保部门,水管理会计的信息使用者更广泛。

(6) 研究视角不同。传统管理会计的研究主要局限于经济系统内部,而水管理会计则涵盖水资源、环境与经济等多个系统,其研究视角更为广阔。就研究层面而言,企业微观角度的传统管理会计与水管理会计经过扩展皆可向中观或宏观迈进;但相比较而言,前者微观与宏观层面的衔接难度较大,后者能通过水流转过程的价值积累,逐步扩展至中观区域或宏观国家层面。虽有较多核算难点需要探讨,但其理论与实践可行性较为明显。

综上所述,水管理会计与传统管理会计的比较分析如表4-1所示。

表4-1 水管理会计与传统管理会计的比较分析

异同点	比较项目	传统管理会计	水管理会计	结果分析
相同点	会计主体	主要核算企业微观主体的会计		—
	信息处理流程及资料的获取途径	信息处理流程为确认、计量、记录、报告及披露;资料来自原始凭证、会计账单以及相关外部资料		
不同点	会计环境	传统经济系统	资源节约型、环境友好型社会和以提高水利用效率为核心的可持续经济系统	由传统经济模式向可持续经济模式转变是后者产生和发展的外在因素
	理论基础	科学管理理论、组织行为学、权变理论和信息经济学	利益相关者理论、环境经济学、环境会计学、可持续发展理论	水管理会计的理论基础更为丰富
	管理目标	经济效益最大化	降低污水排放量,实现经济效益、环境友好和可持续发展	后者多了水成本节约和环境负荷降低两大目标
	会计假设	四大会计假设与一般信息质量特征	在改造后的四大会计假设基础上,增加了环境价值假设、货币计量与实物计量相结合假设	后者增加了两大假设
	信息使用者	企业内部管理部门和内部各级管理人员	企业内部管理部门和管理人员,包括环保部门和能源部门	水管理会计信息使用者更多
	研究角度	经济角度	能源、环境、经济角度	后者研究角度更为广阔

4.1.2 与传统管理会计的对接融合

系统对接与设计的基本原则是：如果现行的会计系统能够为水管理会计提供所需要的会计信息、数据、技术以及方法等，则可以直接进行借鉴或在进行相应的调整改造后应用到水管理会计系统中。如果以上会计系统皆无法提供有效的信息，则需要进行自主创新，或者结合资源、环境、工程、管理等其他学科的相关基本理论和方法进行解决。

4.1.2.1 基本思路

通过对比分析可知，两者在会计主体、会计资料获取途径上是基本一致的，其他方面虽存在一定差异，但并非完全不相关，两者在学科基础、研究内容、会计假设、会计原则上存在部分一致性，故现行会计系统中的部分要素、分析方法可直接为水管理会计所用，比如通用会计假设与会计原则，相关成本核算、归集与分配方法等。因此，企业管理会计所形成的信息基础与数据结构，可有效地应用在水管理会计体系中。

因此，通过上述关于会计学各领域的比较研究，可以明晰水资源管理会计与传统的管理会计系统相融合的核心要素，从而形成一套完善的水管理会计系统整合及设计策略：第一步，在核心概念框架的匹配基础上，扩大信息的收集和数据的基础建设以满足水管理会计的数据要求；第二步，在借鉴传统会计记账流程及其技巧后，特别关注于成本核算技术，建立起自身独有的水资源计量模式和方法体系；第三步，利用相关的技术模型来评估和解析财务报告的结果和数据，将其用作决策改进的重要参考；第四步，运用 PDCA 循环管理理念，针对企业的各种决策计划或者行动方案进行持续性的、环状式的对比评判和深度剖析，并在实践中逐步深化。

4.1.2.2 概念框架与结构转换

设计并转化基本理念架构是实现水管理会计同现有财务系统融合的关键基石，其可以确保现有财务系统中的相关初始信息无阻碍地融入水管理会计系统中。作为一种追求经济效益与环境效益双赢、以企业可持续发展为目标、相对独立于传统管理会计体系的会计工具，水管理会计有着自己独特的核算体系和评价模式。因此，其现行概念结构及数据基础等需要进行转换和重构才能应用于水管理会计体系之中。从另一个角度看，水管理会计的概念结构经过分解与转换，也应与现行会计系统相连接。

（1）会计职能的对接与转换。

传统管理会计的功能，不再局限于财务核算，而是融合了过去的分析、现在的控制和未来的规划。水管理会计可以分析企业的历史水成本，控制流程或部门，并规划未来的高效用水。因此，传统管理会计通过分析过去、控制现在、规划未来三大功能相互紧密结合，形成综合功能。

而在水管理会计中，将这一职能专注于对水资源相关历史信息的研究、现行成本的控制与未来节约、高效用水的筹划。因此，传统管理会计的职能可转换为水管理会计的职能概念。

（2）水价值与水价格概念的建立。

在传统管理会计学中，没有水价值与水价格概念的直接界定。一般来说，从投入角度看，传统管理会计学中的资源输入价值就是材料流转成本（原料、能源转移价值）、人工成本以及制造费用之和；从产出角度看，传统管理会计中的资源产品价值就是完工产品的成本（含废品损失）与相关利润或税收之和。由此，水管理会计以传统管理会计为基础，以水资源可持续发展为目标，借鉴可持续发展经济学与资源经济学的有关概念与内涵，在融合水资源—环境—生态—经济系统后，提出其实质是水资源在循环过程中的价值变化形态，是一种动态的价值范畴，涵盖传统管理会计中的成本、价格含义，以及生态环境、人体健康之损害的评估价值。水价格是指人们为获得一定数量或质量的水资源所有权、使用权或排放权而向水资源所有者支付的货币额。水交易价格则是水资源在交易市场中的一种货币量体现，由交易双方共同决定。

（3）水价值概念的细分。

在传统管理会计的基础上，依据投入产出原理、成本与费用关联原则、产品价值与经济学附加价值的内涵关系、经济系统与环境系统大统一原理，本书将水价值细分为水耗用价值、水损失价值和环境损害价值。水耗用价值是指企业生产经营过程中消耗水资源为企业生产产品、正常运转产生的价值，在管理会计中，成本核算是企业计算每个物量中心时必须归属于每个质量产品的成本。水损失价值是指在企业的运营过程中，水资源损耗的价值，例如，生产不合格产品的价值分配比例。环境损害价值是指因用水、废弃物处理等造成的环境损害、企业资源流通过程中的生态损害评估价值等。

4.1.2.3 数据与信息基础的对接与扩展

水管理会计需要对现行管理会计系统中的数据和信息收集来源进行扩展，从而满足水管理会计的信息需求。如传统管理会计中并不涉及企业相关水资源流转信息与数据、水损失成本及水资源外部环境损害成本。同时，在水管理会计中，传统管理会计中用到的财务数据也必不可少，其收集渠道和获取来源基本不发生变化。经过前述概念体系的转变后，传统的管理会计数据和成本资料可以顺畅地融入水管理会计系统中，从而和扩展收集的信息数据一起成为进行水管理会计核算、评价、决策的信息数据基础。收集和处理相关的传统财务、生产、成本、环境和资源数据，以及公司传统会计系统、环境会计系统、环境和资源系统等产生的其他数据，补充扩展水资源预算管理信息与数据、水资源内部成本数据、水资源外部环境损害成本数据进行分析与汇总，进而形成水管理会计系统。其对接扩展流程如图4-1所示。

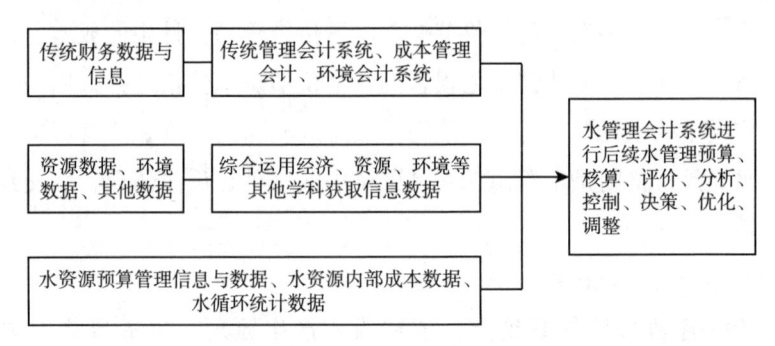

图4-1 水管理会计与传统管理会计信息数据对接与扩展

4.1.2.4 核算程序、方法体系的借鉴与扩展

在核算水成本时，结合产品生命周期理论，从企业角度，将水成本的定义贯穿产品生产的全过程，包括产品研发设计、产品生产、产品营销以及处置回收过程的整个价值链中水资源的成本，以及为解决废水排放导致的环境问题所发生的各种支出。按照产品生命周期的各个阶段分配和归集水成本，每个大类都包含细分的小类，以进一步剖析水成本。此外，利用国际国内环境科学领域中的生态环境损害评估技术去衡量由于资源（能源）的滥用、过度消费而产生的废弃物（排放物）对环境的影响程度并作出相应的估价和研究。这使得水管理核算系统能够提供不同时间和空间周期的水流入和流出的数据信息，计算包含排放物的水成本和损耗，以及由于废物处理而造成的环境破坏值等相关数据。

4.1.2.5 循环管理及应用模式

在水管理会计中，可以借鉴在传统管理会计中已有效实施的 PDCA 循环管理思想，集成水管理会计的数据处理、价值核算、信息报告、评价分析、优化决策等相关核心职能。将企业的循环管理系统分为方案制定（plan）、方案实施（do）、检查评价（check）、总结挖掘（action）四个阶段，构建其独特的循环应用模式。

综上所述，水管理会计与现行管理会计系统对接与设计基本框架如图 4-2 所示。

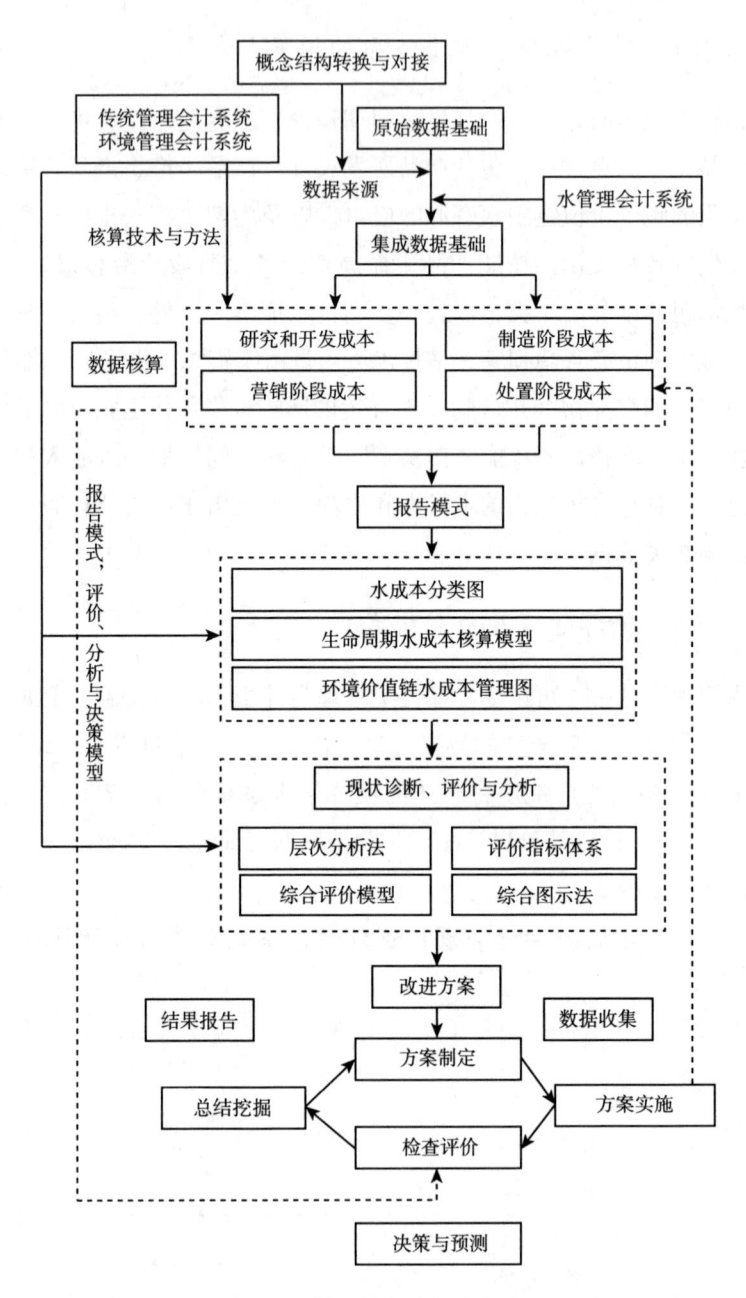

图4-2 水管理会计与现行管理会计的系统对接与框架设计

4.2 水管理会计与成本管理会计的对比分析

4.2.1 与成本管理会计的比较分析

本节从基本功能、研究对象与内容、管理目标及分析方法等方面对水管理会计与成本管理会计进行详细比较，两者之间既有共同点又有区别。

4.2.1.1 水管理会计与成本管理会计的联系

两者的共同点表现在以下两个方面。

（1）基本功能相同。成本管理会计的主要功能是对公司运营环境进行改造，其基础功能包括策划、核算、控制、评估和报告等。水管理会计为了满足企业经营管理的需要，其基本功能也需要包含预测、核算、控制、评价和报告等。

（2）会计系统的组织和规范基本一致。成本管理会计工作的组织和规范是建立成本管理会计工作的正常秩序、实现成本管理会计系统目标的重要保证，需要按照国家有关制度的要求，构建适当的管理架构及配置相应的员工团队，同时还要制定完善且合理的规章流程以保障整个公司的生产运营活动。水管理会计工作组织和规范同样是实现企业水管理会计目标的重要保证，也应当按照国家相关制度要求设置水管理会计相关机构和人员，逐步建立水管理会计规范。

4.2.1.2 水管理会计与成本管理会计的区别

两者的若干差异主要表现在以下四个方面。

（1）研究对象不同。成本管理会计的研究对象是指成本管理会计反映和监督的内容，其研究范围非常广，包含所有涉及成本控制的管理行为。然而，对于水的管理来说，其主要关注的是水资源的基本元素如水资产、水消耗、水成本、水价格、水收入等，这些元素会随着水资源的产生、开发、配置、应用、存储、保护、利用和再生的每个步骤而变化或产生影响。因此，需要对其进行系统的、全面的、持续的计算和记录，以评估这整个流程中的经济效果，同时还要考虑到它们可能带来的生态环境效应。

(2) 研究内容不同。成本管理会计涵盖了公司在生产和经营活动中的资金消耗以及价值补偿，主要包含了四个方面：成本策划、成本控制、成本核算以及业绩评估。而水管理会计注重企业污水排放量及水成本控制的相关信息，其研究内容主要包括水成本核算与管理、水效率评价分析、水风险管理及水资产（项目）投融资决策等。

(3) 管理目标不同。成本管理会计的总体目标是完成企业总体目标，为企业内部和外部利益相关者提供决策有用的成本信息。水管理会计的基本目标是保证水管理会计核算和会计信息符合会计信息使用者的要求，以帮助管理层进行决策，最终目标在于提高企业水资源的利用效率，追求经济和环境效益双赢，实现企业的可持续发展。后者重点关注水资源相关信息，研究内容更为特殊。

(4) 成本分析方法不同。成本管理会计的成本分析方法通常包括比较分析法、比率分析法、连环替代法、差额计算法等。成本管理会计发展的后期以战略成本管理为发展趋势，其主要的成本分析方法有价值链分析法、生命周期分析等。水管理会计的主要分析方法是物质流成本分析法，区分正制品和负制品成本使水价值损失结构清晰化。此外，还包括外部环境损害价值核算法、价值流成本分析法和生命周期分析法等。相比较而言，二者的分析方法各有侧重。

综上所述，水管理会计与成本管理会计的比较分析如表4-2所示。

表4-2　　　　　　水管理会计与成本管理会计的比较分析

异同点	比较项目	成本管理会计	水管理会计	异同比较分析
相同点	基本功能	策划、核算、控制、评价和报告		—
	组织和规范	设立水（成本）管理会计机构、会计人员，逐渐建立健全的水（成本）管理会计规范		
不同点	研究对象	生产经营业务成本和期间费用	企业水资源基本要素发生的变化和结果	后者关注水资源价值流动，兼顾环境因素

续表

异同点	比较项目	成本管理会计	水管理会计	异同比较分析
不同点	研究内容	成本策划、成本控制、成本核算和业绩评价等	水成本核算、水效率评价、水风险管理及水项目投融资决策等	后者重点关注水相关信息，研究内容更为特殊
	管理目标	以降低成本、实现成本竞争优势为主要目标	降低污水排放量，实现可持续发展、经济效益与环境效益双赢	后者的管理目标更侧重环保与可持续发展
	分析方法	比较分析、比率分析、价值链分析、生命周期分析等	物质流成本分析、外部环境损害价值核算法、价值流分析等	相比较而言，二者分析方法各有侧重

4.2.2 与成本管理会计的对接融合

成本管理会计是反映和监控企业成本管理活动的会计活动。它是采用以货币为主要计量单位的专门管理技术和方法，计划（预测）企业生产经营中的资源消耗、价值补偿并进行核算、控制和评估等一系列管理行为。

4.2.2.1 成本预测的对接与转化

成本预测的目的在于通过成本预测来确定企业的未来成本计划、布局及策略，它包括成本预测、成本决策和全面预算三个环节。水管理会计中为了对企业水资源进行预算，引入成本预测中的定量预测法，构建企业水资源成本预算模型，将水成本分为供用水成本（含取水、制水以及用水成本）、污水处理达标排放成本以及循环再利用投资成本三个环节。

4.2.2.2 成本核算程序和方法体系的借鉴与扩展

核算程序与方法扩展主要针对企业生产过程中水成本计算、归集与分配。水资源耗用与水资源损失存在于流程制造企业的整个生产经营过程之中，基于成本管理会计视角将成本分为不同时间段，具体来说为企业生产前预防成本与检测成本、生产中水资源流转成本以及生产后的相关或有成本。而成本管理会计的核算方法，如材料成本、人工成本、系统成本等相关成本的归集与在各个项目之间的分配方法，在水管理会计系统中也是不可或缺的一部分。

4.2.2.3 成本控制方法的对接融合

在成本管理会计领域，成本控制是指通过制定明确的策略来持续地优化成本结构并提升收益率，为了适应企业成本战略管理的需要，将企业按照价值链层次进行成本分类。企业每一步业务流程都会形成一部分成本，即消耗一定数量的资源。因此，它的经济表现直接受到企业在成本方面竞争力强弱的影响。从某种程度上来说，价值链反映了企业所面临的"成本链"。在对企业水成本进行管控时，需引入成本战略管理中的价值链分析方法和质量成本控制思想，基于内外部环境价值链管理模式，探寻各个环节能够降低成本的方案。

4.2.2.4 生命周期成本管理对接与转化

自1960年以后，美国的军事部门就已开始研究产品生命周期的费用问题，并且试图找到一种实施策略来实现全生命周期下的最小化总体成本。这个概念包含了从生产商的角度来看待的全部成本，如生产商所付出的成本及消费者购买后的使用成本、处理废品的费用等。对于企业来说，他们需要关注的是如何通过前瞻性的方式去预测和控制这些成本，特别是在设计的后期阶段，也就是决定最终成品价格的关键环节。而水资源的管理也同样涉及这几个阶段，即研发、设计、制作和使用，因此，需要将水成本管理的视野全面转换到产品开发、设计阶段，以达成先导式更具实效的水成本管理方法。

4.3 水管理会计与碳管理会计的比较分析

4.3.1 与碳管理会计的比较分析

水管理会计与碳管理会计均属于环境管理会计的分支，都是以环境管理会计为基础，深入考虑了环境中的某一具体要素，从而进一步扩展了环境管理会计的研究内容。二者之间既有相似之处又有明显差异。

4.3.1.1 水管理会计与碳管理会计的共同点

从学科特点看，二者同属会计体系下的新兴专门性学科分支，共同具备的学科特点与属性有三点。

（1）学科归属与定位。二者同属于会计体系下的新兴、边缘交叉性学科分支，在学科归属与定位上基本趋于一致。

（2）前沿与边缘交叉性。水管理会计、碳管理会计作为会计学领域的前沿课题，其研究的相关内容尚未形成统一的被广大学者所接受或认可的体系框架，研究方法还有待进一步的深入讨论。一般而言，会计学在新兴领域的相关学科分支均需借助其他相关学科的研究基础与结果，进行交叉性研究，水管理会计与碳管理会计也不例外。二者皆是通过多学科的融合研究，形成较为独特的理论、方法与技术体系。

（3）背景性。二者产生的背景也有相同之处。20世纪70年代以来，随着人口剧增导致各种需求增加，资源、能源消耗已接近极限，环境污染日趋严重，其不仅动摇了国家发展的物质基础，也制约了经济的可持续发展。水管理会计与碳管理会计均是在全球资源大量消耗、环境恶化，环境污染与破坏已经严重威胁到生物与人类生存的背景下产生的。

4.3.1.2 水管理会计与碳管理会计的不同点

（1）理论基础存在差异。碳管理会计在环境管理会计学科基础上，纳入了低碳经济学、可持续发展理论、能源经济学和生态经济学等学科；而水管理会计在环境管理会计学科基础上，纳入了利益相关者理论、可持续发展理论、环境经济学和环境会计学等学科。相比较而言，二者的理论基础各有侧重和差异。

（2）研究对象的差异。碳管理会计是以价值运动为研究对象，细化为以企业生产经营过程中的碳物质流动与价值循环为研究对象，同时兼顾环境因素；而水管理会计以企业生产过程中的水资源资产、水资源耗费、水资源成本、水资源价格、水资源收入、水资源收益等基本要素所发生的变化和结果为研究对象，并考虑了其生态效益和环境效益，水管理会计研究对象更为特殊，也更为深入。

（3）管理目标不同。碳管理会计在低碳经济环境下从灵活的管理会计范畴出发，针对企业的碳相关事项进行规划、组织、控制、激励、预测、决策和评价，同时也涉及构建和执行适合的环境相关会计体系和管理体系来管理环保绩效和经济效益。水管理会计则是以降低水资源使用成本、提高水资源利用效率为基本目标，其可持续发展理念一致，目标更明确。

（4）研究内容不同。碳管理会计注重企业碳排放量及碳交易的相关信息，研究内容主要包括碳成本核算与管理、碳绩效评价分析、碳交易及碳风险管理等。水管理会计注重企业污水排放量及水成本控制的相关信息，以提高水资源利用效率为核心，对企业的水成本预算与核算管理、水效率评价分析、水风险管理及水资产（项目）投融资决策、水信息披露等进行管理。

（5）核算方法与口径不一致。碳管理会计的核算方程式、评价与分析模型皆是从实践过程中抽象，并融合环境会计学、能源科学的相关方法所得，其方法具有一定的原创性，其口径对接于能源、环境与生态系统的"大价值"概念。水管理会计核算程序主要针对企业生产过程中水成本计算、归集与分配。水资源耗用与水资源损失存在于流程制造企业的整个生产经营过程之中，基于成本管理会计视角将成本分为不同时间段，具体包括生产前的预防和检测成本、生产中调配水资源的成本，以及生产后相关或有成本。二者的异同点可归纳为表4-3水管理会计与碳管理会计的比较分析。

表4-3　　　　　　　　水管理会计与碳管理会计的比较分析

异同点	比较项目	水管理会计	碳管理会计	结果分析
相同点	产生背景	资源短缺与环境恶化	资源短缺与环境恶化	一致
	学科归属与定位	会计体系下的新兴、边缘交叉性学科分支	会计体系下的新兴、边缘交叉性学科分支	
	前沿与边缘交叉性	通过多学科的融合交叉研究，形成较为独特的理论、方法与技术体系	通过多学科的融合交叉研究，形成较为独特的理论、方法与技术体系	

续表

异同点	比较项目	水管理会计	碳管理会计	结果分析
不同点	研究对象	企业水资源基本要素发生的变化和结果	碳管理会计的研究对象主要是碳资源价值运动，兼顾环境因素	前者研究对象更为特殊和深入
	管理目标	降低污水排放量、实现经济效益、环境友好和可持续发展	降低碳排放量、实现经济效益、环境友好和可持续发展	前者目标更明确
	理论基础	在环境管理会计学科基础上增加利益相关者理论、可持续发展理论、环境经济学和环境会计学等学科	在环境管理会计学科基础上，纳入低碳经济学、可持续发展理论、能源经济学和生态经济学等学科	二者理论基础各有侧重和差异
	研究内容	注重企业污水排放量及水成本控制的相关信息，以提高水资源利用效率为核心	企业碳排放量及碳交易的相关信息	前者更注重分析企业全流程中能源消耗、截污减排和经济效益产出的内在因果关联
	核算方法与口径	核算程序主要针对企业生产过程中水成本计算、归集与分配。基于成本管理会计视角将成本分为不同时间段	在实践过程中融合环境会计学、能源科学的相关方法所得，口径对接于能源、环境与生态系统的"大价值"概念	前者研究核算方法与口径更有针对性

除水管理会计和碳管理会计以外，环境管理会计还包括物质流成本会计、资源价值流转会计等多个分支。环境管理会计强调管理者在处理经营决策设定、管理工具选择和公司信息披露等公司业务时需要将业务活动的经济属性与环境属性相结合。而这些分支则是环境管理会计逐步发展的结果，物质流成本会计（MFCA）于2002年起源于德国，在日本得到了完善，2006年资源价值流转会计在我国首次提出，2008年碳会计首次出现在相关会计文献中，近几年又兴起了水管理会计的研究，进一步拓宽了环境管理会计的研究边界。

4.3.2 与企业碳管理会计的对接融合

4.3.2.1 基本理论构架的对接

基于对管理会计实际操作经验的研究和理解，笔者提炼出了一套关于碳管理会计概念的科学且全面的认识体系，即碳管理会计理论架构。这个架构由五个部分组成：(1) 碳管理会计的目的；(2) 碳管理会计的目标对象；(3) 碳管理会计的假设；(4) 碳管理会计的职能；(5) 碳管理会计的主要活动。此外，它还构成了连接基础管理会计理论和应用管理会计理论的重要纽带，包含以下五个方面：(1) 会计目标；(2) 会计基本假设；(3) 会计基本原则；(4) 对象要素；(5) 会计职能。其中，碳管理会计职能包括的碳管理会计应用理论主要有：基于低碳理念的成本核算、基于低碳理念的预算管理、基于低碳理念的投资决策、基于低碳理念的绩效评估。水管理会计借鉴了碳管理会计的理论结构与框架，将水管理会计理论系统内部各个组成要素之间按照一定的逻辑关系进行相互联系和相互作用，形成了较完善的知识体系。具体包括五个部分：水管理会计的目标、水管理会计对象、水管理会计基本假设、水管理会计原则、水管理会计的主要活动。并参考碳管理会计的框架，将水管理会计的主要内容分为水预算管理、水成本核算、水绩效评估、水风险防范、水投融资决策。从而为水管理会计的进一步研究以及企业对于水管理工作的有效实施和运作奠定了基础。

4.3.2.2 管理模式的对接

环境管理体系是企业环境保护从污染物最终净化阶段向污染预防阶段发展的产物。报废模式仅要求企业通过生态处理技术对生产过程结束时产生的废物进行处理，以减少企业生产活动对环境造成的破坏。虽然这种污染清理模式可以减少大自然中的废物排放，但对于企业来说，这种先污染后清洁的模式意味着企业要承担更高的清洁成本，并且无法充分利用生产过程中的资源。采用这种环境管理模式的企业管理者在决策时不需要考虑太多的环境因素，只需购买最终处理设备并缴纳排污费即可。污染防治要求从生产之初就考虑污染物的预防，在整个生产过程和产品生命周期中减少原材料和能源的消耗，减少和消除废物的产生，消除因污染而造成的环境污染和破坏。水管理会计可以采用相同模式，通过实施相关管理制度，企业可以更有效地进行环境管理。

4.3.2.3 核算程序、评价体系的借鉴与拓展

作为从环境成本衍生出来的成本，碳成本的核心是碳排放量。广义而言，这个定义是在产品的全生命周期背景下构建的，涵盖了所有与预防或者减轻碳排放相关的费用，涉及生产的各个阶段，如生产、制造、运输等。简言之，碳绩效就是指在整体物料流程中降低碳排放的能力、影响力和财务表现，它主要包括节能减排绩效和企业的经济效益两个方面。企业碳绩效评价体系是根据碳在企业流转中的三大过程并遵循科学性与整体性、简洁性与整合性、动静态相结合等原则建立的。水管理会计在核算水成本时，借鉴碳管理会计核算程序的建立方式，同样结合了产品生命周期理论，从企业角度，将水成本的定义贯穿产品生产的全过程，包括产品研发设计、产品生产及处置回收过程的整个价值链中水资源的成本，以及为解决废水排放导致的环境问题所发生的各种支出。按照产品生命周期的各个阶段分配和归集水成本，并将每个大类进一步细分，剖析水成本。在建立企业水效率评价体系时，根据水资源在目标企业内部的流向，将其划分为水资源的投入、循环以及价值的输出阶段，并根据科学性、动静态相结合等原则建立，结合企业水管理的特点进一步拓展、细分，最终建立由四层指标构成的企业经济层面的资源价值流分析评价标准体系。

第 5 章

企业水资源预算管理

5.1 企业水资源预算管理概述

5.1.1 企业水资源预算管理的概念

水是企业生产经营过程中不可缺少的资源。随着水资源的不断减少及生态环境的严重破坏,企业面临的用水成本和环境成本日渐上升,水资源利用率的高低直接影响企业的经营效率。因此,企业管理者开始重视水资源预算管理。

水资源预算管理是指企业以预算为基础的水资源使用管理制度。企业管理人员通过设定企业购买用水、排放废水以及可循环用水处理等环节的总量目标,对各个生产经营环节过程中水资源使用的实际值进行检测,再将实际值和预算目标进行对比分析,通过对目标完成情况的评估,不断调整企业生产过程中水资源的使用,从而达到水资源成本最小化的目的。

水资源预算管理与生态预算管理在本质上不同,后者作为一种以财政预算框架为基础的自然资源分配与监管机制,侧重于通过确立环境资源领域的短期、中期及长期目标,来监控预算周期内选定代表性资源实物量指标的实际达成状况。在预算周期结束时,生态预算管理会评估既定目标的完成情况,并据此规划后续的预算周期(Robrecht et al, 2004)。相较之下,水资源预算管理的核心在于其独特的责任主体,这一区别构成了两者间显著的界限。在探讨水资源预算管理时,我们不得不强调其独特的主体构成,这是与生态预算管理的一个关键分野。生态预算管理是以区域中所有生态资源为预算管理的主体,通过制定各个阶段环境资源的目标,保持环境资源全部价值的收支平衡从而达到环境保护和可持续发展;水资源预算管理则以用水企业为预算主体,根据企业独特的区位因素和各区域的具体水资源分布状况,对企业日常经营活动用水情况进行监测,评估并优化企业用水总量,实现提高日常经营利润和保护生态环境的目标。因水资源的使用与企业的日常经营活动有关,且对其利润有着不可忽视的影响,企业有必要对水资源使用进行预算管理。同时,两者的实现方式不同。生态预算管理通过制定目标、监控环境质量和自然资源的使用,达到保护生态环境的可持续性,同时以实现环境资源的全部价值收支平衡为目标,从而优化生态资源配置。它侧重国家和地区宏观层面的管理。而水资源预算管理是通过对微观企业预算指标的选取,在企业内部进行监测、管理和调整,达到成本的最小化和水资源的最大化利用。它更侧重于企业的微观治理层面。

5.1.2 企业水资源预算管理的必要性

随着我国经济的迅猛发展,工业化步伐不断加快,工业用水量大幅度增加,水资源短缺和生产用水持续增长之间的矛盾日益突出。同时,严重的水污染蚕食了大量可用水资源,使矛盾更加尖锐。虽然目前国家为提倡"绿色经济""可持续发展道路"制定了相应的用水政策,但企业对于水资源管理却不到位,这一问题在水资源预算管理方面体现得尤为明显。由于企业水资源预算管理的好坏直接影响到企业的经营成本,因此实施企业水资源预算管理对于企业而言存在以下必要性。

5.1.2.1 完善企业预算编制

目前,许多企业对于水资源预算的管理职能认识并不到位,没有把水资源预算应用于企业日常经营管理中。企业更偏重对水资源预算的编制,而忽视了在执行过程中,预算对于企业用水和日常经营改善的指导作用,使得预算独立于整个企业管理之外。这种将预算和管理割裂的行为，会使预算编制流于形式，无法助力管理者以更高效的方式运营企业，并最大限度地达成既定的战略愿景与目标，从而优化整体管理效能与战略实现程度。因此，实施水资源预算管理，认清水资源管理的职能，对于企业准确编制预算有着十分重要的意义。

5.1.2.2 优化企业内部管理

由于我国目前对于水资源预算管理不够重视，企业在水资源预算管理中普遍存在重编制、轻执行的问题，而企业水资源预算的执行过程不到位，导致编制结果和实际结果偏差较大，没有达到预期的管理效果。同时，缺乏预算的考评机制，执行缺少硬性条件的约束，导致即使出现了执行结果和预算结果出现较大差异的情况，也难以确定差异产生的原因。严格实施企业水资源预算管理，要求企业管理者完善监督考评机制，对于企业内部管理也将起到优化作用。

5.1.2.3 降低企业成本

预算松弛是指企业实际发生的收入、成本与预算的收入、成本之间存在较大差异，预算松弛也是预算管理中难以解决的问题之一。在用水资源预算编制过程中，产生预算松弛的原因主要体现在以下三个方面：（1）由于缺乏有效的预测手段，各个部门对自己部门的用水量的预测准确性较低，通常表现为在编制预算的过程中往往会有较大偏误，进而导致企业的整体决策失误；（2）企业为了避免受到环境部门的惩处，人为地降低了相关指标，通常表现为废水排放的预测结果远低于实际发生值；（3）由于缺乏节水政策，对于可利用的循环用水没有进行合理计量和处理，通常表现为部门预算编制中缺乏相关内容。通过水资源预算管理，企业能精准预测水资源的使用状况，优化节水政策，降低环境污染从而达到节约成本的目的。

5.1.3 企业水资源预算管理的影响因素

水资源作为日常生活必需品及企业经营原材料，与其他资源相比更具有广泛的适用性。政府部门不能放任企业无节制地使用，必须在考虑其环境承载力的前提下合理配置水资源，促进生态环境和整个社会的协调发展。同时水资源作为商品，其自身的稀缺性决定了水本身具备一定的价值，企业本身在使用水的过程中也必须考虑到其使用成本。因此，对于企业水资源预算管理的影响因素，主要从政府宏观层面和企业微观层面进行分析。

5.1.3.1 宏观政策层面的影响因素

政府通常会对企业水资源的使用和污水排放标准制定相应政策，例如2019年颁布的《国家水污染物排放标准制订技术导则》（HJ 945.2—2018）以及更早颁布的《中华人民共和国水法》等，这些国家和地方政策或是通过限制企业污水排放标准提高其环境治理成本；或是提高可用水价格增加经营成本，进而影响企业的经营决策和预算管理。此外，我国是一个水资源比较匮乏的国家，而辽阔的疆域使得我国水资源的分布呈现出时间和空间上的不均衡。不同的区位其可用水总量差异十分明显，再加上水的运输成本较高以及各地区需求总量的不同，导致地区间供水价格呈现出较大的差异性，对于企业预算的编制结构也有着较大的影响，从而间接影响到了预算管理的执行。

5.1.3.2 企业微观层面的影响因素

企业是进行预算管理的主体，其自身特点对于预算管理有着直接的影响。首先，企业的类型和经营战略直接影响水资源预算管理，不同类型企业对于用水需求和购买水的用途都有差异，这就决定了采购用水的总量和企业废水排放类型的差异，面对差异，企业编制预算时的财务结果也会有所不同。其次，企业管理制度的完善程度决定了企业预算管理的效率。完善的监督制度、富有活力的激励机制对于预算的执行都有着十分重要的意义，而预算的执行效果和执行过程中的调整都对预算管理的结果有着直接影响作用。最后，企业水资源预算编制的方式缺乏合理性，导致整个预算管理的实施面临困难，一个合理的水资源核算方式和水资源预算编制方式对于预算编制与管理结果都将产生较大影响。

5.2 企业水资源预算管理体系构建

5.2.1 企业水资源预算管理模式框架

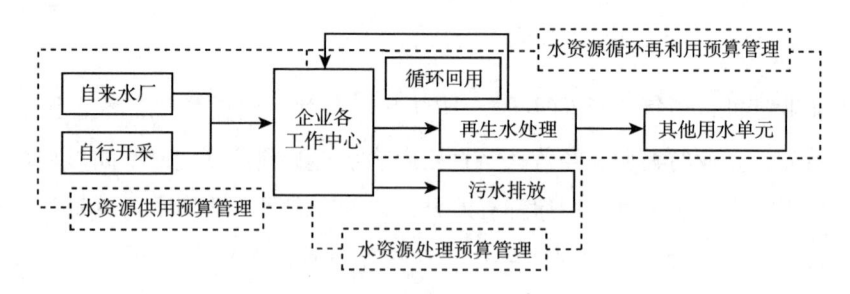

5.2.1.1 企业水资源预算管理模式设计框架

根据对企业水资源预算进行的科学设想,将水资源预算管理过程分解为三个阶段(见图5-1):企业水资源供用预算管理、企业水资源处理预算管理、企业水资源循环再利用预算管理。首先,对企业在日常生产经营过程中所需水资源的供用情况进行预算,如企业取水与制水的成本预算以及用水的成本预算等。其次,对企业污水处理情况进行预算,如污水处理达标排放成本的预算等。最后,对企业水资源的循环再利用进行预算,如对可循环水的再利用投资成本的预算等。通过对水资源各阶段的预算,再比较各个阶段的预算值与实际值,向总预算部门提交意见反馈报告,由总预算部门进行合理调整,最终得到更为科学的企业水资源预算方案,对水资源进行更具规划性的管理。

图5-1 企业水资源预算管理模式设计框架

5.2.1.2 企业水资源预算管理模式的构成

企业的水资源获取途径主要包括自来水厂的稳定供给和自主开采地下水,而废水处理则遵循两条主要路径:一是通过污水管网系统集中输送至污水处理厂进行标准化处理;二是企业自行实施废水处理流程,随后将处理后的水体导向其他生产单元或在企业内部实现循环再利用，以此促进水资源的节约与高效循环。现将企业水资源成本控制预算模式的构成过程分为供用水成本（含取水、制水以及用水成本）、污水处理达标排放成本以及循环水再利用投资成本等三大环节，具体阐述如下。

(1) 供水与用水环节成本构成。此环节涵盖了供水规模的成本、水质处理、蓄水设施费用，以及用水设施与管网的折旧与维护成本；同时，还涉及公共事业费用、设备运行所需的能源消耗（特别是电力）、水处理药剂的消耗，以及行政管理层面的开支，包括办公费用、业务运营费用与员工薪酬等。

(2) 污水处理环节成本分析。此环节成本主要集中于水处理设施与管网的折旧与维护，公共事业费用。此外，还包括设备运行所必需的电力消耗、水处理化学品的费用，行政管理层面的综合费用，如办公费、业务运营费、员工薪酬、污水处理排放费、水质监测费等。

(3) 循环水再利用成本详解。此环节聚焦于再生水处理过程中涉及的设施与管网折旧、维护费用及公共事业支出；同时，也包含设备运行所消耗的电能、水处理药剂成本；行政管理层面的费用，诸如办公费、业务运营费与员工薪酬；特别地，还纳入了针对再生水技术创新的研发经费支出。

5.2.1.3 企业水资源预算管理模式的核算

由企业水资源成本控制预算管理的构成可以得出企业水资源成本控制预算管理的核算方法。

(1) 供用水环节的成本核算。

基于企业水资源成本预算的构建模型，供用水环节的成本结构可划分为固定成本、变动成本及管理费用三大类别。具体而言，固定成本涵盖了取水与制水设备折旧、维护费用，以及供水过程中管网折旧、维护成本与公共事业服务费用等；变动成本则包括供水价格浮动、设备运行能耗，以及水处理药剂等变动性支出；而管理费用则涉及办公开支、业务运营费用及人员薪资等间接成本。针对供用水环节的成本预算，其核算公式可表述为："固定成本总和 + 变动成本总和 + 管理费用总和"，具体公式如下：

$$P_1 = C_{s_1} + C_{w_1} + C_{g_1} + C_{a_1} + (f_1 + f_2 + f_3)\sum_{i=1}^{n} x_i + C_{m_1} + C_{u_1} \quad (5-1)$$

（2）水处理环节成本预算的架构。

与供用水环节相似，水处理环节的成本预算同样由固定成本、变动成本及管理费用三大板块构建而成。具体而言，固定成本部分囊括了污水处理设备与管网的折旧费用、维护成本，以及公共事业服务支出；变动成本则主要体现在设备运行所需的电力消耗（即电耗）以及污水处理所需的药剂成本上；而管理费用则涵盖了办公运营费用、业务开支、员工薪酬以及污水排放费、水质检测费用等。针对此环节，成本预算的核算公式可表述为："固定成本总和＋变动成本总和＋管理费用总和"，具体公式如下：

$$P_2 = C_{s_2} + C_{w_2} + C_{g_2} + C_{a_2} + (k_1 + k_2)\sum_{i=1}^{n} y_i + C_{m_2} + C_{u_2} \quad (5-2)$$

（3）循环再利用水环节的成本预算。

企业废水在处理环节主要分为两部分：一部分进行排污处理；另一部分进行处理后循环再利用于另一个单元。在循环水再利用的成本预算架构中，可以细分为固定成本、变动成本、管理费用及研发支出四大类。具体而言，固定成本部分包括处理再生水所需的设备与管网的折旧、维护费用，以及公共事业服务支出；变动成本则涉及设备运行的动力消耗（主要是电力成本）与水处理药剂的费用；管理费用则涵盖了办公费用、业务运营支出及员工薪酬等。此外，还特别加入了研发成本，即针对再生水技术革新与开发的专项费用。对于循环再利用水环节的成本预算，其核算公式可表述为："固定成本总和＋变动成本总和＋管理费用总和＋研发支出总和"，具体公式如下：

$$P_3 = C_{s_3} + C_{w_3} + C_{g_3} + C_{a_3} + (h_1 + kh_2)z + C_{m_3} + C_b + C_{u_3} \quad (5-3)$$

（4）总水成本的核算。

企业水资源的总成本为以上三个环节成本的总和：

$$P_{总} = P_1 + P_2 + P_3 \quad (5-4)$$

式（5-1）~式（5-3）中，各变量的含义如下所述。

C_s——设备折旧成本　　　　h_1——每立方米循环再利用水的动力成本

C_w——管网折旧成本

C_g——公用工程费

C_a——设备及管网的维修成本

f_1——每立方米水的价格

f_2——每立方米水的药剂成本

f_3——每立方米水的动力成本

K_1——每立方米污水的药剂成本

K_2——每立方米污水的动力成本

h_2——每立方米循环再利用水的药剂成本

X_i——i 部门的用水量

Y_i——i 部门的产生污水量

Z——循环再利用水量

C_m——管理费用

C_b——研发支出

C_u——因行业异质性导致的特殊用水费用

5.2.2 企业水资源预算目标及原则

5.2.2.1 企业水资源预算目标

预算目标，作为公司发展战略在特定预算周期内的具象化展现，是对企业在该周期内各项经营活动预期成就与结果的前瞻规划与期望。公司的长远战略目标，应作为引领方向的核心，指引企业及各部门年度预算目标的精准设定。基于此，预算目标的设定及其后续的细化分解，不仅是预算管理流程的逻辑起点，更是预算体系有效运转与功能实现的核心环节。作为企业预算管理框架中的关键组成部分，水资源预算管理扮演着辅助与强化的角色，对于全面提升企业的预算管理效能具有不可或缺的作用。为了对企业水资源进行精细的预算管理，需要将水资源在企业整个输入与输出的过程中进行单独核算。本书对于企业水资源的预算管理是在企业预算管理的基础上建立一套独立的水资源预算管理子系统。企业构建水资源预算系统的主要宗旨包括：首先，于企业总体预算管理架构下，嵌入水资源预算管理子系统，以促成各部门间水资源预算模板体系的标准化与统一化；其次，旨在构建一个全面集成的系统，涵盖水资源预算的编制、实施、监控各环节，同时，确保对执行状况的高效查询、深入分析、严密监督及预警机制的建立；最后，通过确立科学规范的水资源预算编制流程，旨在显著提升企业在水资源预算管理领域的专业能力和管理水平，实现资源的高效配置与可持续利用。

5.2.2.2 企业水资源预算目标确立的原则

企业水资源预算管理目标的科学与否,直接决定预算管理的效果。企业水资源预算管理的目标设定应秉持多元化融合的原则,具体涵盖战略导向与现实可行性、理想愿景与实际操作、定性分析与量化评估、全局视野与细节把控,以及内部管理与外部环境适应性的有机结合。

(1) 战略导向与现实适应性的统一。企业水资源预算管理的目标,不仅是公司总体战略目标的细化与阶段性实践,更是其精神内核的延伸。在设定时,需紧密对接战略目标的精髓,确保其成为战略实施的桥梁。同时,必须兼顾现实条件的制约与环境变化的不确定性,灵活创新地制定预算目标,避免僵化执行,确保目标既具前瞻性又不失可行性。

(2) 理想性与现实性的结合。在制定战略目标、确定企业水资源预算管理的目标时,都要注重理想性和现实性的结合。我们必须考虑到我们所拥有的资源条件、可能和现实手段,企业水资源预算管理目标要与自身的管理水平现状、技术条件、市场条件、发展现状、员工素质等相结合。

(3) 定性与定量的结合。企业水资源预算管理的最大特征是量化,量化使目标更清楚,责任更具体,执行更有效,但水资源预算的定量管理也必须与定性管理相结合,水资源预算目标的确定、管理、实施,必须建立在定性分析和定性判断的基础上,若没有科学的判断和定性分析,定量分析和决策就是盲目的,而若缺乏定量目标,单纯的定性分析和判断则是粗放的,不具体的,只有实现定性与定量相结合,企业水资源预算管理的目标才能实现。

(4) 整体性与具体性相结合。企业水资源预算管理的目标凸显了全面性的重要性,这一全面性不仅体现在预算管理指标的全覆盖、参与主体的广泛性上,还体现在战略视角的整体性及机制构建与预算组织架构的完整性上。从内部来看,它要求管理者具备整体观念与全局视野,并将其视为预算管理的核心要义。然而,水资源预算管理也需细致入微,不可因过分追求战略高度而忽略其具体操作性。预算管理目标的设定需确保具体明确,以利于执行、监控、评估及监督的顺利进行,同时需具备可拆解性,通过细化分解,确保每个部门及岗位均承载清晰的目标责任。因此,预算管理实践中,应高度重视整体规划与具体实施的和谐统一。

（5）内部与外部相结合。企业水资源预算管理的目标是以企业内在条件为前提的，忽视自身条件的目标是不切合实际的；同时，企业水资源预算管理的目标还要考虑环境、资本要求、价格状况及趋势，在政府管制与市场预测的前提下，制定切实可行的企业水资源预算管理目标。

5.2.3　企业水资源预算编制

5.2.3.1　企业水资源总预算编制

本书对于水资源的预算管理是在企业预算管理的基础上建立一个水资源预算管理子系统。企业的生产预算是由直接人工、材料和制造费用构成的，这些费用都会受到水资源预算的影响，水资源的供用、处理过程中设备的折旧与技术的开发成本会不同程度地分摊到各个生产车间的成本费用预算中。在水资源预算子系统中，企业还需要增加对水资源循环再利用的节水设备与技术的资金投入，从企业长期决策的层面考虑，这部分的支出占比会逐渐增加，并给企业带来价值收益，有利于企业经营决策的改进，最终达到企业收益最大化，如图5-2所示。

5.2.3.2　企业供用水预算编制

企业年度水资源预算目标的设定过程体现了上下联动、协同制定的原则。首先，企业高层将着眼未来，规划并设定次年水资源预算的总体目标。其次，财务中心积极响应，基于高层的战略导向，着手制定水资源预算的编制准则与资源分配策略。在此基础上，各部门依据财务中心确立的预算编制规则，针对自身来年的水资源使用需求，独立编制详尽的水资源预算报表，从而形成了从顶层规划到基层执行的完整闭环。在编制水资源预算时，需综合考虑上年度水资源供需状况，对本单位初步形成的水资源预算方案进行细致审查，随后提交至财务中心进行整合与复核。财务中心完成汇总后，将提交至董事会进行最终审议。待董事会审议通过并正式批准后，该预算方案将被分发至各部门执行。若在执行前或执行过程中，部门提交的预算规划需作

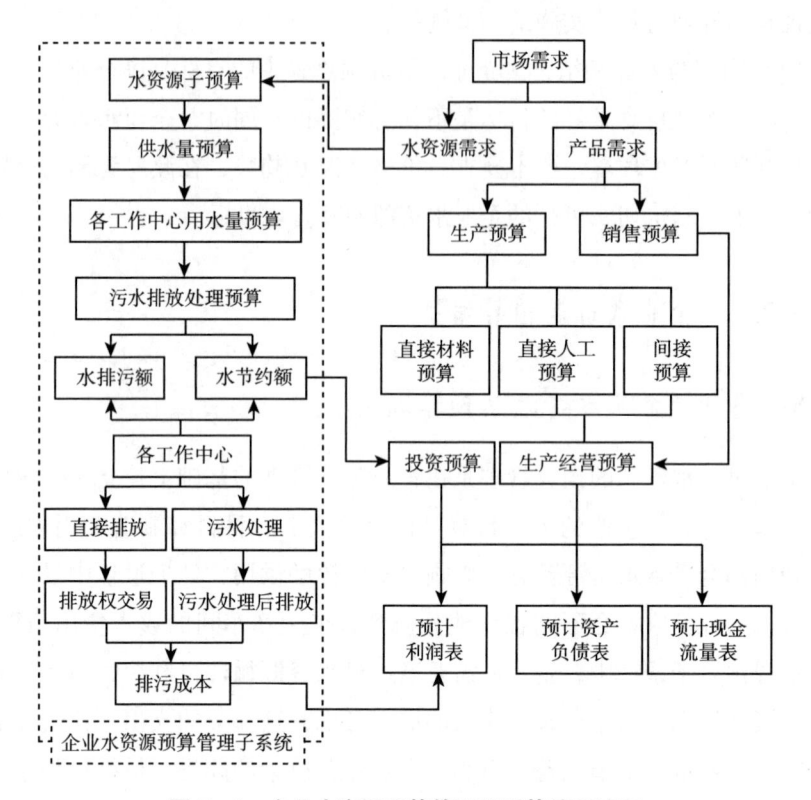

图 5-2　企业水资源预算管理总预算编制流程

调整，则需依据上级指示对预算进行相应修订，重新编制水资源预算表，并经确认后再次提交。在此流程中，预算的编制与调整分别被标识为"初始预算编制"与"预算调整编制"两个阶段，要求在选择编制版本时确保准确无误。仅当获得明确许可进行第二次预算调整时，方能启用"预算调整编制"版本，并依据如下流程（见图 5-3）执行第二次预算编制工作。

5.2.3.3　企业处理与循环再利用水预算编制

初始阶段，由污水处理中心发起需求申请，随后需求部门负责编撰水资源处理投资项目的可行性研究报告。总经理办公室在接收此申请后，先与需求部门协调沟通，随后将该项目纳入项目评审会的讨论议程。在项目评审会上，针对投资计划的合理性进行深入评估，并提出相应建议。获得项目评审会认可后，该计划将提交至公司高层管理者进行审批，进一步通过后再呈送

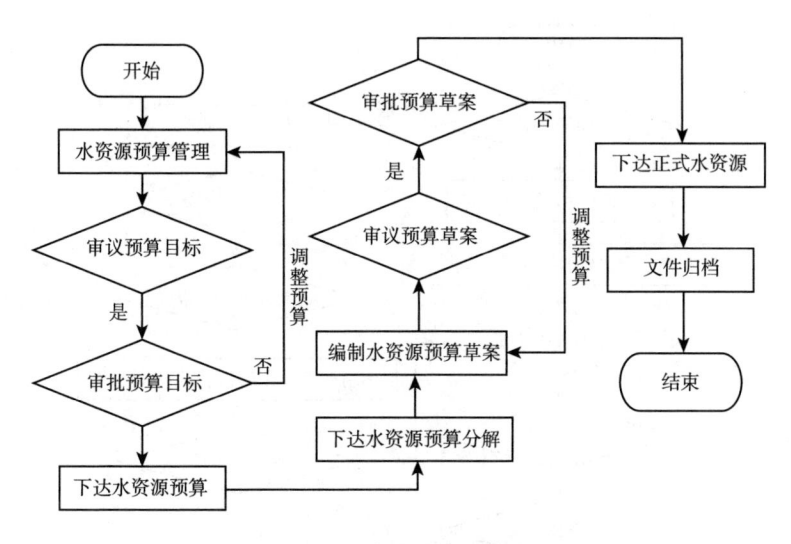

图 5－3　企业水资源供用预算编制流程

董事会进行最终审议。若该预算提案超出年度预算范畴（即超预算项目），则需采取特殊审批流程：需先获得分管领导的初步批准，随后由总经理办公会正式提出该需求，并进行初步审议。此后，需求部门需详细制定水资源处理预算外投资需求的实施方案，并配套编写可行性研究报告。待公司董事长审批通过后，该提案方可进入项目评审会的进一步审议流程。最终，经董事会审议批准，该超预算项目将被纳入当年的投资计划之中。整个流程的具体步骤如图 5-4 所示。

5.2.4　企业水资源预算执行

企业水资源的预算管理构成了一个综合性的系统工程，其流程涵盖预算编制、审批、执行与适时调整等多个关键环节。在预算获得正式批准之后，紧接着便是预算的执行阶段，同时，企业还需对执行过程进行灵活的动态调整与管理，以确保预算目标的顺利实现与资源的优化配置。

（1）实施定期监控与评估。各责任部门需设立专项水资源账目，用以详细记录预算执行情况，并指派专人负责数据的深度剖析。此外，需构建定期审查机制，将实际运营成果与预设预算指标进行比对分析，随后与预算管理

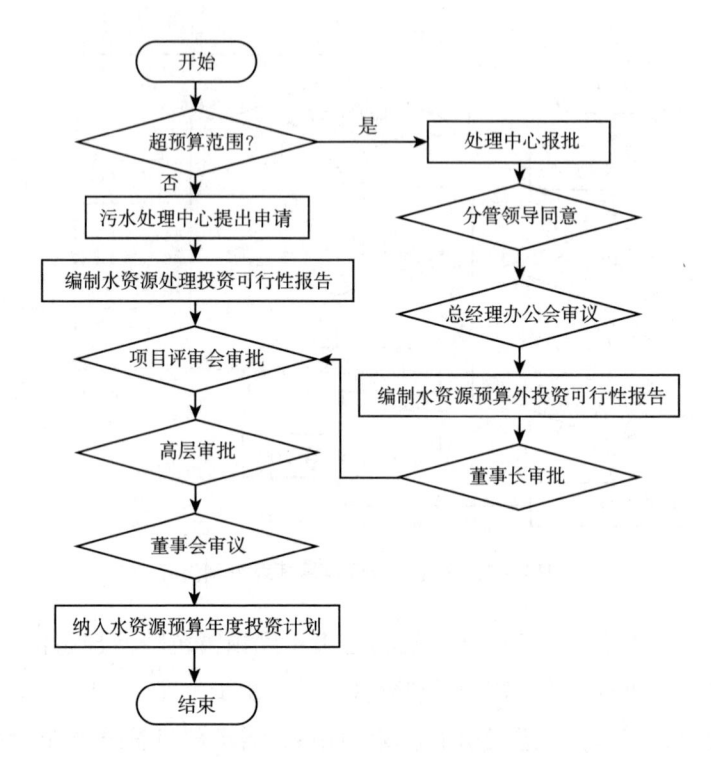

图 5-4　企业水资源处理、循环再利用预算编制流程

团队进行交叉验证，确保分析、报告及必要调整工作的及时性与准确性。

（2）特殊情境下的灵活应对流程。面对突发或特殊情境，责任部门需迅速向预算管理小组提交特别申请，并详尽阐述缘由。此类申请需经预算管理委员会与直接责任领导的联合审议，一旦获得批准，即可纳入预算支出范畴。对于涉及巨额资金支出的特殊情况，则需进一步提交至董事会审议，并由预算管理委员会进行细致核定，以确保决策的科学性与合理性。

（3）引入安全边际偏差管理机制。在水资源预算的实际执行阶段，可采用安全边际偏差控制策略，例如设定一个不超过5%的浮动区间。此举旨在确保在无异常状况时，实际水资源消耗与预算目标间的偏离保持在合理范围内（±5%），从而有效遏制浪费。如遇紧急或特殊事件，相关部门应立即向预算管理委员会提交报告，以便及时审议并作出相应调整。

（4）深化预算执行阶段的分析与反馈机制。应定期组织会议，深入探讨水资源实际消耗与预算设定之间的差异根源，并积极探索缩小这些差异的有效策略。同时，对当前水资源利用状况进行全面评估，并将分析讨论的结果及评估报告提交至预算管理委员会进行复核。在此基础上，预算管理委员会将结合当前预算执行情况，对未来水资源状况进行前瞻性预测，并据此判断是否需要调整后续预算目标，以确保预算管理的灵活性与适应性。

5.2.5 企业水资源预算监督

企业水资源预算通过审批部门审核下达后，为了提高企业的工作效率和水资源使用效果，需要加强对水资源预算的监督控制，通过对部门之间和岗位之间的制衡关系，达到互相监督与控制的目的，从而提高水资源预算的执行力度，为水资源预算达到目标提供合理的保证。审计部门作为企业治理机制之一，是提高企业水资源预算监督水平的重要手段。

（1）构建专业化的内部审计团队。为确保监督工作的有效性，需组建一支精通业务的内审人员队伍，他们需具备扎实的专业知识、敏锐的洞察能力以及清晰的监督逻辑。面对复杂多变的业务场景，该团队应能运用其专业素养和职业敏锐性，迅速锁定关键点，有效减轻企业面临的水资源相关风险。

（2）建立独立的评估体系并强化其动态适应性。依托大数据技术，构建一个独立且高效的评估系统，该系统需具备高度的灵活性和实时性，能够紧跟外部市场环境的变迁进行动态调整。同时，进一步完善水资源预算管理内部控制的监督与分析框架，打造一个集动态监督、实时分析于一体的数据共享平台，以满足内部控制监督与管理的多元化需求。在构建此独立评价体系时，融入自动预警机制，确保即时、精准的预警响应，同时强化系统辅助功能，借助先进信息技术手段，有效缩减人力成本。在监督策略上，倡导现场与非现场监督的深度融合，并倾向于提升非现场监督的应用频次，此举旨在优化资源配置，减少时间损耗，进而增强监督与管理的效率与效能。此外，引入并组建由高级数据分析专家构成的专业团队，专注于数据深度剖析，此举将极大提升企业对信息系统的整合利用能力，推动信息技术在企业管理中的深度渗透与高效应用。

5.2.6 企业水资源预算考核

企业水资源预算管理的最终环节聚焦于预算考核，该考核的准确执行对于彰显预算的效能与价值至关重要，同时也是激发各部门潜能、推动企业战略落地的关键驱动力。

（1）具体而言，财务中心承担着对各部门水资源预算执行成效的总体评估职责，而各部门内部则需设立相应机制，针对各自的水资源预算指标进行自我考核，此任务由各自的职能部门负责执行。值得注意的是，鉴于不同预算指标的特性与重要性各异，其考核周期也需灵活设定，例如，年度水资源预算目标往往被细化为月度考核任务，以确保预算管理的连续性与精准性。

（2）为确保水资源预算管理的精准性，需确立一套科学的水资源预算审核基准，并将整体预算考核体系细化为多个维度，深入至各部门乃至每一个用水细节。依据考核标准与具体需求，为各部门量身定制个性化的考核方案，旨在体现考核机制的人性化关怀与明确导向性。在此基础上，针对部门间的差异性，设置差异化的评分标准，范围设定在 0~5 分，以此累积形成综合评价，确保考核结果的全面性与公正性。

（3）构建一个与考核结果紧密挂钩的激励机制，持续优化以适应考核实践的发展。通过将考核结果与员工的薪酬体系、职位晋升、奖金奖励等福利措施相结合，有效激发员工的工作热情与积极性。同时，根据各部门的独特属性，建立差异化的标准体系，确保奖励与惩罚措施能够精准对应，实现激励效果的最大化。在此基础上，依托完善的考核数据收集、整理与核算流程，汇总形成各部门个性化的考核报告，为企业的水资源预算管理提供有力支撑。

5.3 案例应用——以 BJ 股份水资源预算管理为例

5.3.1 BJ 股份水资源预算管理的现状

20××年 2 月，BJ 股份成立；同年 12 月，在上海证券交易所上市。BJ

股份作为一家大型国有钢铁企业,用水量大,节水减排较为困难。公司最初的吨钢耗水设计指标为9.9吨(t),在20世纪×0年代中期达到7t左右。近年来,BJ股份积极向世界先进企业看齐,从20×1年起开展了杜绝用水"跑、冒、滴、漏"的活动,让全体员工行动起来,采取有效措施,防止每一滴水的浪费;同时,对各工序的用水情况进行全面摸底,改进不合理设施。BJ股份还成立了"水专业科技创新队伍",由能源部首席工程师担任团长,进行优化管网系统、改进制水工艺等方面的攻关,并根据企业实际情况,开发和应用废水回用技术、中水回用技术等,使水循环率提高到了98%以上。

在废水处理方面,BJ股份重点开展冷轧废水深度处理达标排放、废水减量化以及废水中有价物资源化回收等一系列难题研究。BJ股份工程承接的BJ股份2030冷轧废水回用项目于20×6年12月竣工投产。该项目以高起点的技术要求,通过源头减排、分类处理、按质回用,实现废水回用与资源化,所采用的磁混凝、电吸附、电氧化等新型技术,取得行业内的技术突破;设计回用水量合计189m^3/h,回用率高达63%,在BJ股份各冷轧废水处理站居首。由于设计规模中考虑冷轧预留机组的排水需求,目前实际废水处理量约为220m^3/h,实际废水回用量达140m^3/h左右,废水站实际排放水量达80m^3/h左右,实际废水排放量比原先降低60%以上,且化学需氧量(COD)年排放总量仅为28.6t,达到了新国标的最严格标准,为目前国内钢厂最低排放水平。

在水资源节约领域,BJ股份尚拥有显著的优化潜力。审视我国钢铁行业,其节水技术水平相较于国际标杆仍明显滞后。具体而言,以20×6年数据为例,我国钢铁企业在吨钢耗新水量、吨钢废水排放量及水资源循环利用率等关键指标上,均显著落后于国际先进水平。国内行业平均水平表现为吨钢耗新水量7.57立方米/吨、吨钢废水排放量6.08千克/吨、水资源循环利用率95.63%,而国际顶尖水平则分别为2.23立方米/吨、2千克/吨及98.2%。在此背景下,BJ股份虽已展现出一定的节水成效,其吨钢新水耗量为4.02立方米/吨、吨钢废水排放量控制在2.95千克/吨,水资源循环利用率提升至97.8%,但仍需进一步努力,以缩小与国际领先水平的差距。由此可见，BJ股份与其他先进企业相比，仍然存在较大的差距（见图5-5）①，水资源预算管理对于优化BJ股份用水水平有重大的意义。

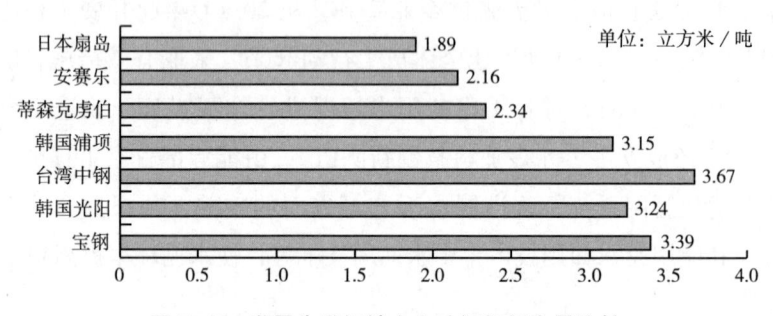

单位：立方米/吨

企业	吨钢耗新水量
日本扇岛	1.89
安赛乐	2.16
蒂森克虏伯	2.34
韩国浦项	3.15
台湾中钢	3.67
韩国光阳	3.24
宝钢	3.39

图5-5 世界先进钢铁企业吨钢耗新水量比较

BJ股份现行的企业水成本核算不能满足企业的发展需要，其核算仅局限于对污水排放量、吨钢耗水量、原水的计算和能够直接进行确认的费用上，缺少对水资源成本的准确计量，也没有设置一套系统、完善的标准。BJ股份对于水成本的核算主要包括污水排污费、相关环保设施的折旧费等显性成本，忽略了水资源损失成本等相对隐性的成本，然而从成本控制的角度来说，这些显性成本的变化幅度相对较小。因此，BJ股份进行水预算管理的实施重点应该放在其废水排放较多或者水资源损失较大的环节，实现水预算管理所能带来的最大化经济效益。

5.3.2 BJ股份水资源预算管理模式的应用

5.3.2.1 BJ股份水资源预算管理模式的构成

根据水资源供用、水资源处理及水资源循环再利用的思路，结合BJ股份水资源实物量、价值量等数据的可获得性，将BJ股份水资源预算管理体系分为目标层、准则层和指标层三个层面。BJ股份水资源成本控制预算管理模式构成如表5-1所示。

---

① 中共中央、国务院.国务院关于印发循环经济发展战略及近期行动计划的通知[Z].2024.

表 5-1　　　　　　　　BJ 股份水资源预算管理模式构成

总体层 （一级指标）	准则层 （二级指标）	指标层 （三级指标）	计算公式
BJ 股份水资源预算管理体系	水资源供用成本 P1	设备折旧成本	（每立方米污水的药剂成本 + 每立方米污水的动力成本）× 部门用水量之和
		管网折旧成本	
		公用工程费	
		设备及管网的维修成本	
		部门用水量成本	
		管理费用	
	水资源处理成本 P2	设备折旧成本	（每立方米污水的药剂成本 + 每立方米污水的动力成本）× 部门产生污水量之和
		管网折旧成本	
		公用工程费	
		设备及管网的维修成本	
		部门污水处理成本	
		管理费用	
		环保罚款费用	
	水资源循环再利用成本 P3	设备折旧成本	（每立方米循环再利用水的动力成本 + 每立方米循环再利用水的药剂成本）×循环再利用水量
		管网折旧成本	
		公用工程费	
		设备及管网的维修成本	
		水循环处理成本	
		管理费用	
		研发支出	
		负制品损失水成本	

资料来源：按钢铁企业生产工艺程序的不同环节获取截面数据。经济类指标从财务数据及统计数据中获取；资源类指标从原材料、能源采购与消耗数据中获取。此外，生产技术统计资料也缺一不可。企业缺失的数据则由行业一般水平进行替代。

钢铁企业吨钢用水成本包括取水费、排水排污费、电费、水处理药剂费、环保罚款、人工费、维修费、折旧费及其他零星费用。水资源供用成本指标反映了 BJ 股份在生产工艺流程中所投入的新鲜水的能源资源，其预算成本越低，说明企业生产所投入及消耗量越少，从而达到减少水资源投入量效果。水资源处理成本指标反映 BJ 股份在生产过程中产生废水及水污染物排放情况，在排污达标的情况下，预算成本越少，表明该企业的污水排放量越少，水资源循环利用率越高，需要投入的污水处理成本越少，生产对外界环境产生的影响越小。水资源循环再利用指标主要反映了BJ股份在生产过程中水资源的循环利用效率和废水处理情况，在水资源用量合理的情况下，若其预算成本越高，在水循环投入更多成本，能有效提高能源利用效率及水资源循环利用效率。

5.3.2.2 BJ股份水资源预算管理模式的核算

BJ股份企业生产工序由原料场、焦化、烧结、连铸、高炉炼铁、转炉炼钢、热轧、冷轧组成，辅助生产工序由制氧、鼓风、热力发电等组成，是一个钢铁联合企业。在钢铁企业用水成本中，每年投入的设备折旧费、维修费、管理费用、药剂费用是相对固定的，变动不大。本书参考先进的钢铁行业吨钢用水成本和吨钢环保成本，对BJ股份的一般折旧费、维修费、网管费等相对固定费用的支出进行预算，具体数据如表5-2、表5-3所示。

表5-2　　　　　先进的钢铁联合企业吨钢用水成本

名称	单价	吨钢耗量	吨钢费用（元）	备注
一、取水成本			
1. 电费	0.65元/千瓦时	1.6~2千瓦时	1.04~1.3	0.4~0.5千瓦时/立方米
2. 其他	0.24~0.48元/立方米	4立方米	0.96~1.92	药剂、人工、折旧等
小计			2~3.3	
二、循环水处理成本			
1. 电费	0.65元/千瓦时	100~110千瓦时	65~72	0.5~0.55千瓦时/立方米
2. 其他	0.2~0.25元/立方米	200立方米	40~50	药剂、人工、折旧等
小计			105~122	
合计			107~125.3	

表5-3　　　　　先进的钢铁联合企业吨钢环保成本

名称	单价	吨钢耗量	吨钢费用（元）	备注
1. 废气治理耗电	0.65元/千瓦时	106.7千瓦时	69	主要为电费
2. 烧结脱硫	8元/吨	1.35吨	11	全脱硫
小计			80	

续表

名称	单价	吨钢耗量	吨钢费用（元）	备注
3. 工序废水	0.5~0.7元/立方米	20立方米	10~14	
4. 综合污水治理	3元/立方米	2.5~3立方米	7.5~9	有深度处理设施
5. 焦化废水	12元/立方米	0.2~0.3立方米	2.4~3.6	有深度处理设施
小计			19.9~26.6	
合计			99.9~106.6	

注：当将污水与废水处理设施的折旧成本、维护开支及人力费用等因素纳入考量范畴时，每吨钢水处理的综合费用预计将额外上升5%~10%。

从表5-2中可以看出，先进的钢铁联合企业供用水环节吨钢耗电费为1.04~1.3元，药剂、人工、折旧等相对固定的费用吨钢费用为0.96~1.92元。在不考虑水费情况下，供用水环节吨钢费用为2~3.3元。从表5-3中可以看出，吨钢污水处理成本在19.9~26.6元。考虑污废水处理的设施折旧、维修、人工费用等，吨钢污水处理费用还会增加5%~10%，吨钢污水处理成本在20.9~29.3元。

水利部《工业用水定额：钢铁》规定了钢铁企业用水定额（见表5-4），还按照钢铁主要生产工序对用水配额进行了进一步细分制定，分别制定了烧结、焦化、炼铁、炼钢、轧钢等工序用水定额（见表5-5）。本书根据水利部的用水定额，对BJ股份用水量进行总体预算。

表5-4　　　　　钢铁联合企业用水定额　　　　　单位：立方米/吨

产品名称		领跑值	先进值	通用值
粗钢	含焦化生产、含冷轧生产	3.1	3.9	4.8
	含焦化生产、不含冷轧生产	2.4	3.2	4.5
	不含焦化生产、含冷轧生产	2.2	2.8	4.2
	不含焦化生产、不含冷轧生产	2.1	2.3	3.6

表5-5　　　　钢铁企业主要生产工序用水定额　　　　单位：立方米/吨

工序	领跑值	先进值	通用值
烧结	0.18	0.22	0.38
焦化	0.70	1.23	2.73
炼铁	0.24	0.42	1.09

续表

工序	领跑值	先进值	通用值
炼钢	0.36	0.52	0.99
冷轧	0.40	0.61	1.40
热轧	0.38	0.45	0.91

BJ股份的工艺流含焦化生产、含冷轧生产，选取钢铁企业先进值用水定额，则吨钢用水定额为3.9立方米/吨。工业用水定额指的是新水耗用定额，参考20×5年BJ股份吨钢耗新水量为4.2立方米/吨，合理估算20×6年吨钢耗新水量为4立方米/吨，从而供用环节水资源预算定额为4立方米/吨，因此，供水环节部门用水量之和＝吨钢耗新水量×钢产量；污废水预算可以通过分析近年来废水排放情况，为本年设立一个合理的吨钢污废水排放额。根据表5－6可知，近五年来吨钢废水排放均值为0.664立方米/吨，可以将20×6年吨钢废水排放设为0.6立方米/吨。由此，也可预算得出BJ股份的部门污水量；再循环利用水量可以通过"工业用水重复利用率＝循环用水量/（循环用水量＋取用新鲜水）"计算得出。

表5－6　　　　　　　　　BJ股份废水排放情况　　　　　　单位：立方米/吨

项目	20×1年	20×2年	20×3年	20×4年	20×5年
废水	0.88	0.74	0.55	0.66	0.49

根据实地调研从BJ股份收集的20×5年数据与上述参考数据，可以预算BJ股份在供用水环节、处理水环节和循环再利用水环节的成本，具体计算如下所述。

（1）供用水环节的成本核算。

在供用水环节，供用水环节成本＝（每立方米水的价格＋其他吨钢费用＋每立方米水的电费）×部门用水量之和。20×5年BJ股份粗钢产量为8.038亿吨，在去产能的目标任务下，公司预计20×6年粗钢产量下降至7.6亿吨。供用水环节用水定额为4立方米/吨，供用水环节部门用水量之和＝吨钢耗水量×钢产量＝4×7.6＝30.4（亿吨）。预计20×6年粗钢产量为电费单价为0.65元/千瓦时，吨钢耗电费为1.2元，每立方米水的电费＝吨钢耗电费×钢产量/供用水环节耗水量＝1.2×7.6/30.4＝0.3（元）。查询价格后得出每立方米的水价为1元。供用水环节一般钢铁联合企业的其他吨钢费用为0.96~1.92元，而BJ股份的其他吨钢费用一般稳定在1.43元。因此，供用水环节成本=(1+1.43+0.3)×30.4=83（亿元）。

(2) 处理水环节的成本预算。

在处理水环节，处理水环节的成本=(每立方米污水的电费+其他吨钢费用)×部门产生污水量之和+环保罚款费用。近五年来吨钢排放废水均值为0.664立方米/吨，20×6年设一个合理的吨钢污水排放定额为0.6立方米/吨。处理水环节部门产生污水量之和=吨钢污水排放定额×钢产量=0.6×7.6=4.56（亿吨）。预计20×6年粗钢产量的电费单价为0.65元/千瓦时，吨钢耗电费为1.8元，每立方米污水的电费=吨钢耗电费×钢产量÷处理水环节耗水量=1.8×7.6/4.56=3（元）。处理水环节一般钢铁联合企业的其他吨钢费用为19.9~26.6元，而BJ股份的其他吨钢费用比较稳定在23.6元。经由工程手段减排、管理优化、工艺流程升级以及环保设备的精细化分类管理等多重策略的实施，BJ股份持续推动各项环保技术指标的优化提升，成功实现了污染物排放总量的稳步减少，并超额达成了地方政府设定的减排责任目标。在此过程中，公司有效规避了环保违规罚款的风险，确保了环保绩效的卓越表现。因此，处理水环节的成本=(3+23.6)×4.56=121.3（亿元）。

(3) 循环再利用水环节的成本核算。

在循环再利用水环节，循环再利用水成本=(每立方米循环再利用水的电费+其他吨钢费用)×循环再利用水量+研发支出。BJ股份20×5年工业用水重复利用率为73.4%，预计20×6年工业用水重复利用率为72%。利用计算公式：水资源循环利用率=循环用水量/(循环用水量+取用新鲜水)，可以计算得出循环再利用水量=工业用水重复利用率×取用新鲜水/(1-工业用水重复利用率)=72%×30.4/(1-72%)=78.17亿吨。预计20×6年粗钢产量的电费单价为0.65元/千瓦时，吨钢耗电费为68元，每立方米循环利用水的电费=吨钢耗电费×钢产量/循环利用水环节耗水量=68×7.6/78.17=6.6（元）。循环利用水环节一般钢铁联合企业的其他吨钢费用为40~50元，而BJ股份的其他吨钢费用比较稳定在42.3元。BJ股份20×5年环境保护成本中资本化成本投入13.74亿元，其中水资源方面的环境研发费占到35%，约为4.8亿元。在节能减排的政策下，公司预计加大环境研发费用，预计20×6年在水资源方面投入研发费用5.1亿元。因此，循环再利用水成本 = (6.6 + 42.3) × 78.17 + 5.1 = 3 827.6（亿元）。

(4) 总水成本的核算。

BJ 股份水资源的总成本为以上三个环节成本的和：总水成本 = 供用水成本 + 处理水成本 + 再循环利用水成本 = 83 + 121.3 + 3 827.6 = 4 031.9（亿元）。

5.3.2.3　BJ 股份水成本归集

在确立企业水资源总成本框架后，实施精确的成本费用计量显得尤为关键。这一过程涵盖了水量的精准统计与水成本的全面归集，旨在为企业后续的业绩评估与责任界定奠定坚实基础。同时，通过此等成本信息的深度整合，企业能够更有效地进行成本规划与策略部署，进而达成成本控制与资源优化配置的双重目标，促进资源的高效利用与可持续发展。根据 BJ 股份的工艺流程（见图5-6），本书将连续的长流程的钢铁生产步骤简化为几个具体的部门物量中心（见表5-7），将新水用水定额分配到几个部门，着重统计每个部门供用水环节水消耗情况，并计算出相应的水成本。再根据20×5年的 BJ 股份企业各生产流程中水资源处理环节和水资源循环再利用环节与水资源供用环节的耗用量相对值，来合理估算水资源处理环节和水资源循环再利用环节的用水定额。

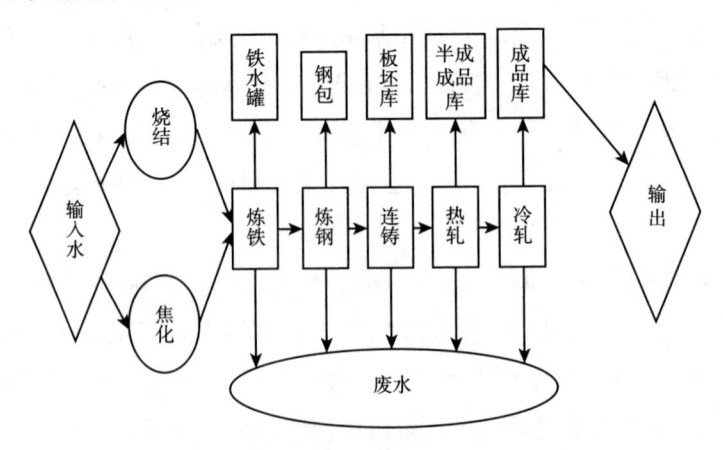

图5-6　BJ 股份工艺流程

表 5-7　　　　　　　　　钢铁企业部门中心设定

部门中心	相关工艺流程	输入	输出 正制品	输出 负制品
烧结	各种粉状含铁原料，配入适量的燃料和熔剂，加入适量的水，经混合和造球后再烧结	水；含铁原料；熔剂	烧结矿	废水、废渣、废气
炼铁	焦炭燃烧释放热量，将粗铁加热后成为液体状，分离燃烧产生一氧化碳，从而得到相对纯净的铁水	水；铁精矿、粉矿；焦炭、熔剂	铁水	废水、废气
炼钢	氧气顶吹转炉炼钢	水；铁水；氧气	粗钢	废水、废气、废渣
连铸	在结晶器中加入冷水冷却，方便结晶器拉出，再经喷水冷却	水	半成品钢	废水、废渣
冷轧	用热轧钢卷为原料，经酸洗去除氧化皮后进行冷连轧	水；酸性物质	轧硬卷	废水
热轧	用连铸板坯或初轧板坯作原料，经步进式加热炉加热，高压水除鳞后进入粗轧机，粗轧料经切头、尾后，进入精轧机多道次轧制	水；燃料	钢	废水

通过对不同部门生产步骤的划分，将供用水定额分配到各部门（见表 5-8），着重统计每个部门供用水环节水消耗情况，并计算出相应的水成本。再根据 20×5 年的 BJ 股份企业各生产流程中水资源处理环节和水资源循环再利用环节与水资源供用环节的耗用量相对值（见表 5-9），来合理预算 20×6 年水资源处理环节和水资源循环再利用环节的用水定额（见表 5-10），并计算出相应的水成本。通过水量归集、水成本归集，了解企业用水状况，便于进行业绩考核和责任划分，同时利于企业进行成本筹划。

表 5-8　　　　　　　BJ 股份部门供用水定额　　　　　　单位：立方米/吨

部门	用水定额
烧结	0.30
炼铁	0.95
炼钢	0.58
连铸	0.71

续表

部门	用水定额
冷轧	0.84
热轧	0.62

表5-9　　　　　　BJ股份部门用水环节用水量定额

部门	环节	与用水定额相对值	用水额（立方米/吨）
烧结	水资源供用	1	0.30
	水资源处理	0.023	0.007
	资源循环再利用	—	—
炼铁	水资源供用	1	0.95
	水资源处理	0.009	0.008
	水资源循环再利用	0.42	0.40
炼钢	水资源供用	1	0.58
	水资源处理	0.01	0.006
	水资源循环再利用	2.33	1.35
连铸	水资源供用	1	0.71
	水资源处理	0.012	0.008
	水资源循环再利用	1.47	1.04
冷轧	水资源供用	1	0.84
	水资源处理	0.025	0.021
	水资源循环再利用	3.97	3.33
热轧	水资源供用	1	0.62
	水资源处理	0.015	0.01
	水资源循环再利用	6.72	4.17

注："—"表示无。

表5-10　　　　　　各环节用水定额预算值　　　　　　单位：立方米/吨

环节	用水定额
供用水环节	4
水处理环节	0.06
循环再利用水环节	10.29

根据各部门用水环节用水量定额可以算出各部门耗用水成本。各部门耗用水成本＝供用水环节总成本×该部门供用水定额/供用水环节用水定额＋

处理水环节总成本×该部门处理水定额/处理水环节用水定额＋循环再利用水环节总成本×该部门循环再利用水定额/循环再利用水环节用水定额，具体计算如下：

烧结水成本＝83×0.3/4＋121.3×0.007/0.06＝20.37（亿元）。

炼铁水成本＝83×0.95/4＋121.3×0.008/0.06＋3 827.6×0.4/10.29＝184.67（亿元）。

炼钢水成本＝83×0.58/4＋121.3×0.006/0.06＋3 827.6×1.35/10.29＝526.33（亿元）。

连铸水成本＝83×0.71/4＋121.3×0.008/0.06＋3 827.6×1.04/10.29＝417.76（亿元）。

冷轧水成本＝83×0.84/4＋121.3×0.021/0.06＋3 827.6×3.33/10.29＝1 298.55（亿元）。

热轧水成本＝83×0.62/4＋121.3×0.01/0.06＋3 827.6×4.17/10.29＝1 584.21（亿元）。

通过对BJ股份各部门水资源成本分析汇总表（见表5－11），我们可以清楚地看到每一个物量中心投入的各种水资源成本。通过水资源成本核算，形成对BJ股份各部门用水量的整体认识，利用水资源预算体系，可以将预算目标细化到每一个部门。

表5－11　　　　　　BJ股份各部门水资源成本分析

部门	成本项目	用水成本（亿元）	用水成本/总用水成本（%）
烧结	供用水成本	6.23	0.5
	水处理成本	14.15	
	循环水成本	—	
炼铁	供用水成本	19.71	4.6
	水处理成本	16.17	
	循环水成本	148.79	
炼钢	供用水成本	12.04	13.1
	水处理成本	12.13	
	循环水成本	502.16	

续表

部门	成本项目	用水成本（亿元）	用水成本/总用水成本（%）
连铸	供用水成本	14.73	10.4
	水处理成本	16.17	
	循环水成本	386.85	
冷轧	供用水成本	17.43	32.2
	水处理成本	42.46	
	循环水成本	1 238.67	
热轧	供用水成本	12.87	39.3
	水处理成本	20.22	
	循环水成本	1 551.13	

注："—"表示无。

5.3.3 BJ股份水资源预算管理模式的评价

为了诊断BJ股份水资源预算管理模式整体的效用，本书通过实地调研收集整理汇总得到20×6年企业实际用水量及用水成本，对BJ股份20×6年水资源耗用预算值与实际值作对比分析（见表5–12和表5–13）。

表5–12　　　　BJ股份水资源预算值与实际值分析　　　　单位：亿元

部门	成本项目	用水成本预算值	用水成本实际值	差额
烧结	供用水成本	6.23	6.77	-0.54
	水处理成本	14.15	16.35	-2.20
	循环水成本	—	—	—
炼铁	供用水成本	19.71	21.45	-1.74
	水处理成本	16.17	18.68	-2.51
	循环水成本	148.79	164.16	-15.37
炼钢	供用水成本	12.04	13.10	-1.06
	水处理成本	12.13	14.01	-1.88
	循环水成本	502.16	554.04	-51.88
连铸	供用水成本	14.73	16.03	-1.30
	水处理成本	16.17	18.68	-2.51
	循环水成本	386.85	426.81	-39.96

续表

部门	成本项目	用水成本预算值	用水成本实际值	差额
冷轧	供用水成本	17.43	18.97	-1.54
	水处理成本	42.46	49.05	-6.59
	循环水成本	1 238.67	1 366.63	-127.96
热轧	供用水成本	12.87	14.00	-1.13
	水处理成本	20.22	23.36	-3.14
	循环水成本	1 551.13	1 711.36	-160.23

注:"—"表示无。

表 5-13　　　　BJ 股份各环节预算值与实际值分析　　　　单位:亿元

环节	预算用水成本	实际用水成本	差额
供用水环节	83	90.33	-7.33
水处理环节	121.3	140.13	-18.83
循环再利用水环节	3 827.6	4 223	-395.4
合计	4 031.9	4 453.46	-421.56

从表 5-13 中的数据可以得知,BJ 股份 20×6 年实际水资源成本整体都高于预算值,若实行水资源预算管理体系,20×6 年大概节约水资源成本421.56 亿元。水预算管理体系通过为水资源使用量设置定额,将用水定额合理分配到各个部门,能帮助企业更精准地进行水成本节约。在进行水预算管理之后,对于减少 BJ 股份水资源成本是有较大作用的,特别是对于循环再利用水环节,循环再利用水环节节约的水成本占到了总节约水成本的 93.8%。由于钢铁企业用水量大,一般是通过提高水资源循环利用率,对工业水进行直接回用,此方式能最直接且最有效地节约水资源。循环再利用水也是企业用水量组成的重要部分。通过水预算管理体系,可以很大程度上对循环再利用水成本进行管理控制,并且能将具体循环再利用水量精准到各个部门,明确各部门责任划分,减少水资源成本。通过前面的计算得知,冷轧、热轧这两个部门的水耗用成本最多,占到了总水资源成本的 75%,应作为重点进行管理,尽量采用先进的节水型生产工艺及设备。

基于企业原定的去产能目标,即缩减 5% 的产能,理论上需减产 0.4 亿吨。然而,在 20×6 年度,企业实际粗钢产量非但未减,反而较 20×5 年增长了 0.7%,达到了 8.1 亿吨,超出预期目标,这一增产部分通过市场流通实现了 21.67 亿元的经济收益。由此，我们可构建出企业的整体碳预算管理框架，并置于其年度超百亿元销售收入的宏观背景下审视。显然，钢铁企业的经济效益核心仍在于钢材市场交易收益与成本之间的精细平衡。具体到 20×6 年，随着收入的稳步增长及水资源成本的有效控制，BJ 股份实现了显著的财务增益，全年收益较上年激增了 443.23 亿元，彰显了企业运营管理的成效与市场适应能力的增强。其中，水资源节约成本带来的收益比钢铁增产带来的收入更高，因此对水资源进行预算管理，节约水资源成本具有重要意义。然而，鉴于数据获取的实际局限，预算报表中的估算数据与实际情况之间难免存在偏差。因此，企业在追求水资源节约成本时，必须依据自身特定状况，开展周密的论证分析。在实施水成本控制策略时，需严格遵循成本效益最大化原则，这意味着水成本的管理不应局限于单纯的削减开支，而应综合考虑与成本控制举措相协调的收入增长潜力，确保策略的经济合理性与可持续发展。特别是在用水定额的设置上，不能脱离现实，要考虑到企业的用水状况设置一个合理的目标。只有合理地进行水资源预算管理，水资源预算管理才有意义。

第6章

企业水成本核算与管控

——基于环境价值链视角

6.1 企业水成本核算程序与模型

企业水成本核算主要包括水成本分类和水成本核算两个部分。在核算过程中，需要系统考量水资源利用效率、节水措施的投入成本以及潜在的环境损害费用，以实现水资源的可持续管理和利用。与此同时，企业还需着眼于水成本的影响因素，譬如地区水资源稀缺程度、政府政策调整等。

6.1.1 企业水成本分类

当前，关于水成本的研究文献相对匮乏，其讨论往往与环境成本议题交织并行，而各国在界定环境成本范畴时展现出显著的差异性。《企业管理的工具——环境会计介绍：关键概念及术语》中提及，以美国环境保护局为例，该机构将企业的环境成本体系细化为外部社会成本与内部环境成本两大维度。内部环境成本又包含传统成本、潜藏成本、潜在成本以及形象相关成本这四大类别。在环境成本分类的实践中，德国采用了四分法，具体涵盖了事后环境修复与保护成本、环境预防措施所涉成本、残余物生成与管理成本，以及剥离环境费用后的产品固有成本。相较于德国，日本环境省则提出了更为详尽的六分体系，包括业务运营中直接产生的环境成本、供应链上下游关联的环境成本、环境行政管理及合规性成本、环保技术研发与应用成本、促进环境友好型社会活动所耗成本，以及因环境损害而需承担的赔偿与修复成本。

国内外学者对水的研究多为一定区域内的水资源核算。广义的水资源核算是对一个区域的水资源进行实物量和价值量计算的过程，狭义的水资源核算可以定义为公司测量和核算其用水的系统（Esen and Hein，2020），它为管理者评估风险和提高效率提供信息（Lyu et al，2023）。各国根据目的、物理区域、表达格式等开发了多种水资源核算方法（Yang et al，2024），绝大部分侧重于用水与经济环境之间的关系，评估与水服务相关的成本、水的生产效率和环境成本（Pirmana et al，2021）。目前，最普遍的核算方法是水的环境与经济核算体系（Gutiérrez-Martín et al，2017），中国（谷越等，2023）、澳大利亚（Setlhogile et al，2017）等国家均运用该体系进行水核算。

自党的二十大以来，我国加快推进水资源核算工作，致力于构建完善的水资源核算体系。本章在进行水成本核算时，基于产品生命周期理论，立足企业视角，将水成本的定义延伸至产品生产的全过程，涵盖产品研发设计、生产、营销以及处置回收过程在内的整个价值链条中水资源的成本，以及为治理废水排放引发的环境问题而产生的各类支出。

6.1.1.1 研发阶段：研发成本

研发成本，作为企业在探索与创新过程中的重要支出，涵盖了针对新产品构思、新技术研发及新工艺开发等活动的全部费用。这些成本细分为多个环节，包括但不限于前期可行性评估与调研、深入的市场需求探索、设计方案的反复优化与调整、生产设备的配置与调试，以及最终产品的严格测试与验证等所产生的各项开销。此分类旨在全面反映企业在推动技术创新与产品升级过程中所需承担的经济负担。在一定范围内，企业的研发成本与企业水成本成反比，加强前期研发资金投入力度，可以有效减少生产及处置/回收阶段的水成本。

6.1.1.2 制造阶段：产品制造成本、污水控制成本、检测成本、水权交易成本

在制造阶段，产品的大量生产会产生制造成本、污水控制成本、环境管

理系统成本及检测成本，这些成本构成了企业水成本的主体，同时为了企业的持续生产，还会产生一部分水权交易成本。流程制造企业生产产品过程中，必然消耗大量的水资源，此过程消耗水资源的成本为产品制造成本。此外，生产过程中产生的污水与废水管理至关重要，其成本控制构成了产品制造流程中不可或缺的一环。具体而言，污水管控成本涵盖了从污水控制系统的初期部署安装，到日常运作维护，直至必要时的修理更新等全链条费用支出。这一成本的有效管理，对于降低环境负担、提升生产活动的可持续性具有重要意义。企业在生产流程中，需定期对环保设施的运行状态进行监测，并精确计量废水排放量，这一系列监测活动所产生的费用统称为监测成本。该成本构成中，不仅涵盖了监测人员的薪酬支出，还涉及监测设备的日常维护与修理费用，以及设备因使用而产生的折旧损耗。值得注意的是，这些费用在各期之间通常展现出较为稳定的波动趋势。水权交易成本是指企业在不能满足自身用水情况的条件下，向政府或其他企业有偿购买用水权益所花费的费用。

6.1.1.3 营销阶段：营销成本

在产品营销过程中，水成本主要包括产品包装、存储、运输成本、广告销售费用、保修服务等一系列成本。

6.1.1.4 处置阶段：污水处理成本、水污染赋税成本、复原成本

处置/回收阶段发生以污水的处置为主，在向外部环境排放污水之前，企业内部就生产所产生的废水、污泥进行药剂处理或回收再利用等处置，该过程发生的污水处理设施建设运营成本、污泥无害化处置成本及人工费用就是污水处理成本。在此阶段，污水的处理可能会对外部环境产生损害，因此会产生一定的社会成本，包括水污染赋税成本、复原成本。水污染税负成本，作为产品生命周期特定阶段内的一种经济负担，源于对环境保护法律法规的违背，具体表现为罚款、罚金以及企业需缴纳的各类相关税费。而水资源恢复成本，则是由企业独立承担的额外费用，它涵盖了因环境突发事件所引发的健康损害赔偿、生态修复需求以及由此间接造成的经济损失。这一成本的考量，强

调了企业在追求经济效益的同时，对环境保护与社会责任的重视与承担。

具体的水成本分类如表 6-1 所示。

表 6-1　　　　　　　　　　　水成本分类

处理流程	投入原料
研发阶段	研究和开发成本
制造阶段	产品制造成本
	污水控制成本
	检验成本
	水权交易成本
营销阶段	营销成本
处置阶段	污水处理成本
	水污染赋税成本
	复原成本

6.1.2　企业水成本核算模型构建

6.1.2.1　企业水成本核算边界

从会计视角审视，成本核算体系往往具有清晰的界定范围，其核心聚焦于企业内部的产品生产成本。相比之下，发生于产业链上下游的成本则被视为企业的外部成本，不纳入其日常的会计核算框架之内。然而，这一做法与"外部成本内在化"的环保政策导向相冲突，后者旨在通过法律手段促使企业将外部成本纳入考量，从而有效应对可能因环境污染而招致的巨额损害赔偿、生态恢复及补偿支出风险。因此，企业在制定成本策略时，需充分权衡内外部成本的综合影响，以符合日益严格的环保法规要求。伴随供应链体系的深化与环保法规体系日益健全，众多企业正积极从"外部成本内化"的视角出发，依托环境价值链理论，深入探索产品的生态化设计、绿色采购策略、清洁生产技术及循环利用模式。它们通过优化内部成本结构，旨在减轻对外部成本的依赖与负担，从而有效规避潜在的环境风险与责任。

在图 6-1 的展示中，企业产品全生命周期的水成本计算边界得到了全面拓展，涵盖了从水资源开采、设计研发阶段，经由生产制造、市场推广，直至最终废弃回收的全链条过程。这一边界的界定，不仅体现了企业对水资源利用的全面考量，也彰显了其在产品生命周期管理中对环境保护的深刻承诺。其中，社会成本并不在企业产品生命周期的计算范围之内，也就是说，针对流程制造行业，其供应链上下游伙伴在资源开采、产品制造、使用直至废弃处置各阶段所产生的污染物排放，其对应的社会成本往往被视为外部单一企业的环境负担，这种直接关联性在一定程度上被削弱。然而，不容忽视的是，这些源自不同企业源头的污染物最终汇聚至社会层面，造成广泛的环境损害，因此，此类成本被合理归类为超越产品生命周期范畴的社会成本，强调了其对社会整体的深远影响。

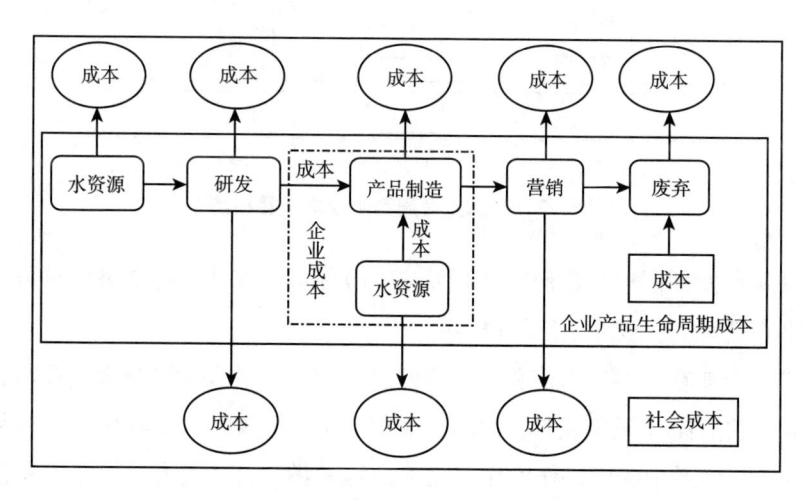

图6-1　企业产品生命周期水成本计算边界

6.1.2.2　企业水成本核算流程

对企业上游的水资源采掘成本进行核算相对比较困难，故而，本章在成本核算过程中，选取企业采购水资源时的"市场价格"作为基准计量点，通过将其与实际消耗量相乘，以确保计算基础已全面涵盖了上游资源链中累积的各项成本。至于产品制造环节的成本估算，则严格依据财务会计数据进行精准计算。废弃回收阶段所涉及的社会成本量化，则采用一种更为直观的方法，即将产品生命周期内排放的污水总量，乘以单位环境损害的经济价值，以此换算出相应的货币总额，从而实现对环境外部性成本的有效评估。

图6-2为企业产品生命周期水成本的核算模型，图中产品生命周期成本包括企业制造和弃置阶段的水成本，主要为水资源输入方面，而社会成本则表现为产品制造及弃置过程中排放污染物质的成本。产品制造环节的成本计算，可以按照部门划分，也可以按照产品品种、资源种类等标准进行划分，在实际应用中，企业应根据生产经营方式灵活确定水成本的划分标准。

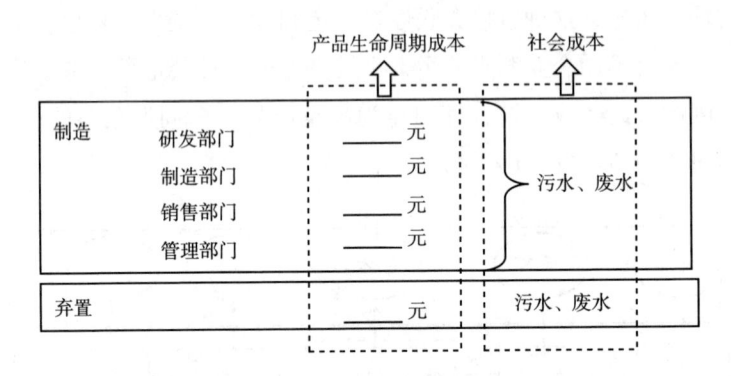

图6-2 产品生命周期水成本核算模型

（1）研发部门产生的研究和开发成本数额可直接从会计记录中选取，成本获取方式固定，核算流程简单。

（2）企业在产品制造流程中，会涉及原材料的投入，以及水资源与各类必需能源的消耗（涵盖燃料、电力、燃气等），这些成本要素均可直接从企业会计核算体系中提取，作为输入成本进行考量。具体而言，对于水资源相关的产品制造成本计算，是将生产过程中实际使用的水量乘以相应的单位水价，以此精准地反映出水资源在制造环节的具体成本贡献。企业购买污水控制设备所产生的安装、运行及维修等污水控制成本主要来源于会计记录。检测成本绝大部分为人工费用，主要为检测人员的薪资，一般比较固定，每期的检测成本也可从会计记录中获取。企业在水资源不充足时，会从水权交易市场购买，根据生产所需确定交易水量和交易期限，依据当地法规，综合考虑水资源费、供水成本费、计量检测设施费、水权交易管理费、税费等因素，与交易的转让方确定交易单价。目前我国水权交易还处于起步阶段，尚未确定标准的定价机制，但已有较多的水权交易定价方法研究成果，例如刘钢和杨柳等（2017）的水权交易双层动态博弈定价机制。具体的水权交易成本可由交易双方及当地政府商讨确定，制造阶段产生的污水和废水将在处置/回收阶段统一进行核算。

（3）在企业的运营过程中，销售与管理活动同样会对水环境构成一定的负担。鉴于这类活动所产生的费用在会计分类上被归为期间费用，并不直接纳入产品制造成本的范畴，因此，在评估其对水环境的影响时，需特别从会计记录中抽取出相应的期间费用数据进行分析与考量。

（4）对于污水处理厂而言，污水处理为主营业务，结构脉络比较清晰，成本划分比较明确，主要围绕污水处理过程中所消耗的成本及辅助成本等。相较于污水处理厂，流程制造企业的污水处理环节相对比较简单，但污水处理成本同样包括能耗成本、药剂成本、人工成本、污泥处理与处置成本、设备维修与维护成本、管理成本及其他成本。其中，能耗成本主要为电费，药剂成本是企业依据产生的废水量确定外购药剂产生的成本。

水污染赋税成本中企业违反环保法规支付的罚款和罚金，在会计处理上表现为"营业外支出"，此部分成本可直接从会计记录上获取。企业应支付的各项税金为水污染物排放量乘以水污染物税额。依据环境保护税法的相关规定，针对水污染物所设定的税额区间，具体为每污染物当量介于 1.4~14 元，各地方政府可在这一法定范围内灵活调整具体税额标准。至于水污染物排放量的核算，则是依据企业污水排放的实时监测数据，通过以流量作为关键权重因子，进行科学计算后得出的加权平均值来确定。

水环境复原成本的确定往往需经由权威机构（诸如政府机构、司法机关等）深入调查并作出裁决，以明确界定并确认企业所应承担的特定水环境恢复与修复费用。一般而言，由相关机构为企业水环境恢复所设定的费用，均是以货币形式呈现的估算值。这些估算值源于对企业外部水环境压力采用多元化的货币折算比率进行转换所得。货币折算比率的构建模式丰富多样，而在实际操作中，多数企业倾向于选择基于减轻环境负担所需成本投入来构建其货币折算比率，以此作为换算基础。鉴于环境执法或司法机构的直接参与，该部分成本的核算过程相对直接且简化，能够直接援引环境执法机关或法院裁定的具体金额作为计量依据。在我国当前的会计核算框架下，多数企业认为此类成本与日常经营活动的直接关联性较弱,故而普遍倾向于将其归类为"非经营性支出"或"营业外费用",并据此在会计账簿中记入"营业外支出"科目。

6.2 企业水成本管理与控制

企业作为水资源成本控制的主体,其对水成本所采取的态度直接决定其控制效果,然而,绝大部分公司并没有制定明确的治理和控制目标,也并未在产品生产和经营的全过程中关注和重视有关水成本的预防和控制。因此,本书基于环境价值链,对企业水成本控制进行预评价综合分析,再根据产品全生命周期从时间维度考虑多环节分阶段进行水成本控制。

6.2.1 企业水成本控制预评价分析

为了更深刻地了解企业水成本的控制情况,本书基于环境价值链对企业内部价值链的水成本控制措施及效果进行预评价。评价方法主要为采用层次分析法,首先确定评价对象,对评价对象进行详细分类。其次,选择功能集,通过构建相关原则建立一般评价指标体系。最后,选择正确的评价方法,遵循已确定的评价原则,对评价对象作出评价,并给予相关建议。

本书在选取指标时覆盖产品生命周期的全过程,将评价指标体系分为目标层、准则层、指标层。目标层是水成本控制评价体系 A,准则层中为研发阶段、采购阶段、生产阶段、营销阶段和弃置回收阶段,指标层为 A_{ij}($i=1$, 2, 3, 4, 5; $j=1$, 2, 3, 4, 5, 6, 7)。基于这五个阶段选取评价指标,研发阶段包括绿色产品研发投入占比、清洁生产技术更新投入占比、环保研发人员占比三个指标;采购阶段包括环保设备投资占比、环保设备采购差额、废水处理设施投资额、环保设备投资占比四个指标,主要反映企业对产品研发、工艺设计过程中水成本控制的重视程度。生产阶段选取单位产品新鲜水耗、单位产品循环水耗、水资源循环利用率、单位产品废水排放量、单位产品化学需氧量(COD)排放量、单位产品氨氮排放量、废水处理率七个指标，反映企业在生产过程中对水资源的耗用情况及废水与其污染物的排放情况。营销阶段选取绿色产品宣传费用、绿色产品市场占有率、绿色产品新顾客获取率、绿色物流运输效率四个指标，反映企业宣传环保产品所花费的支出与得到的效果，以及物流运输规划情况。弃置回收阶段选取环保罚款费用、污水治理费、污水排污费、水污染损失费用、废弃材料回收利用率五个指标，反映企业向外界排放污水废水而产生的相关费用及废弃物回收情况。具体的指标如表6-2所示。

表6-2　　　　　　　　　水成本控制评价指标

目标层	准则层	指标层
企业水成本控制评价指标体系	研发阶段 A_1	绿色产品研发投入占比 A_{11}
		清洁生产技术更新投入占比 A_{12}
		环保研发人员占比 A_{13}
	采购阶段 A_2	环保设备投资占比 A_{21}
		环保设备采购差额 A_{22}
		废水处理设施投资额 A_{23}
		环保设备投资占比 A_{24}
	生产阶段 A_3	单位产品废水排放量 A_{31}
		单位产品COD排放量 A_{32}
		单位产品氨氮排放量 A_{33}
		水资源循环利用率 A_{34}
		单位产品新鲜水耗 A_{35}
		单位产品循环水耗 A_{36}
		废水处理率 A_{37}
	营销阶段 A_4	绿色产品宣传费用 A_{41}
		绿色产品市场占有率 A_{42}
		绿色产品新顾客获取率 A_{43}
		绿色物流运输效率 A_{44}
	弃置回收阶段 A_5	环保罚款费用 A_{51}
		污水治理费 A_{52}
		污水排污费 A_{53}
		水污染损失费用 A_{54}
		废弃材料回收利用率 A_{55}

通过专家评分，构建各准则层的判断矩阵，计算出特征值。之后进行一致性检验，计算一致性指标 $CI = \frac{\lambda_{max} - n}{n - 1}$，计算检验系数 $CR = \frac{CI}{RI}$，一般情况下，当 $CR \leq 0.10$ 时，得出判断矩阵具有一致性；当 $CR \geq 0.10$ 时，则说明判断矩阵不具有一致性，需要调整至 $CR \leq 0.10$ 时停止。最后，企业需要对所得出的结果进行分析评价，并给予相关建议。

6.2.2 企业水成本管控方法——基于环境价值链管理模式

迈克尔·波特最早提出"价值链"理论，但其研究仅限于企业内部管理范畴，随着理论研究的深入，价值链分析的研究范围扩展到了企业供应商和分销商。环境价值链作为一种分析工具，不仅考虑产品本身的投入、成本和效益，还将设计、制造、使用、维修、回收等环节的环境投入、对环境的影响、对资源的消耗和节约状况、物流在供应链及逆向供应链中转换等因素纳入分析范围。本书在对水成本进行管控时，引入产品生命周期理论和质量成本控制思想，基于内外部环境价值链管理模式，探寻各个环节能够降低成本的方案。具体管理模式如图6-3所示。

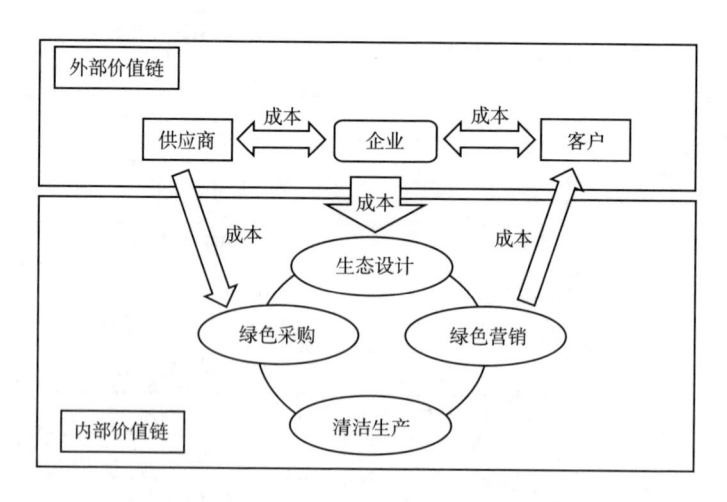

图6-3 基于环境价值链的水成本管理

6.2.2.1 内部价值链

(1) 生态设计。

产品研发阶段的生态设计是企业水成本管理的根本起点，其后续的原材料采购、生产制造、市场推广等环节的成本控制效率，均深刻依赖于研发阶段的成本规划与优化。在此关键环节，企业应积极采纳生态设计理念，优选低能耗、清洁型的原材料，致力于开发环保型绿色产品，并强化产品的环保性能。同时，通过优化生产工艺流程，剔除或改造高能耗环节，探索并实施废弃物资源化再利用系统，以及提升废水循环利用的效率，从而构建起一套全方位、多层次的水成本控制体系，以显著增强后续各阶段的水成本管控效果。

(2) 绿色采购。

尽管采购环节直接产生的水成本较为有限，但原材料的选择却能在后续阶段间接地影响水成本。遵循绿色采购的原则，企业在采购过程中应优先选取能耗低、环境友好型的新型环保材料，而对于能耗高、污染重、排放多的有害材料则应持谨慎态度，避免选用。构建绿色采购供应链体系，旨在从源头上减少材料在生产加工阶段可能产生的污染物排放量。此外，还需完善采购环节的责任监督机制，确保采购决策的科学性与环保性，有效阻断水成本在采购与生产环节之间的不当转嫁，实现水资源的节约与环境保护的双重目标。

(3) 清洁生产。

在产品的全生命周期中，生产阶段占据着核心地位，其管理成效直接关系到原材料的有效利用与废水污染物的排放控制。若生产阶段控制不力，不仅会引发原材料的大量浪费，还可能造成废水污染物超标排放，进而产生高昂的水资源损失成本及外部环境的损害成本。因此，强化生产阶段的水成本控制显得尤为重要，它构成了整个控制流程中的关键环节。

为提升生产阶段的水资源利用效率并降低相关成本，企业可采取多种策略。首先，优化生产工艺流程，构建从原料投入到废弃物循环利用的闭环生产体系，实现资源的最大化利用与废物的最小化排放。其次，通过技术创新与管理升级，提高生产过程中的水资源利用效率，减少不必要的能耗开支。同时，建立健全预防机制，旨在从源头上减少废水污染物的产生，进而降低后期废水治理及环境补偿的成本负担。这些措施的实施，将有助于企业在保障生产效益的同时，实现水资源的可持续利用与环境保护的双赢目标。

（4）绿色营销。

企业应当推行绿色物流策略，以削减物流过程中产生的环境成本。通过树立绿色营销理念，企业能够向广大消费者积极传播环保价值观，进而激发市场对绿色消费模式的偏好。虽然这一环节并不直接体现在成本削减的即时效应上，但它却深刻影响着消费者的购买决策，促使他们更倾向于选择那些符合环保标准的产品。从长远来看，这种趋势无疑将有利于提升产品的市场竞争力与销售量，并对企业的可持续发展和长远经济效益产生深远的积极影响。

6.2.2.2 外部价值链

企业应积极与供应链上游企业建立紧密的环境成本控制合作机制，力求从源头上遏制有害材料的流入，确保原材料的低耗与环保特性。同时，针对下游企业产生的废弃物，企业应推动其回收利用进程，以此减轻下游企业的环境治理压力，并间接降低自身的生产成本。在外部价值链的水成本控制方面，企业应致力于实现原材料的高效利用与低环境影响，确保废弃物排放量的最小化。此外，企业还应积极探索对下游企业具有再利用价值的废弃材料的回收渠道，促进外部价值链上下游企业在环境成本控制方面的协同与整合，共同构建一个绿色、高效的供应链生态体系。

6.3 案例应用——以 RS 纸业为例

本书选取浙江 RS 纸业股份有限公司（以下简称"RS 纸业"）作为案例研究对象。RS 纸业以生态造纸、环保热电、绿色包装为主业，公司积极倡导循环经济，遵循"减量化、再利用、资源化"的原则，改进生产工艺流程，减少废弃物排放，贯彻落实绿色减排工作，实现了企业的可持续发展。

6.3.1 企业生产工艺确认

面对日趋严格的环保政策，RS 纸业加大了节能环保投入，通过实施节能改造、污泥回用、超低排放等一系列环保新举措，从传统的环保制约发展走向环保促进企业发展。RS 纸业共有 4 条生产线，年总产能达到 90 余万吨，本书以其中一条年产 25 万吨其核心产品高强瓦楞原纸的生产线为例设计具体可行的水成本控制方案，该生产线主要工艺流程如图 6-4 所示。

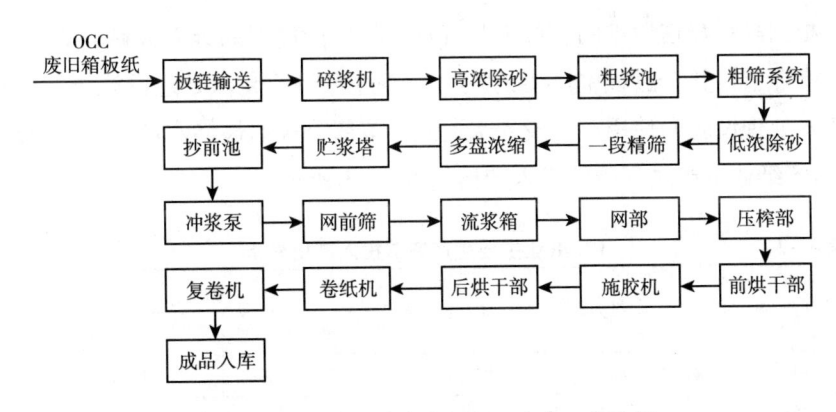

图 6-4　RS 纸业高强瓦楞原纸生产工艺流程

RS 纸业主要是采取以废旧箱板纸为原料的工艺制造，造纸工艺流程主要分为制浆和抄造两大环节，制浆环节将废纸经过碎解、杂质分离、废纸纤维分级筛选等过程制成纸浆；抄造环节将调制好的纸浆，均匀地交织和脱水，再经干燥、压光、卷纸、裁切、包装。

生产输入的主要物质除了原材料之外，还包括水、液碱、化学助剂等，输出的主要产品为瓦楞原纸等。RS 纸业采用再生纸生产方式，相比于原料是含纤维的植物，该种生产方式不需要经过高温蒸煮后再进行漂白，只需要在碎浆前将废纸、工业双氧水、碱、水按一定比例配好，然后通过碎浆机得到浓度约为 12% 的浆料。因此，RS 纸业生产工艺中不会产生蒸煮废液即黑液，主要产生的废水为制浆过程中的中段废水和抄造过程中的纸机白水。

6.3.2 RS 纸业水成本计算

6.3.2.1 研发阶段：研究和开发成本

RS 纸业在 20××年研发了一种低排放的造纸废水处理及综合利用装置，并获得实用新型专利，投入成本约 650 万元。

6.3.2.2 制造阶段：产品制造成本、污水控制成本、检测成本

（1）产品制造成本。

根据高强瓦楞原纸的生产工艺流程，将生产过程划分为备料、洗筛和抄造三个环节，整个过程中产生的废水会通过专门的废水处理设施进行治理，但废水处理设施的使用也会投入水资源，该部分成本最终会计入污水处理成本。RS 纸业生产过程中的投入产出如表 6-3 所示。

表 6-3　　　　　RS 纸业主要生产环节投入产出分析

处理流程	投入原料	产出 产品	产出 污染物
备料	废旧箱板纸、水、化学助剂	浆料	泥砂、废水
洗筛	浆料、水	细浆	废水
抄造	细浆、水、化学助剂	瓦楞原纸、蒸汽	废水
废水处理	地下水、河水	循环水	污泥、酸碱再生液等

计算 RS 纸业的产品制造成本，先要将各个处理流程投入的成本按照生产的产品和产生的污染物的分配比例在两者之间进行分配。例如在备料阶段，投入新鲜水 1 977 300 吨，河道取水单价为 2 元/吨，即新鲜水成本为 1 977 300×2=3 954 600（元），投入循环水 790 900 吨，单价为 1.13 元/吨（为企业污水经废水处理后再处理至可循环使用状态的成本），即循环水成本为 790 900×1.13=893 717 元，另外还需要加入化学用剂 57 219 吨，该环节产出废水 257 335 吨，每吨处理费用为 14.89 元，产出浆料比例为 92%，则产品中新鲜水成本为 3 638 232 元，循环水成本为 822 219.64 元。RS 纸业产品制造成本如表 6-4 所示。

表6-4　　　　　　　　RS纸业产品制造成本计算

项目分类	成本项目	备料	洗筛	抄造	废水处理
各流程投入（万元）	新鲜水成本	365.46	836.28	274.22	3 878.21
	循环水成本	89.37	189.76	60.87	
	合计	484.83	1 026.04	33 509.00	3 878.21
产品水成本分配率（%）		92	65	68	89
污染物水成本分配率（%）		8	35	32	11
产品成本（万元）	新鲜水成本	363.82	543.58	186.47	3 451.61
	循环水成本	82.22	123.35	31.34	
	合计	446.04	666.93	217.81	3 451.61
污水处理成本（万元）	新鲜水成本	31.64	292.69	41.39	426.60
	循环水成本	7.15	66.42	75.89	
	合计	38.79	359.11	117.28	426.60
产品制造成本总计（万元）		515.18	—	—	—
污水处理成本（万元）		426.60	—	—	—

（2）污水控制成本。

RS纸业早年间投入1 000万元从荷兰引进国际先进的耗氧厌氧项目，对降低废水及其污染物的排放效果显著，年折旧费用为47.5万元，年维护运行费用约为130万元。20××年，为了培养全体员工的污水控制意识，组织员工进行了污水站超标排放应急预案演练，发生费用2万元。

（3）检测成本。

RS纸业十分重视废水浓度监测和总量减排，对于每日废水浓度进行采样检测，此外还对热电废水入网口废水进行检测，据统计，公司对该生产线排放废水的花费包括人工费、设备保养维修费用在内的检测费用合计约24.5万元。

6.3.2.3　处置阶段：污水处理成本

公司早年间投入1 000万元建设污水处理设施，折旧年限为25年，残值率为5%，则年折旧费用为38万元。此外，该污水处理设施的年维护运行费用约为100万元。

根据RS纸业社会责任报告相关信息，企业20××年的废水排放量为1 969 402立方米，氨氮排放量为49.24吨，COD排放量为236.33吨。水成本主要使用 LIME 值进行计算,具体如表 6-5 所示。查阅 RS 纸业 20××年度环境报告书可知,废水污染物前三项为悬浮固体物(SS)、五日生化需氧量(BOD5)、COD,其污染当量值分别为 4 千克、0.5 千克、1 千克,该生产线排放量分别为 176 050 千克、208 800 千克、236 330 千克。计算可得 SS、BOD5、COD 的污染当量分别为 44 012 千克、417 600 千克、236 330 千克。则 RS 纸业的污水排污费为 0.7×(44 012+417 600+236 330),约为 49 万元。另外,RS 纸业在 20××年度没有受到环境处罚,因此没有罚款费用。

表 6-5　　　　　　　　LIME 值计算的污水处理成本

指标	20××年度排放量(吨)	LIME 值(日元/每千克)	污水处理成本(元)
氨氮排放	49.24	214	673 337.30
COD 排放	236.33	0.64	9 664.95
合计			683 002.25

综上所述,RS 纸业年产 25 万吨的生产线在 20××年涉及的水成本核算明细如表 6-6 所示。

表 6-6　　　　　　　　RS 纸业水成本核算明细

水成本分类	明细科目	金额(万元)
研发阶段	研究和开发成本	180.55
制造阶段	产品制造成本	515.18
	污水控制成本	49.54
	检测成本	24.5
处置阶段	污水处理成本	681.90
合计		1 451.67

6.3.3　RS 纸业水成本控制预评价分析

6.3.3.1　数据来源及指标权重确定

本书以样本研究期间企业财务报表、环境报告书为数据获取渠道,以百度为信息搜索引擎,搜集到了评价指标中的所有原始数据,并通过专家打分建立了以下判断矩阵:

准则层要素的判断矩阵 $R_5 = \begin{bmatrix} 1 & 3 & \frac{1}{3} & 3 & \frac{1}{2} \\ \frac{1}{3} & 1 & \frac{1}{4} & 2 & \frac{1}{2} \\ 3 & 4 & 1 & 4 & 2 \\ \frac{1}{3} & \frac{1}{2} & \frac{1}{4} & 1 & \frac{1}{3} \\ 2 & 2 & \frac{1}{2} & \frac{1}{3} & 1 \end{bmatrix} = \begin{bmatrix} 0.1850 \\ 0.1043 \\ 0.4057 \\ 0.0717 \\ 0.2333 \end{bmatrix}$

指标层要素判断矩阵:

研发设计阶段 $A_1 = \begin{bmatrix} 1 & \frac{1}{2} & 3 \\ 2 & 1 & 4 \\ \frac{1}{3} & \frac{1}{4} & 1 \end{bmatrix} = \begin{bmatrix} 0.3196 \\ 0.5584 \\ 0.1220 \end{bmatrix}$

采购阶段 $A_2 = \begin{bmatrix} 1 & 4 & \frac{1}{2} & 3 \\ \frac{1}{4} & 1 & \frac{1}{5} & \frac{1}{3} \\ 2 & 5 & 1 & 3 \\ \frac{1}{3} & 3 & \frac{1}{3} & 1 \end{bmatrix} = \begin{bmatrix} 0.3115 \\ 0.0715 \\ 0.4658 \\ 0.1512 \end{bmatrix}$

生产阶段 $A_3 = \begin{bmatrix} 1 & 5 & 2 & \frac{1}{4} & \frac{1}{3} & \frac{1}{2} & \frac{1}{5} \\ \frac{1}{5} & 1 & \frac{1}{4} & \frac{1}{5} & \frac{1}{4} & \frac{1}{3} & \frac{1}{7} \\ \frac{1}{2} & 4 & 1 & \frac{1}{4} & \frac{1}{3} & \frac{1}{2} & \frac{1}{5} \\ 4 & 5 & 4 & 1 & 3 & 2 & \frac{1}{2} \\ 3 & 4 & 3 & \frac{1}{3} & 1 & 2 & \frac{1}{3} \\ 2 & 3 & 2 & \frac{1}{2} & \frac{1}{2} & 1 & \frac{1}{4} \\ 5 & 7 & 5 & 2 & 3 & 4 & 1 \end{bmatrix} = \begin{bmatrix} 0.0752 \\ 0.0295 \\ 0.0598 \\ 0.2348 \\ 0.1444 \\ 0.1030 \\ 0.3533 \end{bmatrix}$

营销阶段 $A_4 = \begin{bmatrix} 1 & \frac{1}{3} & \frac{1}{5} & \frac{1}{5} \\ 3 & 1 & \frac{1}{2} & \frac{1}{2} \\ 5 & 2 & 1 & \frac{1}{2} \\ 5 & 2 & 2 & 1 \end{bmatrix} = \begin{bmatrix} 0.0578 \\ 0.1936 \\ 0.3122 \\ 0.4264 \end{bmatrix}$

弃置回收阶段 $A_5 = \begin{bmatrix} 1 & \frac{1}{2} & \frac{1}{3} & \frac{1}{5} & \frac{1}{4} \\ 2 & 1 & \frac{1}{2} & \frac{1}{4} & \frac{1}{3} \\ 3 & 2 & 1 & \frac{1}{3} & \frac{1}{2} \\ 5 & 4 & 3 & 1 & 2 \\ 4 & 3 & 2 & \frac{1}{2} & 1 \end{bmatrix} = \begin{bmatrix} 0.0624 \\ 0.0986 \\ 0.1610 \\ 0.4161 \\ 0.2619 \end{bmatrix}$

判断矩阵构建完成后需进行一致性检验。RS 纸业计算出的一致性结果为 $CI = 0.0272$,$CI_1 = 0.0092$,$CI_2 = 0.0363$,$CI_3 = 0.0701$,$CI_4 = 0.0252$,$CI_5 = 0.017$。根据检验系数 $CR = \frac{CI}{RI}$ 得出所构造判断矩阵一致性的检验结果,分别为 $CR = 0.0302$,$CR_1 = 0.0177$,$CR_2 = 0.0403$,$CR_3 = 0.0515$,$CR_4 = 0.028$,$CR_5 = 0.0152$,均小于 0.1,因此构建的判断矩阵满足一致性检验。

在所构造的判断矩阵通过一致性检验后,计算各项评价指标的权重,最终的权重结果如表 6-7 所示。

表 6-7　　　　　　　　RS 纸业评价指标权重结果

目标层	准则层	权重	指标层	权重
RS 纸业水成本控制情况评价指标体系	研发设计阶段 A_1	0.1850	绿色产品研发投入占比 A_{11}	0.3196
			清洁生产技术更新投入占比 A_{12}	0.5584
			环保研发人员占比 A_{13}	0.1220
	采购阶段 A_2	0.1043	环保设备投资占比 A_{21}	0.3115
			环保设备采购差额 A_{22}	0.0715
			废水处理设施投资额 A_{23}	0.4658
			环保材料采购差额 A_{24}	0.1512

续表

目标层	准则层	权重	指标层	权重
RS纸业水成本控制情况评价指标体系	生产阶段 A_3	0.4057	单位产品废水排放量 A_{31}	0.0752
			单位产品COD排放量 A_{32}	0.0295
			单位产品氨氮排放量 A_{33}	0.0598
			水资源循环利用率 A_{34}	0.2348
			单位产品新鲜水耗 A_{35}	0.1444
			单位产品循环水耗 A_{36}	0.1030
			废水处理率 A_{37}	0.3533
	营销阶段 A_4	0.0717	绿色产品宣传费用 A_{41}	0.2065
			绿色产品市场占有率 A_{42}	0.1700
			绿色产品新顾客获取率 A_{43}	0.2382
			绿色物流运输效率 A_{44}	0.3853
	弃置回收阶段 A_5	0.2333	环保罚款费用 A_{51}	0.0624
			污水治理费 A_{52}	0.0986
			污水排污费 A_{53}	0.1610
			水污染损失费用 A_{54}	0.4161
			废弃材料回收利用率 A_{55}	0.2619

6.3.3.2 评价结果分析

根据上述指标的权重，结合RS纸业的20××年的实际指标值，以《制浆造纸行业清洁生产评价指标体系（2015）》作为参考，建立单因素指标评价集合 $H = \{H_1, H_2, H_3, H_4, H_5\}$ 分别对应"好、较好、一般、较差、差"五种标准，数据集合形式为 $H = \{100, 80, 60, 40, 20\}$，得出评价指标的隶属度 $R_i(i = 1, 2, 3, 4)$。本书采用问卷调查的方式，针对RS纸业水成本控制现状，向RS纸业的管理人员、财务人员以及部分生产部门员工等30人发放问卷，回收有效问卷28份，问卷调查主要根据问卷结果统计获得指标层模糊判断矩阵如下所示：

$$R_1 = \begin{bmatrix} 0.25 & 0.11 & 0.54 & 0.10 & 0 \\ 0.11 & 0.11 & 0.60 & 0.18 & 0 \\ 0 & 0.11 & 0.39 & 0.39 & 0.11 \end{bmatrix}$$

$$R_2 = \begin{bmatrix} 0.18 & 0.32 & 0.43 & 0.07 & 0 \\ 0 & 0.11 & 0.61 & 0.17 & 0.11 \\ 0.11 & 0.11 & 0.64 & 0.14 & 0 \\ 0.11 & 0.14 & 0.57 & 0.18 & 0 \end{bmatrix}$$

$$R_3 = \begin{bmatrix} 0 & 0.11 & 0.46 & 0.18 & 0.25 \\ 0 & 0.21 & 0.61 & 0.18 & 0 \\ 0 & 0.11 & 0.50 & 0.25 & 0.14 \\ 0.14 & 0.21 & 0.54 & 0.11 & 0.11 \\ 0.07 & 0.14 & 0.39 & 0.29 & 0 \\ 0.11 & 0.14 & 0.64 & 0.11 & 0 \\ 0.14 & 0.28 & 0.50 & 0.04 & 0.04 \end{bmatrix}$$

$$R_4 = \begin{bmatrix} 0.04 & 0.25 & 0.43 & 0.21 & 0.07 \\ 0 & 0.32 & 0.39 & 0.14 & 0.15 \\ 0.11 & 0.22 & 0.46 & 0.14 & 0.07 \\ 0.07 & 0.25 & 0.53 & 0.15 & 0 \end{bmatrix}$$

$$R_5 = \begin{bmatrix} 0.18 & 0.18 & 0.36 & 0.14 & 0.14 \\ 0.07 & 0.25 & 0.32 & 0.25 & 0.11 \\ 0.11 & 0.35 & 0.43 & 0.43 & 0.07 \\ 0.04 & 0.39 & 0.21 & 0.32 & 0.04 \\ 0.07 & 0.25 & 0.36 & 0.32 & 0 \end{bmatrix}$$

对指标层进行评价，得出 RS 纸业对应各准则层的得分结果 $S_i = W_i \times R_i \times H$，计算得到 $S_1 = 64.21$，$S_2 = 65.78$，$S_3 = 61.73$，$S_4 = 63.23$，$S_5 = 55.64$。计算 RS 纸业水成本控制综合得分 $S = W \times S_i$，求得综合得分为 61.3，根据评语集 H 划分的标准，RS 纸业水成本控制处于一般水平，其中在弃置回收阶段得分较低，低于一般水平，而研发设计阶段、采购阶段、生产阶段和营销阶段这四个阶段得分均衡，总体上有很大的上升空间，具体的结果分析如

表6-8所示。

表6-8　　　　　　　　RS纸业层次分析法结果分析

阶段	权重	得分	分析
研发设计阶段	0.185	64.210	研发设计阶段的水成本控制处在一个较好的水平上；对环保产品、技术、工艺等方面进行研发的人员分配上存在问题，具有很大的改善空间
采购阶段	0.1043	65.780	该阶段的水成本控制表现较好，但是仍旧存在一些问题
生产阶段	0.406	61.730	水资源利用率不高，可考虑引进更先进的纸机白水系统，增大循环水使用量，提高水资源使用效率；目前RS纸业的污染排放均达到国家标准，但其排放量大，仍需重视废水及其污染物的排放
营销阶段	0.072	63.230	营销环节涉及的水成本极小，只要合理规划运输路线就能对这部分水成本进行控制，同时也可提高运输效率
弃置回收阶段	0.233	55.640	RS纸业在销售结束后就完成了整个产品价值链，缺少让整个价值链形成循环链条的逆向价值链；应加强废物循环利用效率，减少对环境的二次污染，节约能源

6.3.4　RS纸业基于环境价值链管理的水成本控制与管理

RS纸业的成本管控从企业内外部同时入手。在企业内部，分别通过事前、事中、事后三阶段对水成本进行控制。在企业外部，通过把控物料供应链和顾客供应链来对水成本进行控制，如图6-5所示。

6.3.4.1　企业内部环境价值链

（1）水成本事前控制。

①水成本分配归集方法。

通过对RS纸业进行深入调研发现，RS纸业的研究和开发成本、污水处置成本和污水控制成本主要包括废水处理设施的维修费和折旧、绿色产品研发费用、技术改造费用等，该成本在一定范围内与企业水成本成反比。检测成本主要包括检测人员的工资、检测设备的维修费和检测设备的折旧等，这部分成本处于相对稳定的状态。

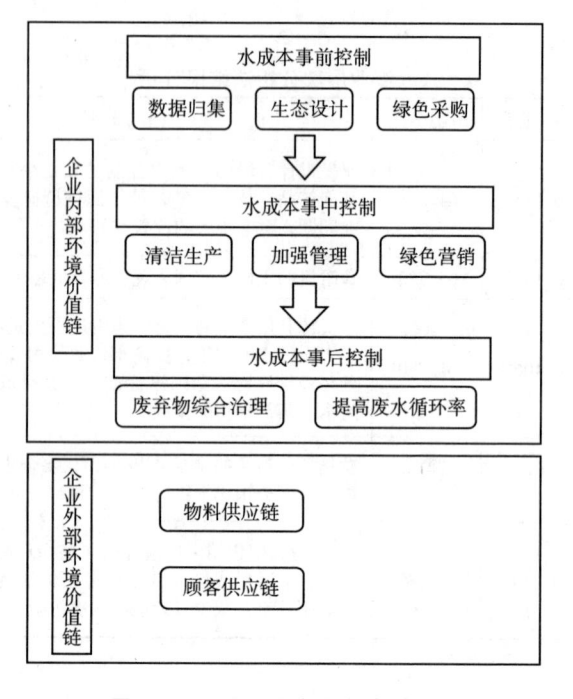

图 6-5　RS 纸业水成本管控模式

关于产品制造成本，RS 纸业的生产流程主要分为碎浆、筛选、抄造和废水处理，根据每个具体流程，从管理层、生产部门及财务部门等收集 RS 纸业生产环节流程图、投入资源量和产出资源量、废水排放量等数据，再依次计算出各个处理流程的产品制造成本。污水处理成本是 RS 纸业忽略的相关费用，采用 LIME 法对其进行核算。

近年来，RS 纸业在污水排放方面表现良好，未出现任何未达标排放的情况，因此避免了政府罚款、法律诉讼费用及赔偿等额外财务负担。尽管如此，企业仍遵循规定，每年定额缴纳污水排污费，该费用依据排污者释放污染物的种类、数量及污染当量进行核算，每单位污染当量的基准征收费率为 0.7 元。具体至每一排放口，所征收的污染物种类数量按污染当量数从高到低排序，最多限于三项。值得注意的是，对于超出国家或地方污染物排放标准的情况，将依据污染物的种类、数量及前述收费标准，对污水排污费进行加倍征收，即加收超标准排污费，以此强化环保监管与激励机制。

$$某污染物的污染当量数 = \frac{该污染物的排放量(kg)}{该污染物的排放当量值(kg)}$$

②生态设计。

RS 纸业在进行产品生态设计时,主要考虑产品生产工艺节能减排的改造以及如何在全过程中提高水资源利用率。从 RS 纸业的科目余额表可以看出,企业在研究期间陆续购置了多种用于污水处理的设备,对于生产环节的设备更换与改造相对较少,且对水成本控制的研发投入比重也较小。水成本发生大多集中在生产环节,合理地增加水污染预防成本,可以减少产品制造成本、污水处理成本等费用的发生。

③绿色采购。

绿色采购策略尽管初期可能伴随较高的成本投入,但从长远视角审视,其通过优化材料利用效率、削减化学试剂的依赖、减轻末端污水处理负担以及提升企业环保形象等多重途径,对增强企业综合绩效具有显著作用。具体而言,绿色采购不仅有效降低了企业的水成本,还促进了商业价值的深度挖掘。RS 纸业所践行的绿色采购战略,通过实施再循环、再利用以及强化源头管理与控制等创新举措,不仅显著减少了废弃物与污水的产生,还简化了污水处理流程,实现了环境效益与经济效益的双赢。

(2)水成本事中控制。

①实施清洁生产。

在公司运营中,实施清洁生产需要实时监测影响环境保护的各种因素,严格控制工业活动中排放的废水、废气、废渣等污染物质,避免出现企业因环境保护造成的成本过高的现象,RS 纸业生产的各环节及产生污染物质的种类如表 6-9 所示。

表 6-9　　　　　RS 纸业生产各环节水资源损失情况

环节	碎浆环节	筛选环节	抄造环节	废水处理环节
污染物质	废水、浆渣	废水、浆渣、污泥	废水、蒸汽	废水、污泥

RS 纸业在生产纸制品过程中主要采用的是从河中取得的新鲜水,而采用中水回收系统经过废水处理设施处理得到的循环水所占比例较低,生产环节耗水量巨大。因此需要尽可能减少水资源的消耗,借助专业的工艺技术,

使设备之间的水资源损失降低。

②加强生产中的水资源管理。

除了需要进行清洁生产之外,RS纸业也需要考虑人员的合理分配问题,造纸工艺所涉及的管线较长,人员运营管理难度较大,如果在管理上产生疏忽,很容易造成跑、冒、滴、漏的现象,虽然从短期看其损失的水成本不高,但若长期如此,不仅会造成水资源流失,还会对机器设备造成物理腐蚀,加快零部件更新速度,对机器的维护造成影响,同时也增加厂区污水的处理量。

③进行绿色营销。

对于RS纸业来说,首先,根据运输的路程,合理选择不同的运输方式是十分有必要的,尽量避免选用会对水环境造成影响的运输工具。其次,合理规划运输路线也是同样重要的,规划最适合的路线不仅能减少在运输途中花费的时间,还能够提高运输的效率。另外,随着环保观念不断深入人心,消费者的环保观念日益加深,在产品选择上会优先选择环保型产品。RS纸业采取绿色营销策略以"节能减排"作为商品标签,不仅能够向客户宣传消费理念,同时也能够以此作为自身特点,树立良好的企业形象,提升企业核心竞争力,给企业带来潜在的经济效益。

(3)水成本事后控制。

①废弃物综合治理。

对于污水的综合治理,RS纸业已经配备了较为完善的废水处理设施,在废水处理中通过一系列工艺流程降低其吨水中COD的含量,但只达到《制浆造纸工业水污染排放标准》中规定的二级排放要求,还未达到废纸制浆企业COD排放浓度80毫克/升的排放要求。RS纸业需考虑改进废水处理阶段的技术工艺,来减轻废水处理中心的负担,降低其处理污水的运行成本。另外,RS纸业可以通过出售浆渣给其他低档纸制造厂获得收益,也可以通过技术改进,在原材料中加入部分浆渣以达到降低材料成本和水资源投入成本的效果。对于生产所造成的外部环境损害,企业应及时采取相应措施进行补救。

②提高废水循环利用率。

根据20××年环境年报中公布的数据,RS纸业水资源循环利用率达到了85%以上,但是与纸行业龙头企业的废水循环率相比,仍然相差甚远,因此有必要提高其废水循环使用率,以降低新鲜水的投入,达到降低水成本的目的。

6.3.4.2 企业外部环境价值链

RS纸业不仅需要在内部环境价值链的各环节中实施合适的策略,还应该通过采购和销售环节,将关注点延伸到行业价值链上,通过与上下游企业协作,达到更好的水成本控制效果。

(1)优化物料供应链控制。

RS纸业的上游主要涉及废纸回收厂商、化学助剂供应商和设备供应商,RS纸业与上游供应商建立了良好的合作关系,不断优化其物料供应链。

首先,RS纸业采用采购废旧的瓦楞纸箱(OCC)的方式,积极与有实力的大型废纸供应公司进行战略合作,以保证造纸所使用的OCC的品质和数量。RS纸业对废纸需求量大,因此必须确保所选择的废纸供应商有充足的废纸回收来源。RS纸业可以对其供应商进行实地考察,以充分了解其废纸OCC的质量、该公司的环境政策和意识等,以避免上游供应商将潜在水成本转移至自身。

其次,RS纸业需要和供应商进行协商,在其能力范围内达成两方共识的详细验收标准,对水分、杂物、杂纸等的可容忍度进行说明。对于生产高强瓦楞原纸过程中所需的化学助剂,RS纸业可以采用集中采购或集中招标的形式进行采买,从而提升自身的议价能力。

最后,RS纸业需要建立生产设备供应商档案,综合考虑产品的规格、售后服务等因素,对供应商进行评级,从而选择优质的供应商,确保生产正常运转。

(2)优化顾客价值链控制。

RS纸业和下游顾客建立稳定的销售关系,确保销售渠道的畅通,同时,尽可能对其顾客价值链进行优化,以控制营销过程中存在的潜在水成本。

在纸品供应链中,下游购买商作为贴近市场的一环,对消费者关于纸品数量、性能及环保特性的需求有着更为敏锐的洞察。这种环保需求的日益增长，对造纸企业在整个价值链上的水成本控制策略产生了深远影响。为此，RS 纸业可积极构建与下游购买商的长久合作机制，实现信息资源的持续共享，从而精准捕捉消费者对于纸品绿色消费的趋势，指导生产过程的精准定位与灵活调整。

通过深入理解市场需求，RS 纸业能够按需生产，有效缓解生产与销售之间的供需矛盾，避免库存积压与运输成本的非必要增加，进而降低水成本及其他相关成本。同时，企业可充分利用消费者对环保纸品的偏好，将环境价值链的理念融入产品宣传之中，强化纸制品的绿色品牌形象，促进销售，有效规避产品滞销风险。此举不仅有助于提升企业的市场竞争力，也为企业实现可持续发展奠定了坚实基础。

另外，RS 纸业与下游客户建立了长久的合作关系，延伸了自身的顾客价值链，不仅能与终端客户接触，掌握纸制品的流向，还能简化生产工艺，去除非必需的工艺流程，减少生产过程中的水资源流失。此外，RS 纸业还能够将顾客对于产品的意见直接反馈给研发设计部门，以此降低研发新型环保产品的费用，实现产品的多元化发展。

第7章

企业水效率评价分析与决策优化

7.1 企业水效率概述

7.1.1 水效率评价的内涵与功能

基于资源价值转化与流动的理论框架，水资源利用效率及其应用成效构成了评估水绩效不可或缺的双重视角。根据传统的效率评价范式，学者们倾向于将水资源效率与企业财务绩效指标联系起来，强调其经济价值。但随着环境科学和循环经济的深入发展，社会各界特别是企业管理者对环境资源价值和企业社会责任的认识明显提高。他们逐渐认识到，水资源效率不仅关乎企业内部经济效益，更广泛地触及生态环境与社会环境的外部效应，作为生命之源与工业命脉，其定义需全面涵盖水资源使用过程中的环境与社会影响。

综上所述，水资源效率是衡量水资源在生产生活中，通过有限资源消耗所实现的综合效益的标尺，此效益超越了单一的财务范畴，涵盖了社会、经济、环境等多维度的贡献。在此基础上，提出广义水资源效率的量化模型：

$$R_{ec} = (E_0 - N_0)/R_1 \qquad (7-1)$$

其中，R_{ec}被定义为广义的水效率，E_0为企业中有效的价值输出，N_0为在资源消耗和资源产出过程中产生的负外部性，R_1为资源的消耗量，R_{ec}的值越大则企业的水效率越高。

水效率评估研究历史悠久，其概念萌芽于19世纪末的美国学术界。当前，全球学者聚焦于水资源效率评估理论与方法，力求构建更为全面、细化的评价体系。这一领域的研究对于缓解资源短缺、优化资源配置、提升使用效率具有关键作用。

因此，水资源效率评价是一个多维度、综合性的过程，它依托于系统的指标体系与方法论，旨在评估技术、配置及经济等多方面的效率表现。这一过程受到自然环境、社会条件等外在因素和生产规模、技术创新等内在因素的影响。

针对企业层面的水效率功能评估，核心在于分析水资源在生产生活中的利用深度与效率，以及由此带来的经济、环境、社会效益，进而指导水资源的优化配置，降低企业水成本与水风险，提升整体水效率，促进水资源的可持续利用。此举对于改善我国水资源利用状况，推动资源节约型、环境友好型社会建设具有深远意义。

7.1.2 水效率评价影响因素

尽管各国学者在水效率评价具体影响因素的划分上存在差异，但基于循环经济与资源价值流转理论，财务、社会、环境三大维度构成了评估企业水效率的基本框架。随着企业外部性效应和循环经济的兴起，本书重点关注企业行为对生态和社会经济环境的复杂影响。

工业企业作为水资源的主要消耗者，其生产活动深刻影响着水资源的价值流转。企业从自然生态系统中获取水资源，并通过生产过程将其转化为经济、社会和环境效益。这一过程中，企业水效率与生态环境系统、社会经济系统相互作用，形成复杂的关系网络，如图7-1所示。

7.1.2.1 财务评价影响

随着企业经营目标的转变，从一开始的筹资额最大化的目标转变到后来的利润最大化、价值最大化等，到现在受到循环经济学和环境经济学的影响，企业开始为主动承担社会责任而进行一系列改革举措，但目前以企业为

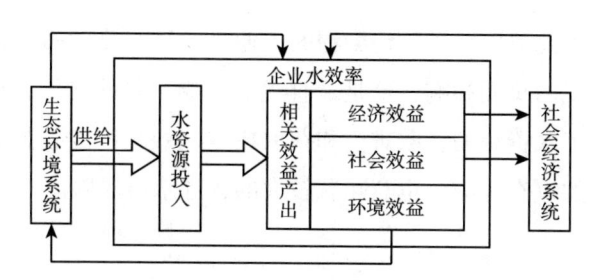

图7-1 企业水效率与生态、社会系统的关系

对象的水效率评价体系中财务指标仍旧占有很大的比重。在工业企业的生产运作过程中，从水资源的获取、使用、再循环到排放等各个工艺流程均涉及企业财务。甚至基于现有生态价值的定义，企业的生态价值即以企业传统价值加上或减去企业对环境的影响。企业为谋求更高的生态价值，必然会受到在承担社会责任过程中改善机器设备所付出的代价或为满足政策监管所付出的额外成本的影响，这些都是企业财务对企业水效率产生的影响。

7.1.2.2 社会评价影响

社会方面对水效率的影响可以分为对水资源的投入或产出两个方面：一方面，所在地区国家政策等因素会影响到企业水资源使用的各个阶段，如水资源的使用成本及对设备的强制性要求，都将对水资源的投入产生影响；另一方面，考虑到水资源具有外部性效应，其外部性并不直接体现在企业的经济效益上，而是对其周边的社会环境和生态环境造成影响，而企业为提高水效率所作出的一系列措施一般来说将产生正的外部性，以合理有效的方式提高企业的水效率可以带来一定的社会效益，其利益相关者将免费享受该部分社会效益，这也意味着水资源的价值产出增加。无论是增加企业有效的价值输出、降低资源消耗过程中社会层面的负外部性影响，还是减少资源投入过程中的消耗量，都应当考虑纳入企业水效率的评价体系。

7.1.2.3 环境评价影响

随着环境经济学的发展和可持续发展的要求，企业越来越重视自身生产发展对周边环境造成的影响。环境方面的影响同样可以按照对水效率投入、产出两方面的影响进行分析。企业污水排放阶段更大程度上是对于环境的负外部性影响,因此政府对排放污染物的工业企业征收排污费,以用来补偿企业对环境所造成的负面影响,这是最直观的影响。除此之外,环境资源的丰富程度则决定了水资源的获取难度和获取成本,敏感程度较高的水环境一般采用较为严格的审查标准,也意味着较大的物理水质风险。

7.2 企业水效率评价分析

7.2.1 水效率评价模型设计

本书遵循科学性、实效性原则,并融合定性与定量分析方法,先对指标体系进行了深入剖析,随后在此基础上构建了评价体系。进一步地,为验证该评价体系的实际效能,将其应用于精心挑选的案例之中,实施了详尽的有效性测试。本书研究的独到之处在于,它聚焦于单一企业作为具体研究单元,旨在通过水效率评价,为企业内部结构及资源配置的优化提供精准指导,从而显著提升研究的实践应用价值,增强了对实际问题的解决能力。企业水效率综合评价模型如图7-2所示。

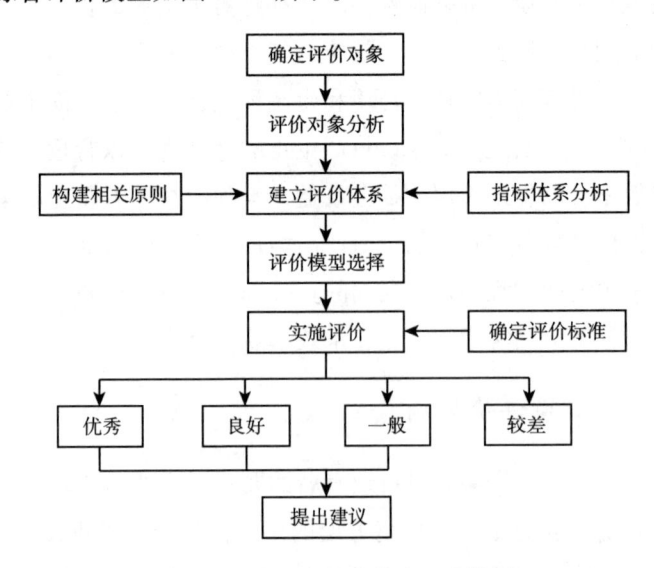

图7-2 企业水效率综合评价模型

7.2.2 水效率评价指标体系构建

构建全面准确的水效率评价体系，关键是要综合考察、整合多种影响因素，坚持科学、高效、定性与定量相结合的原则，实现评价结果的全面性、准确性、客观性。鉴于企业外部效应往往难以直接量化，多依赖于定性评估，故需将这些外部性合理内化，并实现指标体系的统一化。对于非量化指标，采用专家评分、问卷调查或行业对比分析等手段进行赋值。本体系统一将各项指标映射至 [-1, 1] 评分区间，正向分数越高，表明该指标表现越优，对水效率有正向促进作用；负值则指示该指标未达标准，对水效率构成不利影响。

对于数据缺失或难以获取的目标企业，将采用行业平均数据或类似公司数据作为估值的替代，并根据会计审慎原则进行估值。结合企业生产实际过程选择合适的评价方法后，对水效率进行深入分析，准确找出水资源利用中的差距和缺陷，进而提出有针对性的改进策略。

本书以精细化方式初步确认和挑选出关键指标后，创建了一个三层级别的水效能评估体系，包含目标层级、准则层级和指标层级三个部分。本书参考大量关于水效能的相关文献并融合公司内部制造过程，同时利用理论解析和专家咨询方法完成了指标选择。接着，根据主成分分析法和独立性检验的结果，建立起一个四层级别的资源价值流分析评定规范：第一层是总括展示企业水效能的主要目标层；第二层按照经济、环境和社会三个方面来分类指标类型；第三层作为准则层级，依照资源价值流原理，把水资源在企业的流通路线划分为输入、循环和价值输送环节，而在社会和环境方面的考虑更注重对输入和产出的影响分析；第四层为具体指标层，基于第三层框架，结合实地调研与官方统计数据，构建了详细可操作的指标体系。具体指标说明如表 7-1 所示。

表 7-1 水效率评价体系指标说明

目标层 （一级 指标）	指标 类别 （二级 指标）	准则层 （三级 指标）	指标层 （四级指标）	计算方式
水效率	经济层面	水资源投入指标	水资源成本率	水资源成本/总产值
			单位产品新水水耗	新鲜水消耗量/总产量
			单位产品循环水水耗	循环水消耗量/总产量
			单位产品废水处理投入成本	废水处理总成本/总产值
			技术研发支出占比	用于污水处理的研发费用/总研发费用
			污染原料漏损率	污染原料漏损量/污染原料总量
		水资源循环指标	水资源重复利用率	重复用水量/总用水量
			水资源成本损失率	水资源成本损失/全部水资源成本
			内部资源价值与外部环境损害之比	内部资源价值/外部环境损害
			水资源循环利用率	循环用水量/循环用水量+新补充水资源
		水资源输出指标	单位产值水资源污染强度	单位产值污染物浓度/单位产值排放量
			单位产品外部损害价值	外部环境损害价值/总产值
			水信息披露程度	通过比较本行业其他企业的水信息公开程度，并采用专家打分等方式来确定
	社会层面	投入方面	规章制度及政策要求	水效率相关规章制度条目
			社会意识形态影响	企业员工水效率意识
			本行业技术水平	同行业的节水技术、循环水利用、污水处理技术
		产出方面	不良报道次数	媒体对其违规行为进行报道的次数
			利益相关者诉讼成本	公司的行为未引发媒体的负面报道，但是对其周边社区造成了负面的公众影响，进而引发了诉讼等事件
			违规罚没情况	采用五级依次递增的严重程度衡量
	环境层面	投入方面	生态环境用水比例	生态环境用水/总用水量
			生态环境用水水质	参照《地表水环境质量标准 GB3838—2002》，评估生态环境用水水质
			水资源丰富程度	生态环境系统可承受能力
		产出方面	绿色产品占产出比	绿色产品价值/总产值
			水环境敏感程度	参照我国常用水环境敏感程度划分
			对环境损失的补偿	企业根据政策对环境损害进行经济补偿

注：在社会与环境层面的考量中，由于多数指标属于定性范畴，缺乏直接可量化的数据支撑，故需采取将目标企业表现与行业标准（如行业中位数、平均值等）进行对比的策略，同时融入专家评审机制进行打分。依据评价体系的标准流程，将这些定性指标的评分统一映射至 $[-1, 1]$ 的标准化区间，旨在确保评价的便利性与一致性，从而更为准确地反映企业在此两方面的表现。

常见的评估指标依据其特性可划分为五大类：正向最优型、负向最优型、居中偏好型、区间适宜型以及非量化型指标。正向最优型指标意味着其数值越大，评价效果越佳；相反，负向最优型指标则追求数值的最小化以获得更优评价；居中偏好型指标则倾向于数值接近某一中间标准为佳；区间适宜型指标则强调数值落在特定区间内为最优；非量化型指标，即定性指标，因其不具备直接计量的属性，无法单纯通过数值来评估。鉴于各类指标性质的显著差异，为便于统一评价标准的实施，本书对各类型指标进行了标准化处理，以确保评价过程的一致性与公正性。

（1）极小值。将极小值取倒数作为指标一致性的方法：

$$x' = \frac{1}{x} \qquad (7-2)$$

或者，通过理论最大值减去最小值的转换，使其达到最大化。

（2）中间值。通过以下方法转换为最大值：

$$x' = \begin{cases} \dfrac{2(x-m)}{M-m}, & m \leq x \leq \dfrac{M+m}{2} \\ \dfrac{2(M-x)}{M-m}, & \dfrac{M+m}{2} \leq x \leq M \end{cases} \qquad (7-3)$$

其中，M 代表中间值指标 x 可能达到的最高点，m 代表中间值指标 x 可能达到的最低点。

（3）区间值。通过以下方法使其最大化：

$$x' = \begin{cases} 1 - \dfrac{a-x}{c}, & x < a \\ 1, & a \leq x \leq b \\ 1 - \dfrac{x-b}{c}, & x > b \end{cases} \qquad (7-4)$$

在这个过程中，M 代表了区间数值 X 所能达到的最高点，而 m 则表示其最低点。[a, b] 是区间的理想选择范围，设定 c = max{a - m, M - b}，能够把区间数值优化至极大值。当多个指标被整合在一起形成评估系统时，通常会使用一种科学且合理的多维度评定公式来使这些多样化的指标融合成一个统一的单个指标,即本系统中的核心部分——"水效率"。此指标通过整合各分项指标的表现,以综合数值的高低作为评估基准。本体系借鉴了全排列多边形图示法的先进理念,并据此制定了以下标准化的处理方法,以确保评价的全面性与准确性:

$$F(x) = \frac{a(x+b)}{x+c}, a \neq 0, x \geq 0 \qquad (7-5)$$

其中,F(x) 满足:

$$F(L) = -1, F(T) = 0, F(U) = 1 \qquad (7-6)$$

其中,L 代表 x 的最小值,U 代表 x 的最大值,而 T 则是 x 的临界点,因此:

$$F(x) = \frac{(U-L)(x-T)}{x(U+L-2T)+UT+LT-2UL}, a \neq 0, x \geq 0 \qquad (7-7)$$

7.2.3 水效率综合评价方法

我国在企业用水效率领域的研究相对落后,现有的水效率评价方法多种多样,包括主成分分析法、模糊综合评价法、层次分析法、灰色系统聚类法、数据包络分析法和全排列多边形图示法等,每种方法均具备其独特优势与局限性。鉴于部分方法难以精准展现指标对总体评价的结构性贡献或细化影响路径与程度,本书核心研究策略聚焦于层次分析法与全排列多边形图示法的融合应用。层次分析法通过构建严谨的层次结构,有效划分指标体系,然而面对水效率研究的复杂性,数据获取难度及定性指标的模糊性成为挑战。为此,本书使用全排列多边形图示法,将该评价体系设想为一个综合系统,增强了评价方法的科学性和综合性。该方法通过对各项指标进行标准化处理,利用多边形面积比来直观地表达用水效率的综合水平。与依赖专家权威的传统模型相比,该方法有效避免了主观偏差带来的不确定性,最终结果直观且易于深入分析。

在前文中,本书已经通过层次分析法对水效率进行了详细分解,将其划分为三个主要方面:经济、社会和环境。同时,在每个领域都选取了相应的核心评估标准,其中经济领域为13个,而社会和环境领域分别为6个。根据全排列多边形图示法的基本原理,本书把共25个指标进行一致化处理,然后使用具有单调性的标准化函数F(x)来进一步分析。具体来说,当F(x)超出临界点(0点)时,标准化处理促使指标值以递增速率增长;反之,若F(x)低于该临界点,则标准化后的指标增速趋于放缓。这一过程不仅调整了指标的增减速率,更以临界点为转折点,实现了增速模式的平滑过渡,为后续综合评价奠定了坚实基础。

对于第i个指标,其标准化后为:

$$S_i = \frac{(U_i - L_i)(x_i - T_i)}{x_i(U_i + L_i - 2T_i) + U_iT_i + L_iT_i - 2U_iL_i} \quad (7-8)$$

这个函数的功能是将评价指标值在区间 [L, U] 范围内标准化处理,使其映射至 [-1, 1] 区间,然后对指标体系中的n项指标进行逐一标准化转换。随后,使用标准化上限(在本体系中设置为1)作为参考半径构造出一个规则的n边形。然后,根据目标企业指标的实际值绘制相应的不规则多边形。综合评价指标定义为不规则多边形面积与前述正多边形面积的平均比值。该综合指标的具体计算方法如下:

$$S = \frac{\sum_{i \neq j}^{i,j}(S_i + 1)(S_j + 1)}{2n(n-1)} \quad (7-9)$$

其中,S_i、S_j 为第 i、第 j 个指标,S 为综合指标,即目标层。

在这个评价系统里,由于各个层次的标准之间联系较为微弱,本书先对经济领域的标准使用全排列多边形图示方法来计算出其总体评分指标数值。在此阶段,将设定标准的理想最高点(如果无法获取,就用行业的最佳水平代替)和最低点(如果无法获取,就选择行业的最糟糕情况代替)分别作为上下限,然后利用行业平均值或者中间值作为重要的阈值T,从而创建一个全排列多边形图示方式的具体图像(见图7-3),然后进行后续研究及评估工作。

使用全排列多边形综合图示法计算表7-1中的经济层面经济水资源投入、循环、输出指标数值,得到经济层面多边形的综合图像(见图7-4)。

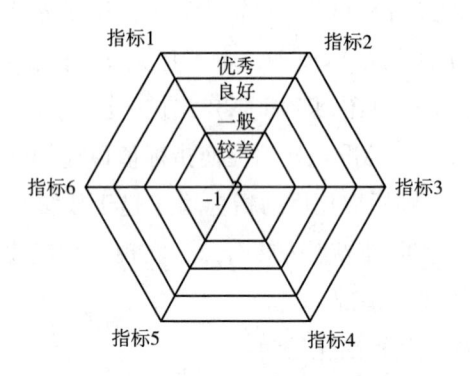

图 7-3 全排列多边形综合图示法

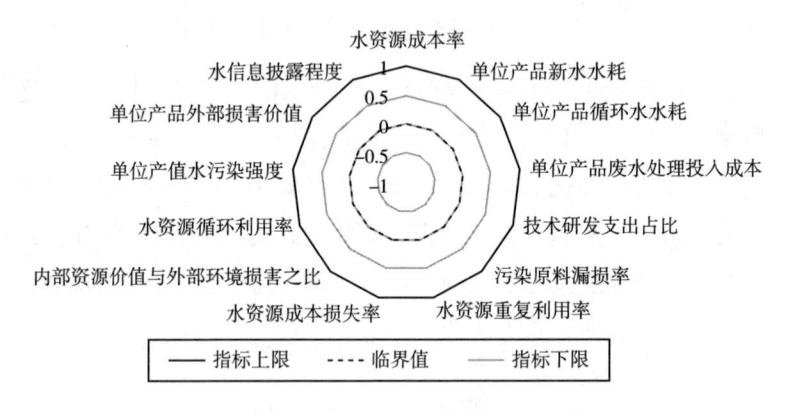

图 7-4 经济层面图示

鉴于社会与环境层面的评估指标多具备定性特质，其量化过程不可避免地融入了较强的主观判断，故本书采用专家评分机制，特邀环境会计领域的权威专家，依据研究背景赋予每项指标以 0~10 分的评分。然后结合特定地区、行业的定性指标实际状况，与既定的标准值进行对比分析，对目标企业的水效率进行综合评价，并给出相应的分数。进而，将各指标得分与其相应的权重相乘，汇总得出环境与社会层面的综合评价指标值。

为合理确定各指标权重，本书采用环比法以减少主观偏差。具体步骤包括：第一步，随机排列所有指标；第二步，对接踵而至的标准的重要程度依次进行分析，确定环比比率；第三步，利用连续乘法把环比比率转化为基于最终标准的定基比率；第四步，在完成标准化操作后，得到每个标准的权重值。为了保证公正性，采取匿名形式向专家提供全面的产业和评价参数信息，并且征求他们的专业见解。值得注意的是，本书并没有直接采用专家的初次评价，而是反复将汇总结果反馈给专家，鼓励他们根据汇总结果修改意见，并经过多轮迭代，直至最终的环比比例得到确认。

以社会层面为例，计算了规章制度及政策要求、社会意识形态影响、本行业技术水平、不良报道次数、利益相关者诉讼成本和违规罚没情况等六项关键指标的权重，具体结果如表7-2所示。

表7-2　　　　　　　　　环比法确认指标权重

指标	按环比计算重要性比率	换算为以最后指标为基数的比率	权数
规章制度及政策要求	2	4.5	0.303
社会意识形态影响	0.5	2.25	0.153
本行业技术水平	3	4.5	0.306
不良报道次数	1.5	1.5	0.102
利益相关者诉讼成本	1	1	0.068
违规罚没成本	1	1	0.068
合计	9	14.75	1

在深入分析我国专家关于经济、社会、环境三个主要维度对企业绩效评价影响的研究成果后，本书强调以经济层面作为企业水效率评估中的核心驱动因素，并据此设定经济、社会、环境三个方面的权重分配比例为4∶3∶3。随后，利用该权重体系对经济、社会、环境三个层面的具体指标进行综合加权，得到目标层的最终评价指标，即企业的水效率。最终，根据这些综合指标的具体取值，可以客观、全面地评价和分析目标企业的水效率水平。

7.3　企业水效率决策优化

7.3.1　水效率评价水流方程式

依据企业水效率的核心概念，聚焦于企业水资源流动过程，结合外部环境影响，深入剖析其内部水资源流转的具体情境，进而评估其经济效益与环境效益的双重表现。为构建一个融合资源消耗、环境压力与经济成效于一体的综合评估模型，须摒弃传统思维模式，将生态效益置于核心考量位置，巧妙融合企业的环境与经济双重效益。这一过程依赖于对水流消耗、废水排放与成本、增值、收入等关键变量的比率关系进行精准把握与运用。

在此基础上，以企业水流的质量与价值量比率为基石，贯穿物料投入、消耗、循环及输出的全链条，系统采集并计算水流实物量、价值量以及环境影响数据。通过深入剖析资源投入、生产消耗与循环、产品输出及废水排放与水流转价值、总产值及工业增加值之间的内在逻辑、相互作用机制及动态变化规律，得以精确定位并构建出一个全面反映企业水效率的综合评价模型。该模型创新性地整合了水流生产率、附加值产出率以及单位工业增加值水消耗率等多个维度，形成了一套基于水流方程式的一体化评估体系：

$$Rw_i = Rp_i \times Vp_i \times Ee_i \qquad (7-10)$$

其中，Rw_i 为第 i 流程水效率（合格产品水消耗量 EP_i/水流投入量 RI_i）；Rp_i 为第 i 流程单位工业产值水能耗（产值 PV_i/水流投入量 RI_i）；Vp_i 为第 i 流程附加值产出率（工业增加值 AV_i/产值 PV_i）；Ee_i 为第 i 流程单位工业增加值水消耗率（合格产品水消耗量 EP_i/工业增加值 AV_i）。

细致审视该方程式，不难发现其左侧承载的是一个综合性指标，它深刻揭示了企业水资源利用效能与环境保护成效的整体面貌。此指标可层层剖析，转化为右侧所展示的水流投入、应用、产出等环节子指标的累积效应。这三个子指标，各具深刻的经济内涵，精准映射了企业节水经济实践的三大核心追求：第一，投入环节指标，以水流生产率为表现形式，凸显了企业扩大生产规模的同时，对水流资源投入的相对节约能力，即遵循了资源减量化使用的原则；第二，应用环节指标，通过企业工业增加值与总产值比率的设定，彰显了水流资源在生产过程中的高效利用，即实现了效用最大化目标；第三，产出环节指标，其单位增加值中融入了以水效率为基石的利润、税费及人工成本考量，不仅直接关联废水排放的减量与废弃物的资源化利用，更充分展示了水资源循环利用与效率提升的核心理念。

企业水效率决策优化方面，可先将评价模型划分为基本式与结构式两种类型。

7.3.1.1 基本式

本书构建的基本分析框架，根植于企业水"流"的动态考察，旨在通过精确核算与描绘废水排放过程中的内部资源成本流动轨迹，并融合外部环境损害成本的考量，全面剖析企业生产环节中废水排放所带来的内部经济效益及外部环境效应。为此，深入探究了企业在输入端（资源投入）、过程端（单位生产工序的资源消耗与循环效率）、输出端（产品及废水排放量）三个维度上的量化关系。同时，细致分析了这些量化指标与废水排放成本、产值及经济附加值之间的内在逻辑联系、作用机制及演变规律。基于上述多维度分析，整合相关关键指标，构建了一个系统性强、逻辑性严密的基本分析与评价模型。进一步地，将此复杂分析过程抽象化为数学等式表达，以便于量化评估与模型应用：

$$Rw_i = Rp_i \times Vp_i \times Ee_i \qquad (7-11)$$

其中，Rw_i 代表 i 号单元操作的资源投入所产生的废水排放量（环境污染物中废水排放量/水资源投入量）；Rp_i 代表 i 号单元操作的水资源生产率（产值/水资源投入量）；Vp_i 代表 i 号单元操作的附加值产出率（经济附加值/产值）；Ee_i 代表 i 号单元操作的废水排放效率（废水排放量/经济附加值）。

7.3.1.2 结构式

基于水资源排放与价值流转的循环模型视角，可系统性地构建一套水效率评价指标体系，该体系紧密围绕企业生产流程中的三大关键环节展开：首先，从单元操作的资源输入端出发，评估资源的初始配置与投入效率；其次，聚焦于资源消耗与利用阶段，深入分析资源利用效率及节水措施的实施效果；最后，转向输出端，考量产品及废水排放过程中的水资源利用成果与环保绩效。通过这一全面而细致的评价体系，能够更准确地把握企业水效率的真实状况，为制定科学合理的节水策略与环保政策提供有力支撑。

（1）资源输入端，可推导如下：

$$Rp_i = \frac{1}{1/Ns_i + 1/Ys_i} \times (WRr_i + ZRr_i + ERr_i) \qquad (7-12)$$

(2) 在企业生产流程中，资源消耗的第 i 个单元步骤可以推导：

$$Vp_i = \frac{RUVr_i + WLVr_i - RRUr_i}{RVSr_i} \times RVEA_i \qquad (7-13)$$

其中，Vp_i 表示 i 号单元操作所产生的额外价值比例（经济附加值与产值之比）；$RUVr_i$ 表示 i 号单元操作对污水排出的成本有效利用率（废水排放有效利用成本与水流成本之比）；$WLVr_i$ 表示 i 号单元操作过程对于污水的排出造成的成本损失率（废水排放损失成本与水流成本之比）；$RRUr_i$ 表示 i 号单元操作的内部循环利用率（内部循环利用成本与水流成本之比）；$RVSr_i$ 表示 i 号单元操作的资源成本生产率（产值与水流成本之比）；$RVEA_i$ 表示 i 号单元操作的单位资源成本的经济附加值（经济附加值与水流成本之比）。

(3) 在输出端，可推导：

$$Ee_i = EVAV_i \times \frac{1}{DEDV_i} = EVAP_i \times (1 - RDr_i) \qquad (7-14)$$

其中，Ee_i 表示 i 号单元操作的废水排放效率（废水排放总量与经济附加值之比）；$EVAV_i$ 表示 i 号单元操作产生的每单位经济附加值的外部损害成本（外部损害成本与其经济附加值之比）；$DEDV_i$ 表示 i 号单元操作所产生的每单位废水的外部损害成本（废水外部损害系数）；$DVAPi$ 表示 i 号单元操作生产出的每一单位经济附加值中废水排放量（废水产出量和经济附加值之比）；RDr_i 表示 i 号单元操作对废水的回收处置率（废水回收处置量与其废水产出量之比）。

以上精心构建的指标模型，深度揭示了企业资源物质流动与价值转换之间复杂的相互影响机制。其全方位地评估了资源在输入、消耗、输出和回收再利用等关键环节的水资源使用效率。这一模型不仅为企业节水经济管理的精细化实施提供了坚实的理论基础，还为企业决策者制定高效节水策略与资源循环利用方案提供了强有力的实践指导与应用模式支撑。

采用以下步骤，运用上述指标模型评估企业水资源排放情况：

第一，将企业根据物量中心进行六个部分的划分，然后根据这些中心收集来自输入端、资源消耗和输出端的所有节点数据。

第二，依据收集的信息，对企业废水排放的内部开销和外部损耗进行计算，并汇总相关的成本数据。

第三，代入上述指标，分别计算废水排放资源生产率、附加值产出率、排放效率。

第四，依据前述三项标准的计算，按照以下公式来确定废水排放单位对资源环境的负荷率。

单位资源环境负荷率＝废水排放所产生的资源生产率×废水排放带来的附加价值产出率×废水排放效率

第五，对各项物量中心计算结果进行整合和分析，找出高废水排放成本的步骤，为企业管理层提供更深入的经济决策和成本管理依据。

7.3.2 水流路线优化

水流价值流转优化模型须兼顾企业生产流程、内部资源消耗、外部环境保护及经济绩效等众多方面，需要综合考虑上述两种优化原理进行融合分析，使企业在资源、环境及经济等各方面约束下的整体效益最大，技术经济性最优。从企业内部层面的水流流转优化过程看，一方面，企业在延伸生产工艺链条或增加节能减排技术条件下，会提高企业水资源使用效率和水废弃物的处理效率，减少废水排放量；另一方面，由于技术经济合理的制约，过于先进的机器设备和技术升级可能会大幅度增加开销，导致盈利下降。所以，有必要对水流的价值进行精确测算和解析，然后对其经济可行性作出评价，以此来确定最佳的水资源分配路径。

由 $Rw_i = EP_i/RI_i$ 及方程式 $Rw_i = Rp_i \times Vp_i \times Ee_i$ 可变形扩展为：

$$EP_i = RI_i \times Rw_i = RI_i \times Rp_i \times Pw_i = RI_i \times Rp_i \times Vp_i \times Ee_i \quad (7-15)$$

$$EP_i = AV_i \times Ee_i = RI_i \times Rp_i \times Vp_i \times Ee_i \quad (7-16)$$

$$EP_i = PV_i \times Pw_i = PV_i \times Vp_i \times Ee_i \quad (7-17)$$

其中，Pw_i 为第 i 流程单位产值废水排放率（废水排放量/产值）；AV_i 为第 i 流程的水流附加价值，即水流流转中产生的价值增量；PV_i 为第 i 流程的产值。

如将式（7-15）～式（7-17）联立，则可进一步整理为：

$$EP_i = RI_i \times Rw_i = AV_i \times Ee_i = PV_i \times Pw_i \qquad (7-18)$$

运用此方程式，能够深入剖析企业、生产系统或不同流程间水消耗、废水排放量与经济效益（如产值或工业增加值）之间的相互影响关系及精确的数量关联。

作为整合企业资源消耗、经济成效与环境压力的综合分析工具，水流转方程式内部各要素展现出紧密的互动性。依据分析需求的不同，可灵活采用单因子变动分析法，聚焦于单一变量的影响；也可实施多因子结构联动分析，全面审视多个变量间的复杂关联与协同作用。

7.3.2.1 单因子变动分析

从水流价值流转评估公式（7-15）的逻辑结构出发，可以推导出，在控制其他条件恒定的前提下，公式中任何单一组成部分或因子的变化，均会触发方程式一侧或两侧相应的调整。具体而言，若公式右侧某一因素发生变动，则左侧环境污染物指标将呈现同比例的响应变化，形成双边联动的效应。例如，在假设其他所有指标保持稳定的情境下，若水流投入量增加10%，那么废水排放量也将相应增加10%；相反，若水效率提升10%，则废水排放量将减少10%，并伴随外部损害成本的同比例降低。同理，若单独审视公式右侧的各项指标，其变动也会遵循类似的逻辑与规律。

水流价值流转方程式的单因子变动规律表明，在维持其他条件稳定的前提下，右侧任一指标的变动将直接导致左侧相应指标发生同比例的变化。例如，当水流循环效率提升10%时，废水排放量及伴随的环境损害成本也将同比例减少10%。这一规律同样适用于对方程式右侧指标的独立分析，即右侧指标的变动也会遵循类似的逻辑，导致相关指标发生相应的变化。如生产量保持稳定且水流上升时，首先会出现因水流循环增强而导致新投资输入减少、转换后的商品价格下降和工业增加值提高及附加值产出率提高的结果；其次则会出现因水流循环增强导致水源浪费降低从而提高了其效能水平的结果。

对水流投入成本或水能源消耗的因子分析也可参照水流评价分析方程式进行分析，将公式中的水消耗量替换成废水排放量，则公式转化为：

$$EE_i = RI_i \times Rp_i \times Vp_i \times Ex_i \qquad (7-19)$$

其中，EE_i 为第 i 流程的总废水排放量；Ex_i 为第 i 流程的单位附加值废水排放量（总水消耗/附加价值）。

当资源投入量增加一定比例，且其他指标不变时，总废水排放量也同比增加相应的比例。

7.3.2.2 水流价值流转方程式联动分析

从多因子角度分析水流价值流转方程式，一方面，要基于不同发展水平的企业资源价值流转时序评价分析，为深入理解各因子在不同时间维度上的变化趋势，需先计算各年度对应的因子值。随后，通过纵向对比，剖析这些因子值随时间推移所展现的增长态势。进一步地，将从节水经济活动实施前后及未来规划远景等多个维度出发，对这些因子进行系统对比、深入评价与综合分析，以全面揭示其动态变化特征及其对节水经济发展的潜在影响。

按照传统模式（过去）、改进模式（现在）、远景规划模式或理想模式（未来）三个层面解构企业环境负荷与经济效益指标间的内在逻辑关系，深入分析企业水效率、附加值产出效率、环境效率及其相互影响作用的关系。从而使水资源能源消耗量、废弃物排放量与产值、工业增加值、资源投入产出量等指标间的内在逻辑关系一目了然，更可使外部利益相关者对企业资源流转状态和流转效率等有深入了解，全面客观评价企业经济、环境、社会各层面的可持续发展状况。如将企业生产流程的相关资源流转数据予以计算汇总，则可得到图 7-5。

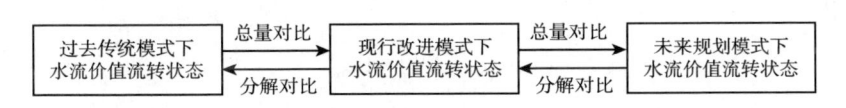

图 7-5 企业水流价值流转时序综合评价与分析比较

以水流数据流图为基础，从时间序列角度核算水流价值流转方程式中一个或多个因子值，分析其指标增长趋势，比较差异，并对两两因子间的相互关系予以对比与分析。同时，也可分不同品种、产品、区域、板块予以细化评价与分析。

假设企业的基期污水排放是 EP_0、水的流动输入是 RI_0、水的流动效率是 Rp_0、附加值产出率是 Vp_0、单位附加值废水量是 Ee_0；水的流动输入年增速是 g、水效率年增速是 a、附加值产出率年增速是 b、工业增加值年增速是 t、环境效率年降速是 e，那么可以推导得出：

$$\begin{aligned} EP_n &= RI_0 \times (1+g)^n \times Rp_0 \times (1+a)^n \times Vp_0 \times (1+b)^n \times Ee_0 \times (1-e)^n \\ &= RI_0 \times Rp_0 \times Vp_0 \times Ee_0 \times (1+g)^n \times (1+a)^n \times (1+b)^n \times (1-e)^n \\ &= EP_0 \times (1+g)^n \times (1+a)^n \times (1+b)^n \times (1-e)^n \end{aligned} \qquad (7-20)$$

利用上述公式，如果已知企业基期的相关数据，则可以根据设定的目标报告期计算或估算废水排放量，然后对前后两个时间点进行比较分析。

另一方面，聚焦于企业生产流程中的水流分析，在设定合理的假设条件下，可依据企业水流价值流转的优化目标或节水经济（可持续发展）的战略规划，运用变形后的方程式。通过设定两个或更多因子的变动情景，比如产值变动（高、标准、低三种情境）、能源/资源投入量的变化以及废水排放量的调整等，深入剖析这些因素之间的联动效应。该步骤旨在清晰揭示企业水效率、经济效益、环境效益之间的动态变化和内在关系，从而为企业节水经济管理、流程优化和战略决策提供有力的科学依据和数据支持。

在节水经济持续推进的背景下，企业的经济效益（特别是工业增加值的增长）与环境负担（特别是废水量的变化）之间存在着内在联系和明确的数量关系。为精确描述这一关系，企业报告期内的相关表现可通过特定的方程式来加以表达，该方程式旨在揭示并量化两者之间的动态平衡与相互影响：

$$EP_n = AV_n \times Ee_n \qquad (7-21)$$

其中，EP_n 为企业报告期废水排放量；AV_n 为企业报告期的工业附加价值；Ee_n 为企业报告期单位工业附加值的废水排放量。

将 $AV_n = AV_0 \times (1+t)^n$，$Ee_n = Ee_0 \times (1-e)^n$ 代入式（7-21）得：

$$\begin{aligned} EP_n &= AV_0 \times Ee_0 \times (1+t)^n \times (1-e)^n \\ &= EP_0 \times (1+t)^n \times (1-e)^n \end{aligned} \qquad (7-22)$$

简化上述公式后,可以推导出企业水效率年度下降速度(e)的临界值(e_α),即:

$$EP_n = AV_0 \times Ee_0 \times (1 + t - e - te)^n \tag{7-23}$$

其中,EP_n 为企业报告期废水排放量;AV_0 为企业基期的工业附加价值;Ee_0 为企业基期单位工业附加值的废水排放量;t 为工业增加值年增速;e 为水效率年降速。

通过式(7-23)可知,在节水经济发展过程中,企业废水排放量可能出现逐年升高、保持稳定或逐年降低三种情况,即:

(1)废水排放量 EP_n 逐年升高:$t - e > te$;

(2)废水排放量 EP_n 逐年降低:$t - e < te$;

(3)废水排放量 EP_n 保持稳定:$t - e = te$。

因此,可以确定 e 的临界值 $e_\alpha = t/(1+t)$,所以,把 e_α 作为评估标准,能够得出企业环境负荷变化的三种潜在情况:

(1)若 $e < e_\alpha$,则废水排放量逐年升高;

(2)若 $e = e_\alpha$,则废水排放量维持原始数值,即与企业附加值增长(经济效益)断开联系;

(3)若 $e > e_\alpha$,则废水排放量逐年降低。

据此,通过计算变量对之间的临界点,可以清楚地了解企业资源投入、经济利润增长与环境保护状态之间的数量关系。进一步地,借助因子替代策略(例如,以废弃物排放量、能源消耗量等替代原有指标 EP_i),可以将这些量化关系与企业的节水经济战略规划目标紧密对接,从而探索并确定实现这些目标的最优路径。

7.4 案例应用——以 A 纺织企业为例

7.4.1 A 纺织企业简介

A 企业深耕于高端新型纱线研发、生产与销售,稳居全球色纺纱行业领军地位。A 公司核心业务聚焦于提供融合时尚、环保与高科技元素的色纺纱线产品，并辅以多样化的产品线，包括高端创新的坯纱线、优质染色纱线、半精纺及气流纺色纺纱线等，同时提供一系列增值服务，展现出卓越的供应链整合能力与快速响应市场的产品交付能力。

当前，公司色纺纱业务的营业收入已攀升至 58.86 亿元，较上年同期实现了 12.90% 的稳健增长，展现出强劲的市场竞争力和良好的发展势头。截至目前，A 企业的色纺纱产能已扩充至 180 万锭，这一规模不仅占据了全国色纺纱总产能的 23.9%，更在中高端市场占据了约 40% 的份额，确立了其在国内色纺纱行业中无可撼动的双寡头地位之一。

色纺纱的主要目标市场聚焦于国际知名的体育与休闲服饰品牌，这些品牌倾向于采用"多样化款式、小批量订单"的生产策略，以应对快速变化的市场需求，因此，它们尤为重视供应链的高效响应能力。色纺纱独特的生产工艺——先染色后纺纱，赋予了纱线极高的灵活性，使得后续织造环节能够轻松实现多色混搭，有效缩短了整个产业链的生产周期。A 企业凭借其色纺纱产品的高效交付、低等待时间与敏捷的反应机制，精准契合了下游品牌对于快速响应的迫切需求，相较于传统的色织与印染工艺，更能增强客户黏性，稳固并扩大下游订单规模。

A 企业的终端客户阵容强大，涵盖了如 Adidas、Nike、H&M、ZARA、优衣库等享誉全球的国际品牌，这些品牌近年来均展现出稳健的经营态势与良好的市场表现。鉴于国际运动与休闲服饰品牌在全球服装市场中占据的领先地位及其持续稳定的增长趋势，A 企业从中受益匪浅，其订单需求不断攀升，为公司的持续发展提供了强有力的市场支撑。

7.4.2　A 纺织企业水效率评价分析

本案例数据来自多个权威渠道，包括但不限于《中国生态环境状况公报》、《中国水资源公报》、中国年鉴信息网，以及国家统计局发布的官方统计资料，并辅以 A 企业官方公开的信息，经过精心整合与细致计算后得出。这一系列数据源的选取确保了研究数据的可靠性、全面性与权威性，为后续分析奠定了坚实的基础。在此基础上，依据 A 企业的具体数据，采用标准化的评估方法，对构建的经济指标体系进行了深入细致的评估工作，评估过程严格遵循了标准化的函数处理流程：

$$S_i = \frac{(U_i - L_i)(x_i - T_i)}{x_i(U_i + L_i - 2T_i) + U_iT_i + L_iT_i - 2U_iL_i} \tag{7-24}$$

为了统一分析标准，对指标体系内的经济指标实施了标准化处理，这一标准化过程以 A 企业所在地域纺织行业的最优与最劣绩效指标作为基准参照。值得注意的是，鉴于部分企业的关键指标数据未能公开，导致在选定标准值时存在一定的随机性与不确定性。针对此类信息缺失，采取了替代策略：对于区域内同行业未披露的信息，通过计算该行业的平均值进行合理估算；而对于更广泛范围内（即全国层面）该行业未披露的数据，则采用全国整体的平均数值作为模拟依据。最终，基于这些经过标准化与估算处理的数据，构建了多边形图示（见图 7-6），以直观展示各项指标的综合表现。

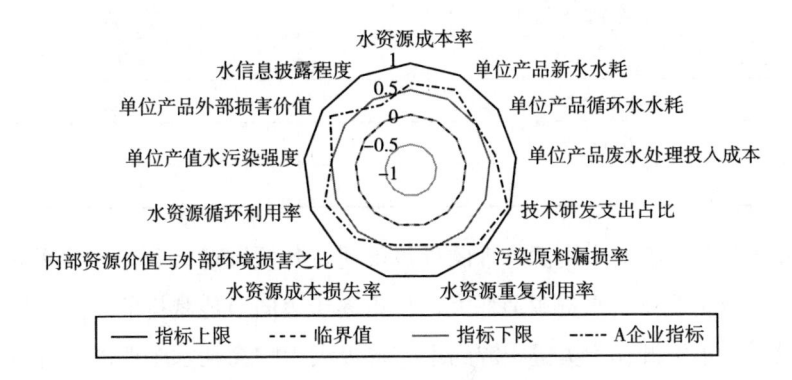

图 7-6　A 企业经济层面指标

基于指标体系的层次结构，将评估结果细化为四个明确的等级，分别是"待改进""中等""良好""卓越"。通过多边形图示的直观展示，可以清晰地看到，该企业在经济层面的各项指标均超越了行业普遍认可的标准值，其中，多数指标更是达到了"卓越"的评级标准。

为了进一步量化这种优势，将各项指标的具体数值代入一个精心设计的函数模型，以科学、系统地评估并展现该企业在经济领域的整体表现：

$$S = \frac{\sum_{i \neq j}^{i,j}(S_i + 1)(S_j + 1)}{2n(n-1)} \qquad (7-25)$$

经过计算与分析，经济层面的综合评估结果以指标 S 的形式呈现，其值为 0.73。接下来，采用专家打分法与环比法相结合的方式，科学确定了环境维度与社会维度下的各项指标权重。随后，依据专家的专业评判，进一步量化了环境层面与社会层面的表现得分。基于上述权重与得分的乘积计算，得出环境层面的综合指标为 0.5，社会层面的综合指标为 0.6。最后，根据预设的 4∶3∶3 权重分配原则，对三个层次的综合指标进行加权汇总，计算出目标层的最终得分——水效率为 0.622，这一结果全面反映了企业在水资源利用与管理方面的综合效能。根据划分标准，A 企业水效率处于优秀水平，如表 7-3 所示。

表 7-3　　　　　　　　　　指标评价结果

水效率指 S 标得分	评价结果
S≤0	较差
0＜S≤0.3	一般
0.3＜S≤0.6	较好
0.6＜S≤1	优秀

鉴于我国政府对水资源管理的日益重视及各领域对行业用水效率的关注提升，工业企业作为水资源消耗大户，正逐步迈向节能减排的转型之路。在此背景下，水资源作为关键资源约束，将极大影响高耗水企业的核心竞争优势。因此，实施科学、高效的企业水效率考核机制，必将对这些企业的生产管理过程产生巨大的积极影响。

目前，我国在水效率研究领域仍处于理论深化和探索阶段，旨在寻找经济、社会和环境的和谐发展之路。结合我国国情，深化水资源的高效利用，不仅是环境保护与资源管理的双重政策导向下的必然产物，也是推动社会可持续发展的关键举措。深入研究水资源利用效率评价系统不仅可以促进产业结构的优化调整，还可以提高企业生产效率，进而增强企业的市场竞争力，为其未来发展奠定牢固基础。

7.4.3　A 纺织企业水效率决策优化

相关资料数据显示，A 企业在基期废水排放 EP_0 为 9.3 万吨，水流输入 RI_0 为 78.3 万吨，水流效率 Rp_0 为 0.622，附加值产出率 Vp_0 为 5.1%，单位附加值废水排放量 Ee_0 为 2.3 万吨；水流输入年增速 g 为 3.8%，水效率年增速 a 为 1.5%，附加值产出率年增速 b 为 5.2%，工业增加值年增速 t 为 6.3%，环境效率年降速 e 为 1.1%，则由公式（7-20）推导，然后再依据报告期的目标值，水流输入为 78.3 万吨，水流效率为 0.715，附加值产出率为 5.8%，单位附加值废水排放量为 2 万吨；水流输入年增速为 3.2%，水效率年增速为 1.7%，附加值产出率年增速为 6.1%，工业增加值年增速为 7.2%，环境效率年降速为 0.9%。

通过公式（7-20），计算推导出报告期的预测废水排放量为 8.2 万吨。通过将基期 9.3 万吨的废水排放和报告期 8.2 万吨的废水排放，进行前后比较分析，清楚地了解到企业在水效率、经济效率和环境效率之间的变化规律以及它们之间的内在联系。这将为企业实现节约用水管理、优化水资源利用效率以及提升环境决策科学性提供技术支撑。

针对企业生产流程进行的水流分析，在预设的假设框架内，旨在遵循企业水流价值流转的最优化目标或节水经济与可持续发展战略的整体规划。通过运用经过调整的数学模型（即变形方程式），设定并探讨了两个或更多关键因子的潜在变动，诸如产值波动、水资源投入量的调整，以及废水排放量的变化等，以此深入分析这些变量之间的相互作用与联动效应。具体而言，这一分析聚焦于节水经济模式下，企业的经济效益（尤指工业附加值）与环境负担（尤指废水排放量）之间存在着深层次的内在联系和精确的量化关系。在企业的报告周期内，这一分析过程通过特定的方程式得以体现，从而为企业决策提供科学、量化的参考依据。

综合公式（7-21）～公式（7-23）可知，在 A 企业水效率决策优化的过程中，废水排放量 EP_n 逐年下降：$t-e<te$。

故可知，e 的临界值 $e_\alpha = t/(1+t) = 0.9\%$，因此，以 e_α 为评判依据，可

知 A 企业环境负荷变化情形为：1.1% >0.9%，即 e>e$_\alpha$，即废水排放量逐年下降。

据此，通过计算变量对间的临界阈值，能够清晰地解析 A 企业在水资源投入量、经济效益表现及环保绩效之间所存在的量化关联。进一步地，利用因子替换策略（例如，以废弃物排放量、水资源消耗量等作为 EP_i 的替代项），将这些量化关系紧密联结至企业的节水经济战略及长期发展规划之中。这一过程不仅为 A 企业提供了水效率决策制定的科学依据，更指明了实现其水资源管理目标的最优化路径。

第 8 章

基于 COSO 框架的企业水风险管理

8.1 企业水风险的内涵和特征

8.1.1 内涵分析

水风险这一概念，在广义范畴内，涵盖了因自然力量的波动与人类活动的干预，致使水资源系统与经济系统间难以维持和谐共进的状态，进而可能阻碍系统自身平衡及经济持续健康发展的潜在威胁。世界自然基金会（WWF）和德国投资与开发有限公司（DEG）联合界定了水风险的内涵，将其具体化为一系列由自然因素与人类行为触发的、与水密切相关的潜在风险源。在此基础上，它们将水风险细化为三大维度：一是物理性风险，聚焦于水资源本身的物理状态变化；二是监管性风险，关注于政策法律环境对水资源利用与管理的影响；三是声誉性风险，强调水资源问题可能引发的企业形象与品牌价值的负面效应。

本书研究的水风险仅涵盖企业层面，指的是企业由于在生产时未采取能提高用水效率、减少污水排放的水管理活动，故易受到环保处罚、水权交易、排污权交易、产业淘汰的负面影响，从而导致企业经济和声誉等方面的不良后果的可能性。随着资源环境压力的增大，如何科学有效地管理企业水风险逐渐成为当前决策者面临的重要问题。

8.1.2 特征分析

水风险不仅具有风险的普遍特征，还因为与水污染排放相关而具有了其特殊性。一般来说具有以下特征。

（1）客观性。即水风险的客观存在性，只要企业开展消耗水资源的生产经营活动就不可能完全避免或消除水风险，只能借助各种财务或技术手段来尽可能地减少水风险对企业造成的消极影响。

（2）不确定性。水风险的不确定性指的是水风险发生的时间、程度以及影响都具有不确定性，企业随时可能因为企业内部生产工艺、资源消耗方式或外部政策变动等原因而蒙受损失。

（3）损益性。水风险很可能会给企业造成不同程度的利益损失，但同时企业若能够适时、主动地采取应对措施评估水风险，把握节水、净化技术竞争的机遇，积极采用新能源和新技术，把企业的危机转化为契机，将进一步增加企业的利润、扩大企业的经营范围。

（4）普遍性。即水风险存在于企业产品生命周期的各个环节，从产品设计、材料采购、产品生产到产品使用及废弃物处理，只要涉及水资源价值消耗或排放的环节均可能产生水风险。

（5）可控性。指企业根据掌握的与水资源利用相关的一系列数据，如对水成本、水绩效的计量，可通过采用适当的技术手段，测量、评估甚至降低水风险水平。

（6）隐蔽性、蛰伏性。指企业的水风险往往不会像其他风险（如财务风险）一样在短期内即可通过一系列的财务指标显现出来，企业往往要在即将或已经承担因水风险过高而导致的经济利益流出及声誉受到严重影响的后果时，才发现水风险的存在。在我国当前水权交易市场还未完全建立的情况下，水风险具有独特的隐蔽性与蛰伏性。

（7）难计量性。企业的水污染排放量的计量在目前的技术条件下仍未成熟，直接或间接地影响了企业水风险水平的衡量，并且企业出于社会舆论压力往往不愿公布自身水污染排放量数据，这一情况不利于政府监督且难以形成行业规范。

（8）伦理性。企业水风险过高的影响不仅涵盖企业经济与商誉的损失，还意味着企业社会责任履行不到位，更严重的是会对环境造成不可逆的损害。

8.2 企业水风险管理体系设计

8.2.1 企业水风险管理设计思路

在国内外各项内部控制理论中，美国反虚假财务报告发起人委员会（COSO）推出的 COSO 框架最具代表性。2004 年，为了应对各方对企业风险防范的广泛关注，COSO 在原有基础上创建了企业风险管理框架（COSO-ERM），此框架是一个由企业目标、风险管理要素及管理层级组成的三维立体框架。首先，从企业目标的维度出发，其架构可细化为战略、运营、报告及合规四大支柱，其中，战略目标的设定与达成居于整个目标体系的中心位置；其次，转向企业风险管理的要素层面，这一维度涵盖了内部环境营造、目标设定、风险事件辨识、风险评估量化、风险应对策略制定、控制活动执行、信息流通与沟通机制建设以及持续监控等八个相互依存、紧密关联的组成部分；最后，企业管理层级作为第三个维度，则被划分为运营实体、分支机构、业务单元及职能部门四个层次，每一层级均承载着特定的管理职责与功能。此三者维度并非孤立存在，而是彼此交织、相辅相成，共同构成了企业管理的完整框架与体系：企业目标确定管理的总目标，企业风险管理要素围绕企业目标展开，企业管理层级严格遵守风险管理要素进行风险管理，而风险管理的最终目的就是符合企业目标设定。

因为 COSO 框架完整界定了风险管理的概念、流程和方法，不仅可以帮助企业实现经营目标，还能确保企业报告的合规性，避免声誉受损或其他不良后果，一直被视作防范风险和提高风险管理水平的重要法宝。本书基于 2021 年 COSO 框架设计的水风险管理体系，由三个核心环节和保障基础组成，三个核心环节分别是水风险识别、水风险评估和水风险控制，保障基础包含监控、信息沟通、内部环境三要素，具体设计思路如图8-1所示。

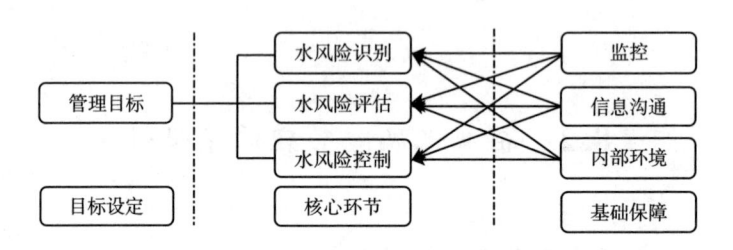

图8-1 基于COSO框架的水风险管理体系设计思路

其中，水风险管理的目标是在不影响企业正常经营以及保障报告合规的基础上，尽可能减少水风险带来的经济损失，在此目标下，各个核心环节和基础报告具有高度的一致性。水风险识别是管理体系的基础，水风险控制是管理体系的最终环节，只有先识别和评估水风险，才能确定水风险的大小及影响，制定水风险控制方案，最后根据控制结果不断改进控制方案，并展开新一轮风险管理。

8.2.2 企业水风险识别

水风险识别需要查找企业是否存在水风险，存在哪些水风险并对识别出的水风险进行详细描述，分析其产生的原因及其特征。本书结合产品生命周期理论，将水风险识别贯穿企业产品的整个生命周期，即对企业在产品设计、材料采购、产品生产和产品使用及废弃处理四个环节可能面临的水风险进行识别分析，风险识别到的类型可能为水法律法规风险、水交易制度风险、水资源供给风险、价格波动风险、节水技术风险、水投资风险、市场接受风险、水税计征风险、水排放负债风险等。

8.2.2.1 产品设计环节

（1）水法律法规制定带来的研发风险。鉴于中国水减排政策的具体执行日程与细则尚待明确,然而,政府已通过政策宣示的形式,清晰确立了减排的宏伟目标,彰显了国家层面对环保减排的坚定承诺。此等政策导向对企业而言,带来了以下三方面的潜在影响:首先,为响应减排要求,企业在节水产品的研发上需加大投入,包括采购先进科研设备及引进高技能人才,这无疑加重了企业的研发成本负担;其次,由于节水技术的成熟度参差不齐,存在设计失误的风险,故可能前期投资难以收回,增加企业财务风险;最后,节水产品的研发周期延长,可能会打乱企业的生产规划,影响既定财务目标的达成,进而加剧企业资金占用的机会成本,并提升外部融资的需求与成本。

(2)水排放权交易制度带来的排放成本风险。若忽视节水产品的设计创新,随着国家节能减排战略的深入实施,企业将面临额外的环境成本负担。具体而言,其一,在排放配额初始分配阶段,若采取免费授予模式,虽无须企业直接承担购买费用,但一旦发生超量排放,企业则需面临市场配额竞购及高额现金罚款的双重经济压力;其二,若排放配额的初始分配机制由无偿转为拍卖制,则企业从初始阶段即需支付相应的购买成本,以获取排放权,这无疑增加了企业的运营成本与财务压力。

8.2.2.2 材料采购环节

(1)供给风险。我国水资源供需关系深受自然条件与社会经济因素的双重制约,导致供需矛盾日益凸显,企业因此极易遭遇水资源供应短缺的风险。短期内,水资源价格的波动作为短缺的直接反映,会深刻影响水资源的配置效率,进而扰乱企业的日常生产经营秩序。而从长期视角来看,持续的水资源短缺更是加剧了企业经营环境的不确定性,为企业发展蒙上了一层阴影。具体而言,水资源供给风险对企业产生的连锁效应包括:一方面,推高了企业存货的采购成本,增加了经营成本负担;另一方面,由于水资源供应的不稳定性,企业的预算编制难以精确把握,进而影响了资金流的顺畅周转与高效利用。

(2)价格波动风险。目前,我国水资源定价机制深受社会政治因素的深刻影响,其价格的显著波动主要归因于政治格局的变动、经济扩张的迫切需求以及人为调控下的能源减产等因素所引发的水资源短缺问题。这种价格波动对企业运营构成了多维度的挑战：首先，它直接作用于企业的资源采购及生产成本，导致成本结构的不稳定；其次，短期内价格的大幅波动还会扰乱企业流动资金的规划与调配，进而对企业的短期偿债能力构成不利影响，增加了财务风险的暴露度。

8.2.2.3 产品生产环节

（1）节水技术风险。节水技术作为一种致力于环境保护的创新手段，其研发过程对技术条件提出了严苛的要求。然而，对于发展中国家的企业而言，在节水技术的探索之路上，普遍遭遇了资金匮乏、政策支持不足、信息获取不畅、专业机构缺失以及外部环境限制等多重挑战，这些因素显著提升了技术开发的难度与风险。节水技术的研发对企业而言，其影响深远且复杂：一是研发活动所需的大量资金投入，加剧了企业的融资压力与风险；二是研发失败的可能性，潜藏着企业面临破产的严峻威胁；三是若节水技术未能及时有效地应用于实际环境，将削弱其预期的减排效果，进而迫使企业承担更高的排放成本。

（2）节水投资风险。企业从传统的生产模式向节水经济模式转型的过程中，核心在于对现有生产流程进行战略性重构，并将节水技术深度融入新流程之中，以实现废水排放的实质性削减。这一转型不仅要求对现有设备进行必要的改造或更新换代，还可能涉及新设备的引入，从而引发企业资本支出的显著增加。值得注意的是，节水投资作为一项长期且资金密集型的项目，其固有的风险不容忽视，如投资周期的潜在延长、资金链的脆弱性等。具体而言，节水投资对企业可能产生的深远影响包括：一方面，随着节能减排标准的持续提升，企业需不断迭代升级设备，持续追加投资，这无疑会加重企业的财务负担，影响资金流的顺畅运作；另一方面，节水设备与专业人才的投资需求，将大幅度增加企业的长期融资需求，进而推高其融资成本。

8.2.2.4 产品使用及废弃处理环节

（1）市场接受风险。产品在市场接纳度方面面临诸多不确定性因素，这些因素深刻影响着企业的市场表现与盈利能力。具体而言，一方面，消费需求的不确定性构成了销售收入实现的主要障碍，即市场中的消费者对节水产品是否愿意支付溢价持有不确定性态度，这种态度直接关系到节水产品能否成功转化为实际的销售收入；另一方面，绿色壁垒风险也不容忽视。鉴于我国节水技术尚处于发展初期，水排放量的计量与监测手段尚待完善，这可能导致我国节水产品在国际与国内市场上遭遇认可障碍，进而面临因不符合绿色标准而被拒之门外的风险，即所谓的"绿色壁垒"风险。

（2）水税计征风险。自河北省率先实施水资源费改税并取得初步成功后，我国已在北京等九省市进一步推广这一改革试点，标志着水资源税收制度的实施已成为不可逆转的趋势。我国在水税计征上采取了分级管理的策略，其中，针对一般超采区域与严重超采区域，其平均税额相较于改革前分别实现了81.3%与73.52%的显著提升。水税的征收将从多个维度对企业产生深远影响：首先，若企业所设计的产品涉及大量水资源消耗或高废水排放量，将直接导致其税收负担加重，进而压缩企业的现金流量空间；其次，若水税被纳入产品成本考量，将不可避免地影响企业的市场竞争力，长期而言，可能会削弱企业的盈利能力与可持续发展能力。

（3）潜在的水排放成本和排放负债风险。产品废弃后，企业面临的最大挑战之一便是可能引发的潜在环境成本与环境负债问题。随着环境法规体系的不断强化与完善，这些隐性负担往往超出企业管理层的预先估算，构成不可忽视的财务风险。水相关法规的具体影响，对企业而言，主要体现在以下两个方面：首先，企业废水排放不仅可能推高价值链上游的成本支出，如处理费用的增加，还可能削弱下游市场的接受度，导致销售额下滑，进而间接侵蚀企业的整体收益水平；其次，废水排放后若引发当地河流、空气等环境介质的污染，将直接威胁到当地居民的生产生活，迫使企业承担起潜在的排放责任与赔偿义务，形成沉重的环境负债。

8.2.3 企业水风险评估

水风险评估是评估水风险对企业达成目标的影响程度、水风险的价值等。本书在确定评估对象的基础上，对该企业生产流程进行分析，从产品设计、材料采购、产品生产和产品使用及废弃物处理四个方面构建水风险评估指标体系，并结合物元可拓模型和层次分析法对水风险进行综合评估（见图 8-2）。

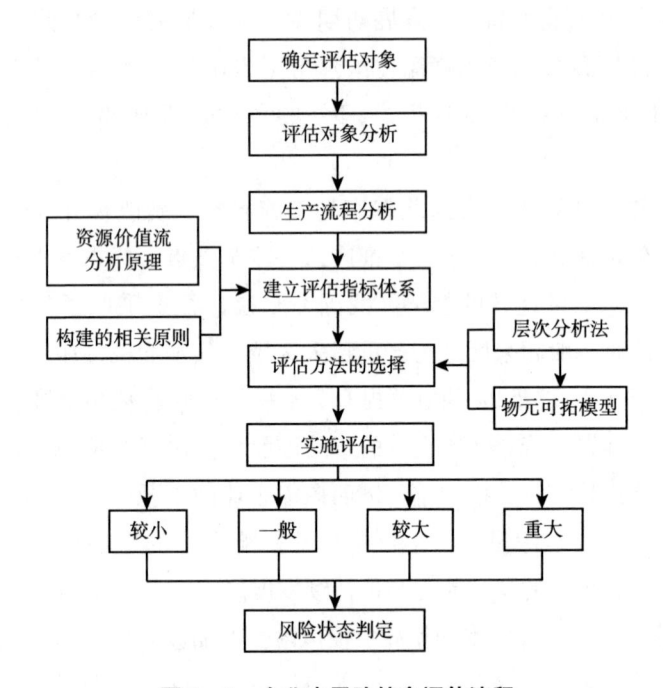

图 8-2　企业水风险综合评估流程

8.2.3.1　评估指标体系

构建水风险评估指标体系的基本指导思想是，遵循科学性、系统性、定性与定量相结合、代表性、可操作性等原则，参考相关法规、标准以及国内外优秀的相关评估指标体系（如日本的循环型社会推进计划、环境效率指标、国内的清洁生产指标评估体系等），并结合企业调研过程中搜集的资料建立具体指标层。企业水风险评估指标体系如表 8-1 所示。

表8-1　　　　　　　　　　企业水风险评估指标体系

目标层 (一级指标)	准则层 (二级指标)	指标层（三级指标）	计算公式
企业水风险评估指标体系 A	产品设计 B_1	环保宣传与教育 C_1	环保宣传和教育相关制度的执行、披露的程度
		绿色研发投入占比 C_2	绿色研发投入/总研发投入
		环保研发人员占比 C_3	环保研发人员/总研发人员
	材料采购 B_2	绿色低碳水投资率 C_4	绿色低碳水项目投资额/投资总额
		环保投资率 C_5	环保投资/营业成本
		生产工艺与设备 C_6	企业清洁生产工艺及设备的完善程度
	产品生产 B_3	单位产品氨氮排放量 C_7	氨氮排放量/总产量
		单位产品废水排放量 C_8	废水排放量/总产量
		单位产品 COD 排放量 C_9	COD 排放量/总产量
		单位产品外部损害价值 C_{10}	外部环境损害价值/总产量
		水资源成本率 C_{11}	水资源成本/总产值
		单位产品新水水耗 C_{12}	新鲜水耗量/总产量
		单位产品循环水水耗 C_{13}	循环水量/总产量
		水资源成本损失率 C_{14}	水资源成本损失/全部水资源成本
		水资源重复利用率 C_{15}	重复利用水量/（重复利用水量+取用新鲜水量）
	产品使用及废弃物处理 B_4	废水处理成本率 C_{16}	废水处理成本/总产值
		工艺废水回用率 C_{17}	生产回用水量/总废水量
		违反排放标准被处罚次数 C_{18}	处罚次数
		内部资源价值与外部环境损害之比 C_{19}	内部资源价值/外部环境损害

主要指标的具体内涵如下所述。

(1) 产品设计维度指标。

①环保宣传与教育评分：以企业对环保宣传和教育相关制度的执行、披露的程度作为考核依据，进行专家打分。

②绿色研发投入占比：绿色研发投入在总研发投入中的占比，反映企业在绿色创新方面的资金投入情况。

③环保研发人员占比：环保研发人员在总研发人员中的占比，反映企

在绿色创新方面的人力资本投入情况。

（2）材料采购维度指标。

①绿色低碳水投资率：绿色低碳水项目投资额在总投资额中的占比，反映企业对低碳水技术的重视程度。

②环保投资率：环保投资与营业成本的比值，反映企业对环保的重视程度。

③生产工艺与设备：以企业所在行业清洁生产工艺和设备标准作为考核依据，进行专家打分。

（3）产品生产维度指标。

①单位产品氨氮排放量：在生产中获取一定产值所排放的氨氮污染物在水环境中含量的高低，可以用于对企业水污染排放强度的评估。

②单位产品废水排放量：在生产中获取一定（以万元或万吨等衡量单位）产值所排放的污水量。

③单位产品 COD 排放量：在生产中获取一定产值所排放的 COD 在水环境中含量的高低，可以用于对企业水污染排放强度的评估。

④单位产品外部损害价值：在产品生命周期中单位（每万元）产出引发的水污染，但其责任未被企业本身所承担，由企业外部（主要为外部利益相关者）所承担的产出比重。

⑤水资源成本率：单位产值所耗费的水资源成本。

⑥单位产品新水水耗：生产单位产品所消耗的从水循环之外获取的水资源量。

⑦单位产品循环水水耗：生产单位产品所消耗的企业内部经过处理后的循环水资源量。虽然可用新增万元产值额外取水量等动态指标来衡量，但在核算过程中可能涉及倒扎法，应用较为复杂，因此采用静态指标。

⑧水资源成本损失率：水资源成本损失所占全部水资源的成本比例，该部分水资源损失既包括因管理不善、操作不当等原因造成的可避免损失，也包括因设备工艺限制、经循环处理所以无法再次使用所造成的不可避免的损失。

⑨水资源重复利用率：经过回收处理后重新返回到生产流程中作为循环

水重新参与到资源投入阶段的用水量与总用水量占比,反映了循环水处理工艺的效率。

(4)产品使用及废弃物处理维度指标。

①废水处理成本率:单位产品所分配到的、应承担的废水处理成本。

②工艺废水回用率:已经产出的废水经过处理之后重新返回到生产流程中的生产回用水量占总废水产出量的比例。

③违反排放标准被处罚情况:以企业因未达国家或省份水减排标准而受到的处罚次数为计算依据,在行业标准和国家标准的基础上,进行专家打分。

④内部资源价值与外部环境损害之比:反映外部环境的损害情况,或者说用于衡量是否值得以外部环境损害为代价换取资源价值。

专家打分的评分标准如表8-2所示。

表8-2 评分标准

生产工艺与设备评分标准		环保宣传与教育评分标准		违反排放标准被处罚情况评分标准	
标准	分数	标准	分数	标准	分数
完全不符合相关清洁生产工艺、设备导向目录	0	未披露	0	7次以上	0
少部分符合相关清洁生产工艺、设备导向目录	1	简单披露	1	5~6次	1
大部分符合相关清洁生产工艺、设备导向目录	2	已披露,但只在部门间初步推广	3	4~5次	2
基本符合相关清洁生产工艺、设备导向目录	3	已披露,在部门间广泛推广	5	2~3次	3
完全符合相关清洁生产工艺、设备导向目录	4	介于初步推广和广泛推广之间	2/4	0~1次	4

8.2.3.2 评估方法

本书所构建的水风险评估指标体系涵盖面较广、指标较多,单独评估某一指标具有矛盾性和不相容性,而物元可拓模型通过物元变换等方法便可很好地解决指标间的兼容性问题。物元可拓模型的基本思路是利用物元即"名称 P、特征 C 和特征值 V"来描述事物,采用关联函数确定元素和集合之间的关系,最大综合关联系数对应的风险等级即为待评物元的隶属等级,具体步骤如图 8-3 所示。

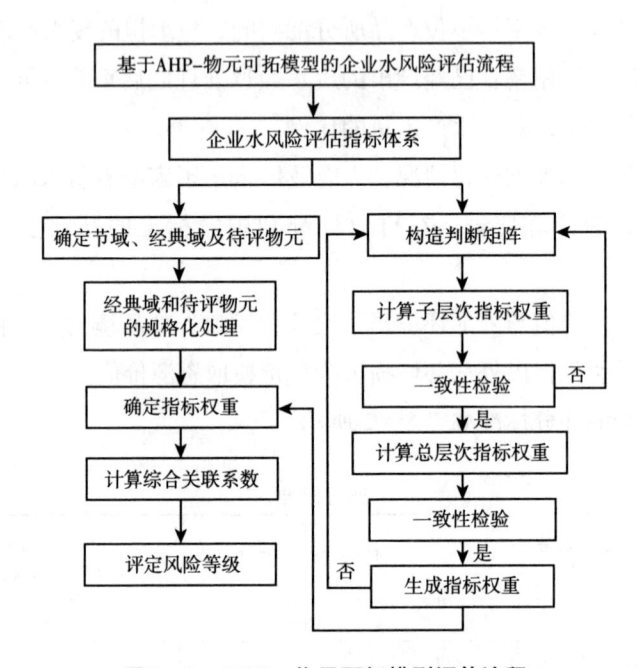

图 8-3 AHP-物元可拓模型评估流程

(1) 确定经典域、节域和待评物元。

由事物、事物特征及其标准范围组成的物元矩阵为经典域物元矩阵,则企业水风险的经典域矩阵 R_j 可表示为:

$$R_j = (P_j, C_i, V_{ij}) = \begin{bmatrix} P_j & c_1 & v_{1j} \\ & c_2 & v_{2j} \\ & \cdots & \cdots \\ & c_n & v_{nj} \end{bmatrix} = \begin{bmatrix} P_j & c_1 & (a_{1j}, b_{1j}) \\ & c_2 & (a_{2j}, b_{2j}) \\ & \cdots & \cdots \\ & c_n & (a_{nj}, b_{nj}) \end{bmatrix} \quad (8-1)$$

其中,P_j 为企业水风险所属的第 j 个等级;C_i 为第 i 个企业水风险评估指标,$V_{ij} = (a_{ij}, b_{ij})$ 为 P_j 关于指标 C_i 的量值范围,也就是行业标准、国家政策或行业制度要求的各指标值的范围。

由事物、事物特征及其拓展范围组成的物元矩阵为节域物元矩阵,则企业水风险的节域矩阵 R_p 可表示为：

$$R_P = (P, C_i, V_{pi}) = \begin{bmatrix} P & c_1 & v_{p1} \\ & c_2 & v_{p2} \\ & \cdots & \cdots \\ & c_n & v_{pn} \end{bmatrix} = \begin{bmatrix} P & c_1 & (a_{p1}, b_{p1}) \\ & c_2 & (a_{p2}, b_{p2}) \\ & \cdots & \cdots \\ & c_n & (a_{pn}, b_{pn}) \end{bmatrix} \quad (8-2)$$

其中，P 为水风险的所有等级，$V_{pi} = (a_{pi}, b_{pi})$ 为 P 关于 C_i 所取的量值范围。

由实测数据组成的物元矩阵为待评物元矩阵，则企业水风险的待评矩阵 R_o 可表示为：

$$R_o = (P_o, C_i, V_i) = \begin{bmatrix} P_o & c_1 & v_1 \\ & c_2 & v_2 \\ & \cdots & \cdots \\ & c_n & v_n \end{bmatrix} \quad (8-3)$$

其中，V_i 为 P_o 关于 C_i 的实测数据。

（2）规格化处理。

在运用物元可拓模型时，需保证各指标的实测值均在节域的范围内，因此需要对指标值和经典域进行规格化处理。

$$R'_j = (P_j, C_i, V_{ij}) = \begin{bmatrix} P_o & c_1 & \left(\dfrac{a_{1j}}{b_{p1}}, \dfrac{b_{1j}}{b_{p1}}\right) \\ & c_2 & \left(\dfrac{a_{2j}}{b_{p2}}, \dfrac{b_{2j}}{b_{p2}}\right) \\ & \cdots & \cdots \\ & c_n & \left(\dfrac{a_{nj}}{b_{pn}}, \dfrac{b_{nj}}{b_{pn}}\right) \end{bmatrix} \quad R'_o = \begin{bmatrix} P_o & c_1 & \dfrac{v_1}{b_{p1}} \\ & c_2 & \dfrac{v_2}{b_{p2}} \\ & \cdots & \cdots \\ & c_n & \dfrac{v_n}{b_{pn}} \end{bmatrix} \quad (8-4)$$

（3）确定权重。

评估指标的赋权是否得当对评估结果的准确性至关重要，在赋权时应尽量避免和减少不可控因素和人为主观判断，因此本书选用层次分析法确定各指标权重。

①建立层次结构模型。

②构造判断矩阵。分别对准则层和指标层间每两个指标的相对重要程度进行判断,即通过咨询企业所属行业专家、财务专家及相关学者,确定两两指标的重要性,由此构建各指标层间的判断矩阵。

③计算权重向量。根据判断矩阵,计算出特征向量值,也就是权重向量。

④一致性检验。首先,计算一致性指标 CI:$CI = (\lambda_{max} - n)/(n-1)$,其中,$\lambda_{max}$ 为矩阵的最大特征根,λ_{max} 越接近 n,矩阵的一致性越好,此时所得权重向量才大概与实际相符。其次,根据相对应的平均随机一致性指标 RI,计算一致性比例 CR:$CR = CI/RI$,当 $CR \leq 0.1$ 时,判断矩阵有效,否则应对判断矩阵加以调整。

(4)计算综合关联系数。

各评估指标与风险等级的关联系数为:

$$D_j(v_i) = \left| v_i - \frac{a_{ij} + b_{ij}}{2} \right| - \frac{1}{2}(b_{ij} - a_{ij}) \qquad (8-5)$$

关联函数为:

$$N = \frac{1}{2} \times \left[\left(1 - \frac{1}{n}\sum_{i=1}^{n} Dw_i \right) + \left(1 - \sum_{i=1}^{n} Dw_i \right) \right] \qquad (8-6)$$

企业水风险评估指标的物元集合对应各等级的综合关联系数为:

$$N_j(p_o) = \frac{1}{2} \times \left[\left(1 - \frac{1}{n}\sum_{i=1}^{n} D_j(v_i)w_i \right) + \left(1 - \sum_{i=1}^{n} D_j(v_i)w_i \right) \right] \qquad (8-7)$$

其中,n 和 w_i 分别为水风险评估指标体系中指标个数和对应的权重。

(5)评定等级。

$N_j(p_o) = \max\{N_j(p_o)\}$,j 的数值就是待评物元所在的等级,1 代表较小,2 代表一般,3 代表较大,4 代表重大。

(6)计算等级变量特征值。

根据等级变量特征值 j^* 和其所属的范围,可判断企业水风险等级偏向程度。

令

$$\overline{N}_j(p_o) = \frac{N_j(p_o) - \min\limits_{j} N_j(p_o)}{\max\limits_{j} N_j(p_o) - \min\limits_{j} N_j(p_o)} \quad (8-8)$$

可得：

$$i^* = \frac{\sum_{j=1}^{m} jN_j(p_o)}{\sum_{j=1}^{m} \overline{N}_j(p_o)} \quad (8-9)$$

8.2.4 企业水风险控制

水风险控制是在识别、评估的基础上对于水风险管理后续工作如何开展的探索。为了预防水风险的发生，企业可选择前馈控制法，对产品进行生态设计。若水风险已经存在，企业可选择过程控制法，对风险进行及时管理。即使最后水风险已降至警戒线以下，企业也需采用反馈控制法持续监控水风险（见表8-3）。

表8-3　　　　　　　　　企业水风险控制措施

管理方法	控制体系或措施	可避免或减少的水风险程度	风险等级
前馈控制	生态设计	大部分水风险	若j<2，说明风险仍在可承受范围内，可进行前馈控制
过程控制、反馈控制	清洁生产 ISO14000环境管理框架	部分水风险	若j≥2，说明风险超出一般水平，需要进行过程控制

8.2.4.1 前馈控制

研究表明，产品绝大部分的环境成本取决于设计阶段，这一占比高达80%。因此在研发设计时借鉴生态设计的先进思想，可以用较小的预防性质的规划设计支出抵扣较大的未来环境支出，从而有效避免大部分水风险。前馈控制具体措施如下所述。

（1）原材料选购环节生态设计。提倡选取无毒无害、非耗竭、可再生、可循环的原料，这有利于提高资源利用效率和降低自然资源消耗，同时还要考虑到产成品在使用后是否可以实现原材料的回收再利用，尽可能降低环境负荷和环境成本。

（2）生产环节生态设计。主要考虑以下两个方面：一是进行产品优化设计，即生产过程中尽量减少用料并降低负产品产量，确保产成品无毒无害、生态环保；二是引进先进生产设备和工艺技术优化生产工艺流程，降低能耗，减少废弃物和污染物生成，同时实现废水净化后再排放和废水处理后循环利用，由此提高资源利用效率。

（3）回收处置环节生态设计。针对不同生产用途的产品，精心规划其回收处理的便捷性与可操作性，力求在源头即融入环保考量。通过在外包装显著位置明确标注产品回收时的具体类别与指南，引导并鼓励消费者积极投身于废旧物品的回收行动之中，从而有效减轻回收处理过程中的工作负担，促进回收工作的高效进行，为构建循环经济与绿色生态贡献力量。

8.2.4.2 过程控制

过程控制的核心宗旨在于减废增效，旨在通过精细化的过程管理，在节能降耗的同时，最大限度地减少生产过程中产生的废弃物。在此基础上，进一步对已排放的废物实施有效的治理措施，确保最终排放的废物质量达到或超越国家既定的环保标准，从而有效规避因水质污染而引发的各类风险，实现环境友好型生产的目标。

（1）控制准备。

控制活动不是单一部门的活动，需要各个部门的配合，综合性很强，为此企业需安排高素质的控制小组制订计划，以确定各部门在各控制阶段的工作内容、预期产出、完成时间、责任人、考核人、监管人等，如表8-4所示。

表8-4　　　　　　　企业水风险管理各部门分工

项目	管理部门	财务部门	生产部门	技术部门	环保部门
计划与安排阶段	确定控制目标	明确控制任务	明确控制任务	明确控制任务	明确控制任务

续表

项目	管理部门	财务部门	生产部门	技术部门	环保部门
识别阶段	根据核算结果分析水资源利用的薄弱点	提供财务数据并汇总数据进行核算	提供物量中心生产数据	无	提供环境数据
评估阶段	选择评估体系,根据评估结果确定控制方向	选取相应评估体系指标	选取相应评估体系指标	选取相应评估体系指标	选取相应评估体系指标
控制阶段	评估各控制方案效果并综合决策选择适当的控制方案	测算控制方案财务数据	协助技术部门提出控制方案	提供控制方案和技术支持	测算控制方案环保数据

(2)控制调查。

水风险控制要以企业实际情况为基础,企业需对自身生产、节能环保以及管理情况进行调查,形成自查清单并存档。除此之外,还要深入车间,通过观察员工操作和现场管理状况发现各工序中存在的风险点,为确定备选控制重点提供依据。综合分析各环节污染产生和能源消耗的原因后,还需对其真实性和合理性作出判断,找出改善水风险的机会。确定控制重点的一般原则是:高污染、高消耗、高收益。

(3)控制分析。

通过对控制重点的工艺资料、原材料及生产资料、废物和能耗资料等基础资料进行搜集,找出生产过程中产污耗能的环节或部位,并进行物料平衡和废物产生因素的分析,提出解决这些问题的办法。例如物料输入包括原材料和辅料,物料输出包括产品、次品、损失,水包括补充用水和总用水量,废水包括回用量和排放量等,对它们的物耗、能耗进行衡算分析,并针对性地提出解决方案。

(4)方案产生与筛选。

方案的数量和质量直接关系到水风险控制的成效,例如归属于原辅材料、能源、工艺技术、设备、生产控制、废弃物等层面的方案,需要关注方案的风险点在哪里产生(where)、为什么产生风险点(why)、如何控制(how)等,这一部分是控制过程的关键步骤,因此要依据分析再结合风险控制矩阵,描述方案简介、方案属性、预期效果等,并发动群众进行头脑风暴或是直接咨询专家,有针对性地征集控制方案或合理化建议,最后需要对所收集的控制方案进行筛选、核定和汇总,确定最终备选方案。

(5) 可行性分析。

对于水风险控制方案,其可行性分析主要从技术、环境和经济三个方面展开。技术可行性分析是指针对各备选控制方案进行市场调研和预测,明确实现各备选控制方案的技术途径,再开展技术评估,即与国内外相比,此方案的先进性、实用性和可操作性。环境可行性分析需综合分析各控制方案的产物能耗、安全性和综合利用等。最后是控制方案的经济可行性分析,即分析此方案的经济效益,此时直接效益和间接效益都要纳入分析范围(见图 8 - 4)。

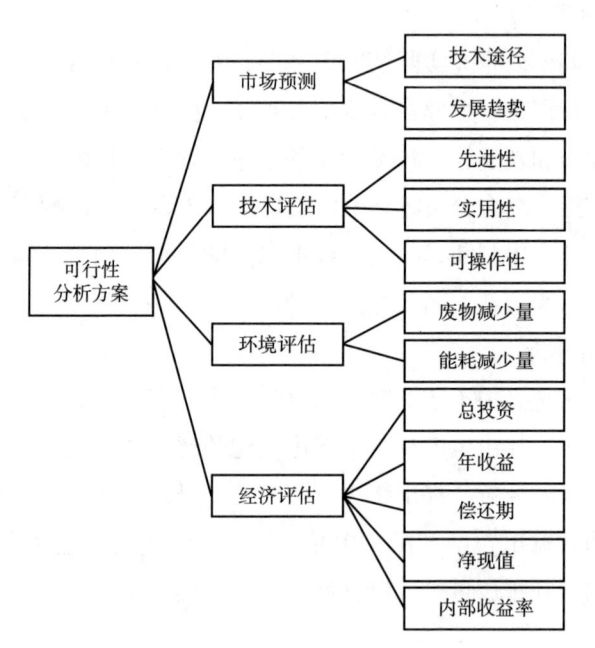

图 8 - 4 控制方案可行性分析结果

(6) 方案实施。

方案实施是一个非常繁杂的过程。因此,在方案实施前,有必要做好总体规划,明确实施要点和进度安排,定期验收并推进下一步计划,确保控制方案的顺利进行。针对方案中已经落实的部分需要及时汇总,做好阶段性总结,吸取方案实施过程中的经验和教训用于后续计划,以确保方案实施效果更加理想。

(7) 验收与考评。

水风险控制活动完成后,管理层要结合控制标准及控制目标进行验收与考评,目的在于明确该改进方案在实际生产过程中是否存在经济效益和环境效益的双重优势,经济效益与环境效益分别可通过式(8-10)和式(8-11)体现。

$$HJ = \frac{ET}{JT} \times 100\% \qquad (8-10)$$

其中,HJ 为该控制方案环保投资与总投资的比例;ET 为环保设施投资(万元);JT 为该控制方案总投资(万元)。

$$HZ = \frac{CT}{CE} \times 100\% \qquad (8-11)$$

其中,HZ 为环境运转费与总产值的比例;CT 为环境运转费(万元/年);CE 为总产值(万元/年)。

8.2.4.3 反馈控制

在考评结果的基础上,仔细分析控制过程中出现的问题以及与计划偏差的原因,明确下一次控制改进的大方向。如果对本次控制结果较为满意,可以在下次控制过程中继续运用该方案或在该基础上进一步改进。

8.2.5 企业水风险管理体系的保障

水风险管理是一个动态和灵活的过程,通过持续的结果反馈和措施调整,可减少水风险的不利影响,因此 COSO 框架的信息沟通与监控机制的建立完善应体现在水风险识别、评估和控制三个环节的全流程管理中。为使水风险控制活动在企业内长期、持续推行下去,结合 COSO 框架控制理论,从内部环境、信息沟通、监控三个方面为水风险管理体系提供保障(见图 8-5)。

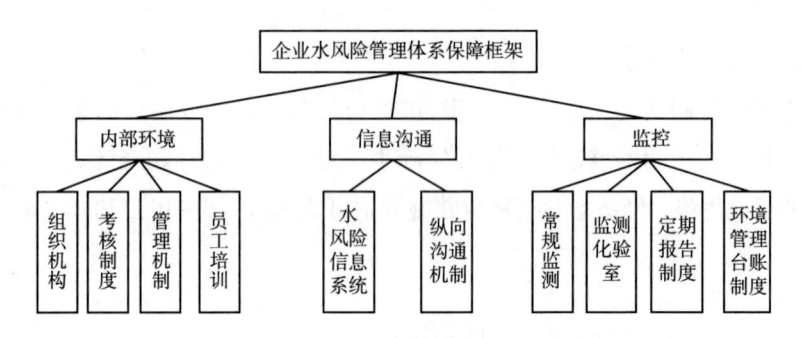

图 8-5　企业水风险管理体系保障框架

8.2.5.1　优化企业内部环境

(1) 设置环保管理机构。

企业应设置环保管理机构，安排一名副总经理统筹规划企业的环保工作，再根据三级分管制度，成立研究/质管科、设备部和生产部，再设置管控科，并由其监督和管理整个企业的环保工作。具体设置参考图 8-6。

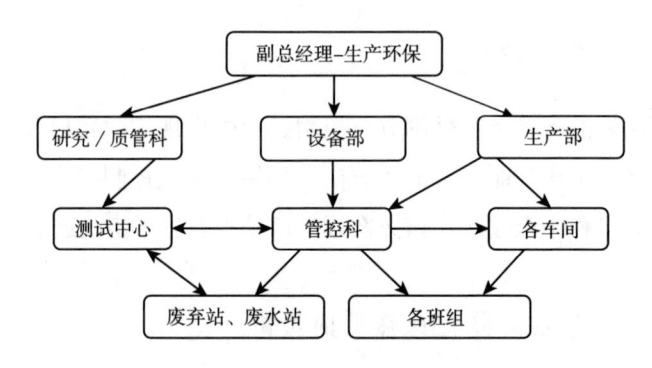

图 8-6　企业环保管理机构设置

各部门实施责任制，需设定第一负责人，全面负责本部门的环保生产工作。同时制定《环境保护管理工作办法》，明确相关管理、督促和考核工作，细化各员工的环保生产流程和具体操作，同时定期与各部门、各员工签订"安全环保目标管理责任书"，保证环保工作的顺利实施。

(2) 完善企业考核制度。

加大对环保文化的宣传，为实现企业的节能降耗建立长期有效机制，全面推进企业水资源管理工作，在确保生产过程安全的前提下，实现节能减排的绿色发展。一方面，建立健全节能减排奖惩管理办法，对实现节能减排、减少外部环境损害行为或技术研究给予奖励，而对于超额资源浪费和废弃物排放采取相应处罚。另一方面，建立与节能减排相关的评价指标体系，如把单位水资源成本率、单位污染物排放量等指标纳入企业各生产环节的考核体系，激发员工工作积极性。此外，在企业内部推行班组考核机制，将水风险考核指标以班组为单位进行分解和考核，进而引导企业进入标准模式的运行状态，并针对班组的节能减排进行考核，制定相关的实施细则，使企业节能减排的工作在实操中有据可依。

（3）完善生产管理机制。

实践证明，企业完善的管理制度，可以有效降低资源、能源的消耗量，进而降低15%左右的投入成本。根据其他企业的先进管理经验，建议耗气、耗水大户企业内部实施如下管理。

①建立严格的管理制度，加强生产现场管理，将岗位责任制落到实处。

②完善更新检测机制，按照相关规定定期检查管道、机泵和阀门等可能出现跑漏的部位，在减少物料消耗控制成本的同时，保证企业的安全生产。

③完善用料计量机制，为控制物料的合理损耗，减少因生产过程中化学药剂过量投入造成的水污染，对企业新更换的设备要及时加装物料计量设备，安排专业的生产人员对单位产品的物料消耗进行核算，结合生产车间计量数据，定期核查，并将核查结果与员工绩效挂钩。

④建立蒸汽使用机制，为了节约能源降低水资源的消耗，对水蒸气进行合理利用以保证蒸汽的合理投放，防止过量。

⑤建立原材料投配机制，对于新购入的原材料或生产的新产品要事先在实验室内由生产专员调配出合理的染料、助剂比例，防止生产过程中原材料的浪费，同时避免后续水洗环节的水资源耗用。

⑥完善铺料容器桶管理机制。铺料容器桶在存放过程中易产生污染、爆炸等问题，因此要严格遵守管理守则，注意避免在配比时出现散落、混杂堆放等问题，用完后的空置容器由供应商统一安排回收，禁止放置其他物品或随意丢弃。

(4) 加强员工素质建设。

通过各种形式加强环保宣传教育和风险管理培训,提高员工的环境保护意识和风险管控意识,结合奖惩制度的实施,促使员工认真执行岗位操作规程,最大限度地降低水风险水平,打造一支专业能力雄厚、实务操作娴熟的操作人员团队。同时应结合企业的行业特点,定期开展水风险知识、水风险控制程序、资源能源节约、清洁生产、生态环境保护等教育培训,并记录相关内容,比如时间、地点、培训机构、培训教师、召集人、参加人、效果评价等。

8.2.5.2 完善企业信息沟通机制

(1) 建立统一的水风险信息系统。

企业主要设备应配置在线检测与控制系统,并在每个生产车间进行信息展示,实时反映生产过程中的资源消耗和污染物排放情况,保证信息实时有效的传递,同时企业的环保管理机构需要定期对监测数据进行分析处理,出具信息报告,给出风险点提示及下一步的改进建议。更重要的是通过会议、企业刊物、定期汇报等方式,保障企业内部的水风险信息能够得到及时、有效的传递。

(2) 建立管理者和员工的纵向沟通机制。

除了要保障企业的管理层及时了解当下最新的环保制度、清洁生产要求,也需要通过研讨会、有奖问答、绩效考评等形式,让一线员工明确自己对企业水风险管理的职责。此外,通过一线员工与管理层的交流研讨,不仅能使水风险控制目标及绩效考核要求制定更符合实际生产情况,还开辟了员工反馈水信息的渠道。

8.2.5.3 加强企业监控活动

(1) 加强生产营运常规监测。

常规监测主要是对生产过程中污染源的监测,为规范废水监测,废水排放应设置标准化的排放口,排放废水的环境保护图形标志应设在排放设施附近的地面醒目处。企业应定期对各排污点进行全面监测,为环保管理部门决策提供依据。企业监测不仅要关注自身内部环境，也要注重外部环境变化，及时应对内外部突发事故。企业内部环境监测可由企业自行负责，将内部环境监测设为日常监测内容，可以在废水出水口安装水质在线监测仪和刷卡排污自动控制系统，与省、市、县环保局联网，安排班次轮班监测。企业外部环境则可委托有资质的环保机构提供监测报告，监测内容有企业污水排放是否达标，企业周围环境的风险因子是否超标等。监测的采样分析既可以由公司自己进行，也可以委托当地的环境监测站完成。

(2) 建设配套监测化验室。

为便于监测工作的开展，企业应该建立小型实验室，配备专业仪器设备及监测人员，监测人员需要持有上岗证书。在岗期间，做好数据的分析归档工作，保证企业管理层可以随调随用，同时还需制定人员责任制度，以及实验室仪器、设备、试剂的安全使用手册和数据管理制度，确保企业常规监测活动的顺利进行。

(3) 建立定期报告制度。

定期向社会公众报告企业的生产及排污情况，在厂区入口的显著位置设置电子显示屏，实时公布企业主要污染物排放的监测信息，对污染纠纷和环保处罚的处理结果定期公示，保证公众对企业监督渠道的畅通。

8.3 案例应用——以 H 纺织企业为例

8.3.1 H 纺织企业简介

H 纺织企业位于绍兴袍江经济技术开发区内，创建于 2001 年，是一家生产各类高仿真化纤面料、高档织物面料、服装和家纺用品及印染后整理加工的企业。现有员工 1 000 余人，总投资人民币 7.5 亿元。目前企业建有 1 套处理规模为 5 000 吨/天的污水预处理设施和 1 套处理规模为 2 000 吨/天（回用量）的中水处理设施，污水经厂区预处理后，经工业区污水管网接入绍兴污水处理厂。由于管理和制度安排上的欠缺，H 纺织企业并未开展过真正意义上的水风险评估与管控活动。H 纺织企业作为一家典型的纺织生产企业，具备发展绿色循环经济的良好客观条件，但是其在生产流程和最终对外排出废弃物等环节都会造成一定的水资源损失和外部环境损害（见图8-7），且未能分析出高耗水和高排污环节，绿色循环经济发展相对缓慢，与国际标准还有很大差距。在资源约束和生态环境恶化的现实背景下，H 纺织企业面临的水风险将会越来越高，水风险管理刻不容缓。本案例将利用前文的成果对 H 纺织企业面临的水风险进行全面分析与评价，并给出相应的管理建议。

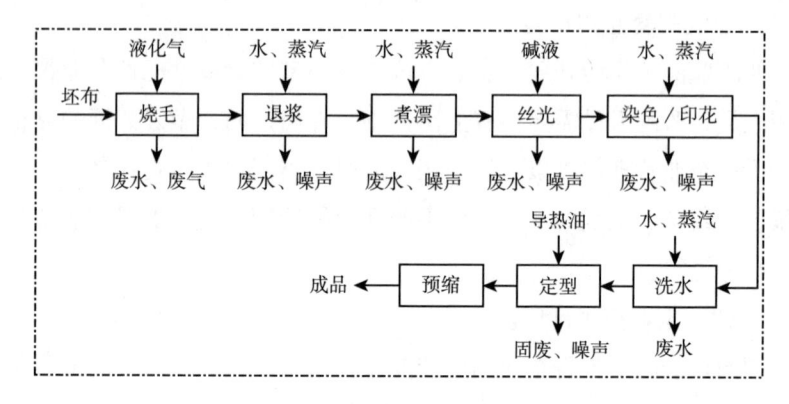

图8-7 H 纺织企业一般工艺流程

8.3.2 企业水风险管理体系应用

8.3.2.1 水风险识别

对 H 纺织企业现阶段面临的水风险进行识别，制作风险识别清单（见表8-5）。

表8-5　　　　　H 纺织企业水风险识别清单

风险归属	风险类别	风险是否存在	风险产生原因
产品设计	水法规风险		
	水交易制度风险	√	企业现阶段超标排放时有发生，根据《绍兴市区排污权有偿使用和交易试点工作实施办法》，初始排污权指标可以有偿使用，而由于生产波动增加的排污权指标，需进行临时申购

续表

风险归属	风险类别	风险是否存在	风险产生原因
材料采购	水资源供给风险	×	
	价格波动风险	×	
产品生产	节水技术风险	×	
	水投资风险	√	袍江新区区委和区政府联合发布《关于印发开展印染产业整治提升"亮剑"行动的实施方案的通知》，H纺织企业属于"规范提升一批"，需要加大技术改造力度，提升企业印染设备工艺水平，降低废水排放量
产品使用及废弃处理	市场接受风险	√	目前，国外对纺织产品的质量要求越来越高，作为快速消费品行业供应链的一环，H纺织企业有大量出口产品，为迎合国外客户，企业需要适时调整产品结构，增加产品附加值
	水税计征风险	×	根据《扩大水资源税改革试点实施办法》，企业暂不在本次水资源税改革试点范围内，但在未来可能面临此风险
	水排放负债风险	√	2018年H纺织企业因多次超过相关的排放标准被绍兴市环境保护局处以排污费数额2倍以上5倍以下的罚款，罚款金额共计242 500元

8.3.2.2 水风险评估

（1）数据来源。

经济类数据主要由企业财务部门提供，资源耗用数据主要由生产管理部门根据车间日报和月报等记录统计得出，环境类数据则通过企业环保处理部门及政府环境部门监测数据得到。

此外，本书将H纺织企业分为前处理、染色印花、后处理三个物量中心，就H纺织企业的资源成本消耗以及废弃物排放产生的外部损害进行计算，得到三个物量中心的内外部损害价值，确定了企业在正制品和负制品中的资源成本的金额，具体如表8-6所示。最后，根据前文对指标体系的构建和指标内涵、计算公式的介绍，计算出指标值，结果如表8-7所示。

表 8-6　　　　　　　H 纺织企业水资源内外部成本二维核算

物量中心	项目	内部水资源损失成本		外部环境损害成本	
		价值流转成本（元）	占比（%）	价值流转成本（元）	占比（%）
前处理	正制品	2 824 562	77.90	402 973	32.91
	负制品	801 319	22.10		
	合计	3 625 881	100		
染色印花	正制品	3 818 414	57.07	705 993	57.66
	负制品	2 872 341	42.93		
	合计	6 690 755	100		
后整理	正制品	2 622 923	68.69	115 359	9.43
	负制品	1 195 570	31.31		
	合计	3 818 493	100		

表 8-7　　　　　　　H 纺织企业水风险评估指标的计算值

一级指标	二级指标	三级指标	计算值
企业水风险评估指标体系 A	产品设计 B_1	环保宣传与教育 C_1	4
		绿色研发投入占比 C_2	0.075
		环保研发人员占比 C_3	0.09
	材料采购 B_2	绿色低水投资率 C_4	0.21
		环保投资率 C_5	0.15
		生产工艺与设备 C_6	3
	产品生产 B_3	单位产品氨氮排放量 C_7	31
		单位产品废水排放量 C_8	0.32
		单位产品 COD 排放量 C_9	216
		单位产品外部损害价值 C_{10}	0.0915
		水资源成本率 C_{11}	0.0222
		单位产品新水水耗 C_{12}	0.3247
		单位产品循环水水耗 C_{13}	0.243
		水资源成本损失率 C_{14}	0.65
		水资源重复利用率 C_{15}	0.51
	产品使用及废弃物处理 B_4	废水处理成本率 C_{16}	0.134
		工艺废水回用率 C_{17}	0.5
		违反排放标准被处罚次数 C_{18}	1
		内部资源价值与外部环境损害之比 C_{19}	2.14

(2) 待评物元及规格化处理。

①建立经典域 R_j、节域 R_p 和待评物元 R_0。

$$R_j = \begin{bmatrix}
 & P_1 & P_2 & P_3 & P_4 \\
c_1 & (4, 5) & (3, 4) & (2, 3) & (0, 2) \\
c_2 & (0.7, 1) & (0.5, 0.7) & (0.2, 0.5) & (0, 0.2) \\
c_3 & (0.7, 1) & (0.5, 0.7) & (0.2, 0.5) & (0, 0.2) \\
c_4 & (0.7, 1) & (0.5, 0.7) & (0.2, 0.5) & (0, 0.2) \\
c_5 & (0.7, 1) & (0.5, 0.7) & (0.2, 0.5) & (0, 0.2) \\
c_6 & (4, 5) & (3, 4) & (2, 3) & (0, 2) \\
c_7 & (0, 10) & (10, 20) & (20, 30) & (30, 40) \\
c_8 & (0, 0.5) & (0.5, 1) & (1, 1.5) & (1.5, 2) \\
c_9 & (0, 80) & (80, 200) & (200, 300) & (300, 500) \\
c_{10} & (0, 0.1) & (0.1, 0.3) & (0.3, 0.6) & (0.6, 1) \\
c_{11} & (0, 0.02) & (0.02, 0.05) & (0.05, 0.07) & (0.07, 1) \\
c_{12} & (0, 1) & (1, 2) & (2, 3) & (3, 4) \\
c_{13} & (0.3, 0.4) & (0.2, 0.3) & (0.1, 0.2) & (0, 0.1) \\
c_{14} & (0, 0.2) & (0.2, 0.5) & (0.5, 0.7) & (0.7, 1) \\
c_{15} & (0.7, 1) & (0.5, 0.7) & (0.2, 0.5) & (0, 0.2) \\
c_{16} & (0, 0.2) & (0.2, 0.5) & (0.5, 0.7) & (0.7, 1) \\
c_{17} & (0.7, 1) & (0.5, 0.7) & (0.2, 0.5) & (0, 0.2) \\
c_{18} & (3, 4) & (2, 3) & (1, 2) & (0, 1) \\
c_{19} & (4, 5) & (3, 4) & (2, 3) & (0, 2)
\end{bmatrix}$$

$$R_p = \begin{bmatrix} p_1 & c_1 & (0, 5) \\ & c_2 & (0, 1) \\ & c_3 & (0, 1) \\ & c_4 & (0, 1) \\ & c_5 & (0, 1) \\ & c_6 & (0, 5) \\ & c_7 & (0, 40) \\ & c_8 & (0, 2) \\ & c_9 & (0, 500) \\ & c_{10} & (0, 1) \\ & c_{11} & (0, 0.1) \\ & c_{12} & (0, 4) \\ & c_{13} & (0, 0.4) \\ & c_{14} & (0, 1) \\ & c_{15} & (0, 1) \\ & c_{16} & (0, 1) \\ & c_{17} & (0, 1) \\ & c_{18} & (0, 1) \\ & c_{19} & (0, 1) \end{bmatrix} \quad R_0 = \begin{bmatrix} p_1 & c_1 & 4 \\ & c_2 & 0.075 \\ & c_3 & 0.09 \\ & c_4 & 0.088 \\ & c_5 & 0.15 \\ & c_6 & 3 \\ & c_7 & 31 \\ & c_8 & 0.32 \\ & c_9 & 216 \\ & c_{10} & 0.0915 \\ & c_{11} & 0.0222 \\ & c_{12} & 0.3247 \\ & c_{13} & 0.243 \\ & c_{14} & 0.65 \\ & c_{15} & 0.51 \\ & c_{16} & 0.134 \\ & c_{17} & 0.5 \\ & c_{18} & 1 \\ & c_{19} & 2.14 \end{bmatrix}$$

②对 R_j 和 R_0 进行规格化处理，得到 R'_j 和 R'_o。

$$R'_j = \begin{bmatrix} & P_1 & P_2 & P_3 & P_4 \\ c_1 & (0.8, 1) & (0.6, 0.8) & (0.4, 0.6) & (0, 0.4) \\ c_2 & (0.7, 1) & (0.5, 0.7) & (0.2, 0.5) & (0, 0.2) \\ c_3 & (0.7, 1) & (0.5, 0.7) & (0.2, 0.5) & (0, 0.2) \\ c_4 & (0.7, 1) & (0.5, 0.7) & (0.2, 0.5) & (0, 0.2) \\ c_5 & (0.7, 1) & (0.5, 0.7) & (0.2, 0.5) & (0, 0.2) \\ c_6 & (0.8, 1) & (0.6, 0.8) & (0.4, 0.6) & (0, 0.4) \\ c_7 & (0, 0.25) & (0.25, 0.5) & (0.5, 0.75) & (0.75, 1) \\ c_8 & (0, 0.25) & (0.25, 0.5) & (0.5, 0.75) & (0.75, 1) \\ c_9 & (0, 0.16) & (0.16, 0.4) & (0.4, 0.6) & (0.6, 1) \\ c_{10} & (0, 0.1) & (0.1, 0.3) & (0.3, 0.6) & (0.6, 1) \\ c_{11} & (0, 0.2) & (0.2, 0.5) & (0.5, 0.7) & (0.7, 1) \\ c_{12} & (0, 0.25) & (0.25, 0.5) & (0.5, 0.75) & (0.75, 1) \\ c_{13} & (0.75, 1) & (0.5, 0.75) & (0.25, 0.5) & (0, 0.25) \\ c_{14} & (0, 0.2) & (0.2, 0.5) & (0.5, 0.7) & (0.7, 1) \\ c_{15} & (0.7, 1) & (0.5, 0.7) & (0.2, 0.5) & (0, 0.2) \\ c_{16} & (0, 0.2) & (0.2, 0.5) & (0.5, 0.7) & (0.7, 1) \\ c_{17} & (0.7, 1) & (0.5, 0.7) & (0.2, 0.5) & (0, 0.2) \\ c_{18} & (0.75, 1) & (0.5, 0.75) & (0.25, 0.5) & (0, 0.25) \\ c_{19} & (0.8, 1) & (0.6, 0.8) & (0.4, 0.6) & (0, 0.4) \end{bmatrix}$$

$$R'_0 = \begin{bmatrix} P_1 & c_1 & 0.8 \\ & c_2 & 0.075 \\ & c_3 & 0.09 \\ & c_4 & 0.088 \\ & c_5 & 0.15 \\ & c_6 & 0.6 \\ & c_7 & 0.775 \\ & c_8 & 0.16 \\ & c_9 & 0.432 \\ & c_{10} & 0.0915 \\ & c_{11} & 0.0222 \\ & c_{12} & 0.081175 \\ & c_{13} & 0.6075 \\ & c_{14} & 0.65 \\ & c_{15} & 0.51 \\ & c_{16} & 0.134 \\ & c_{17} & 0.5 \\ & c_{18} & 0.25 \\ & c_{19} & 0.428 \end{bmatrix}$$

（3）确定指标权重系数。

H 纺织企业水风险评估指标体系中各指标相对于上层指标的权重如表 8-8 所示。

表8-8　　　　　　　　　各指标相对于上层指标权重

目标层	准则层	权重	指标层	权重
企业水风险评估指标体系A	产品设计 B_1	0.1839	环保宣传与教育 C_1	0.030049
			绿色研发投入占比 C_2	0.099232
			环保研发人员占比 C_3	0.054618
	材料采购 B_2	0.0975	绿色低水投资率 C_4	0.023254
			环保投资率 C_5	0.013309
			生产工艺与设备 C_6	0.060938
	产品生产 B_3	0.4642	单位产品氨氮排放量 C_7	0.039364
			单位产品废水排放量 C_8	0.059696
			单位产品COD排放量 C_9	0.045027
			单位产品外部损害价值 C_{10}	0.023581
			水资源成本率 C_{11}	0.022235
			单位产品新水水耗 C_{12}	0.066938
			单位产品循环水水耗 C_{13}	0.094743
			水资源成本损失率 C_{14}	0.01815
			水资源重复利用率 C_{15}	0.094465
	产品使用及废弃物处理 B_4	0.2544	废水处理成本率 C_{16}	0.036328
			工艺废水回用率 C_{17}	0.022235
			违反排放标准被处罚次数 C_{18}	0.097919
			内部资源价值与外部环境损害之比 C_{19}	0.097919

（4）计算待评物元与规格化经典域距离。

根据式（8-5）计算待评物元与规格化经典域的距离，如表8-9所示。

表8-9　　　　　　　待评物元与规格化经典域的距离

指标	较小（D_1）	一般（D_2）	较大（D_3）	重大（D_4）
C_1	0	0	0.2	0.4
C_2	0.625	0.425	0.125	-0.075
C_3	0.61	0.41	0.11	-0.09
C_4	0.612	0.412	0.112	-0.088
C_5	0.55	0.35	0.05	-0.05
C_6	0.2	0	0	0.2

续表

指标	较小（D_1）	一般（D_2）	较大（D_3）	重大（D_4）
C_7	0.525	0.275	0.025	-0.025
C_8	-0.09	0.09	0.34	0.59
C_9	0.272	0.032	-0.032	0.168
C_{10}	-0.0085	0.0085	0.2085	0.5085
C_{11}	0.022	-0.022	0.278	0.478
C_{12}	-0.08118	0.168825	0.418825	0.668825
C_{13}	0.1425	-0.1075	0.1075	0.3575
C_{14}	0.45	0.15	-0.05	0.05
C_{15}	0.19	-0.01	0.01	0.31
C_{16}	-0.066	0.066	0.366	0.566
C_{17}	0.2	0	0	0.3
C_{18}	0.5	0.25	0	0
C_{19}	0.372	0.172	-0.028	0.028

（5）计算改进综合关联系数。

根据式（8-7）计算待评物元 R_0 与各等级的改进综合关联系数，如表 8-10 所示。

表 8-10　　　　　　　　综合关联系数

综合关联系数	$N_1(P_0)$	$N_2(P_0)$	$N_3(P_0)$	$N_4(P_0)$
数值	0.853409	0.924858	0.943452	0.888230

（6）评定水风险等级。

$N_3(p_0) = \max\{N_j(p_0)\}$，j 为 3，可知待评物元 R_0 处于"较大"等级。

8.3.2.3　水风险控制

企业现阶段的水风险等级为"较大"，需要及时对企业的水风险进行控制，以规避政策调整给企业带来的罚款及关停风险。在对企业现状进行合理分析和评估后，结合水风险控制设计，选择对企业进行水风险的过程控制，即在产品生产环节，设计并开展节能减排工作，降低新水投入，减少水质污染、节约生产成本。其具体流程如下所述。

(1) 控制调查。

H 纺织企业年产棉麻布染色 4 800 万米（7 600 吨），棉麻布印花 6 300 万米（12 600 吨），窗帘布涂料印花 2 550 万米（7 650 吨）。各类产品产量折算成标准品产量如表 8-11 所示。

表 8-11　　　　　　　　H 纺织企业各类产品产量

序号	类别	产量（万米/年）	产品规格（mm）	产品克重（g/m）
1	棉麻布染色	4 800	1 500	平均 200
2	棉麻布印花（染料印花）	6 300	1 500	平均 200
3	涤棉印花窗帘布（涂料印花）	2 150	2 800	平均 300
4	全涤印花窗帘布（涂料印花）	400	2 800	平均 300
5	总计	9 400	/	/

H 纺织企业的废水主要有：印染工艺废水、车间地面及设备冲洗废水、定型机废气及污水站废气喷淋废水、生活污水、制网冲洗废水等，产污环节及污染因子如表 8-12 所示。

表 8-12　　　　　　　　　产污环节及污染因子

生产工序	产污环节	主要污染因子
前处理	水洗、烧毛、退煮、漂、砂洗	pH、COD、SS 等、烧毛废气
染色	染色	pH、COD、氨氮、SS、色度等、醋酸废气
	染色后水洗	pH、COD、氨氮、SS、色度等
印花	印花	废网、pH、COD、氨氮、SS、色度等
	印花后水洗	pH、COD、氨氮、SS、色度等
后整理	烘干、定型	pH、COD
配套	中水回用	pH、COD、SS 等
	地面冲洗	pH、COD、SS 等
	员工生活	pH、COD、氨氮等

H 纺织企业废水能耗如表 8-13 所示。

表8-13 废水污染源

序号	废水类型	废水量 吨/天	废水量 吨/年
1	染色废水	1 424	427 288.5
2	印花废水	4 430	1 329 000
3	车间地面冲洗废水	10	3 000
4	定型废气喷淋废水	16	4 800
5	制网废水	10	3 000
6	生活污水	79	23 810.63
7	废水产生量合计	5 970	1 790 899
8	中水回用量	2 375	712 500
9	废水排放量	3 595	1 078 399
10	中水回用率（%）	34.00	

中水主要回用于相对要求不高的工序，如前处理工序、印花和染色后前道水洗回用、印花和染色后前道水洗，印花机导带和网框清洗、设备及车间地面冲洗、定型废气、污水站臭气洗涤补充用水等。

企业污染源核算如表8-14所示。

表8-14 企业污染源核算

内容类型	排放源	污染物名称		发生量	排放量
水污染物	综合废水	水量	吨/天	5 970	3 595
			万吨/年	179.09	107.84
		COD	毫克/升	3 000	500
			吨/年	5 372.7	539.2
		氨氮	毫克/升	35	20
			吨/年	62.68	21.57

（2）控制分析。

在H纺织企业生产过程中，染色印花工序作为能源消耗、染化助剂消耗以及废水产生量最大的生产工序，是水风险控制活动的重点，为此本书选取一个生产批次（生产数量800.60千克）进行物料平衡分析。

①物料平衡分析。

a. 染料平衡分析。

在进行染料平衡计算时，染料的输出主要是织物上染和水中残余。织物上染量按上染率计算得到，水中残余量通过测定废水中的浓度和量取每次废水量计算得到，详细数据如图8-8所示。由图8-8可知，本次物料平衡染料的上染率为83.50%，属于高上染率染料。

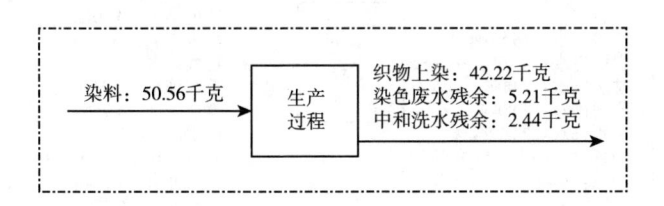

图8-8　染料平衡分析

b. 助剂平衡分析。

在印染生产过程中，需要投加大量助剂，包括各种助染剂、表面活性剂、双氧水、元明粉等，助剂的投加提高了生产效率与质量，也为后续的废水处理带来极大的压力。为了便于统计，在进行助剂平衡分析时，将各种表面活性剂、碱剂、食盐等统一归为助剂，本次助剂平衡分析如图8-9所示。从图8-9来看，生产过程所投加的助剂几乎都残留在废水中。

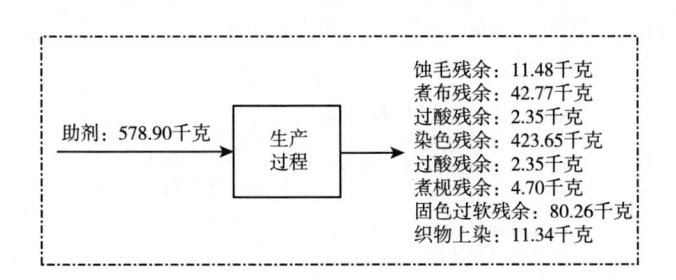

图8-9　助剂平衡分析

②水平衡分析。

根据企业生产环节的用水排水统计数据，制成水平衡分析示意图（见图8-10）。

（3）方案制定。

结合控制调查和控制分析找出企业控制点所在位置（见表8-15），制定相应的控制方案（见表8-16）。

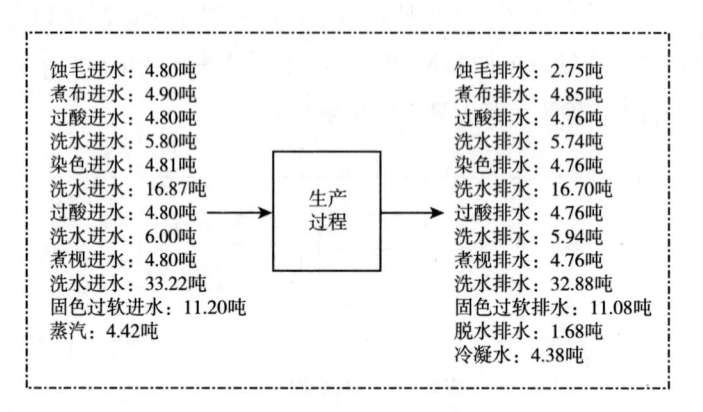

```
蚀毛进水：4.80吨              蚀毛排水：2.75吨
煮布进水：4.90吨              煮布排水：4.85吨
过酸进水：4.80吨              过酸排水：4.76吨
洗水进水：5.80吨              洗水排水：5.74吨
染色进水：4.81吨    ┌────┐   染色排水：4.76吨
洗水进水：16.87吨   │生产│   洗水排水：16.70吨
过酸进水：4.80吨  →│过程│→  过酸排水：4.76吨
洗水进水：6.00吨    └────┘   洗水排水：5.94吨
煮枧进水：4.80吨              煮枧排水：4.76吨
洗水进水：33.22吨             洗水排水：32.88吨
固色过软进水：11.20吨         固色过软排水：11.08吨
蒸汽：4.42吨                  脱水排水：1.68吨
                              冷凝水：4.38吨
```

图 8-10　水平衡分析

表 8-15　H 纺织企业水风险控制方案产生思路

方案归属	方案名称	控制点在哪里产生（Where）	为什么产生控制点（Why）	如何控制（How）
工艺技术	引进数码印花技术	车间染色印花生产出现浆料降解困难，通过多次清洗可暂时解决此困难，然而清洗后容易出现浆斑质量问题，造成大批量半制品回修耗用水过大	部分棉织物生产线仍采用传统的碱退浆工艺，碱退浆的退浆率为 50%~70%	引进数码印花技术，消除印花机清洗产生的染色废水，实现印花过程无污染
设备	更换部分染色机	染色车间内有大量蒸汽的浓重雾气，染色机跑汽严重，蒸汽浪费问题严重，同时染色环节水资源投入量较大，造成水资源浪费，设备达产率仅为审批产能的 68.9%	部分设备出厂日期为 2002 年，设备未能及时进行更新换代，水浴比较大，高于行业标准	淘汰部分落后生产设备，选择水浴比较低的设备
生产控制	稀污水回收利用	各车间所有废弃水直接排入污水处理车间，中水回用率较低	企业未对产生的浓污水与稀污水进行分类回收利用，造成水资源的浪费	设置小型废水收集箱，收集稀污水进行再利用，节约水资源
废弃物	废水达标排放	圆网制网废水车间内未经处理直接排放至污水处理站，多次出现总氮、苯胺类、硫化物未达标排放，被处以罚款，增加了企业的运营成本	圆网制网废水车间内未经处理直接排放至污水处理站	增加制网含铬废水处理设备，对污水进行处理后排放

表8-16　　　　　　　　H 纺织企业水风险控制方案

方案归属	方案名称	方案简介	方案属性	预期效果
工艺技术	引进数码印花技术	采用高档数码技术或工艺，购置数码印花机及相关配套设备共计50台（套）。在不改变原有总产能的情况下，将1 000万米/年的棉麻布染色替换为1 000万米/年的数码印花	中/高费	降耗节水减排
设备	更换部分染色机	分批淘汰设备，对设备进行更新换代，淘汰原有企业落后的染色机等设备21台	中/高费	降耗节水减排
生产控制	稀污水回收利用	根据"浓稀分流、雨污分流、分类收集、分质处理"的原则。在染色车间各染色设备上方设置小型废水收集箱，收集稀污水，对于浓度较低的废水套用于相对要求不高的工序，减少废水处理成本。完善厂区排水收集和处理系统，提高水重复利用率	无/低费	节水减排
废弃物	废水达标排放	新增2吨/天的制网含铬废水处理设备一套，采用混凝沉淀+机械过滤处理工艺	无/低费	减排

（4）可行性分析。

①新投入的数码印花技术将直接推动企业的绿色转型。不同于传统印花技术需要调浆并借助印花网版印花，数码印花借助计算机中的印花处理软件系统形成最终图案，再由系统自带专用打印软件控制打印机，将印花染料直接喷印到布料上，整个过程并无废水产生。由此看来数码印花不仅未新增新的排污量，还可以调整产品结构，进而提升企业竞争力。新投入的数码印花技术染色工艺及产污环节如图8-11所示。

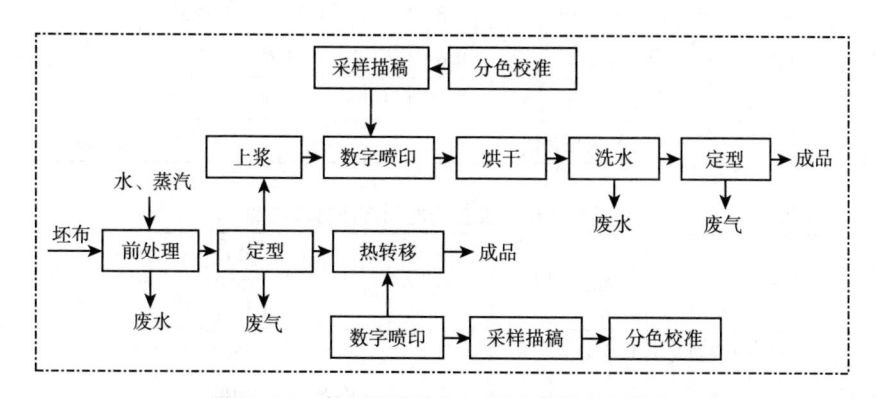

图8-11　数码印花染色工艺流程及产污节点

②染色机替换后，H 纺织企业的染色机生产能力为 4 173.6 万米/年，可以满足 3 800 万米/年的染色需求，设备运转率为 91.05％（见表 8-17）。染料印花生产能力为 7 920 万米/年，可以满足 6 300 万米/年的印花需求，设备运转率为 79.55％；涂料印花生产能力为 2 664 万米/年，可以满足 2 550 万米/年的涂料印花需求，设备运转率为 95.72％；数码印花生产能力为 1 065.6 万米/年，可以满足 1 000 万米/年的涂料印花需求，设备运转率为 93.84％；印花设备产能共计 11 649.6 万米/年，可以满足 9 850 万米/年的印花需求，设备运转率为 84.55％（见表 8-18）。根据以上分析，方案实施后设备产能与生产规模基本匹配。

表 8-17　　　　　　　控制方案染色设备产能和产品方案核算

设备名称		规格	数量	生产批次	日工作时间（缸量系数）	日产量（吨/年）	日产量（万米/天）	年最大生产能力（万米）	产品方案（万米）	运转率（％）
染色设备	联合染色机轧染	25 米/分	2	/	20h	/	6	1 800	/	/
	绳状染色机	40 千克/缸	1	2	0.8	0.064	0.032	9.6	/	/
	常温常压染色机	500 千克/缸	1		0.8	0.8	0.4	120	/	/
		100 千克/缸	2	2	0.8	0.32	0.16	48	/	/
		200 千克/缸	5		0.8	1.6	0.8	240	/	/
	高温高压溢流染色机	50 千克/缸	1		0.8	0.08	0.04	12	/	/
		250 千克/缸	2		0.8	0.8	0.4	120	/	/
		500 千克/缸	10		0.8	8	4	1 200	/	/
	气流缸	1 000 千克/缸	2	2	0.8	3.2	1.6	480	/	/
	卷染机	600 千克/卷	1	2	0.8	0.96	0.48	144	/	/
染色合计								4 173.6	3 800	91.05

表 8-18　　　　　　　控制方案印花设备产能和产品方案核算

设备名称		规格	数量	日工作时间（时）	日产量（万米/天）	年最大生产能力（万米）	产品方案（万米）	运转率（％）
印花设备	平网印花机	10 米/分	8	20	9.6	2 880	6 300	79.55
	圆网印花机	20 米/分	7	20	16.8	5 040		

续表

设备名称		规格	数量	日工作时间（时）	日产量（万米/天）	年最大生产能力（万米）	产品方案（万米）	运转率（％）
印花设备	平网印花机	4米/分	5	20	2.4	720	2 550	95.72
	圆网印花机	9米/分	6	20	6.48	1 944		
	数码印花机	180米/时	3	24	1.296	388.8	1 000	93.84
	A低速数码喷墨打印机	40米/时	11	24	1.056	316.8		
	B低速数码喷墨打印机	50米/时	10	24	1.2	360		
印花合计						11 649.6	9 850	84.55

控制方案实施后，企业年产棉麻布染色 3 800 万米（7 600 吨）、棉麻布印花 6 300 万米（12 600 吨）、窗帘布涂料印花 2 550 万米（7 650 吨）、数码喷墨印花布 1 000 万米（2 000 吨）。各类产品产量如表 8-19 所示。

表 8-19　　　H 纺织企业改进前后各类产品产量

序号	类别	改进前产量（万米/年）	改进后产量（万米/年）	产品规格（毫米）	产品克重（克/米）
1	棉麻布染色	4 800	3 800	1 500	平均200
2	棉麻布印花（染料印花）	6 300	6 300	1 500	平均200
3	涤棉印花窗帘布（涂料印花）	2 150	2 150	2 800	平均300
4	全涤印花窗帘布（涂料印花）	400	400	2 800	平均300
5	数码印花	0	1 000	1 500	平均200
6	总计	13 650	13 650	/	/

③控制方案实施后预计企业浓稀污水分配情况如表 8-20 所示。

表 8-20　　　　　浓稀污水情况　　　　　单位：吨/天

生产线名称		浓废水水量	稀废水水量	水量和
棉麻布染色	前处理	372.7	0	372.7
	染色	237.2	0	237.2
	水洗	186.4	93.2	279.6
	连续清洗水	0	122.4	122.4

续表

生产线名称		浓废水水量	稀废水水量	水量和
窗帘布印花	印花	400	0	400
棉麻布、数码印花	前处理	1 895	0	1 895
	棉麻布印花	1 400	0	1 400
	清洗水	400	400	800
小计		4 891	616	5 507

稀污水产生量为616吨/天，可回用于相对要求不高的工序，如前处理工序、印花和染色后前道水洗回用、印花机导带和网框清洗、设备及车间地面冲洗、定型废气、污水站臭气洗涤补充用水等，以减少废水处理成本。预估稀污水回用分析如图8-12所示。

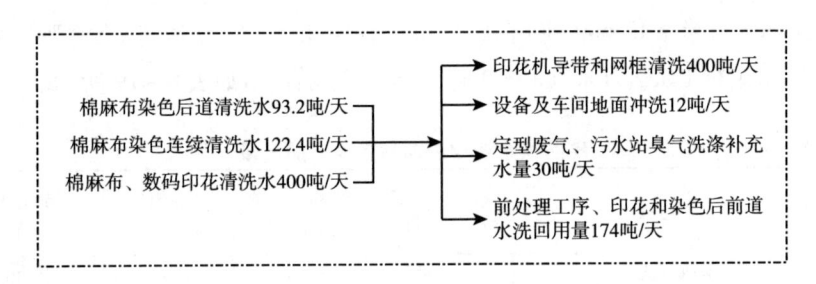

图8-12 H纺织企业稀污水回用分析

④制网含铬废水车间内新增处理设备排放处理预估效果如表8-21所示。

表8-21　　　　制网含铬废水处理进出水水质对比

进水水质主要指标		出水水质主要指标	
项目	指标	项目	指标
镍	0.06毫克/升	pH	6~9
总铬	5.67毫克/升	六价铬	≤0.5毫克/升
铅	<0.2毫克/升	总铬	≤1.5毫克/升
颜色/色度	淡黄		
悬浮物	浑浊		

由于环保技术和设备投入周期长，需要在较长时间内才能完全发挥预期

的效果,因此,在投产初期,企业的资源消耗和废弃物排放状况改善程度较弱。随着时间的推移和设备的全面投产,其环保效果逐渐显现。

(5)控制方案实施验收与考评。

由可行性分析可知,所制定控制方案可行,方案实施后对其效果进行验收。

①废水产生及排放情况如表8-22所示。

表8-22　　　　　H 纺织企业废水产生及排放情况

序号	废水类型	最大废水量		COD		氨氮	
		吨/天	吨/年	毫克/升	吨/年	毫克/升	吨/年
1	印染工艺废水	5 507	1 652 100	3 000	4 956.3	130	214.77
2	制网废水	10	3 000	270	0.81	—	—
3	地面设备冲洗水	10	3 000	500	1.5	—	—
4	废气喷淋废水	25	7 500	900	6.75	—	—
5	膜反冲废水	25	7 500	150	1.13	—	—
6	反渗透尾水	475	142 500	400	57	—	—
7	生活污水	75	22 536	300	6.76	35	0.79
8	废水产生量合计	6 127	1 838 136	2 736.6	5 030.25	117	215.56
9	稀污水回用量	616	184 800	—	—	—	—
10	中水处理量	2 500	750 000	—	—	—	—
11	纳管	3 011	903 336	500	451.67	20	18.07
12	环境排放	3 011	903 336	80	72.27	5	4.52
13	核定排放量	3 050	914 971	80	73.2	5	4.57

②单位产品用水量和排水量等指标如表8-23所示。

表8-23　　单位产品新鲜水取水量、废水排水量、COD 排放量指标

织物	指标名称	本企业指标		国家版指标限值	省版指标限值	纺织染整工业污染物排放标准
棉、麻、化纤及混纺机织物	新鲜水取水量	896 400 吨	0.42 立方米/百米产品 0.39 吨/百米产品	2 立方米/百米产品	1.8 吨/百米产品	—
	单位产品排水量	903 336 吨	0.32 吨水/百米 30.26 立方米/吨	—	1.62 吨水/百米	140 立方米/吨
	COD 排放量	81.94 吨	2.75kg/吨产品	—	—	—

由表 8－23 可知，控制方案实施后，H 纺织企业单位产品新鲜水取水量、废水排水量等指标均满足《浙江省印染产业环境准入指导意见》和《纺织染整工业水污染物排放标准的限值》中的相关要求。

③水重复利用率指标分析。

水重复利用率 = 重复利用水量/（重复利用水量 + 取用新鲜水量）× 100% = 58.6%

生产重复水利用量 = 生产蒸汽冷凝水量 + 循环冷却水量 + 生产回用水量 = 677 + 430 + 3 116 = 4 223（吨/天），生产取用新鲜水量 = 2 988 吨/天。

由上述结果可知，控制方案实施后，H 纺织企业生产水重复利用率既符合《印染行业准入条件》，也满足《浙江省印染行业淘汰落后整治提升方案》中的相关要求。

④进管容量指标分析。

企业排污许可证核定的进管容量指标为 3 050 吨/天（91.50 万吨/年），企业排入管网废水量为 3 011 吨/天（90.33 万吨/年）（见表 8－24），满足排污许可证核定的进管容量指标要求。

表 8－24　　　　　　控制方案实施后资源能源消耗

指标			废水产生量	处理削减量	实际排放量
废水污染物	废水量	（万吨/年）	183.81	93.48	90.33
		（吨/天）	6 127	3 116	3 011
	COD（吨/年）		2 552.1	2 100.43	72.27
	氨氮（吨/年）		215.56	197.49	4.52
取水量（吨/年）			896 400		
工艺废水回用率（%）			58.6		

⑤水资源流转平衡分析。

通过对企业生产、生活用水排水的调查，可以得出用水平衡图 8－13。

⑥环境经济损益分析。

本方案直接环境设施投资费用 ET = 333 万元，方案实施后环境运转费 CT = 1 000 万元/年；该方案总投资 JT = 4 000 万元；总产值 CE = 19 894 万

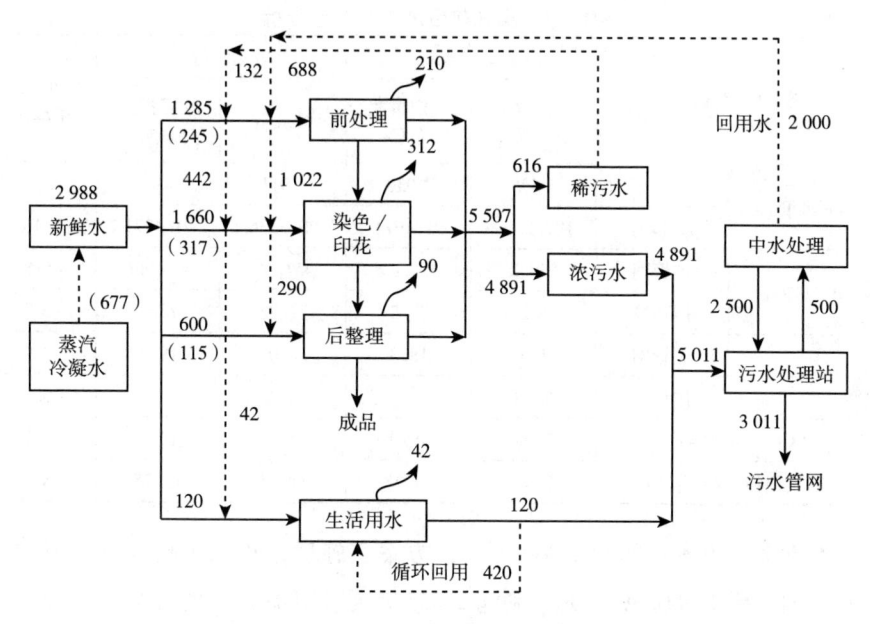

图 8-13 H 纺织企业用水平衡分析（单位：吨/天）

元/年，计算得到 $HJ = ET/JT = 8.3\%$，$HZ = CT/CE = 5.03\%$。说明本方案在较低的环保投入下，可取得明显的经济效益。运转费仅占总产值的 5.03%，说明采取的直接环保措施的效益十分明显。

综上所述，本方案在解决了环境问题的同时又创造了经济效益，因此本方案具有一定的环境和经济可行性。

⑦控制方案实施前后对比分析，如表 8-25 和表 8-26 所示。

表 8-25　　　　　控制方案前后取水量和排水量对比分析

织物	指标名称	方案实施前 本企业指标		方案实施后 本企业指标		年增减量（吨）
棉、麻、化纤及混纺机织物	新鲜水取水量	1 264 153 吨	0.55 吨/百米产品	896 400 吨	0.39 吨/百米产品	-367 753
	单位产品排水量	1 078 500 吨	0.38 吨水/百米	903 336 吨	0.32 吨水/百米	-175 164

表 8-26　　　　　　控制方案实施前后污染源对比分析

污染物名称		方案实施前		方案实施后		排放增减量
		排放总量	核定排放总量	排放量	建议排放总量	
废水量	吨/天	3 595	3 050	3 011	—	−39
	万吨/年	107.8399	91.4971	90.3336	91.4971	−1.1635
COD（吨/年）	进管网	539.2	457.49	451.67	457.49	−5.82
	排环境	86.27	73.2	72.27	73.2	−0.93
氨氮（吨/年）	进管网	21.57	18.3	18.07	18.3	−0.23
	排环境	5.39	4.57	4.52	4.57	−0.05
VOCs（吨/年）		8.68	19.9	11.14	19.9	−8.76
氮氧化物（吨/年）		9.97	19.75	11.71	19.75	−8.04

本方案的投资金额为 4 000 万元，方案实施后，年销售收入可达 19 894 万元，创利税 1 366.39 万元，利润 2 627 万元，具有较好的社会效益和经济效益。方案实施后企业年取水量降低 367 753 吨，年废水产生量降低 175 164 吨，COD 和氨氮排放量均符合国际清洁生产领先水平。

方案实施后，企业水风险等级由"较大偏向一般"降至"一般"（见表 8-27），说明水风险管理体系的实施能够为管理层在今后的经营决策中提供有效的管理依据。综上分析均验证了本书所设计的水风险管理体系的可行性和适用性。

表 8-27　　　　　　H 纺织企业控制方案实施前后水风险

时间	关联度系数				MAX（N_i）所在等级	特征值	所属等级
	N_1	N_2	N_3	N_4			
控制前	0.853409	0.924858	0.943452	0.888230	3	2.8134	较大偏向一般
控制后	0.916003	0.979113	0.919279	0.879668	2	2.0187	一般

8.3.2.4　管理建议

H 纺织企业需在产品生命周期各个环节实现水资源的循环利用及废弃物的再利用，结合实际情况，建议 H 纺织企业从以下三个方面对水风险进行管理。

第一，做好源头控制，在材料使用方面，由于每种纤维对再生水的质量都有不同的要求，有机纤维和替代合成原料可以提高衣服的耐用性，在生产及后续清洁过程中减少水资源的浪费。在染料的使用方面，由于染料含有各类化学物质，是造成纺织业高污染的罪魁祸首，因此需要积极应用环保型染化料，例如以无甲醛整理剂 DMEDHEU、二醛类、多羧酸类等替换传统染化料，整理环节选用无磷去油剂、可生化降解的软性洗涤剂，减少污染物的产生。采用节能减排的先进工艺及生产设备，目前企业的间歇式染色设备浴比为 1∶8 以下，根据同行业标准建议进一步更换为浴比在 1∶6 以下的高效、节能、低耗染色机，水洗时采用低水位逆流水洗技术和高效率的水洗设备，并且安装用水计量装置，以提高水的利用率，减少废水外排量。同时采用先进的工艺技术，如打印制造技术使设计师可以轻松地尝试各种面料和图案，从而减少水和能源的消耗并避免浪费。

第二，做好过程控制，减少生产过程中固体材料泄漏导致的水污染，使用浆料自动配料系统、染料助剂中央配送系统，实现自动配料、称料、化料、管道化自动输送，原辅料转运采用密闭容器封存，浆料及涂层胶等调配在独立密闭车间内进行。设置完善的冷却水、冷凝水及余热回收装置，尤其是要积极实施中水回用，企业目前的中水回用系统采用 UF + 反渗透双膜分离装置，处理能力为 2 500 吨/天，中水回用效率为 41%，需要进一步提升处理能力至 3 000 吨/天，采用"砂滤 + 加压超滤 + RO 膜过滤"工艺，提升中水回用效率。

第三，做好末端治理，企业目前的污水处理工艺设计处理能力符合《纺织染整工业水污染物排放标准》（GB 4287—2012）的要求，但从监控数据来看，企业污水排放常有超标现象，同时现有的废水处理技术由于化学药剂的添加会产生二次污染物，增加了废水处理设施对环境的影响，企业需要进一步提升污水处理工艺，优化投加药剂的品种，或者探索不需要任何化学物质的现代化处理方法，加强对废水处理设施的监督管理，确保废水稳定达标排放。

第 9 章

企业水项目投资决策评价

21世纪，水问题已成为全球发展战略中的核心议题。伴随城市文明与社会经济的持续进步，工业与生活污水对生活环境及生态环境的负面影响越发凸显。统计数据显示，全球范围内，每年约有4 200亿吨污水排入自然水域，致使超过5 500亿吨的水体遭受污染，这一数值占全球径流总量的比例超过14%[1]。在我国追求可持续发展战略的过程中，水资源可持续发展的议题已成为制约经济与社会发展的关键因素。因此，优化生存环境、整治污水污染及投资污水处理项目，成为衡量城市文明程度、发展水平、生活质量及投资环境的基础指标。污水处理及污水处理厂的建设，对于提升城市整体环境与形象展现出显著成效，并在经济社会可持续发展目标的实现过程中扮演着至关重要的角色。在此背景下，针对污水处理项目开展深入研究显得尤为迫切和重要。本书的研究基于中国污水处理项目开发的企业层面，分析水项目投资，旨在为国内企业提供具有普遍适用性的水项目投资决策评价方法。因此，本章中所述的水项目特指污水处理项目。

9.1 企业水项目投资动机分析

9.1.1 国家政策导向赋予企业压力与责任

近年来，政府对环保的重视程度不断增加，出台了诸多支持性的产业政

---

[1] 第四届世界水论坛. 联合国世界水发展报告[EB/OL]. https://www.unwater.org/publications/un-world-water-development-report-2024.

策，对环保行业的发展起到了至关重要的推动作用。水环境治理及污水处理市场需求广阔，得到了政府的高度重视和政策倾斜。近年来，我国将城市污水治理纳入"十五"至"十四五"各期国家计划中，污水处理设施成为污染物总量控制的关键。随着《水污染防治行动计划》（以下简称"水十条"）的颁布，水环境治理进入新阶段，强调从末端治理向全链条"面源污染"管理转变，涵盖源头控制、过程阻断及末端治理。"十三五"期间，明确了水质提升目标，要求敏感及已建成区域水体达到地表水Ⅳ类标准，新建污水处理设施需达一级A排放标准。随后，《排污许可管理办法》等法规出台，强化了污水排放监管。2018年起，国家加大对农村及城镇污水、固废处理设施建设的支持力度，推进黑臭水体治理，优化城乡环境基础设施。同时，鼓励PPP模式，促进投资多元化。《"十四五"时期城镇污水处理及资源化利用发展规划》强调再生水利用，拓宽融资渠道，完善"价费税"机制，引导社会资本参与。2023年发布的《关于推进污水处理减污降碳协同增效的实施意见》则提出完善支持政策，强化标准引导，推动污水处理与低碳发展相结合，制定碳排放统计核算及监测计量标准，促进绿色可持续发展。这一系列政策不仅为污水处理行业带来新机遇，也彰显了国家推动市场化转型、产业化升级与资源化利用的坚定决心。它们旨在加速污水处理进程，提升处理质量，改善居民生活环境，并为可持续发展战略的实施注入强劲动力。这些举措标志着我国在环境保护与资源循环利用上迈出了历史性步伐，展现了国家对未来绿色发展的深刻规划与承诺。

  2002年以来，城市污水的公共服务体制发生了变化。目前超出70%的新建污水处理厂都引入了市场机制，由社会企业投资或运营[①]。因此，我国企业急需加大对污水处理项目的投资，建设大量污水处理厂来解决水污染问题。这也与我国在党的十九大提出的加快生态文明体制改革，建设美丽中国的理念相符。

[①] 前瞻产业研究院. 2024年中国污水处理产业全景图谱［EB/OL］. https://www.qianzhan.com/analyst/detail/220/240510-f3397efb.html.

9.1.2 企业对有限资源的开发与合理利用

我国人均淡水资源量仅为全球平均水平的1/4,这一数据将我国置于全球水资源匮乏排名的第121位,赫然列于全球13个面临严重水资源短缺挑战的国家之中①。更令人忧虑的是,依据近期的监测数据分析,我国的地表水与地下水体系均遭受到不同程度的污染侵袭,且这种污染状况呈现出逐年加剧的不良趋势,亟须引起社会各界的高度重视与有效应对。水环境污染和水资源短缺是全球淡水资源正面临的两大问题。随着我国经济的快速增长,人民生活水平显著提升,工业化与城市化进程加速推进,导致城市用水量急剧攀升,工业领域废水无序排放的现象屡见不鲜,同时,城市区域正面临垃圾量快速增长的挑战,而农村地区则普遍存在着农药过度使用的现象。这些问题不仅对环境质量构成了严重威胁,污水排放量也相应增加。日益加剧的水污染现象,不仅削弱了水体的原有功能,还深刻加剧了水资源供需之间的紧张对立,对我国正全力推进的可持续发展蓝图构成了严峻挑战,对城乡居民的饮用水安全保障及身体健康构成了潜在威胁。鉴于此,高效治理城镇污水成为破解水污染困境、缓解水资源紧张局势的关键一环,其重要性不言而喻。

考虑到现代城市面临的水资源短缺困境,全球多国与地区已前瞻性地将城市污水处理厂产出的二级出水视作新兴水源加以开发利用。通过实施先进的污水处理工程技术,这些水体能够历经深度净化处理,达到国家再生水的水质规范,随后被安全地回用于一系列对水质标准要求相对宽松的场景,诸如卫生间冲洗、道路清洁、绿化灌溉、景观水体补给及基础设施建设用水等。此举不仅实现了水资源的循环利用,更成为缓解水资源供需紧张局势、促进水资源可持续管理的重要策略,展现出其不可或缺的价值与意义。因此,污水处理项目具有重要的环境、社会和经济意义。

---

① 中国生态系统研究网络. 我国水资源现状:人均仅为世界平均水平1/4 [EB/OL]. https://www.cern.ac.cn/2news/detail.asp? channelid1 = 110190&id = 3713.

9.1.3 企业战略发展布局与产业扩张

污水处理项目成为最近几年来水务发展的重点项目，国家对污水处理项目也有较大的支持力度，因此污水处理项目非政府投资发展前景广阔。随着发展中国家城市化步伐的加速推进，加之多国行政管理体系的日益精细化，全球范围内对于新增城市污水处理项目的需求呈现出急剧增长的态势。

在我国，企业对于污水处理项目的投资分配中，资金主要聚焦于污水处理工程的建设及其配套管网与设备设施的完善。尽管污水处理工程所占比重约为总投资的30%，略逊于配套管网与设备设施的投资，但其作为污水处理项目的核心环节，不仅承载着技术实现的重任，更是污水处理项目经济效益的直接体现，具有不可替代的战略地位。污水处理项目不仅可以为企业投资者带来经济效益，此外，它对于促进经济社会的长期可持续发展具有深远意义，不仅有助于提升民众的生活品质，还确保了用水安全，并显著改善了生态环境，为社会的全面进步奠定了坚实基础。企业参与到水污染的治理工作当中，与政府共同对水资源紧张的城市进行试点及改造，提升城市对环境的适应程度，是一项力度大、时间长的惠民工程，也是企业承担社会责任的表现，会给企业带来商誉等附加效益，更加激励企业投资者投资污水处理项目。

因此，许多企业都对污水处理项目的投资机会很感兴趣，首先是基于战略发展布局的污水处理企业，它们在这个行业已经积累了投资经验；其次是非污水处理企业，它们基于产业扩张的目的加入了污水处理行业。企业在投资项目的选择和决策时，需要对投资成本和效益进行研究，从中找出合理的最佳投资方案。

9.2 企业水项目的投资决策分析

9.2.1 水项目投资决策概述

本章基于污水处理项目投资运营成本、投资风险和项目综合效益三个方面,对企业污水处理项目投资方案评价展开研究,建立企业污水处理项目运营成本预测评价体系。并通过对污水处理项目投资风险的定义,界定并分析企业污水处理项目所面临的风险,从而构建企业污水处理项目综合效益评价体系。

为了推动企业污水处理项目稳健前行,实现其投资、建设与运营的高效融合,旨在最大化地优化社会资源配置。相较于传统的投资决策框架,本章旨在深入探讨企业污水处理项目的投资决策机制。在构建项目投资方案的过程中,本书着重强调,必须将企业污水处理项目的综合效益评估与污水运营成本的潜在风险紧密结合起来。同时,还需将这一分析维度与投资项目的经济风险评估并行考量,两者共同构成驱动企业污水处理项目投资决策的关键因素。此举旨在构建一个更为全面且深入的分析框架,以确保对污水处理项目的考量既周全又精准,并得出更加可靠的数据以帮助企业作出投资决策。水项目投资与传统投资决策对比如表9-1所示。

表9-1　　　　　　　　水项目投资与传统投资决策对比

项目	水项目投资	传统投资
项目成本	建设成本、运行成本、维护成本和环境成本	建设成本、运行成本和维护成本
面临风险	政策合规性风险、市场风险、建设风险、自然风险和运营风险	市场风险、建设风险和运营风险
效益分析	经济、环境、技术、管理和社会效益	经济效益和管理效益

9.2.2　水项目投资决策成本和效益分析

9.2.2.1　污水投资项目成本分析

污水处理项目的全生命周期成本,涵盖了项目自起始至终结所有阶段的总支出。基于详尽的项目分析与实地调研,结合其固有特性及实际运营状况,可将其生命周期细化为三个关键阶段,即建设期、运营期及退役处置期。鉴于污水处理项目规模庞大,涉及巨额资金投入、大型设备配置及广阔厂区占地,其设计规划与厂房建设往往需历经2~3年方能告竣。项目初期,自获取建设许可开始,需历经地域评估、厂址甄选、工艺规划、成本效益分析以编制可行性报告,随后筹措资金,继而推进厂区建设、设备采购等事宜,待竣工验收与试运行达标后,项目正式转入运营阶段。一般而言,污水处理厂的运营周期可长达 15~30 年,此间,运营工作细分为日常运行与维护两大板块。日常运行旨在确保污水处理的持续性与有效性,而维护工作则侧重于保障设施的稳定运行。当项目步入退役阶段,即达到预定使用年限后,将进行厂区拆除、环境复原工作,并对可回收的设备与固定资产进行妥善处置与变现,以实现资源的最大化利用。由于本章研究的是污水处理 PPP 项目,企业在运营一段时间后移交给政府运营,因此本章成本分析中不考虑处置成本。

本书对处理成本、运营费用及运行开支这三种成本在污水处理项目中的相互关系进行了明确的界定与阐释,以期构建出一个清晰、统一的成本分析框架。通过这一界定,旨在明确区分并理解每种成本在项目生命周期中的具体作用与影响,为后续的研究与实践提供坚实的理论基础,如表 9-2 所示。

表 9-2　　　　　　企业污水处理项目的成本指标

一级指标	二级指标	三级指标
企业污水处理项目的成本	企业污水处理项目建设成本	污染治理设备的投入
		污染治理技术的研究投入
		各种材料和能源的投入
		各种工程建设投入
		其他固定资产投资
	企业污水处理项目运行成本	燃料及动力费
		药剂费
		人工福利费
		管理费
		税费
		污泥处置费
	企业污水处理项目维护成本	检修维护费

在精确性、实效性与效率性三大核心原则的指引下,本书针对污水处理项目的成本测算进行了系统性考量,并综合相关研究成果,将项目成本细化

为建设期投资（即初始基础设施建设投资）成本与运营期间费用两大板块。为量化分析此成本结构，构建了具体的测算模型，其公式表述如下：

（1）建设期投资。

根据建设部《城市污水处理工程项目建设标准》，对污水处理工程项目的确定依照表9-3。

表9-3　　　　　　城市污水处理工程项目建设标准

项目	一类	二类	三类	四类	五类
污水处理量 （10^4 立方米/天）	50~100	20~50	10~20	5~10	1~5

（2）运行期费用。

污水处理项目运行期费用可以细化分为以下六项。

①燃料及动力费。

$$C_1 = a \times b + c \quad (9-1)$$

其中，a 表示每单位污水的耗电量；b 表示电价；c 表示每单位污水的其他动力费用。

②工资福利费。指企业污水处理项目工资，以及按工资一定比例提取出来的专门用于人员医疗、补助和其他福利事业的经费，计算公式如下：

$$C_2 = g \times h(1 + 14\%) \quad (9-2)$$

其中，g 表示某企业污水处理厂的人员数量；h 表示某企业年收入均值。

③日常维护费。

$$C_3 = e \times k \times j \quad (9-3)$$

其中，e 表示某企业污水处理项目的投资；k 表示某污水处理项目的固定资产占总投资的比例；j 表示维护费率。

④药剂费 C_4。它包括各种絮凝剂、化学试剂和消毒费等。

⑤管理费。

$$C_5 = (C_1 + C_2 + C_3 + C_4) \times m \quad (9-4)$$

其中，m 表示管理费用率。

⑥污泥处置费。

$$C_6 = \frac{O+S+Y+R}{Q} \qquad (9-5)$$

其中，O 表示污泥处理药剂费；S 表示污泥填埋费；Y 表示污泥运输费；R 表示污泥处理电费。

9.2.2.2　水项目投资综合效益分析

依据评价时间的差异，污水处理项目的综合效益评价可划分为预测评价、现状评价和跟踪评价三种类型。其中，预测评价主要针对污水处理项目的综合效益，在投资前期进行，是对项目投资方案在项目建成前所作的决策性评价。它是在项目预测可行性报告与工程可行性报告的基础上，深入调研污水处理项目的投资条件及当前污水处理行业运营现状的数据统计，并紧密结合了拟建污水处理项目的具体特性与实际情境，对项目具体建设方案及未来运营产生的经济、技术、环境、管理和社会等各种效益先进行预测再评价。

综合效益现状评价和跟踪评价是指在污水处理项目建成投产后，就其实际运营状况开展的评价，该评价以实际运营数据为基础，并结合最初的预测数据，判定项目效益达成度，判定效益改进空间和改进方案。与预测评价相比，其显著区别在于无须执行指标预测的步骤。当前，针对这一领域的研究已颇为丰富且深入。

污水处理项目效益评估因评估主体的不同效益的内涵存在差异，本书是从微观企业的视角来分析污水处理项目的投资效益，更多关注综合效益预测评价。

（1）经济效益。

污水处理项目的经济效益主要体现在以下四个方面。

①污水处理费用。

我国现行的水费结构通常涵盖三大核心要素：首先是水资源费用，其次是自来水供应过程中的必要成本及合理利润，最后是污水处理费。作为水价体系中不可或缺的一环，污水处理费在一些城市中占据了水费总额约 1/3 的比例，其主要征收目的旨在确保城市污水处理设施得以有效建设、妥善维护及稳定运营。

②节省自来水费用。

鉴于我国水资源人均占有量相对较低，且南北地区水资源分布极不均衡，尤以北部地区水资源匮乏问题尤为严峻。随着城市化进程的不断加速，水资源短缺现象越发凸显，这一背景直接推动了近年来我国自来水费用的持续且快速增长。污水处理与资源化利用工程则提供了一种创新解决方案，即通过深度处理污水，使其水质达到特定标准后，作为再生水资源，可广泛应用于冲厕、绿化灌溉、道路清洁及景观用水等领域，从而有效减轻对自来水的依赖，降低相关水费开支。

③节约土地使用面积。

污水处理厂建成后，污水不会再向污水塘及污水坑排放，这些土地将得到有效利用，可使用土地将增加。

④政府相关优惠及补贴。

污水处理项目作为国家环保战略的重点支持领域，享有多项税收激励政策。随着环保意识的不断提升，国家于 2008 年 12 月发布了《关于资源综合利用及其他产品增值税政策的通知》，其中特别规定了对污水处理服务免征增值税的优惠政策，该政策的执行需按照备案申请程序进行。另外，《中华人民共和国企业所得税法实施条例》针对符合条件的环境保护与节能节水项目，尤其是公共污水处理项目，详细规定了自项目首次取得生产经营收入所在纳税年度起，享受前三年免征、后三年减半征收企业所得税的优惠政策。更进一步地，针对城镇污水处理及垃圾处理项目，当企业购置并切实运用了《环境保护、节能节水项目企业所得税优惠目录》中涵盖的环保专用设备、节能节水专用设备以及安全生产专用设备，这些设备均明确列于《环境保护专用设备企业所得税优惠目录》《节能节水专用设备企业所得税优惠目录》及《安全生产专用设备企业所得税优惠目录》之中时，依据《企业所得税法实施条例》的详细条款，企业有资格享受一项税收优惠，即其所投入的上述设备购置费用的 10% 可直接从当年应缴纳的企业所得税税额中予以减免。若当年抵免不完，该余额可在接下来的五个纳税年度内继续结转抵免。这一政策有效减轻了企业的所得税负担，并且可以与环保项目所得享受的"三免三减半"企业所得税优惠政策叠加使用，进一步推动了污水处理等环保项目的可持续发展。

除了上述税收优惠政策外，为了补偿污水处理项目的公益性亏损、吸引更多的社会资本投入污水处理项目，政府还实施了一系列的补贴措施。在2019年7月，财政部正式颁布了《城市管网及污水处理补助资金管理办法》，该办法清晰界定了补助资金的专项用途，旨在助力海绵城市示范项目构建、地下综合管廊试验性建设、城市黑臭水体整治典范工程以及中西部地区城镇污水处理效能提升等四大领域的发展。整体而言，补助资金的实施周期被限定在最长不超过五年的范围内，且依据不同扶持项目特点，将灵活采取差异化的资金分配策略。

（2）技术效益。

技术效益，是指在污水处理项目的实施与运营过程中，技术本身所展现出的实用性、先进性以及技术创新性。通过采纳先进的污水处理技术和设备，不仅能够使污水处理项目本身获益，而且能够通过技术的实际应用，推动污水处理技术的不断完善，进而有力促进其广泛应用。在研究污水处理工艺时，需着重考虑设计多样化的污水处理工艺，以满足去除污染物的需求，确保达到国家或地方规定的污水排放标准。因此，污水处理技术所展现出的良好效益，不仅将对项目本身及国民经济的技术进步产生积极影响，更有望成为我国新的经济增长点。

（3）环境效益。

①改善水质。

废水被集中收集之后，随即被导入专业的污水处理系统中，该系统通过一系列高效的处理流程，能够显著降低废水中诸如化学需氧量（COD）、五日生化需氧量（BOD5）、悬浮固体物（SS）以及氨氮（NH3-N）等关键污染指标的浓度。此举有效减少了排入自然水体中的污染物负荷，进而在河流自身的净化机制或辅以人工净化措施的作用下，促使水质逐步改善并恢复良好状态。

②缓解水资源短缺问题。

当前，水资源匮乏已成为阻碍我国城市化进程的关键瓶颈之一。为应对这一挑战，尤其是在北方干旱区域，跨地区调水策略虽作为应急之策暂解燃眉之急，但长远来看，探索并利用替代性水资源才是缓解水资源短缺的根本途径。其中，深度开发并有效利用低质水，如推广再生水的使用，显得尤为重要。污水处理项目的实施，正是通过先进的深度净化技术，将污水转化为符合国家再生水标准的清洁水源，从而安全地应用于非直接饮用领域，如厕所冲洗、道路清扫、园林灌溉、景观补水及城市基建等场景。此举不仅大幅降低了对自来水的依赖，有效减轻了水资源压力，更是对我国水资源高效配置与保护战略的积极响应，展现了水资源循环利用的显著成效与深远意义。

③改善空气质量。

若污水直接排放，其散发的恶臭气体不仅扰民，还严重威胁到居民的日常生活品质与健康安全。污水处理工程的实施，通过有效处理污水，从源头上根除了恶臭的释放，确保了环境的清洁与居民福祉。在工程运行期间，尽管偶尔会有微量臭气作为副产物出现，但是，得益于科技的飞速发展以及先进除臭技术的广泛采用，这些臭气的排放得到了显著且有效的遏制。此举不仅限制了臭气对周边环境的潜在影响，还积极促进了空气质量的整体提升，为环境保护贡献了重要力量。

值得注意的是，污水处理项目在施工阶段虽可能短暂产生废气与固体废弃物等环境污染物，但鉴于施工周期相对有限，通过精心策划的施工方案并采取必要的预防措施，如限制施工区域、优化废弃物管理策略等，可以显著减少污染影响范围并降低污染程度。因此，从全局视角审视，施工期间的短暂污染对污水处理项目最终带来的环境效益不构成显著影响。

（4）管理效益。

污水处理设备的操作便捷性直接关系到操作人员对处理工艺与设备掌握的速度，进而影响到整体的生产效率与劳动产出。鉴于不同处理工艺对设备磨损程度的影响各异，合理依据水质特性选择适宜的工艺与易于操控的设备显得尤为关键。此外，强化污水处理项目的安全管理不仅是项目顺利运行的基石，更是推动先进污水处理管理理念与技术广泛融入实践的重要驱动力。因此，构建高效的污水处理管理体系所带来的良好效益，将为同类项目提供宝贵的参考与借鉴价值。

（5）社会效益。

①节约水资源。

污水处理项目建成运营后，污水在达到排放标准后才会排放到河流中，排放污染物的减少将会提高企业周边水域的水质，从而能够为企业生产活动提供水质较好的水资源。污水经过处理后也能够再次进入企业的部分生产经营活动中去。这些都能使得企业消耗自然环境的水资源减少，不但能够给企业带来经济效益，还能节省当地的水资源。

②改善企业周围的生态环境。

污水处理项目是打好水污染防治攻坚战的基础工程。其主要利用人工湿地处理技术，利用湿地系统中物理、化学和生物的三重协同作用对企业生产经营活动中排放的污水进行深度降解和净化，进而降低其对企业附近河流域的水质影响，从而能够对企业的周边生态产生积极的影响。

③促进企业建立节水意识。

我国企业应汲取国际前沿经验，并综合考虑企业规模、地理环境及经济状况等多重因素，量身定制污水处理项目的实施方案。通过实施此类项目，企业不仅能获得对污水处理更为直观深入的理解，还能在实践中将污水处理与资源化利用紧密结合，从而深刻体会到水资源节约的紧迫性与重要性。此举不仅激发了企业的节水自觉，促使他们以实际行动践行环保理念，同时也可能触发企业在电力、热能等其他资源节约上的意识觉醒，共同助力构建资源节约型社会的宏伟目标。

9.2.3　水项目投资决策风险分析

9.2.3.1　水项目投资风险的定义

污水处理项目的投资风险可从广义与狭义两个维度进行解析。狭义而言，投资风险主要聚焦于经济层面，特指项目投资过程中可能遭遇的直接经济损失风险，即资金投入的潜在不利变动。而广义投资风险则更为宽泛，它涵盖了项目投资全周期内可能因经济波动、社会环境变迁、环境保护要求、管理效能波动及技术革新滞后等多重不确定性因素所引发的直接或间接损失风险，这些风险共同构成了污水处理项目投资决策的复杂考量因素。

污水处理项目的投资风险评估需全面涵盖筹备、建设及运营等各阶段的总体不确定性。当前，多数风险分析侧重于从经济层面的单一维度进行审视，而对运营阶段成本变动的敏感性及项目综合效益可能面临的深层次风险缺乏充分的探索与剖析。为规避因视野局限而作出的非理性投资决策，对水务项目投资风险展开系统性、科学性的分析显得尤为重要。项目决策者需具备前瞻视野，对投资未来情境进行全面预估与预测，特别是在经济评估环节，务必详尽审视投资额、利率变动、项目寿命周期、建设周期、产能规划、市场价格波动、成本控制及预期收益等多维度因素，确保决策的全面性与合理性。

污水处理项目投资风险的分析架构涵盖风险识别、评估与评价三大环节。风险识别阶段聚焦于风险的根源及其触发条件。风险评估与风险评价则是对项目经济层面风险进行深入剖析与综合评判的过程。鉴于建设投资项目常受诸多直接与间接因素的交织影响，这些因素的作用力各异，且彼此间可能相互作用，使得风险分析变得尤为复杂。鉴于此，污水处理项目在启动前的可行性研究阶段，除了需进行常规的财务与经济性评估外，决策者还需具备高度的前瞻性与风险意识，精准识别并正视所有潜在风险点。实施一项详尽且贴近实际的投资风险综合评估，旨在通过前瞻性的风险管理策略，有效削减并规避潜在风险，从而保障项目能够稳健且可持续地向前推进。

9.2.3.2 水项目投资风险分类及组成

鉴于污水处理项目系统的复杂性，其投资决策环节势必遭遇来自多方面因素的影响，这些因素具有多元化特点且相互关联，共同作用于项目的决策过程。其核心在于污水处理工艺的选择与应用，同时需综合考量接纳污水的量质特性、处理场地空间约束、排放标准遵循以及污水处理费用机制等要素。这些独特特征构筑了污水处理项目风险体系的差异性，使之区别于其他类型项目。基于具体项目实施案例与广泛文献研究，我们可将项目风险细致划分为五个一级指标：政策合规性风险、市场风险、自然风险、建设风险及运营风险。进而，针对各一级指标，进一步细化至二级指标分类，以实现对项目风险的全面而精准的剖析，具体如表9-4所示。

表9-4　　　　　　　　　　　污水处理项目风险指标

一级指标	二级指标	指标说明
政策合规性风险	合规性风险	项目建设是否符合当地发展规划
	政策稳定性风险	相关政策是否完善或经常变更
市场风险	需求风险	市场需求预测不准导致项目运营受挫
	项目唯一性风险	周边是否有相同类型项目影响项目的唯一性
	公众接受度风险	公众利益是否受损直接影响项目是否遭到反对
建设风险	建设规模风险	根据预期进水负荷所设计的厂房和设备是否因为后期进水变化而造成浪费或损失
	拆迁补偿风险	因拆迁款问题产生的利益纠纷影响项目的进程
	技术风险	设计文件不合规或实际施工技术不成熟导致风险
	工程质量与安全事故风险	承包商施工质量不合格或施工产生安全事故问题
自然风险	地址风险	前期对地质情况勘探不到位导致施工受阻
	不可抗力风险	天灾或者人祸所导致的合同方无法控制的风险
	生态环境风险	因为项目的实施而导致周围生态环境遭到破坏
运营风险	水量水质变化风险	实际水质水量与预设水质水量有较大出入
	价格机制风险	价格设定和调整机制所产生的风险
	污水处理费用支付风险	相关水厂是否及时缴纳污水处理费

污水处理项目面临多元化的投资风险因素，这些风险既各自独立存在，又呈现出相互交织、重叠的复杂态势。尤为显著的是，部分风险之间通过特定的因素或指标建立起了紧密的联系，从而构建了一个相互影响、相互依存的风险体系整体。这种风险间的内在联系与动态变化，要求我们在分析与管理时需采取全面、系统的视角。

9.3　企业水项目投资决策评价模型构建

9.3.1　水项目投资决策评价指标体系构建

9.3.1.1　基于水会计理论的指标内涵及数据定义

（1）废水排放量。
国家统计局所定义的废水排放量，指的是企业在生产经营活动中所消耗并随后释放至其运营环境界限之外的各类水体总量。这一范畴涵盖了企业内部经过净化处理并已达到环境保护规定排放标准的废水，同时也包含了未经任何净化处理直接排放的废水，以及虽经处理却仍未符合环保排放标准的废水。值得注意的是，该统计口径明确排除了因生产需要而直接排入河流、湖泊或海洋的冷却用水，即冷却直排水量不计入废水排放量之中。这样的界定确保了废水排放量数据的科学性与准确性，有助于环境管理部门进行有效的监管与评估。

核算方法：对于企业而言，若已配备废水排放量计量装置，则应直接采用该装置所记录的数据进行排放量核算；若缺乏此类计量设备，则需遵循相关管理部门所制定的排放标准或计算方法进行估算；在特定情境下，若管理部门未提供明确的计算指引，企业可合理采用其取水量作为废水排放量的替代数据进行报告，以确保核算的可行性与准确性。

(2) 污染物耗氧当量（T）。

$$T = U + 1.97X + 15.81Z \qquad (9-6)$$

其中，T 为总耗氧量；U 为 COD 耗氧当量，单位为 mg/L；X 为 TN 耗氧当量，单位为 mg/L；Z 为 TP 耗氧当量，单位为 mg/L。

(3) 污染物去除耗氧当量处理费用。

在评估企业污水处理项目的经济效率时，一个关键指标是单位污染物耗氧当量的处理成本，这一成本是通过将项目的每单位污水运营成本除以每单位污染物去除所消耗的氧当量来计算的。通常，该指标以元/千克为单位进行表达，它直观反映了去除单位污染物耗氧当量所需的经济投入，计算公式如下：

$$C = P/(Q_i - Q_0) \qquad (9-7)$$

其中，C 是污染物耗氧当量处理费用（元/Kg）；P 为吨水运营成本（元/m³）；Q_i 为进水污染物耗氧当量（gO/m³），Q_0 是出水污染物耗氧当量（gO/m³）。

(4) 污水处理项目运营成本。

在本书第 9.2.1 节已经阐述，在此不做赘述。

9.3.1.2 基于投资理论构建的传统财务评价体系

在基础设施项目的投资评估体系中，传统方法可划分为静态投资评估与动态投资评估两大类别。静态评估法侧重于忽略资金的时间价值效应，而动态评估法则强调将资金的时间价值纳入考量范畴。具体而言，静态评估法多应用于项目初步筛选阶段，此时数据可能尚不完善或存在精度局限；相反，动态评估法则被广泛应用于最终决策前的深入可行性研究阶段，以提供更全面、精确的分析支持。

（1）静态分析方法。

项目投资评估的静态分析框架主要聚焦于两大核心方法：一是投资回收期限评估法，它侧重于衡量项目自启动至收回初始投资成本所需的时间跨度；二是投资回报率分析法，该方法则通过计算项目周期内投资所带来的收益与初始投资之比，来评估项目的经济效益。

①投资回收期。

投资回收期，也称"投资回收年限"，是指自投资项目启动并投入运营后，累计获取的收益总额足以覆盖项目初始投资总额所需的时间跨度。该方法旨在评估拟建项目，在常规运营情境下，通过年度收益、固定资产折旧计提及无形资产摊销等手段，回收全部投资成本所需的时间周期。通过将这一回收期与行业内既定的基准投资回收时间进行对比分析，可作为一种静态评价手段，用以衡量项目的投资效益。通常，投资回收期的计算起点设定为项目建设的起始年份。其表达式如下：

$$\sum_{t=1}^{P_t}(CI-CO)_t=0 \quad (9-8)$$

其中，CI 表示项目现金流入量，CO 表示项目现金流出量，P_t 表示项目投资回收期。此外，投资回收期的另一种确定途径是，基于财务现金流量报表中累积的净现金流动量进行详尽计算与分析，具体的计算公式为：

$$投资回收期 = 累计净现金流量开始为正值年份数 - 1 + \frac{上年累计净现金流量的绝对值}{当年净现金流量} \quad (9-9)$$

②投资报酬率法。

投资报酬率法（ROI）是将项目的年度收益额与项目总投资进行比较求得的投资收益率。将该值与项目的行业基准投资收益率进行对比，以此作为评价投资项目财务效益的一种方法。其计算公式为：

$$投资报酬率 = \frac{年收益额}{项目总投资} \times 100\% \qquad (9-10)$$

在上述公式中，项目总投资范畴应全面涵盖固定资产投资、无形资产投入、流动资金需求以及建设过程中因贷款所产生的利息费用。而年收益额，通常指的是项目在稳定运营年份中所能实现的年度收益，具体表现为项目年净利润的总额。对于投资者而言，此指标数值的增长趋势被视为积极信号，即数值越大，项目的盈利能力与投资回报潜力越被看好。

（2）动态分析方法。

动态分析方法，作为一种深入考量货币时间价值的工具，其核心在于将投资项目跨时段的现金流入与流出依据统一基准进行折算，使之具备可比性，进而用以评估投资项目的效益状况。相较于静态分析方法，动态分析方法在评估过程中展现出更高的客观性与精确度。该分析框架内，通常包含内部收益率法及净现值法等核心方法，这些方法共同构成了对投资项目进行全面、动态评估的重要工具集。

①内部收益率法。

内部收益率法，作为评估投资项目的一种关键方法，其定义在于确定一个折现率水平，使得项目在整个计算期内，各年净现金流量的折现值之和恰好为零，即项目收益现值等同于成本现值。此折现率不仅反映了项目自身的真实盈利能力，也代表了项目所能承受的最高资本成本阈值，因此被视为一个具有高度可靠性的评价指标。在投资决策过程中，内部收益率常被作为衡量投资收益的核心指标之一，其重要性不言而喻。其表达式为：

$$\sum_{t=1}^{n} (CI - CO)_t (1 + IRR)^{-t} = 0 \qquad (9-11)$$

②净现值法。

净现值法是一种动态分析手段，旨在评估项目投资效益。该方法依据行业基准投资回报率或预设的折现率,将项目整个计算周期内各年的净现金流量折算至项目起始时点的现值总和。此过程全面考量了项目在计算期内的盈利能力,并通过净现值这一动态指标直观展现,为投资决策提供了有力依据。其表达式为:

$$\mathrm{NPV} = \sum_{t=1}^{T} \frac{\mathrm{E(CF_t)}}{(1+r)^t} - K \qquad (9-12)$$

其中,NPV(净现值)作为核心指标,衡量了项目经济价值的净增加量。$\mathrm{E(CF_t)}$代表了项目第t年预期的净现金流量,T则标示了项目的整个生命周期年限。r作为风险调整后的折现率,用于将未来现金流折算至当前价值。而K则是指项目启动之初所需投入的资本总额。针对单一项目评估,若计算得出的NPV值非负(即NPV≥0),则表明该项目在经济上具有可行性,应予以采纳;反之,若NPV为负,则项目可能不具备足够的经济效益,应被审慎考虑或拒绝。在多个项目方案进行比较时,遵循"最大净现值原则",即NPV值较高的方案在经济效益上更为优越,应被视为相对更优的选择。这一准则为决策者提供了清晰、量化的依据,以便在众多潜在项目中作出最优决策。

9.3.1.3 基于综合效益视角构建的投资决策评价指标体系

污水处理项目的综合效益评估体系,其本质是一个多维度、多面向的复杂结构,旨在全面审视项目的综合表现。这一过程极具独特性与挑战性,要求评估者必须同时把握众多层面、环节及影响因素,确保无遗漏、不偏颇。鉴于此,科学合理地选取综合效益预测与评价指标,成为构建评估体系的关键基石。在确立指标体系时,必须确保体系的完整性,以全面覆盖项目效益各个方面;同时,要确保指标的正确性,即能够真实反映项目效益的实际情况;此外,还需考虑指标体系的可行性,确保评估过程能够顺利实施。本书经过深入研究与筛选,最终确定了包括经济效益、环境效益、社会效益、管理效益及技术效益在内的五大类评价指标,以全面、准确、系统地评价污水处理各项目的综合效益。具体如表9-5所示。

表 9-5　　　　　　　　　　污水处理项目综合效益评价指标

目标层 （A 层）	准则层 （B 层）	指标层 （C 层）	评价指标 预测途径	指标特性 正/负	指标特性 定性/定量
污水处理项目综合效益评价指标	经济效益（B₁）	单位污染处理成本（C₁）	项目投资方案	负	定量
		单位处理量运营总费用（C₂）	项目投资方案	负	定量
		劳动生产率（C₃）	项目投资方案推算	正	定量
		再生水成本收益率（C₄）	项目投资方案推算	正	定量
	环境效益（B₂）	污泥二次污染程度（C₂₁）	根据现有资料推算	负	定性
		环境质量改善程度（C₂₂）	根据现有资料推算	正	定量/定性
		生态改善度（C₂₃）	根据现有资料推算	正	定性
		外部环境损失减少额（C₂₄）	项目投资方案推算	正	定量
	技术效益（B₃）	单位投资的污水（设计）处理量（C₃₁）	项目投资方案	正	定量
		污水处理能力利用率（C₃₂）	项目投资方案推算	正	定量
		再生水处理达标率（C₃₃）	现有工艺调查	正	定量
		单位投资的水资源节约量（C₃₄）	项目投资方案推算	正	定量
	管理效益（B₄）	污水设备操作难易度（C₄₁）	现有工艺调查	负	定性
		管理安全性（C₄₂）	现有工艺调查	正	定性
		设施设备完好率（C₄₃）	现有工艺调查	正	定量
	社会效益（B₅）	污水减少量（C₅₁）	项目投资方案	正	定量
		对居民健康的影响（C₅₂）	项目投资方案推算	正	定性
		环境美感与舒适度的变化（C₅₃）	项目投资方案推算	正	定性
		居民满意度（C₅₄）	项目投资方案推算	正	定量/定性
		对当地水资源的影响（C₅₅）	项目投资方案	正	定量/定性

（1）经济效益。

在经济效益指标中，主要考虑了污水处理项目的内部经济运行效果，包括四个指标：单位污染处理成本、单位处理量的总费用、劳动生产率和再生水成本收益率。

①单位污染处理成本。

该指标主要聚焦于污水处理单位运作中直接涉及的材料成本、直接费用以及其他直接处理费用的总和。其显著特点在于，提供了强有力的横向与纵向对比基准，旨在精准评估直接投入污水处理项目的资金利用效率，从而成为衡量项目财务效能与成本控制成效的关键标尺。

②单位处理量的总费用。

此处的总费用构成，涵盖了主要的行政管理开支与财务成本等要素。该指标旨在深入剖析污水处理项目在行政管理及财务运营层面的效率表现，通过量化分析，客观评价项目运行管理的整体效能。

③劳动生产率。

劳动生产率＝一定时期内的污水处理量/在职员工人数，由于污水处理投资项目运营主体大多为公益性单位，其经济产出较少。因而可以以实物量代替价值量。

④再生水成本收益率。

主要评价污染处理过程中副产品的效益状况。再生水成本收益率＝再生水销售收入/(再生水生产成本＋销售费用)。

(2) 环境效益。

本书对环境效益进行了细致区分，将其划分为内部效益与外部效益两大维度。内部环境效益聚焦于污水处理项目运营过程中环境技术层面的优化成效，具体表现为技术效益的提升；而外部环境效益则侧重于评估项目对周边环境的实际影响，即项目运作对外部环境的综合效益贡献。这部分主要指外部环境效益。

①污泥二次污染程度。

污水处理项目在运行过程中，其产生的污泥可能构成潜在的二次污染源，因此，该指标被设计用于评估项目运营期间是否诱发了二次污染现象，并量化其污染程度的高低，以确保对环保目标的全面遵循与有效管理。

②环境质量改善程度。

此指标核心在于评估污水处理项目运营实施后，对周边环境质量改善幅度的实际效果。为实现全面而精准的评价，本书采用了一种融合定性与定量分析的综合评价方法，以确保评估结果的客观性与科学性。

③生态改善度。

生态改善度主要评价污水处理项目运营后对周边生态（包括动植物及生态多样性）的改善状况。

④外部环境损失减少额。

此指标评价污水处理项目对污水排放所造成损失的减少程度。主要采用定量的评价方法。

（3）技术效益（环境的内部效益）。

①单位投资的污水（设计）处理量。

本指标聚焦于投资效果的评估，同时深刻揭示了资金利用效率的高低，展现出强大的横向对比能力。其计算依据为项目投资方案的明确界定，具体通过单位投资的污水处理能力来量化，即污水处理总量与投资总额的比值，这一比例直观反映了项目投资的经济性与效能。

②污水处理能力利用率。

该指标通过项目投资方案确定，水资源重复利用率 = 重复利用水量/(重复利用水量 + 取用新鲜水量)，主要评价污水处理项目运营后对设计能力的利用程度，以反映其运行效率。

③再生水处理达标率。

再生水处理达标率 = 达到标准的再生水量/总再生水量，该指标也可通过项目投资方案确定，主要评价污水处理厂的再生水是否全部能够达到国家规定标准。

④单位投资的水资源节约量。

污水处理项目不仅带来显著的环境与生态改善效益，而且其再生水的广泛应用，能够有效加速水资源的循环利用过程。为了量化这一效益，我们引入了单位投资水资源节约量的指标，其计算公式为：水资源节约量 = 水资源节约量(基于水耗减少)/污水处理项目投资金额×100%。该指标的确定同样依赖于具体的投资方案分析。

（4）管理效益。

①污水设备操作难易度。

在污水处理厂的设计、建造及改造阶段，需紧密围绕进水水质的独特性，精选技术成熟且适宜的工艺方案。同时，在设备选型过程中，应高度重视操作人员对各类设备操控的便捷性，旨在促进操作人员快速掌握污水处理工艺与设备操作技能。基于此，我们设定了一项管理效益评价指标，其核心考量维度即为各污水处理厂设备设施的操作难易程度，以此作为衡量管理效益的重要标尺。

②管理安全性。

在进行污水处理时，人工操作的成分很多、污水处理工艺防护措施不周全等原因，都可能导致安全事故，增加管理负担。

③设施设备完好率。

此指标是衡量企业对设备维护成效的关键参数，它与污水处理项目的运营管理水平紧密相连。通常而言，若项目运营管理水平较高，其设施设备完好率也相应提升，这不仅彰显了良好的维护状况，还有效减轻了管理过程中的负担，促进了项目的高效稳定运行。

(5) 社会效益。

社会效益评价体系的构建，对于全面衡量污水处理项目的综合效益至关重要。鉴于污水处理项目本质上属于具有显著外部效应的公共投资范畴，其投资成效不仅体现在经济效益上，更深刻地反映在社会效益的多个维度。因此，社会效益评价指标体系需着重考量污水削减量、居民健康福祉的改善、环境美学价值与舒适度的提升、居民满意度的变化以及项目对当地水资源环境的积极影响，从而实现对项目社会效益的全面、深入评估。

9.3.2 水项目投资决策评价方法

鉴于污水处理项目综合效益评价的复杂性，其指标体系融合了主观与客观双重维度的指标，且部分指标蕴含着显著的模糊性特征。为确保评价的全面性与准确性，评价指标的筛选需严格遵循定性与定量分析相结合的原则。基于此，在甄选综合效益评价方法时，我们应综合考量以下七种常用的评估手段，以期达到科学、合理的评价效果。

9.3.2.1 数据包络分析

数据包络分析（DEA），作为一种先进的分析技术，其核心在于精确考量多种资源（投入）的利用与多种服务（产出）的生成情况，旨在对提供相似服务的多个单位之间的效率进行深度比较。鉴于 DEA 方法通过系统性地分析多维度的投入指标（也称输入指标）与产出指标（或称输出指标），来评估同类型组织（如企业、部门）间的相对效率，它自然蕴含了多指标综合评价所必需的关键要素，堪称一种"独树一帜的综合评价手段"。DEA 不仅具备对同类型决策单元相对绩效进行有效排序与评估的能力，更能深入剖析非 DEA 有效单元的具体原因及潜在的改进路径，为决策者提供极具价值的管理洞察与策略建议。尤为值得一提的是，DEA 巧妙地绕过了直接计算每项服务标准成本的复杂性，它通过巧妙地将多样化的投入与产出转化为效率比率的组成部分（即分子与分母），而无须统一至货币单位，从而实现了效率评估的直观与精准。因此，相较于单一的经营比率或利润指标，DEA 在衡量效率时能够更全面地展现投入与产出的综合关系，其结论因而更加综合、可靠且值得信赖。

9.3.2.2 层次分析法

层次分析法（AHP）是一种系统性的多目标决策工具，它旨在将复杂的决策问题拆解为层次分明的结构体系。该方法首先将总体目标细化为多个子目标或评判标准，随后进一步细化为多个具体指标或约束条件，构建成一个多层次框架。通过运用从定性到定量的模糊量化技术，计算出各层次的局部权重排序（即权数）及整体权重排序，从而为多目标、多方案的选择提供科学的决策依据。在具体实施过程中，层次分析法遵循从总目标出发，逐级向下分解至各层级子目标、评价准则，直至最终的备选方案，形成清晰的层次结构。其次，利用判断矩阵的特征向量求解方法，确定每一层级中元素相对于其上一级元素的相对重要性权重。这一过程层层递进，直至将所有备选方案对总目标的最终权重计算出来。最后，根据这些权重值的大小，可以明确判断哪个方案在综合考虑各因素后表现最优，即为所求的最优方案。

9.3.2.3 灰色关联分析法

灰色关联分析法，这一由邓聚龙教授在 1982 年提出的理论框架，专注于解析信息模糊与不完整系统内部的关联性，旨在揭示影响系统动态演变趋势的关键因素，并精准捕捉事物变迁的核心特征。其核心逻辑在于，将待评估的工艺方案视作数据序列集，运用灰色关联度（GRD）这一度量标准，量化各方案序列与理想（或标准）工艺方案序列在曲线形态上的相似度。具体而言，若两序列曲线形态高度吻合，则它们之间的灰色关联度值高，预示该备选工艺方案表现优异；反之，则表明其性能相对较差。此外，灰色关联分析法还作为一种量化描述与比较系统发展态势变化的工具，当选取最优状态作为参照点时，关联度的高低直接反映了其他状态与该最优状态的接近程度。值得注意的是，灰色关联度本身不区分正负方向，这可能导致无论是高于还是低于参考序列的数据序列，均可能呈现出相似的关联度值。在工艺方案优选的应用场景中，这一特性可能导致性能优劣截然不同的方案与理想方案之间展现出相似的关联度，尽管评估基于各方案因素指标的最佳值，但关联度方向性的不确定性仍可能导致评估结果的偏差。因此，在应用灰色关联分析法时，需审慎考虑其局限性，并结合其他评价方法以确保决策的科学性与准确性。

9.3.2.4 神经网络分析法

神经网络分析法，根植于神经心理学与认知科学的深厚土壤，经由数学方法的精心雕琢，演变成为一种兼具高度并行处理、自我学习及强大容错机制的数据处理方法。其本质上是通过工程手段模拟并再现自然神经网络的结构与功能特性，展现出并行信息处理、分布式存储信息、自我组织与适应、卓越的学习联想机制以及出色的容错能力等显著优势。人工神经网络，经由对大量样本的深入学习与训练，能够精准捕捉并记忆复杂时空关系中的客观规律，展现出以任意精度逼近任意非线性连续函数的非凡能力，这一过程充分体现了其自组织、自学习、自适应的智能特性。鉴于上述特性，神经网络在处理非线性数据及噪声数据方面展现出得天独厚的优势，尤其擅长应对预测、分类、评估匹配、识别等一系列复杂问题。因此，人工神经网络在人工智能、模式识别、分类鉴定、数据分析、经济预测、市场趋势分析、金融走势预测、过程优化控制、医学诊断、环境保护等众多领域均得到了广泛而深入的应用，成为推动这些领域技术进步与创新的重要力量。

9.3.2.5 实物期权法

相较于金融期权，实物期权作为其在实物（非金融性）资产领域的拓展应用，深刻融入了灵活性、不确定性和不可逆性等投资决策要素。其关注的核心资产由股票、债券及期货等金融工具转变为具体的投资项目。实物期权理论视项目运作为一个灵活多变的动态过程，要求持续调整策略以应对变化。在项目投资决策实践中，实物期权方法借鉴了金融期权的定价模型，核心观点在于：项目总价值应涵盖传统净现值（NPV）与项目内含选择权价值的总和。这一框架重新定义了投资项目的估值方式，不再单一依赖于 NPV 的正值判断，而是深入探索并量化项目中隐含的实物期权价值，从而更全面地评估项目潜力。为实现实物期权的精确定价，主要依赖于二叉树模型和布莱克－斯科尔斯（B-S）模型两种分析工具。二叉树模型通过构建决策树，直观展示标的资产价值在未来可能的变化路径，利用价值回溯法计算期权价值，适用于复杂情境下的实物期权定价，但数据处理量较大。相比之下，B-S 模型作为二叉树模型的一种简化形式，虽应用范围稍窄，却以其对数据需求较少、操作便捷的特点，成为另一种实用的定价工具。

9.3.2.6 模糊综合评价法

模糊性，作为某些事物或概念固有的特性，体现为界限的不明确性，这种不清晰并非源自主观认知的局限，而是事物本质中差异间自然过渡的产物，是客观世界复杂性的体现。在面对复杂系统难以用精确数值量化时，模糊综合评价法应运而生，它借助模糊数学理论，对多因素影响的对象进行整体评估，成为风险评价领域的一种有效手段。

该法摒弃了传统"非黑即白"的逻辑框架，转而采用隶属度这一核心概念，对复杂现象进行更为细腻、客观的刻画。尽管隶属函数的构建过程中不可避免地融入了人的主观理解，但它仍是基于模糊现象本质特征的量化尝试，具备一定的科学合理性。模糊综合评价法巧妙融合了定量分析的严谨与定性描述的灵活性，通过模糊化处理难以精确量化的成分，实现了评价过程中定性与定量的和谐统一，有效应对了评价过程中的模糊性挑战。鉴于综合评价体系中部分因素评估的主观性和模糊性，直接应用统计学方法确定其确切值显得尤为困难。模糊综合评价法正是基于模糊数学的变换原理及累积隶属度原则，全面考量与评价对象相关的多维度因素，通过综合专家及评价者的经验与智慧，实现了一种既包含经济量化指标又兼顾非经济定性描述的综合分析方法。此方法显著增强了评价的全面覆盖与精准度，成为应对复杂系统评估挑战时不可或缺的高效工具，助力决策更加科学、全面。

9.3.2.7 模糊层次分析法

模糊层次分析法是层次分析法与模糊综合评价法深度融合的产物，其核心在于将复杂的评价指标体系系统化为递进的层次结构，进而逐层明确各层级内指标的相对权重。随后，运用模糊数学原理对各层次进行详尽的综合评判，最终汇聚成对整体目标的全面评价。该模型架构精巧，由四大关键组件构成：一是因素集，即评价体系的各项指标集合；二是权重集，代表各因素在评价体系中的重要程度；三是评语集，用于量化评价结果的等级划分；四是模糊关系运算，作为连接各元素并执行综合评价的核心机制。通过这一模型，模糊层次分析法能够更为科学、系统地处理含有模糊性和不确定性因素的复杂决策问题。其应用过程如下。

①确定因素集，即由评价因素组成的集合或因素之间的递阶层次关系。

②构建权重体系，作为衡量各指标要素相对重要性的综合集合，我们运用层次分析法来达成这一目标。具体而言，AHP通过评价指标间的两两比较，基于它们之间的重要性关系构建判断矩阵。随后，采用特征值求解技术从该矩阵中导出各评价指标的权重系数。所谓判断矩阵，即针对上一层次因子，本层次因子与有关因素之间的相对重要性程度比较。

③建立评语集，表示评价目标优劣程度的集合。

④模糊综合评价。

9.3.3 基于TOPSIS方法的水项目投资评价决策模型

9.3.3.1 水项目评价指标的确定

在深入研究污水处理项目综合效益预测与评价体系的基础上，我们将其庞大的综合效益系统细致地解构为多个相互关联的子系统，进而构建了一个层次清晰、逐步递进的架构体系。此体系涵盖了环境效益、技术效益、管理效益、经济效益以及社会效益五大核心一级指标，并在此基础上细化为20项具体的二级指标，共同构成了一个层次分明、结构严谨的评价模型。这一模型旨在全面而系统地评估污水处理项目的综合效益，确保评价的准确性和科学性，如表9-6所示。

表9-6　　　　污水处理项目综合效益评价指标体系

准则层（B层）	指标层（C层）	评价指标预测途径
经济效益（B_1）	单位污染处理成本（C_1）	项目投资方案
	单位处理量的运营总费用（C_2）	项目投资方案
	劳动生产率（C_3）	项目投资方案推算
	再生水成本收益率（C_4）	项目投资方案推算
环境效益（B_2）	污泥二次污染程度（C_5）	根据现有资料推算
	环境质量改善程度（C_6）	根据现有资料推算
	生态改善度（C_7）	根据现有资料推算
	外部环境损失减少额（C_8）	项目投资方案推算
技术效益（B_3）	单位投资的污水（设计）处理量（C_9）	项目投资方案
	污水处理能力利用率（C_{10}）	项目投资方案推算
	再生水处理达标率（C_{11}）	现有工艺调查
	单位投资的水资源节约量（C_{12}）	项目投资方案推算
管理效益（B_4）	污水设备操作难易度（C_{13}）	现有工艺调查
	管理安全性（C_{14}）	现有工艺调查
	设施设备完好率（C_{15}）	现有工艺调查
社会效益（B_5）	污水减少量（C_{16}）	项目投资方案
	对居民健康的影响（C_{17}）	项目投资方案推算
	环境美感与舒适度的变化（C_{18}）	项目投资方案推算
	居民满意度（C_{19}）	项目投资方案推算
	对当地水资源的影响（C_{20}）	项目投资方案

9.3.3.2　指标权重的确定——最大偏差法

在构建的污水处理项目综合效益评价指标体系的基础上，我们将通过最大偏差法确定相关指标权重,具体方案数据值如表9-7所示。

表9-7 m个方案在n维属性的数据值

方案	属性：B_1	属性：B_2	…	属性：B_n
方案：A_1	Z_{11}	Z_{12}	…	Z_{1n}
方案：A_2	Z_{21}	Z_{22}	…	Z_{2n}
⋮	⋮	⋮	⋮	⋮
方案：A_m	Z_{m1}	Z_{m2}	…	Z_{mn}

如表9-7所示,A_1,A_2,…,A_m是m个备选方案,B_1,B_2,…,B_n为其每个备选方案的n维属性,$Z_{ij}(i=1,2,…,m;j=1,2,…,n)$是属性$B_j(j=1,2,…,n)$下$A_i(i=1,2,…,m)$备选方案的性能值,在做决定之前重新无量纲化,以消除不同的量纲和量纲单位。属性B_j的权重由w_j表示,它满足$\sum_{i=1}^{n}w_{ij}=1$以及$0 \leq w_{ij} \leq 1$。对于任意一个属性B_j,备选方案A_i相对于其他所有备选方案的偏差可以定义为：

$$V_{ij}(w) = \sum_{k=1}^{m}|Z_{ij}-Z_{kj}|w_j, i=1,2,…,m; j=1,2,…,n \quad (9-13)$$

设

$$V_j = \sum_{i=1}^{m}V_{ij}(w) = \sum_{k=1}^{m}|Z_{ij}-Z_{kj}|w_j, i=1,2,…,m; j=1,2,…,n$$

$$(9-14)$$

$V_j(w)$表示属性B_j中其他备选方案的所有备选方案的偏差值。应该选择权向量$w=(w_1,w_2,…,w_n)$来最大化所有准则的偏差值。

如果属性权重信息不完全已知,则H是已知权重信息的集合,可构造如下非线性规划模型：

$$\max V_j = \sum_{j=1}^{n}\sum_{i=1}^{m}V_{ij}(w) = \sum_{j=1}^{n}\sum_{i=1}^{m}\sum_{k=1}^{m}|Z_{ij}-Z_{kj}|w_j, i=1,2,…,m; j=1,2,…,n$$

$$(9-15)$$

$$w \in H, 0 \leq w_j, \sum_{j=1}^{n}w_j=1, j=1,2,…,n$$

通过对模型的求解，得到了作为准则权向量的最优解 w = (w_1, w_2, ⋯, w_n)。

如果属性权重完全未知，可以建立另一个计算模型：

$$\max V_j = \sum_{j=1}^{n}\sum_{i=1}^{m}V_{ij}(w) = \sum_{j=1}^{n}\sum_{i=1}^{m}\sum_{k=1}^{m}|Z_{ij} - Z_{kj}|w_j, i = 1,2,\cdots,m; j = 1,2,\cdots,n \quad (9-16)$$

$$w \in H, 0 \leq w_j, \sum_{j=1}^{n} w_j^2 = 1, j = 1,2,\cdots,n$$

为了求解该模型，构造拉格朗日函数：

$$L(w,\lambda) = \sum_{j=1}^{n}\sum_{i=1}^{m}\sum_{k=1}^{m}|Z_{ij} - Z_{kj}|w_j + \frac{\lambda}{2}\left(\sum_{j=1}^{n} w_j^2 - 1\right) \quad (9-17)$$

λ 为拉格朗日乘数。

求 L(w, λ) 对 w_j(j=1, 2, ⋯, n) 和 λ 的偏导，令这些偏导为零，得到以下方程：

$$\frac{\partial L}{\partial w_j} = \sum_{i=1}^{m}\sum_{k=1}^{m}|Z_{ij} - Z_{kj}|w_j + \lambda w_j = 0 \quad (9-18)$$

$$\frac{\partial L}{\partial \lambda} = \sum_{j=1}^{n} w_j^2 - 1 = 0 \quad (9-19)$$

等式求解得到：

$$\tilde{w} = \frac{\sum_{i=1}^{m}\sum_{k=1}^{m}|Z_{ij} - Z_{kj}|}{\sqrt{\sum_{j=1}^{n}\left[\sum_{i=1}^{m}\sum_{k=1}^{m}|Z_{ij} - Z_{kj}|\right]^2}} \quad (9-20)$$

通过标准化 $\tilde{w}_j$(j=1, 2, ⋯, n) 为一个单位，得到：

$$w_j^* = \frac{\sum_{i=1}^{m}\sum_{k=1}^{m}|Z_{ij} - Z_{kj}|}{\sqrt{\sum_{j=1}^{n}\left[\sum_{i=1}^{m}\sum_{k=1}^{m}|Z_{ij} - Z_{kj}|\right]}} \quad (9-21)$$

w_j^* 是属性 B_j 的最优权重值。

9.3.3.3 指标评语集及问卷调查

(1) 综合效益预测评价指标层的所有指标分类及其定义。

在污水处理项目综合效益预测评价体系的构建中,指标层(也称 C 层)的各项指标依据其数据获取途径的差异,可细分为投资方案导向型指标与现状调研型指标两大类别。

投资方案导向型指标,顾名思义,是直接依据企业污水处理投资方案的具体内容而设定的评价指标,它们紧密关联于投资规划的实施效果。此类指标涵盖但不限于单位污水处理成本、运营总费用(基于单位处理量)、劳动生产率、再生水成本效益分析、单位投资对应的污水处理设计能力及实际污水处理利用率等,全面反映投资方案的经济性与技术效率。

而现状调研型指标,则是指那些无法直接通过投资条件预设,而需通过实际运营状况调研与评估得出的评价指标。这类指标聚焦于污水处理工艺的运行效能与项目管理水平,包括但不限于污泥二次污染控制水平、环境及生态改善成效等多个维度,旨在准确衡量项目在环境保护、社会效益及可持续发展方面的贡献(见表 9 – 8)。

表 9 – 8　　　　　　　　综合效益评价指标分类

指标层(C 层)	类别一	指标层(C 层)	类别二
单位污染处理成本(C_1)	投资方案	污泥二次污染程度(C_5)	现状调查
单位处理量的运营总费用(C_2)	投资方案	环境质量改善程度(C_6)	现状调查
劳动生产率(C_3)	投资方案	生态改善度(C_7)	现状调查
再生水成本收益率(C_4)	投资方案	再生水处理达标率(C_{11})	现状调查
外部环境损失减少额(C_8)	投资方案	污水设备操作难易度(C_{13})	现状调查
单位投资的污水(设计)处理量(C_9)	投资方案	管理安全性(C_{14})	现状调查
污水处理能力利用率(C_{10})	投资方案	设施设备完好率(C_{15})	现状调查
单位投资的水资源节约量(C_{12})	投资方案	对居民健康的影响(C_{17})	现状调查
污水减少量(C_{16})	投资方案	环境美感与舒适度的变化(C_{18})	现状调查
工艺先进性 C_{19}	投资方案	对当地水资源的影响(C_{20})	现状调查

(2) 单因素评价。

单因素评价集构成了综合评价体系的基石,其精细程度直接影响污水处理项目综合效益评估的准确性。在构建此评价集时,细化评价语的等级划分是提高评估精度的关键策略。一般而言,设定 3~5 个评价等级较为适宜,既能保持评估的详尽性,又避免了过于烦琐。鉴于企业污水处理系统的复杂性,部分因素的评价标准难以直接界定,过于简化的评价语设置可能削弱对评估结果的精准把握。因此,结合企业污水处理的具体特性,我们优选了五个评价等级,分别是"优秀""良好""一般""较差""很差",作为单因素评价的定性描述。随后,依据污水处理厂各项指标的统计数据分析,我们进一步确立污水处理项目综合效益单因素评价的定性与定量标准,确保评估体系的科学性与合理性,如表 9-9 所示。

表 9-9 评价指标

指标	评价标准作用分值					
	优秀 $90 < C_i \leq 100$	良好 $80 < C_i \leq 90$	一般 $70 < C_i \leq 80$	较差 $60 < C_i \leq 70$	很差 $0 < C_i \leq 60$
单位污染处理成本(C_1)	很低	低	一般	偏高	非常高
单位处理量的运营总费用(C_2)	节约	较节约	一般	偏高	非常高
劳动生产率(C_3)	很高	高	正常	低	很低
再生水成本收益率(C_4)	很高	高	正常	低	很低
污泥二次污染程度(C_5)	很高	高	正常	低	很低
环境质量改善程度(C_6)	很好	好	一般	差	很差
生态改善度(C_7)	很好	好	一般	差	很差
外部环境损失减少额(C_8)	很高	高	正常	低	很低
单位投资的污水(设计)处理量(C_9)	很高	高	正常	低	很低
污水处理能力利用率(C_{10})	很高	高	一般	低	很低
再生水处理达标率(C_{11})	很高	高	一般	低	很低
单位投资的水资源节约量(C_{12})	节约	较节约	一般	偏低	非常低
设备操作难易度(C_{13})	很容易	容易	正常	难	很难
管理安全性(C_{14})	很好	好	一般	差	很差
设施设备完好率(C_{15})	很高	高	正常	低	很低

续表

指标	评价标准作用分值				
	优秀 $90 < C_i \leq 100$	良好 $80 < C_i \leq 90$	一般 $70 < C_i \leq 80$	较差 $60 < C_i \leq 70$	很差 $0 < C_i \leq 60$
污水减少量（C_{16}）	很多	多	正常	低	很低
对周围居民健康的影响（C_{17}）	很高	高	正常	低	很低
环境美感与舒适度的变化（C_{18}）	很明显	明显	一般	低	很低
居民满意度（C_{19}）	很满意	满意	正常	不满意	很不满意
当地水资源影响（C_{20}）	很高	高	一般	低	很低

（3）问卷调查。

在构建评语集的基础上，我们实施了针对性的问卷调查策略：对于现状类评价指标，直接采用了问卷调查的方式收集数据；而针对投资方案类指标，则采取了一种类问卷调查的处理方法，其数据依据具体的投资方案间接获取。特别地，对于吨水运营成本这一关键指标，我们依据污水运营成本的评估结果，同样采取了类问卷调查的灵活处理方式。通过上述综合手段，我们成功获取了关于经济效益、环境效益、技术效能、管理绩效以及社会贡献等多维度的直觉模糊数值，为后续的深入分析奠定了坚实基础。

（4）直觉模糊 TOPSIS 方法。

在构建综合评价体系时，各项指标涉及不同的计量单位和量级，直接导致了评价过程中的非公度性问题，为系统的整体评估带来了挑战。为确保评估结果能够真实反映实际情况，并消除因单位或数值量级差异过大可能导致的偏颇与不合理现象，我们有必要对污水处理领域的各项评价指标实施无量纲化处理。这一过程旨在统一度量标准，确保各项指标在评价框架内具有可比性和一致性，从而为综合评价提供更加坚实的数据基础。

①建立直觉模糊决策矩阵。

在过程开始之前，通常需要对备选方案以及标准进行定义。设 A 是一组备选方案，A = (A_1, A_2, …, A_n)。设 B 是方案评价的标准，B = {B_1, B_2, …, B_n}，它包含了两个不相交的集合，B^+ 和 B^-，B^+ 是效益标准集合，B^- 是成本标准集合，满足 $B^+ \subseteq B$，$B^- \subseteq B$，$B^+ \cap B^- = \emptyset$。然后我们以直觉

模糊数 $\tilde{a}_{ij} = (\mu_{ij}, \nu_{ij})(i=1, 2, \cdots, m; j=1, 2, \cdots, n)$ 的形式获得 n 个条件下 m 个替代方案的性能数据。其中 $\mu_{ij} \in [0, 1]$ 是方案 A_i 下满足标准 B_j 的隶属度，$\nu_{ij} \in [0, 1]$ 则是方案 A_i 下满足标准 B_j 的非隶属度。直觉模糊数 $\pi_{ij} = 1 - \mu_{ij} - \nu_{ij}$ 表示决策者对备选方案 A_i 相对于标准 B_j 的犹豫度。

$$D = (\tilde{a}_{ij})_{m \times n} = \begin{array}{c} \\ A_1 \\ A_2 \\ \cdots \\ A_m \end{array} \begin{pmatrix} B_1 & B_2 & \cdots & B_n \\ \tilde{a}_{11} & \tilde{a}_{12} & \cdots & \tilde{a}_{1n} \\ \tilde{a}_{21} & \tilde{a}_{22} & \cdots & \tilde{a}_{2n} \\ \cdots & \cdots & \cdots & \cdots \\ \tilde{a}_{m1} & \tilde{a}_{m2} & \cdots & \tilde{a}_{mn} \end{pmatrix} \quad (9-22)$$

②基于直觉模糊数，计算每个属性的正理想解 $\tilde{a}^+ = (\tilde{a}_1^+, \tilde{a}_2^+, \cdots, \tilde{a}_n^+)$ 以及负理想解 $\tilde{a}^- = (\tilde{a}_1^-, \tilde{a}_2^-, \cdots, \tilde{a}_n^-)$，通常情况下，$a_j^+$ 和 a_j^- 由如下公式计算得出。

$$a_j^+ = \begin{cases} (\max_{1 \leq i \leq m}\{\mu_{ij}\}, \min_{1 \leq i \leq m}\{\nu_{ij}\}) = \{\mu_j^+, \nu_j^+\}, \text{if } B_j \in B^+ \\ (\min_{1 \leq i \leq m}\{\mu_{ij}\}, \max_{1 \leq i \leq m}\{\nu_{ij}\}) = \{\mu_j^+, \nu_j^+\}, \text{if } B_j \in B^- \end{cases}$$
$$(9-23)$$

$$\tilde{a}_j^- = \begin{cases} (\min_{1 \leq i \leq m}\{\mu_{ij}\}, \max_{1 \leq i \leq m}\{\nu_{ij}\}) = \{\mu_j^+, \nu_j^+\}, \text{if } B_j \in B^+ \\ (\max_{1 \leq i \leq m}\{\mu_{ij}\}, \min_{1 \leq i \leq m}\{\nu_{ij}\}) = \{\mu_j^+, \nu_j^+\}, \text{if } B_j \in B^- \end{cases}$$
$$(9-24)$$

其中，B^+ 表示收益标准集，B^- 表示成本标准集，$1 \leq j \leq n$。

③分别计算 a_j^+ 和 $\tilde{a}_j^-$ 之间的直觉模糊距离，然后可以得到两个直觉模糊距离矩阵，如下所示：

$$D^+ = (d(\tilde{a}_{ij}, \tilde{a}_j^+))_{m \times n} = \begin{array}{c} \\ A_1 \\ A_2 \\ \cdots \\ A_m \end{array} \begin{pmatrix} B_1 & B_2 & \cdots & B_n \\ d(\tilde{a}_{11}, \tilde{a}_1^+) & d(\tilde{a}_{12}, \tilde{a}_2^+) & \cdots & d(\tilde{a}_{1n}, \tilde{a}_n^+) \\ d(\tilde{a}_{21}, \tilde{a}_2^+) & d(\tilde{a}_{22}, \tilde{a}_2^+) & \cdots & d(\tilde{a}_{2n}, \tilde{a}_n^+) \\ \cdots & \cdots & \cdots & \cdots \\ d(\tilde{a}_{m1}, \tilde{a}_1^+) & d(\tilde{a}_{m2}, \tilde{a}_2^+) & \cdots & d(\tilde{a}_{mn}, \tilde{a}_n^+) \end{pmatrix}$$
$$(9-25)$$

$$D^- = (d(\tilde{a}_{ij}, \tilde{a}_j^-))_{m \times n} = \begin{matrix} & B_1 & B_2 & \cdots & B_n \\ A_1 & d(\tilde{a}_{11}, \tilde{a}_1^-) & d(\tilde{a}_{12}, \tilde{a}_2^-) & \cdots & d(\tilde{a}_{1n}, \tilde{a}_n^-) \\ A_2 & d(\tilde{a}_{21}, \tilde{a}_2^-) & d(\tilde{a}_{22}, \tilde{a}_2^-) & \cdots & d(\tilde{a}_{2n}, \tilde{a}_n^-) \\ \cdots & \cdots & \cdots & \cdots & \cdots \\ A_m & d(\tilde{a}_{m1}, \tilde{a}_1^-) & d(\tilde{a}_{m2}, \tilde{a}_2^-) & \cdots & d(\tilde{a}_{mn}, \tilde{a}_n^-) \end{matrix}$$

(9-26)

④由于 $d(\tilde{a}_{ij}, \tilde{a}_j^-)$ 越大，性能数据 $\tilde{a}_{ij}$ 越好，$d(\tilde{a}_{ij}, \tilde{a}_j^+)$ 越小，性能数据 $\tilde{a}_{ij}$ 越好。因此，我们构造了直观的综合直觉模糊距离矩阵 $D^* = D^- - D^+$，其形式为：

$$D^* = (Z_{ij}^*)_{m \times n} = \begin{matrix} & B_1 & B_2 & \cdots & B_n \\ A_1 & Z_{11}^* & Z_{12}^* & \cdots & Z_{1n}^* \\ A_2 & Z_{21}^* & Z_{22}^* & \cdots & Z_{2n}^* \\ \cdots & \cdots & \cdots & \cdots & \cdots \\ A_m & Z_{m1}^* & Z_{m2}^* & \cdots & Z_{mn}^* \end{matrix}$$

(9-27)

Z_{ij}^* 越大，说明 $\tilde{a}_{ij}$ 性能数据越好。

⑤确定每个标准的权重，w_j^* ($j = 1, 2, \cdots, n$)。如上所述，本章使用最大偏差法来确定每个标准的权重。在这种方法中，决策者从数据本身的可变性中获得标准的权重。前文已经介绍了计算过程。

⑥计算每个备选方案的加权直觉模糊距离度量，表示为：

$$D_i = \sum_{i=1}^{n} w_j^* Z_{ij}^*, i = 1, 2, \cdots, m \qquad (9-28)$$

⑦根据 $\tilde{D}_i$ 的值对各个备选方案进行排序。$\tilde{D}_i$ 的值越大，备选方案 A_i 就越好。

9.4 案例应用——以 X 企业污水处理项目为例

9.4.1 污水处理项目基本情况介绍

×县×企业拟于20××年启动一项基于PPP模式的污水处理项目投资计

划,旨在构建一座集污水统一收集与处理功能于一体的现代化设施。此项目规划了为期两年的建设周期,其间采取年初等额资金投入策略,并设定了长达 20 年的设计运营期。值得注意的是,核心污水处理设备的使用寿命被设定为 10 年,意味着在整个运营周期内将需进行一轮全面的设备更新,以确保设施的高效运行。当运营期满首个十年之际,项目将移交政府接管,为此,项目预算中已预先规划了用于设备全面更新的专项资金,旨在恢复设施至初始最佳运行状态。项目核心涵盖了一系列先进的污水处理设备及构筑物,如精细格栅、沉砂单元、生物处理池、二次沉淀池、带式压滤装置、高效污泥脱水系统、鼓风机组以及污泥回流泵站等,这些构成了一个完整且高效的污水处理流程。此外,项目还着眼于资源循环利用,通过对污泥进行浓缩、脱水及压滤处理后实施外运无害化处置,同时,为满足当地日益增长的用水需求,三种投资方案均预估能分别达到约 15%、22% 及 28% 的污水回用率,有效促进了水资源的节约与再利用。对该工程项目投资方案初步筛选出三种投资方案,如表 9-10 所示。

表 9-10　　　　　　　　项目投资方案规划信息

方案	投资额（万元）	占地面积（亩）	耗电量（度/m^3）	药剂费（元/m^3）	污泥处置费（元/m^3）	人员数量（技术/生产）	设计规模（m^3/日）
方案一（A_1）	11 000	70	0.6	0.1	0.2	40 (5/35)	40 000
方案二（A_2）	12 800	50	0.4	0.1	0.1	30 (3/27)	45 000
方案三（A_3）	13 650	45	0.3	0.1	0.1	25 (3/22)	50 000

经过调查可知：

(1) 企业投资的污水处理项目的收益为 3 元/m^3;

(2) 生产人员每年的人均工资及福利费为 30 000 元,技术人员每年的人均工资及福利费为 40 000 元;

(3) 固定资产大致分为房屋及建筑物和机器设备,占总投资额的 70%,其中房屋建筑物占 50%,折旧年限为 20 年;机器设备占 20%（其中前十年消耗 10%,后十年消耗 10%）,折旧年限为 10 年,按直线法计提折旧,净残值均为 0;无形资产占总投资额的 30%,摊销年限为 20 年,按直线法进行摊销;

（4）该企业所在地的电价为 1 元/度；

（5）日常维修费按固定资产投资的 0.5% 计提；

（6）管理费用按生产成本的 6% 计提；

（7）折现率为 6%；

（8）企业所得税税率为 25%。

9.4.2 传统财务视角下投资决策模型应用

9.4.2.1 静态分析方法

（1）投资回收期。

方案一（A_1）：

营业收入 = 40 000 × 365 × 3 = 4 380（万元）

生产成本 = 40 000 × 365 × (0.6 × 1 + 0.1 + 0.2) + 30 000 × 35 + 40 000 × 5 = 1 439（万元）

管理费用 = 1 439 × 6% = 86.34（万元）

日常维修费 = 11 000 × 60% × 0.5% = 33（万元）

固定资产折旧 = 11 000 × 50% ÷ 20 + 11 000 × 10% ÷ 10 = 385（万元）

无形资产摊销 = 11 000 × 30% ÷ 20 = 165（万元）

项目建成投产后除第 11 年外年净现金流量 = (4 380 − 1 439 − 86.34 − 33 − 385 − 165) × (1 − 25%) + (385 + 165) = 2 253.745（万元）

第 11 年年净现金流量 = 1 153.745（万元）

投资回收期 = 2 + 11 000 ÷ 2 253.745 ≈ 6.88（年）

方案二（A_2）：

营业收入 = 45 000 × 365 × 3 = 4 927.5（万元）

生产成本 = 45 000 × 365 × (0.4 + 0.1 + 0.1) + 40 000 × 3 + 27 × 30 000 = 1 078.5（万元）

管理费用 = 1 078.5 × 6% = 64.71（万元）

日常维修费 = 12 800 × 60% × 0.5% = 38.4（万元）

固定资产折旧 = 12 800 × 50% ÷ 20 + 12 800 × 10% ÷ 10 = 448（万元）

无形资产摊销 = 12 800 × 30% ÷ 20 = 192（万元）

项目建成投产后除第 11 年外年净现金流量 =（4 927.5 - 1 078.5 - 64.71 - 38.4 - 448 - 192）×（1 - 25%）+（448 + 192）= 2 969.4175（万元）

第 11 年年净现金流量 = 1 689.4175（万元）

投资回收期 = 2 + 12 800 ÷ 2 969.4175 ≈ 6.31（年）

方案三（A_3）：

营业收入 = 50 000 × 365 × 3 = 5 475（万元）

生产成本 = 50 000 × 365 ×（0.3 + 0.1 + 0.1）+ 40 000 × 3 + 22 × 30 000 = 990.5（万元）

管理费用 = 990.5 × 6% = 59.43（万元）

日常维修费 = 13 650 × 60% × 0.5% = 40.95（万元）

固定资产折旧 = 13 650 × 50% ÷ 20 + 13 650 × 10% ÷ 10 = 477.75（万元）

无形资产摊销 = 13 650 × 30% ÷ 20 = 204.75（万元）

项目建成投产后除第 11 年外年净现金流量 =（5 475 - 990.5 - 59.43 - 40.95 - 477.75 - 204.75）×（1 - 25%）+（477.75 + 204.75）= 3 458.715（万元）

第 11 年年净现金流量 = 2 093.715（万元）

投资回收期 ≈ 5.95（年）

通过对比投资回收期，方案三回收期限最短，因此方案三最优。

（2）投资报酬率法。

方案一（A_1）：投资报酬率 =（2 253.745 - 385 - 165）÷ 11 000 × 100% ≈ 15.49%

方案二（A_2）：投资报酬率 =（2 969.4175 - 448 - 192）÷ 12 800 × 100% ≈ 18.20%

方案三（A_3）：投资报酬率 =（3 458.715 - 477.75 - 204.75）÷ 13 650 × 100% ≈ 20.34%

该方法显示，方案三（A_3）为最优决策。

9.4.2.2 动态分析方法

（1）内部收益率法。

方案一（A_1）：

NPV = $-4\,950 - 4\,950 \times (P/F, i, 1) + 2\,253.745 \times (P/A, i, 10) \times (P/F, i, 2) + 1\,153.745 \times (P/F, i, 12) + 2\,253.745 \times (P/A, i, 9) \times (P/F, i, 13) = 0$

IRR = 19.88%

方案二（A_2）：

NPV = $-5\,760 - 5\,760 \times (P/F, i, 1) + 2\,969.4175 \times (P/A, i, 10) \times (P/F, i, 2) + 1\,689.4175 \times (P/F, i, 12) + 2\,969.4175 \times (P/A, i, 9) \times (P/F, i, 13) = 0$

IRR = 22.53%

方案三（A_3）：

NPV = $-6\,142.5 - 6\,142.5 \times (P/F, i, 1) + 3\,458.715 \times (P/A, i, 10) \times (P/F, i, 2) + 2\,093.715 \times (P/F, i, 12) + 3\,458.715 \times (P/A, i, 9) \times (P/F, i, 13) = 0$

IRR = 24.55%

该方法显示，方案三（A_3）最优。

（2）净现值法。

$(P/F, 6\%, 1) = 0.943$，$(P/A, 6\%, 10) = 7.36$，$(P/F, 6\%, 13) = 0.468$，$(P/A, 6\%, 9) = 6.801$

方案一（A_1）：

$NCF_0 = -4\,950$

$NCF_1 = -4\,950$

$NCF_2 = 0$

$NCF_{3-12} = 2\,253.745$

$NCF_{13} = 2\,253.745 - 1\,100 = 1\,153.745$

$NCF_{14-22} = 2\,253.745$

NPV = $-4\,950 - 4\,950 \times (P/F, 6\%, 1) + 2\,253.745 \times (P/A, 6\%, 10) \times (P/F, 6\%, 2) + 1\,153.745 \times (P/F, 6\%, 12) + 2\,253.745 \times (P/A, 6\%, 9) \times (P/F, 6\%, 13) = 14\,220.58$（万元）

方案二（A_2）：

$NCF_0 = -5\ 760$

$NCF_1 = -5\ 760$

$NCF_2 = 0$

$NCF_{3-12} = 2\ 969.4175$

$NCF_{13} = 2\ 969.4175 - 1\ 280 = 1\ 689.4175$

$NCF_{14-22} = 2\ 969.4175$

$NPV = -5\ 760 - 5\ 760 \times (P/F, 6\%, 1) + 2\ 969.4175 \times (P/A, 6\%, 10) \times (P/F, 6\%, 2) + 1\ 689.4175 \times (P/F, 6\%, 12) + 2\ 969.4175 \times (P/A, 6\%, 9) \times (P/F, 6\%, 13) \approx 20\ 301.03$（万元）

方案三（A_3）：

$NCF_0 = -6\ 142.5$

$NCF_1 = -6\ 142.5$

$NCF_2 = 0$

$NCF_{3-12} = 3\ 458.715$

$NCF_{13} = 3\ 458.715 - 1\ 365 = 2\ 093.715$

$NCF_{14-22} = 3\ 458.715$

$NPV = -6\ 142.5 - 6\ 142.5 \times (P/F, 6\%, 1) + 3\ 458.715 \times (P/A, 6\%, 10) \times (P/F, 6\%, 2) + 2\ 093.715 \times (P/F, 6\%, 12) + 3\ 458.715 \times (P/A, 6\%, 9) \times (P/F, 6\%, 13) = 24\ 809.98$（万元）

根据该方法，方案三（A_3）最优。

9.4.3 水会计投资视角投资决策模型应用

第一，计算三个备选方案的定量指标。

（1）单位污染处理成本（C_1）。

方案一（A_1）：

$C_1 = 0.6 + 0.1 + 0.2 + (5 \times 40\ 000 + 35 \times 30\ 000)/(365 \times 40\ 000) + 110\ 000\ 000/(365 \times 40\ 000) = 8.52$（元/m³）；

方案二（A_2）：

$C_1 = 0.4 + 0.1 + 0.1 + (3 \times 45\,000 + 27 \times 30\,000)/(365 \times 45\,000) +$ $128\,000\,000/(365 \times 45\,000) = 8.45$（元/$m^3$）

方案三（A_3）：

$C_1 = 0.3 + 0.1 + 0.1 + (3 \times 50\,000 + 22 \times 30\,000)/(365 \times 50\,000) +$ $136\,500\,000/(365 \times 50\,000) = 8.51$（元/$m^3$）

（2）单位处理量的运营总费用（C_2）。

方案一（A_1）：$C_2 = (365 \times 40\,000)) \times 1.68 \times 6\%/365 \times 40\,000 = 2.5 \times 6\% = 0.1$（元/$m^3$）

方案二（A_2）：$C_2 = (365 \times 45\,000) \times 1.44 \times 6\%/365 \times 45\,000 = 2.1 \times 6\% = 0.09$（元/$m^3$）

方案三（A_3）：$C_2 = (365 \times 50\,000) \times 1.29 \times 6\%/365 \times 50\,000 = 1.9 \times 6\% = 0.08$（元/$m^3$）

（3）劳动生产率（C_3）。

方案一（A_1）：$C_3 = 40\,000/40 = 1\,000$（$m^3$）

方案二（A_2）：$C_3 = 45\,000/30 = 1\,500$（$m^3$）

方案三（A_3）：$C_3 = 50\,000/25 = 2\,000$（$m^3$）

（4）再生水成本收益率（C_4）。

方案一（A_1）：$3/1.68 = 1.78$

方案二（A_2）：$3/1.44 = 2.08$

方案三（A_3）：$3/1.29 = 2.33$

（5）外部环境损失减少额（C_8）。

该指标可通过污水处理项目占地面积的大小进行推算，与占地面积成正相关。

（6）单位投资的污水（设计）处理量（C_9）。

方案一（A_1）：$110\,000\,000/(365 \times 40\,000) = 7.53$（$m^3$）

方案二（A_2）：$128\,000\,000/(365 \times 45\,000) = 7.79$（$m^3$）

方案三（A_3）二：$136\,500\,000/(365 \times 50\,000) = 7.47$（$m^3$）

（7）污水处理能力利用率（C_{10}）。

该指标已经在案例介绍中指出，为15%、22%和28%。

(8) 单位投资的水资源节约量（C_{12}）。

方案一（A_1）：（365×40 000×15%）/11 000 000＝0.19（m³）

方案二（A_2）：（365×45 000×22%）/12 800 000＝0.28（m³）

方案三（A_3）：（365×50 000×28%）/13 650 000＝0.37（m³）

第二，根据前一步骤的计算结果，对各个方案的定量和定性因素进行评价，结果如表9－11所示。

表9－11　　　　　　　　各方案单因素评价结果

综合评价因素	方案一	方案二	方案三
单位污染处理成本（C_1）	偏高	一般	一般
单位处理量的运营总费用（C_2）	一般	一般	较节约
劳动生产率（C_3）	低	正常	高
再生水成本收益率（C_4）	正常	高	很高
污泥二次污染程度（C_5）	高	正常	低
环境质量改善程度（C_6）	一般	一般	好
生态改善度（C_7）	一般	好	好
外部环境损失减少额（C_8）	低	正常	高
单位投资的污水（设计）处理量（C_9）	正常	高	低
污水处理能力利用率（C_{10}）	一般	一般	高
再生水处理达标率（C_{11}）	一般	一般	高
单位投资的水资源节约量（C_{12}）	偏低	一般	较节约
设备操作难易度（C_{13}）	难	正常	容易
管理安全性（C_{14}）	差	一般	好
设施设备完好率（C_{15}）	低	正常	正常
污水减少量（C_{16}）	低	正常	多
对周围居民健康的影响（C_{17}）	正常	正常	很高
环境美感与舒适度的变化（C_{18}）	不明显	明显	很明显
居民满意度（C_{19}）	正常	满意	很满意
当地水资源影响（C_{20}）	一般	高	很高

第三，进行问卷调查，得出各个方案五个效益的直觉模糊数，如表9－12所示。

表9-12　　　　　　　　　　项目投资方案综合评价结果

综合评价因素	方案一（A_1）	方案二（A_2）	方案三（A_3）
经济效益（B_1）	(0.6, 0.3)	(0.8, 0.1)	(0.6, 0.2)
环境效益（B_2）	(0.4, 0.3)	(0.3, 0.2)	(0.5, 0.3)
技术效益（B_3）	(0.3, 0.5)	(0.6, 0.1)	(0.5, 0.1)
管理效益（B_4）	(0.6, 0.3)	(0.5, 0.4)	(0.6, 0.3)
社会效益（B_5）	(0.7, 0.2)	(0.5, 0.1)	(0.6, 0.1)

第四，由表9-12可知，三个方案的五个效益指标的正理想解 $\tilde{a}^+ = (\tilde{a}_1^+, \tilde{a}_2^+, \cdots, \tilde{a}_5^+) = ((0.8, 0.1), (0.5, 0.3), (0.6, 0.1), (0.6, 0.3), (0.7, 0.2))$，负理想解 $\tilde{a}^- = (\tilde{a}_1^-, \tilde{a}_2^-, \cdots, \tilde{a}_5^-) = ((0.6, 0.3), (0.3, 0.2), (0.3, 0.5), (0.5, 0.4), (0.5, 0.1))$。

第五，通过本章第9.3.3节的公式，可以计算出 D^+ 和 D^-，结果如下：

$$D^+ = (d(\tilde{a}_{ij}, \tilde{a}_j^+))_{m \times n} = \begin{array}{c} \\ A_1 \\ A_2 \\ \cdots \\ A_m \end{array} \begin{pmatrix} B_1 & B_2 & \cdots & B_n \\ d(\tilde{a}_{11}, \tilde{a}_1^+) & d(\tilde{a}_{12}, \tilde{a}_2^+) & \cdots & d(\tilde{a}_{1n}, \tilde{a}_n^+) \\ d(\tilde{a}_{21}, \tilde{a}_1^+) & d(\tilde{a}_{22}, \tilde{a}_2^+) & \cdots & d(\tilde{a}_{2n}, \tilde{a}_n^+) \\ \cdots & \cdots & \cdots & \cdots \\ d(\tilde{a}_{m1}, \tilde{a}_1^+) & d(\tilde{a}_{m2}, \tilde{a}_2^+) & \cdots & d(\tilde{a}_{mn}, \tilde{a}_n^+) \end{pmatrix}$$

$$= \begin{array}{c} \\ A_1 \\ A_2 \\ A_3 \end{array} \begin{pmatrix} B_1 & B_2 & B_3 & B_4 & B_5 \\ 0.2147 & 0.2136 & 0.4316 & 0 & 0 \\ 0 & 0.1670 & 0 & 0.1073 & 0.0899 \\ 0.1449 & 0 & 0.0497 & 0.3523 & 0.002 \end{pmatrix} \quad (9-29)$$

$$D^- = (d(\tilde{a}_{ij}, \tilde{a}_j^-))_{m \times n} = \begin{array}{c} \\ A_1 \\ A_2 \\ \cdots \\ A_m \end{array} \begin{pmatrix} B_1 & B_2 & \cdots & B_n \\ d(\tilde{a}_{11}, \tilde{a}_1^-) & d(\tilde{a}_{12}, \tilde{a}_2^-) & \cdots & d(\tilde{a}_{1n}, \tilde{a}_n^-) \\ d(\tilde{a}_{21}, \tilde{a}_1^-) & d(\tilde{a}_{22}, \tilde{a}_2^-) & \cdots & d(\tilde{a}_{2n}, \tilde{a}_n^-) \\ \cdots & \cdots & \cdots & \cdots \\ d(\tilde{a}_{m1}, \tilde{a}_1^-) & d(\tilde{a}_{m2}, \tilde{a}_2^-) & \cdots & d(\tilde{a}_{mn}, \tilde{a}_n^-) \end{pmatrix}$$

$$(9-30)$$

$$= \begin{array}{c} \\ A_1 \\ A_2 \\ A_3 \end{array} \begin{pmatrix} B_1 & B_2 & B_3 & B_4 & B_5 \\ 0 & 0.3780 & 0 & 0.3525 & 0.3172 \\ 0.2147 & 0 & 0.4316 & 0 & 0 \\ 0.0735 & 0.3955 & 0.3941 & 0.3941 & 0.3699 \end{pmatrix}$$

第六，计算综合直觉模糊距离矩阵 $D^* = D^- - D^+$，结果如下：

$$D^* = (Z_{ij}^*)_{m \times n} = \begin{array}{c} \\ A_1 \\ A_2 \\ \cdots \\ A_m \end{array} \begin{pmatrix} B_1 & B_2 & \cdots & B_n \\ Z_{11}^* & Z_{12}^* & \cdots & Z_{1n}^* \\ Z_{21}^* & Z_{22}^* & \cdots & Z_{2n}^* \\ \cdots & \cdots & \cdots & \cdots \\ Z_{m1}^* & Z_{m2}^* & \cdots & Z_{mn}^* \end{pmatrix} \quad (9-31)$$

$$= \begin{array}{c} \\ A_1 \\ A_2 \\ A_3 \end{array} \begin{pmatrix} B_1 & B_2 & B_3 & B_4 & B_5 \\ -0.2147 & 0.1644 & -0.4316 & 0.3525 & 0.2353 \\ 0.2147 & 0.1925 & 0.4316 & 0.1389 & 0.2485 \\ -0.0714 & 0.2646 & 0.3444 & 0.3525 & 0.3297 \end{pmatrix}$$

第七，确定每个标准的权重，w_j^*（$j = 1, 2, \cdots, n$）。如上所述，本章使用最大偏差法来确定每个标准的权重。计算结果如下：

$$\sum_{i=1}^{5} \sum_{k=1}^{5} |Z_{i1}^* - Z_{k1}^*| = 3.7203, \sum_{i=1}^{5} \sum_{k=1}^{5} |Z_{i2}^* - Z_{k2}^*| = 9.8472,$$

$$\sum_{i=1}^{5} \sum_{k=1}^{5} |Z_{i3}^* - Z_{k3}^*| = 9.2686, \sum_{i=1}^{5} \sum_{k=1}^{5} |Z_{i4}^* - Z_{k4}^*| = 8.4603,$$

$$\sum_{i=1}^{5} \sum_{k=1}^{5} |Z_{i5}^* - Z_{k5}^*| = 6.1476,$$

$$\sum_{j=1}^{5} \sum_{i=1}^{5} \sum_{k=1}^{5} |Z_{ij}^* - Z_{kj}^*| = 3.7203 + 9.8472 + 9.2686 + 8.4603 + 6.1476$$

$$= 37.4441$$

每个效益指标最优权重计算结果如下：

$$w_1^* = \frac{3.7203}{37.4441} = 0.0994, w_2^* = \frac{9.8472}{37.4441} = 0.2630, w_3^* = \frac{9.2686}{37.4441} = 0.2475,$$

$$w_4^* = \frac{8.4603}{37.4441} = 0.2259, w_5^* = \frac{6.1476}{37.4441} = 0.1642$$

第八，计算每个备选方案的加权直觉模糊距离并进行排序，计算结果如下：

$$\widetilde{D}_1 = \sum_{j=1}^{5} w_j^* Z_{1j}^* = 0.0333, \widetilde{D}_2 = \sum_{j=1}^{5} w_j^* Z_{2j}^* = 0.2510,$$

$$\widetilde{D}_3 = \sum_{j=1}^{5} w_j^* Z_{3j}^* = 0.2815,$$

排序结果为：$\widetilde{D}_3 > \widetilde{D}_2 > \widetilde{D}_1$，因此方案三（$A_3$）是最优方案。

9.4.4 模型应用对比分析

传统投资分析法，在确定性环境及低风险投资项目中展现其适用性，侧重于收益稳定且风险可控的场景。然而，面对高风险、高不确定性及长回收期的项目，简单依赖投资回收期、净现值（NPV）及内部收益率（IRR）等传统方法评估项目价值显得力不从心，需要实施全面综合效益分析，以捕捉项目的多维度价值。

单独依赖预测所得的累计净现值来衡量项目未来收益存在局限性，因各年净现金流量源自预测，其准确性在不确定环境中大打折扣。对于高风险项目，仅通过数据预测来反映项目真实价值，其科学性备受质疑，结论的可靠性也常受挑战。

传统投资决策法将投资决策视为非黑即白的抉择：NPV 非负则投，为负则弃，忽略了投资时机选择的灵活性。实际上，即便初期 NPV 为负，项目也可能因未来市场环境改善或政策调整而变得可行，体现了投资决策的灵活性与动态性。综合效益分析法则更为灵活，能够捕捉这些变化，最终达到提升项目的适应性价值的目标。

综合效益分析通过构建包含五大效益维度及 20 个子指标的评价体系，实现了对项目价值的更为全面、客观的评估，有效减少了主观偏好对评估结果的影响。该方法认为项目的不确定性越高，其蕴含的潜在价值反而可能越大，这与传统方法形成鲜明对比。因此，综合效益分析法与实物期权法等现代投资理论相辅相成，前者更适用于高风险、高回报的战略投资项目，后者则适用于风险与不确定性相对较低的传统投资项目，共同构成了更为完善、灵活的投资决策框架。

第 10 章

企业水资产融资决策评价

我国面临水资源极度紧缺的严峻挑战，加之水资源分布的时空不均衡性，促使社会各界积极探索多种策略以缓解水资源紧张，包括但不限于节水措施、跨区域调水工程（如南水北调）、污水处理及再生水利用等。鉴于我国实施严格的水资源管理制度，对企业取水、用水及排污行为实施严格监管，促使传统高耗水行业（如煤化工、煤电、造纸等）积极构建节水体系，进而要求企业加大投资力度，进行技术改造与设备升级。然而，多数企业尚未充分认识到节水项目所创造的水权增值所蕴含的环境资源价值，即其作为环境容量资源的潜在经济价值。

企业可借助水权交易机制，将节水项目所释放的水权作为融资工具，吸引外部资金支持，进而推动节水项目深化与环境保护实践。2016 年，中国人民银行联合六部委发布的《关于加快构建绿色金融体系的指导意见》中，强调了完善水权交易市场的必要性，并鼓励创新水权融资产品，以拓宽企业融资渠道。这种创新的融资模式不仅能够有效缓解企业融资难题，特别是那些资金流动性紧张的企业，还能促进全国水权交易市场的繁荣与发展。

一方面，水资产融资作为一种新兴的融资策略，其决策的有效性直接关系到企业能否成功筹集资金，进而保障节水工程项目的顺利实施。因此，本书旨在为中国节水工程领域的企业提供一套普适性的水资产融资决策评估方法。

另一方面，鉴于水资产融资决策过程的复杂性及当前全国水权交易市场尚不成熟，水资产融资尚处于起步阶段，缺乏全面系统的融资决策评价研究，本书致力于通过筛选并整合影响水资产融资决策的关键因素，构建一套多维度的企业水资产融资决策评价模型。这一研究对于指导企业科学、合理地进行水资产融资决策，具有重要的理论价值与实践指导意义。

10.1 水资产融资决策分析

10.1.1 水资产融资模式及特点分析

10.1.1.1 水资产融资方式

我国工业节水管理的焦点长期聚焦于高耗水行业，这些行业细分为电力、化工、钢铁、煤炭加工（属非金属矿物制品类）、石油石化、食品、造纸及纺织八大板块。实施针对这些行业的节水控制措施，对于整体工业用水管理的优化具有不可估量的价值。为此，中国采取了最为严格的水资源管理制度，依据区域水资源供需状况分配用水与排污权限，并据此设定各行业乃至各企业的年度用水与排污指标。当企业面临用水或排污额度超支时，可通过水权或排污权交易机制获取额外资源，或采取节水与减排技术改造措施，以削减自身需求。企业购买水权或排污权的行为，本质上是对其生产活动可能造成的环境损害进行的经济补偿，属于应急之策。长远来看，提升水资源利用效率与节水技术创新，才是缓解企业水资源供需紧张态势的根本途径。

通过深入分析八大耗水行业的用水量、耗水强度，并探讨各行业的水资源循环利用率，我们发现企业的节水实践主要聚焦于水循环利用系统建设、污水处理及再生水利用三大领域。其中，污水处理与再生水项目尤为突出，它们不仅注重"节流"更强调"开源"，特别是再生水项目，已成为城市与企业不可或缺的"第二水源"。水资产作为产权理论在水资源领域的具体应用，其价值与水权交易市场的活跃程度与预期收益直接关联，其融资潜力则基于未来在水权市场上变现所能产生的稳定现金流。基于上述节水工程项目，主要水资产融资方式有以下三种。

（1）直接融资。

直接融资的主要形式有两种：其一，企业利用水权交易市场的平台，通过出让用水权或排污权来实现资金筹措。鉴于水资源的稀缺性，可交易的水权数量受限，这直接导致了融资过程在规模上受限且难度较高。其二，那些已持有水权的单位（涵盖工业、农业、服务业领域，但不包括城镇公共供水企业），通过实施产品结构与产业结构的优化调整、生产工艺革新以及节水措施等手段，有效节约水资源。随后，在遵循水许可的有效期限及取水配额的前提下，这些单位可向符合特定条件的其他单位或个人有偿转让其节余的水权，从而获取可观的资金流。这一模式在实践中已展现出显著成效，如内蒙古地区，通过引导新增用水企业投资灌区节水改造项目，成功将灌区节约下的水资源使用权转移给工业项目，不仅推动了灌区节水事业的发展，还为工业领域的增长提供了坚实的水资源基础与保障。

（2）间接融资。

间接融资主要指通过银行贷款，可以分为两种：一种是由致力于绿色信贷业务的银行提供的，专门面向节水与减排项目的贷款服务，通常被称为银行专项项目贷款。2018年，中国人民银行正式颁布了《绿色信贷专项统计制度》，该指引明确地将工业领域的节能节水与环保项目贷款、资源的高效循环利用项目贷款，以及针对农村与城市水环境综合治理的贷款项目，确立为绿色信贷政策框架下的核心扶持范畴，旨在通过金融手段推动环境友好型社会的建设与发展。然而，目前国内参与绿色信贷实践的商业银行数量有限，如兴业银行等尚处于积极探索阶段。另一种融资模式则是企业以其通过节水措施节约或创造的用水权、排污权作为质押物，向银行申请贷款，这一方式被称为水权/排污权质押贷款。鉴于水资产可在活跃的水权交易市场上流通，并以其未来预期收益作为还款保障，该模式通常被认为风险较低，因此更受银行青睐，企业也更容易获得所需资金。作为实践例证，浙江、湖南、山西、陕西四个省份已率先开展排污权抵押贷款业务，并配套出台了相关政策文件。

（3）水资产证券化。

此现象可视为金融创新的一种体现，与应收账款的资产证券化有异曲同工之妙。鉴于当前水资产尚未拥有统一且活跃的交易市场，其流动性不足，为提升其流动性，可考虑将其转化为金融市场上可自由交易的证券形式，从而拓宽融资渠道。因此，致力于节水工程项目发展的企业，可将具有成长潜力的水资产转让给投资银行，纳入其资产池管理，并以水资产未来产生的现金流作为偿付基础，发行相应证券。例如，国桢环保便成功设立了专项计划，依托其特许经营的六个污水处理项目的收费权益，发行了污水处理费资产支持证券，有效筹集了 4.88 亿元资金。

在国内，水资产融资主要采取直接融资与间接融资两大路径。鉴于水权分配机制往往由政府机构依据历史用水记录，向高耗水企业进行划拨，这一过程造成了水权配额的供需失衡，使得市场上直接用于企业融资的大规模水权供给稀缺。相较之下，通过实施节水工程项目来"生成"额外水权，并以此作为融资手段的策略，展现出了更大的潜力和优势。此方式不仅能够有效缓解水权短缺问题，还为企业开辟了新颖的融资路径。当前，随着节水工程项目的蓬勃发展，水资产融资实践虽已初现端倪，但尚未广泛普及。对于从事节水工程项目开发的企业而言，水资产融资作为一种新兴的融资模式，尚缺乏充分的实践经验指导其融资决策。在理论及实践研究层面，也尚未形成成熟且有效的融资决策分析框架，以及全面系统的水资产融资评价模型。

10.1.1.2 水资产融资特征

（1）开拓新的融资方式。

节水工程项目的企业投资活动，依据其建设性质的不同，可细化为新建项目与改造扩建项目两大类别。然而，资金短缺始终是阻碍高耗水企业成长与扩展的关键因素，尤其是节水工程的新建与改造扩建项目，普遍面临建设资金筹措的严峻挑战。当前，企业主要通过银行贷款、债券与股票发行、BOT 模式以及政府财政补助等多元化渠道筹集节水工程项目的所需资金。然而，值得注意的是，许多企业尚未充分挖掘水权交易市场的巨大潜力，这一市场通过"创造"或"再分配"用水及排污指标，有效缓解了其他企业的用水难题，并为企业自身开辟了全新的融资渠道。

鉴于水资产作为新兴资产类别的发展历程尚短，不少企业尚未充分认识到其内在价值，进而忽视了水资产的有效管理。因此，提升对水资产价值的认知，不仅能够为企业开辟一种创新的融资途径，还有助于实现水资产价值的最大化利用，为企业可持续发展注入新的活力。

（2）提升企业公众形象。

水资产作为企业额外获取的、具备交易属性的资源，其在市场低迷时，可视为一种储备资产，待市场回暖后再行出售或转让。此外，水权交易市场与资本市场在功能上存在诸多相似之处，它不仅是企业融资的有效平台，更能够助力企业塑造节水减排的积极公众形象，从而收获难以量化的社会价值与品牌声誉。

（3）降低企业融资的资金成本。

股权与债券融资机制均对企业的盈利能力设定了较高门槛，然而，企业在运营过程中面临的风险来源纷繁复杂，加之信息透明度不足，导致投资者在评估潜在投资对象时面临重重困难。相比之下，水资产融资作为一种创新的融资模式，其独特之处在于仅依赖水资产这一单一资产的信用状况来替代整个企业的信用背书，此举有助于减轻信息不对称带来的负面影响，降低因信息不对称而产生的折价现象，进而可能为企业带来融资成本的降低。

10.1.1.3 水资产融资存在的问题

（1）水权融资功能不足。

相较于水权交易体系成熟的国家，我国在水权融资领域的发展显著滞后于市场对水权交易的实际需求。这一不足主要归因于两大方面：首先，水权的明确界定与有效保护机制尚不完善。以黄河流域为例，尽管该区域在水权界定方面已处于国内领先地位，但《黄河可供水量分配方案》的实施仍停留在省级层面，缺乏对市、县级水资源的细致划分，限制了水权交易的深入发展。其次，尽管近年来我国水权交易市场有所拓展，但多数交易仍由政府主导，金融机构对于水权交易背后蕴含的广阔市场潜力认识不足，缺乏参与水权融资的积极性，导致水权融资市场活力不足。

（2）水权交易市场不成熟。

从理论上分析，随着水权交易市场规模的持续扩张，构建一个以水权交易为核心，辅以直接投资、银行间接融资、水权期权期货及水基金等多种金融衍生品的综合水权金融体系，将成为推动水权交易市场发展的关键力量。然而，在我国，尽管水权交易展现出巨大的需求和潜力，但其发展历程相对较短，市场成熟度尚显不足。

主要问题在于，首先，水权交易缺乏明确的市场导向。当前，我国的水权交易多为政府主导型，如东阳—义乌、宁夏及内蒙古等地的水权交易案例，均体现了强烈的政府干预色彩。这种模式难以激发市场竞争，形成反映真实供需状况的水权交易均衡价格。一个完善的水权交易市场应涵盖一级与二级市场，其中，市场导向的二级水权市场可通过证券交易所、期货交易所等高效平台实现交易，但当前政府主导的交易模式限制了水权金融的自然演进与繁荣。

其次，水权交易场所与平台的发展相对滞后。实际上，水权交易与碳交易在运作模式上存在诸多共通之处，两者均基于总量控制原则，依托节能或节水项目作为交易媒介。然而，与碳市场相比，水权市场的发展明显滞后。碳交易市场已在全球范围内建立区域性和国际性交易平台，而水权交易则缺乏相应的大规模、高规格交易所支持，这在一定程度上阻碍了水权交易市场的规范化与高效化发展。

（3）微观水权金融市场体系建设滞后。

构建微观层面的水权金融市场体系，是金融支持水权交易深化发展的内在逻辑要求，而当前我国的该领域建设尚处于萌芽状态，几近空白。首要问题在于，一个健全的微观水权金融服务架构应囊括金融机构、金融产品及监管框架三大支柱。然而，鉴于我国水权交易尚处于初期探索阶段，诸多核心议题仍在研讨之中，尚未构建起一套全面覆盖的水权金融服务生态系统。此外，中国金融业对于参与水权交易的热情不足，成为制约水权金融产品创新的另一关键瓶颈。具体表现为，市场上极度缺乏以水权证券、水权期货、水权期权及水权基金为代表的多元化水权金融衍生工具及创新产品，这些金融产品的缺失严重限制了水权交易的金融化进程与深化发展。

10.1.2 水资产融资成本及风险分析

10.1.2.1 水资产融资成本分析

本章聚焦于节水工程项目开发企业的视角，深入剖析水资产融资策略，鉴于水资产证券化的核心操作多由投资银行承担，故本书暂不深入该融资模式的细节，而是将研究重心放在水资产直接融资与间接融资的成本分析上，以期为企业融资决策提供更为精准的成本效益分析。

（1）节水工程项目水资产直接融资的资金成本分析。

资金成本，即资金使用权获取的经济代价，涵盖资金占用成本与资金筹措成本两大方面。在投融资活动中，货币资金作为资产形式存在，其使用并非无偿，而是因机会成本的考量需向资金提供者支付相应报酬，此报酬即为资金占用成本，构成资金成本的核心部分。此外，企业在资金筹措过程中，需遵循各项程序与规章制度，涉及公证、法律咨询等，因此产生的手续费、公证服务费及法律咨询费等额外支出，共同构成了资金筹措成本。

就节水工程项目中的水资产直接融资而言，资金占用成本实质上等同于水权转让的价值，该价值紧密关联于水权交易所中水权的市场价格。观察水权交易所的历史交易数据，可发现同一区域内水权价格波动相对平稳，而跨地区间则展现出显著差异。至于筹资成本，则主要体现在寻找并吸引投资者的过程中，鉴于当前国内水权市场活跃度较低，发展步伐迟缓，寻找合适的水权受让方面临一定挑战。为解决此难题，国内已涌现出如中国水权交易所股份有限公司等专业的水资产管理机构，它们作为中介机构，为资金需求方提供融资服务，而支付给这些管理公司的服务费用，则构成了主要的筹资成本组成部分。资金成本率，作为衡量资金运用效率的关键指标，可以通过计算资金占用成本占实际筹集资金总额的比例来具体呈现，计算公式如下：

$$资金成本率 = \frac{资金占用成本}{筹资总额 - 筹资成本} \times 100\% \qquad (10-1)$$

（2）节水工程项目水资产间接融资的资金成本分析。

节水工程项目在寻求水资产间接融资途径时，可采用绿色信贷项目或利用水资产作为质押物向银行申请贷款。此类融资模式的核心在于,项目未来"生成"的水权收益被视作信用背书,无论是项目贷款形式还是质押贷款形式,从企业财务视角审视,均构成长期负债。企业在这一过程中需承担的贷款利息,作为税前扣除项,直接影响了其资金占用成本,即向银行支付的利息费用,相应的资金成本可以表示为:

$$间接融资资金成本 = \frac{贷款金额 \times 年利率 \times (1 - 企业所得税税率)}{贷款金额 - 手续费}$$

(10-2)

10.1.2.2 节水工程项目水资产融资风险分析

(1) 节水工程项目水资产融资的风险特征分析。

风险根植于未来事件的不可预测性及其与预期的偏差之中。从经济学维度来看,风险不仅涵盖了收益的不确定性,还涉及成本波动的未知性。融资风险特指企业在筹集资金过程中,因负债累积需偿付本金及利息而面临的挑战,其中利息负担受市场利率动态变化影响,还款现金流则依赖于企业经营利润的稳定性。这种结构可能导致企业面临财务损失,极端情况下甚至无法清偿债务而陷入破产境地,此即融资风险的本质。

针对节水工程项目而言,其水资产融资风险还额外受到水权交易市场波动性及市场不健全的制约,同时项目运营状况与经济效益也是关键影响因素。当前,我国政府、水资产管理机构、金融机构及节水工程项目企业,对于水资产融资决策的研究尚处于初级阶段,专业机构也在探索之中,加之水权交易市场尚未成熟,这些因素共同加剧了节水工程项目企业在进行水资产融资时所面临的风险水平。

因此,制定科学合理的水资产融资决策显得尤为重要。优质的决策方案能够助力企业在较低风险与成本下实现融资目标,而决策失误则可能埋下隐患,对企业发展构成威胁。值得注意的是,在此基础上水资产融资风险不仅包含与其他资产融资共通的元素,还具有其丰富的独特性,比如水权交易市场的波动性风险、水资产作为新兴抵押物的高担保风险,以及水权抵押过程中相对较高的不确定性风险等。

(2)节水工程项目水资产融资的风险类型分析。

企业在实施水资产融资策略的过程中，会遭遇多元化的风险挑战，这些风险可大致划分为系统性风险与非系统性风险两大类。系统性风险，作为由外部环境因素引发的风险类型，涵盖了政治局势、经济波动、文化变迁、社会动态及自然灾害等多个维度，具有难以规避与控制的特性。例如，水权交易市场的剧烈波动、突如其来的干旱等自然灾害，均属此类风险范畴。面对系统性风险，企业应着重于预先评估与防范措施的制定，并在风险事件发生时迅速响应，采取补救措施，以最大限度地减轻潜在损失。相比之下，非系统性风险则根植于企业内部运营之中，其来源广泛，可能涉及企业的生产经营流程、项目运行维护效率、投融资策略的制定与执行、管理架构的合理性以及财务结构的稳健性等多个方面。这类风险往往与企业内部的决策与管理水平密切相关，因此，通过优化内部管理、提升决策科学性及加强风险控制能力，企业可以降低非系统性风险的发生概率及其对企业融资活动的负面影响。与系统风险不同，对于非系统风险企业可以规避或分散。结合节水工程项目水资产融资的情况，本书认为主要有以下四种风险。

①水权交易风险。

前文已详尽剖析了我国水权交易市场现存的多重问题，这些问题无疑制约了水资产的流动性与变现能力。水权交易风险，作为一种外源性风险，其根源在于市场环境的瞬息万变对水资产融资活动产生的潜在影响。为有效规避此类风险，企业须构建对水权交易市场动态信息的即时监控机制，紧密追踪国家最新政策导向，并持续优化水资产管理体系。同时，为了从根源上控制和管理水权交易风险，国内水权交易市场亟待逐步引入并丰富金融衍生品体系，包括但不限于水权证券、水权期货、水权期权及水权基金等创新工具。这些金融产品的推出，不仅能够为市场参与者提供更多元化的风险管理手段，还能促进市场的深度与广度发展，进而提升水权交易市场的整体运行效率与稳定性。

②社会政治风险。

我国水权交易市场尚处于准市场阶段，其特征在于水权制度及支撑法律框架尚未健全，这导致水权交易价格的形成机制未能完全市场化，仍需政府在一定程度上进行宏观调控与引导。在这一背景下，国家的节水战略、减排目标等政策导向,均成为影响水权交易市场动态的关键因素。企业作为市场参与者,应当高度重视并密切关注国家相关政策法规的演变,以准确评估并有效应对由此可能引发的政治性风险,确保自身在水权交易活动中的稳健运营与可持续发展。

③地区因素风险。

水权价格作为水资源稀缺性的经济镜像,其变动直接映射出水资源量的稀缺程度与水质优劣状况。具体而言,水资源的丰缺状况是决定水权价格基准的关键因素之一,而水质的高低也是对其产生重要影响的另一维度。因此,水权价格随水资源稀缺度与水质条件的波动而动态调整,这要求企业需紧密关注所在区域的水资源条件。进一步观察,水权交易市场的工程类型多样,同一地区内主要以节水工程为主导,而跨地区交易则更多涉及输水工程。不同类型的工程项目在建设难度、成本投入上存在差异,进而导致了水权交易成本的不同,最终体现在水权价格的差异上。鉴于此,企业在决策过程中应充分考虑这些因素,审慎选择适宜的融资伙伴,确保融资方案既符合市场规律,又能有效应对水权价格的不确定性。

④财务风险。

在水资产融资实践中,若融资策略失当或财务架构不合理,企业或将面临偿债能力受损的风险,进而拖累其投资项目的预期收益水平。财务风险,作为融资过程中一个固有的要素,其本质特征在于高度的不确定性,即该风险在特定情境下既可能显现,也可能潜而不发。为有效缓解财务风险,企业需精心策划融资决策,科学规划资本结构,确保其在稳健与灵活之间达到最佳平衡。同时,明确界定内部财务关系,建立清晰的权责体系,特别是在资金管理与使用层面,应确保各项职责分明,以此为基础构建一套高效的风险防控机制。通过这些措施,企业可望在降低财务风险的同时,提升整体财务健康度与可持续发展能力。

10.1.3 水资产融资决策评价必要性分析

10.1.3.1 水资产融资决策评价方法尚未统一

首先,当前融资决策方案评估所依赖的分析手段尚显单一,普遍采用诸如单目标评估、层次分析法及其密切值优化等传统方法。这些方法在融合多元定性与定量指标方面存在局限，分析流程也显冗长复杂，尚未能确立一种全面优化的融资分析范式。鉴于此，水资源资产融资决策评估领域尚未形成统一的方法论体系，最适配的评估方法仍待发掘。本书正是在审视层次分析法不足的基础上，创新性地引入了模糊层次分析法，旨在有效克服前述问题，提升评估的科学性与精准度。其次，既往融资决策分析往往忽视了对融资主体特有风险及特性的深入探讨。特别是在节水工程项目背景下，水资源资产融资面临的风险源多元且复杂，尤其是水权交易市场的动荡、宏观经济环境的变化以及地区政治因素的干扰，均构成显著的融资风险。同时，节水工程项目的独特属性与潜在风险也不容忽视，这些特征性风险对融资决策具有深远影响。因此，本书强调在融资决策评估中必须全面纳入上述因素，以确保评估结果的全面性与准确性。

10.1.3.2 水资产融资决策评价指标体系不够完善

当前，融资决策评价的指标体系构建尚存不足，其框架多基于《建设项目经济评价方法与参数》的通用指导，却鲜有针对水资源资产融资决策特性的专属体系。这一现状忽视了为节水工程项目量身打造水资源资产融资决策评价指标体系的必要性及对其构建目标的深入剖析。同时，现有评价体系在考量融资主体特征、企业管理层能力，以及信息透明度等关键因素时存在明显缺失，未能将这些至关重要的变量纳入决策评价的综合考量之中。鉴于此，亟须对水资源资产融资决策评价的指标体系进行全面优化与强化，以确保其更加聚焦于水资源资产融资的特定需求与特点，提升评价体系的精准度与有效性。

10.1.3.3 水资产融资的融资方案较少

基于前文对水资源资产融资现状及其存在问题的深入剖析，可以明确，我国当前的水权交易体系及其金融支撑机制尚待完善，水权交易活动大多由政府主导，市场化程度有限。金融机构在贯彻绿色金融政策、推动水资源资产融资方面存在执行不力的问题，具体表现为专项融资资金匮乏、绿色信贷项目开展银行数量有限。此外，专业、统一的水资源资产管理服务供给不足，企业在寻求高效管理的合作伙伴时面临诸多挑战。总体而言，我国水资源资产融资实践尚处于起步阶段，发展尚未成熟，这在很大程度上限制了企业在节水工程项目融资中的方案多样性与灵活性，可选择的融资途径相对狭窄。鉴于此，上述现状从资金来源的多元性与融资规模的扩展性两个维度，对企业在水资源资产融资领域的决策与策略选择构成了显著制约。为应对此局面，本书将从银行贷款、质押抵押等多个融资途径出发，探索并评估一系列潜在的融资方案，旨在为企业制定更加科学合理、切实可行的融资策略提供参考与借鉴。

10.1.3.4 缺乏对水资产融资决策评价优化路径的研究

当前，融资决策评价领域的研究尚停留于较为基础的评估层面，缺乏针对评价体系优化路径的深入探索与具体建议。多数研究聚焦于满足即时融资需求的评估，却忽视了对企业融资后运营绩效的持续监测，以及企业未来融资潜力的前瞻性评估。这种局限性在水资源资产融资决策评价中尤为显著，要求我们必须强化对融资活动全生命周期的把控，即从融资筹备、实施到后续管理的全面审视。鉴于此，本书旨在填补这一研究空白，通过将融资后续管理纳入决策评价体系之中，实现对水资源资产融资决策的全面优化。此举不仅能够更加准确地反映融资决策对企业长期发展的影响，还能为企业未来的融资规划提供更为科学合理的依据，进而推动水资源资产融资市场的健康可持续发展。

10.2 水资产融资决策评价模型构建

10.2.1 水资产融资决策影响因素分析

构建一个高效且全面的评价模型，其核心在于精准选取评价指标，否则将削弱模型的实际效用。在确立评价指标体系之前，深入剖析各影响因素至关重要。鉴于节水工程项目水资产融资决策的复杂性，需从决策核心要素、目标设定及评价标准等多个维度进行综合考量。主要影响因素涵盖资金成本、融资方案、资本结构、企业内部环境及宏观环境五个方面。

10.2.1.1 资金成本

资金成本作为融资决策的关键考量要素，由资金占用费用与筹资费用共同构成，合理控制资金成本对于维护企业现金流稳定、降低资金链风险至关重要。因此，在融资决策过程中，需细致权衡融资成本以优选融资方案，进而确定最优资金结构。

10.2.1.2 融资方案

不同融资方案各具特色，其差异主要体现在融资规模、融资期限及与金融机构的关系上。（1）融资规模需精准匹配水权价值与企业实际需求，避免过高增加成本负担，而过低则难以满足资金需求；（2）融资期限需与企业资金运营周期相契合，以确保资金的有效利用；（3）企业与金融机构的合作关系也不容忽视，良好的合作基础能简化审批流程，提升融资效率，甚至享受优惠待遇，增强融资稳定性。

10.2.1.3 资本结构

资本结构反映了企业资本构成及其比例关系，通过股东权益比率、资产负债率、股权融资比率等指标可进行深入分析。合理的资本结构是确保资金来源稳定、降低财务风险、提升偿付能力的关键。融资行为直接作用于资本结构，故其为融资决策不可忽视的一环。

10.2.1.4 企业内部环境

企业内部环境复杂多变，涵盖企业规模、信息披露透明度、管理水平、盈利能力及财务状况等多个方面。（1）规模差异导致融资难易程度不同，大型企业往往更具融资优势；（2）信息披露透明度影响投资者信心，进而影响融资决策与成功率；（3）管理水平的高低直接关系到企业运营效率与决策质量，同时影响投资者信任度；(4) 盈利能力需兼顾历史表现与未来潜力，共同反映企业偿债能力；(5) 财务状况则直接反映企业生产经营状况，对融资决策具有直接导向作用。

10.2.1.5 宏观环境

宏观环境由政治、经济、社会等多维度因素交织而成，对节水工程项目水资产融资决策构成广泛影响。鉴于其复杂性，应重点关注与融资决策紧密相关的风险因素，即水权交易风险、社会政治风险及地区因素风险，以制定更具针对性的应对策略。

10.2.2 水资产融资决策评价标准的确定

10.2.2.1 节水工程项目水资产融资决策评价指标体系的构建目标

在评价体系的构建过程中，一个持续面临的挑战在于如何妥善解决评价目标间固有的内在关联与潜在冲突。面对总体目标，常规策略是将其拆解为若干子目标，并逐一采取策略应对。然而，构建一套高效且合理的目标评价体系显得尤为艰巨。本章旨在构建的评价体系，其核心功能至少应涵盖以下三个方面。

(1) 优化融资决策，促进资金稳定与安全。首要目标是助力企业实现资金筹措的稳定性与期限匹配，确保企业运营无忧。进一步地，体系需精准指导企业确定适宜的融资额度，并引导企业遴选出资金成本较低且融资风险可控的最优融资方案，从而有效降低融资成本，增强财务稳健性。

(2) 兼顾利益相关者诉求。节水工程项目的核心利益相关者，包括项目开发者与投资者等，均对融资成效抱有高度关注。项目开发者投入自有资金，而投资者则期望通过资金投入获取未来水权收益。因此，本评价体系致力于全面展现融资的资金收益与安全性状况，为所有利益相关者提供透明、可靠的融资信息，促进各方对融资状态的深入理解。

(3) 全面评估项目融资效果，指导融资管理实践。该评价体系贯穿于项目融资的全过程，包括事前预测、事中监控与事后评估三个阶段。事前预测为项目融资设计提供前瞻性调整依据；事中监控则助力项目实时控制，确保融资活动顺利进行；事后评估则作为项目融资效果的权威反馈，为后续融资策略的调整与优化奠定了坚实基础，从而不断优化项目融资管理水平。

10.2.2.2 节水工程项目水资产融资决策评价指标体系的构建准则

（1）完整性与重点兼顾原则。在构建融资决策评价指标体系时，核心目标是达成一个综合而全面的评价，力求覆盖所有关键维度，包括先前章节详细探讨的五大方面及其他潜在因素。鉴于各评价指标间影响力与重要性的差异，体系设计需在确保全面性的同时，突出关键要素的重要性，力求既广泛又深入地捕捉影响融资决策的主要因素，避免冗余而不失焦点。

（2）量化与质性评估的融合。针对水资产融资决策评价体系的构建，鉴于部分指标难以直接量化，结合定性分析显得尤为必要。纯粹依赖定量指标将难以达成全面科学的评价目标。因此，对于定性指标，应科学设定评价层级，并据此赋值；同时，探索将定量指标数值转化为与定性指标可比的量化值，以促进综合评价的数学处理与结果输出。此外，选取的指标应具备数据与信息获取的便捷性，依托企业或相关机构的可靠统计资料，确保评价模型的有效应用。

（3）科学性与适用性原则。构建评价指标体系时，每一指标的选定均需基于严谨的理论与实践依据，避免主观臆断。同时，强调指标间的独立性，防范重叠与冲突，确保评价体系的逻辑严谨性。所选指标需紧密贴合大多数节水工程项目开发企业的实际情况，考虑到评价模型的广泛应用性，避免选用特异性过强的指标，以保障其在不同企业间的普遍适用性。

（4）可操作性原则。在选定评价指标后，确保各指标均可转化为具体数值，以满足后续计算与评估的需求。因此，指标设计的首要条件是其实测可行性，即能够直接或通过合理方法间接获取准确数据，确保评价过程的顺利执行与结果的可靠性。

10.2.3 水资产融资决策评价指标体系的构建

在构建节水工程项目水资产融资决策的评价指标体系时，我们需深入剖析影响融资决策的核心要素，并依据既定的评价标准与构建原则，兼顾全面性与实操性进行精心挑选。本书从五个维度出发，整合了共计13项评价指标，以全面评估节水工程项目水资产的融资决策效能。

10.2.3.1 融资主体的灵活性

鉴于企业自身条件、国家政策及法律框架制约，节水工程项目水资产融资活动受到一定限制。因此，我们主要关注融资约束因素并遴选出三项关键指标。

（1）合作紧密度。该指标衡量企业与各类投资机构（包括金融机构、投资企业及资产管理公司等）的关系紧密度。评估时，可依据历史合作记录或专家咨询，将长期合作视为最高等级，短期合作次之，首次合作则评分最低。此指标正向反映企业与金融机构的合作关系强度，进而映射融资主体的灵活性。

（2）企业规模实力。大型企业因其较强的偿债能力和较大的融资需求，往往更受金融机构青睐。中小企业，尤其是民营企业，则可能面临更高的融资门槛。通过对比行业平均规模与企业的总资产、固定资产及流动资产规模等财务数据，评估其融资潜力与灵活性。

（3）信息透明度。融资双方间的信息流通效率与真实性也是重要考量。上市公司因需定期公开透明信息，通常拥有更高的信息通达度，有利于降低融资难度与投资风险。根据企业上市状态及信息披露程度进行评分，高透明度意味着更高的融资自由度。

10.2.3.2 融资风险评估

融资风险涉及融资过程中不确定因素可能导致的损失，理想状态是风险最小化。本书从宏观和微观两个层面选取了与水资产融资决策紧密相关的两项风险测度指标。

（1）水权交易风险。作为宏观风险因素，水权交易市场的价格波动直接关联到融资决策的稳定性，也间接反映了社会政治与地区风险。通过计算水权交易市场的加权平均价格波动率来量化此风险，并依据融资方案对市场风险的敏感度进行评分。

（2）财务风险。该指标聚焦于企业内部财务结构与资金运营的健康度，是影响融资决策的微观风险。通过深入分析财务报表，如资产负债率、流动比率、速动比率及应收账款回收率等关键财务指标，综合评估企业的财务风险水平。

10.2.3.3 融资效益经济性

融资决策的最终目标是实现最佳融资效果，故需设立相应的经济性评价指标。基于数据获取的便捷性与可靠性，本书选定以下两项指标。

（1）融资成本效率。以资金成本率为基准进行评分，该指标综合考量了资金占用与筹资成本，数据获取便捷且可信度高，是评估融资方案经济性的关键。融资成本越低，评分越高。

（2）融资规模适配性。不同融资方案涉及的资金规模各异，但并非规模越大越好。需结合企业实际融资需求，评估融资规模与目标值的契合度，越接近目标值，表明资金利用越高效，评分相应提升。

10.2.3.4 融资执行可行性评估

在考量融资方案时，必须紧密结合企业实际，评估其是否具备实施条件，能否确保企业在既定目标与时间框架内顺利完成水资产融资，同时避免对企业产生不利效应。为此，我们从融资执行可行性的维度设定了三项关键评价指标。

（1）资本结构优化度。企业常采用多元化融资渠道，如股权融资、债券发行及银行贷款等。本指标旨在分析这些融资手段之间的配置比例，若企业能够分散资金来源，保持各融资方式间的合理结构比例，则视为优化度高，评分相应提升；反之，资金来源单一则表明资本结构有待优化，评分较低。

此指标对融资决策至关重要，结构越优化，评分越高。

（2）融资期限适应性。融资期限的长短直接影响到企业资金运用的灵活性和还款压力。较长的融资期限为企业提供了更充裕的时间进行生产经营规划，同时减轻了短期还款负担。因此，融资期限越长，该指标的评分越有利。

（3）融资便捷程度。此指标综合考量实际融资环境中的多重因素，包括政府政策支持力度（如对绿色信贷及水融资的优惠政策）以及水投融资市场的成熟度与活跃度。若政策环境有利且市场资源丰富，企业融资渠道将更宽广，融资过程更顺畅，评分自然提升。需注意，该指标评价较为主观，需依据充分的市场调研与政策分析进行。

10.2.3.5 后续管理效能考量

后续管理效能聚焦于融资后企业的运营状况、资金利用效率、盈利表现及对未来融资活动的影响。我们设定了以下三项评价指标。

（1）持续盈利能力展望。企业的未来盈利能力不仅关乎其偿债能力，也是赢得投资者信赖的关键。持续盈利的企业更能吸引投资，为后续融资创造便利。该指标通过对比分析企业每股收益、营业收入增长率、净利润率、净资产收益率、总资产周转率及经营现金流覆盖率等财务指标来评估，盈利能力越强，评分越高。

（2）管理层效能评价。此指标综合衡量企业管理层的管理能力、治理架构、规章制度执行情况等多个方面。高效的管理团队能确保企业运营稳健、决策科学、执行高效，从而增强投资者信心。评价时需参考高管背景、资历、过往业绩及企业治理效果，管理层效能越高，评分相应增加。

（3）再融资成本控制。作为后续管理效能的重要指标之一，再融资成本直接反映了企业后续融资的难易程度与成本效益。虽然盈利能力与管理水平也在一定程度上影响再融资成本，但鉴于其独特重要性，特设为独立评价指标。再融资成本越低，表明企业再融资条件越优越，该指标评分自然越高。

综上所述，从融资限制、融资风险、融资效果、融资可行、后续管理五个方面细化选取13个评价指标构建了如表10-1所示的节水工程项目水资产融资决策的评价指标体系。

表 10-1 水资产融资决策评价指标体系

准则层	指标层	说明
融资主体自由度 A_1	企业与投资方关系 A_{11}	定性指标
	企业规模 A_{12}	定量指标
	信息通达度 A_{13}	定性指标
融资风险 A_2	水权交易风险 A_{21}	定量指标
	财务风险 A_{22}	定量指标
融资效果经济性 A_3	融资成本 A_{31}	定量指标
	融资规模 A_{32}	定量指标
融资实施可行性 A_4	资金结构 A_{41}	定量指标
	融资期限 A_{42}	定量指标
	融资便利 A_{43}	定性指标
后续管理方便性 A_5	未来盈利能力 A_{51}	定量指标
	管理层状况 A_{52}	定性指标
	后续融资成本 A_{53}	定量指标

10.2.4 水资产融资决策评价模型的构建

10.2.4.1 评价方法的选择

在审视当前融资效率评估领域所采纳的方法综述时，我们识别出模糊综合评价法、层次分析法及数据包络分析法等作为解析指标重要性的有效工具，这些方法因其广泛的适用性和在学术界的频繁应用而备受推崇。

模糊综合评价法，作为一种植根于模糊数学理论的综合评估体系，巧妙地将定性指标描述转化为定量指标，依据隶属度原理对复杂、多因素影响的对象进行全面评判。其优势在于结果明确、系统性强，擅长处理模糊与难以直接量化的问题，尤其适用于不确定性场景。然而，构建权重向量时的复杂性是该方法的一大挑战。

层次分析法，则将复杂的决策问题层次化，通过逐层分解目标与准则，利用模糊量化技术实现层次间的排序，为多目标优化决策提供了系统框架。该方法以其结构清晰、数据需求少、实用性强著称，但在创新方案生成及定量数据支撑方面略显不足，特别是在指标繁多时，数据统计量与权重确定成为难题。

数据包络分析法则聚焦于多投入多产出的效率比较，通过线性规划手段评估服务单元的有效性与管理效率，提供丰富的管理洞察。尽管此方法能直观展示效率边界，但忽视了随机干扰与测量误差的影响，且权重随决策单元变化，增加了分析的不确定性。

相较之下，熵值法以其高度的客观性脱颖而出，通过熵值计算反映评价对象在时间序列中的整体水平变化，权重分配直接关联数据差异，便于企业精准定位关键绩效差距。熵值法的数据处理流程为先标准化各项指标，消除量纲影响，再进行权重分配，确保了结果的公正与科学。鉴于其在融资决策评价中的广泛应用与认可，本书特选取熵值法作为分析工具，对高耗水行业企业的融资策略进行深入评估与探讨。

10.2.4.2 水资产融资评价指标的熵权模型

将以上指标列表制作成调查问卷表，邀请从事企业财务管理研究的专家、水资产融资的专家、从事企业贷款的专家组成专家小组，以及一定数量的专业工作者，分别对各评价目标重要程度进行打分，重要程度由低到高分别取 1~5 分。最终有 20 位专家和 10 位专业工作者作出自己的评判。问卷得到不同融资方案 5 个层次 13 个指标的重要性的评分结果，以各指标层评分专家人数为分母，计算各指标加权平均分为 S_{ij}。

设水资产融资综合评价效果为 A，需测量的准则层指标为 A_1，A_2，…，A_5，指标层为 A_{11}，A_{12}，A_{13}，…，A_{53}，S_{ij} 和 S_i 分别为 A_{ij} 和 A_i 的重要性评价分值，对融资各方案的各指标进行重要性评分，并通过式（10-3）计算某一方案某个指标的重要性占全部方案指标重要性的比重：

$$P_{S_{ij}} = \frac{S_{ij}}{\sum_{j=1}^{n} S_{ij}} \qquad (10-3)$$

通过上述计算指标重要性的比重，各指标层指标的熵值可以表示为：

$$H_{(A_{ij})} = -k\sum_{j=1}^{n}P_{(S_{ij})}\ln P_{(S_{ij})} \qquad (10-4)$$

令 $k = 1/\ln n$，使得 $0 \leqslant H_{(A_{ij})} \leqslant 1$，方便后续处理，设 $(1 - H_{(A_{ij})})$ 为 $H_{(A_{ij})}$ 的偏差度，则各指标的熵权为：

$$w_{ij} = \frac{(1 - H_{(A_{ij})})}{\sum_{i=1}^{m}\sum_{j=1}^{k}(1 - H_{(A_{ij})})} \qquad (10-5)$$

其中，m 为准则层数，k 为某准则层下指标的个数。且有 $0 \leqslant W_{ij} \leqslant 1$，各指标权重加总为 1。熵权法根据突出局部差异来计算指标权重，通过同一指标观测值之间的差异程度来反映其重要程度。由熵权法计算出的各层指标熵权即为最终各层指标的重要性比例，即所要求的各指标在水资产融资决策评价中的权重。

10.2.4.3 基于熵权法的水融资决策模型的评价标准及方法

先确定每一个指标的满分为 10 分，根据每个指标后的备选方案的重要程度，对得分进行分类和排序。目前，关于融资决策评估模型的文献资料相对匮乏，多数备选方案的设计灵感主要源自第 9 章所阐述的评价参考准则。与此同时，本书也积极吸纳了商业银行在客户评估领域的实践经验与指标体系，以期在构建融资决策评估模型时能够兼顾专业性与实用性，最终构建而成的融资决策评价模型如表 10-2 所示。

表 10-2　　　　　　　　水资产融资决策指标评分标准

评分维度	评分指标	备选项	备选项分值
融资限制	1. 与投资方关系	与投资方有长期合作关系 与投资方有短期合作关系 本轮融资属于首次与投资方合作	10-8 7-5 4-1
	2. 企业规模	大型企业 中型企业 小型企业	10-8 7-5 4-1
	3. 信息通达度	上市公司，信息披露可靠 非上市公司，可定期获得经外部审计财报 非上市公司，不可获得经外部审计年报	10-8 7-5 4-1

续表

评分维度	评分指标	备选项	备选项分值
融资风险	1. 水权交易风险	水权交易波动对融资影响较小 水权交易波动对融资影响大 水权交易波动对融资影响很大	10-7 6-5 4-1
融资风险	2. 财务风险	财务报表分析结果良好，财务结构合理 财务报表分析出现问题，但影响较小 财务报表分析出现问题，影响较大 财务报表分析出现问题，可能造成严重影响	10-9 8-6 5-3 2-1
融资效果	1. 融资成本	各融资方案的综合融资成本由高到低排列	1-10
融资效果	2. 融资规模	等于或略大于融资目标 接近融资目标，略不足 与融资目标差距较大	10 9-7 6-1
融资可行	1. 资金结构	资金来源分散，结构比例较为合理 资金来源相对集中，结构比例较为合理 资金来源较为集中，资金结构比例一般 资金来源单一	10-9 8-7 6-5 4-1
融资可行	2. 融资期限	融资期限高于投资回收期 融资期限高于需求使用期但可能小于投资回收期 融资期限小于需求使用期	10 9-6 5-1
融资可行	3. 融资便利	水投融资市场完善 水投融资市场基本满足企业融资需求 水投融资市场不能满足企业融资需求	10-8 7-6 5-1
后续管理	1. 未来盈利能力	企业持续盈利能力强，未来极有可能会带来收益 企业持续盈利能力较好，未来有可能带来收益 企业持续盈利能力一般，未来收益可能性较小 企业持续盈利能力较差，未来可能几乎没有收益	10-9 8-6 5-4 3-1
后续管理	2. 管理水平	管理者能力强，管理结构科学合理，业绩优异 管理者能力较强，管理结构较科学，业绩较为平稳 管理整体水平一般，企业业绩一般	10-8 7-6 5-1
后续管理	3. 再融资成本	小于之前融资成本 等于或稍大于前期，但与其他融资方式相比较经济 与之前相比出入不大，但不如其他融资方式经济 成本增加，增长原因合理但无法同其他方式比较 成本大幅增加，企业应选用其他融资方式	10-9 8-6 5 4-3 2-1

将每个方案的各个指标与熵权法确定的权重相乘并相加，得出该方案的最终得分，根据方案得分高低决定融资方案的选择，计算过程如下所示：

$$B = \sum_{i=1}^{m} \sum_{j=1}^{k} M_{ij} \times w_{ij} \qquad (10-6)$$

其中，B 代表方案得分，m 为准则层数，k 为各准则层下指标数，M 为指标得分，w 为上述熵权法算出的指标权重。

10.3 案例应用——以 BHZY 股份有限公司废水回用项目为例

10.3.1 企业废水回用项目基本情况

10.3.1.1 企业概况

BHZY 股份有限公司（以下简称"BHZY"），自 1994 年创立以来，便深耕于纸张产业链，集研发、制造、销售三大环节于一体。公司注册资本雄厚，达 13.4 亿元人民币，拥有超过 5 000 名员工，核心业务涵盖胶印纸、书写纸、包装用纸、纸板及造纸木浆的全方位生产与销售，并拓展至自营进出口及"三来一补"业务领域。BHZY 凭借其在业内的技术引领与研发创新能力，荣获 ISO 9001 质量管理体系认证，被科技部门认定为工程技术研发中心及制造业信息化标杆企业。

10.3.1.2 造纸业现状与未来展望

造纸业，作为国民经济不可或缺的基石行业，其特性显著，技术密集与资本密集并存，同时资源消耗巨大。近年来，受全球经济增速放缓的影响，造纸业面临产能过剩、竞争加剧的双重挑战，行业整体盈利水平徘徊于低位。然而，自 20×7 年起，我国造纸业展现出积极的发展态势。这一趋势背后，宏观经济的稳定、物流行业的蓬勃发展以及环保政策的驱动功不可没。物流行业的繁荣极大地促进了纸张与纸板的市场需求，而环保政策的收紧则加剧了市场供需不平衡，推动主要纸种价格上扬。加之国家财政政策的积极引导，造纸业迎来了营收与盈利能力的提升。

根据《造纸行业"十四五"及中长期高质量发展纲要》，到2025年，我国纸张及纸板总产量预计达到1.4亿吨，年复合增长率为3.70%，年人均消费量预计达到100千克。环保监管力度的持续加码，促使行业洗牌加速，规模小、技术落后的企业被淘汰出局，行业格局向规模化、专业化方向迈进。特别是《进口废物管理目录》的实施，对中小企业构成严峻挑战，限制了其废纸进口能力，成本激增；相反，大型纸企凭借其规模优势与竞争力，在环保政策调整后获得更多废纸配额，市场话语权显著增强。

当前，造纸业已步入稳定发展阶段，未来趋势指向技术革新与产业升级，强调"效率提升、能耗降低、污染减少"的核心发展理念。随着环保政策的细化、产业结构的优化以及市场需求的变化，造纸业既面临挑战也蕴含机遇。大中型企业，尤其是像BHZY这样的行业领军企业，凭借其强大的资金实力和资源整合能力，将更易于捕捉市场机遇，通过并购重组等方式实现规模扩张与产业链协同，进而在激烈的市场竞争中巩固并扩大其优势地位，引领行业向更高水平发展。

10.3.1.3 BHZY日处理30 000立方米废水循环利用与零排放项目概述

鉴于BHZY股份有限公司主导产品环氧氯丙烷生产过程中伴随产生的高盐度、高氯离子及高硬度废水，此类废水因国家环保政策的日益严苛而被严格限制排放，成为企业扩张道路上的关键制约因素。为此，BHZY公司启动了"日处理30 000立方米废水循环利用与零排放"创新项目。该项目坐落于淄博市桓台县马桥工业集聚区，总占地面积34 000平方米，设计产能为每日处理30 000立方米废水并实现中水回用，总投资额高达2.7539亿元人民币。该项目由ZGZC集团旗下的GZZC绿色环保有限公司全权负责详细设计、核心设备供应、安装指导及调试工作，而由SDBH集团有限公司承担项目的具体建设任务，项目自20×7年1月启动，至20×8年3月圆满竣工。项目整体规划占地面积约34公顷（约合51亩），总建筑面积为34 925.24平方米，其中生产厂房占据了19 435平方米。项目还购置并安装了包括2台风机、1座烟气脱钙池、5组射流曝气系统、1套刮泥设备及2套年产22万吨的氯化钙生产装置在内的各类设备共计3 989台（套）。

该项目采用先进的"烟气脱钙—生物处理—膜技术脱盐—蒸发结晶"集成工艺,有效处理环氧氯丙烷废水,将浓缩后的无机盐转化为氯化钙产品,同时脱盐水被循环利用于生产过程,彻底实现了废水零排放的目标。自 20×8 年 3 月正式投入运营以来,该项目年减排化学需氧量(COD)达 255 吨,氨氮减排量达 10.4 吨,年回用水量高达 10 200 000 吨。此项目的成功实施,不仅妥善解决了环氧氯丙烷产生的废水含钙问题,还额外生产出氯化钙,有效突破了公司污水排放总量限制,为 BHZY 公司"十三五"战略规划的顺利推进提供了坚实保障,推动了企业的绿色可持续发展。作为废水循环利用与零排放典范,该项目不仅实现了环境友好型的废水回收与减排,还减少了二氧化碳等排放,取得环境保护成果与经济效益双赢的局面。一方面,项目运行显著改善了当地环境质量,减少了污染物排放;另一方面,通过降低 COD 处理费用及污水处理成本,增强了企业的市场竞争力;此外,项目建设与运营还直接促进了当地就业,为社会经济发展贡献了积极力量。

10.3.2　可选择项目水资产融资方案

方案一:直接融资,通过水资产管理公司转让项目 15 年的用水权与排污权指标,获得 1.94 亿元融资,支付 5% 的中介费用。

方案二:水资产质押结合传统固定资产抵押的贷款,贷款标的物包括项目未来 15 年的用水权与排污权指标和厂房及机器设备等固定资产,贷款利率为 6%,贷款金额为 2.3 亿元,期限为 15 年。

方案三:单纯以未来水资产收益作为质押担保的授信,以项目的未来 15 年预计获取用水权与排污权出售收益作为质押物,贷款利率为 8%,贷款金额为 1.5 亿元,期限为 15 年。

方案说明:上述三种水资产融资方案是本书为了研究节水工程项目水资产融资决策评价模型的运用,参考近年来出现的水资产融资模式和企业的实际情况,设计的三种可能的水资产融资方案,上述水资产融资方案涉及的数据与实际融资活动无关。

10.3.3 水资产模型的评价与应用

10.3.3.1 评价指标的重要性调查

问卷得到 3 个方案 5 个层次 13 个指标的重要性的评分结果。各指标层打分的人数共为 30 人，各指标平均分为 S_{ij}，五个准则层重要性评分结果与比重如表 10-3 和表 10-4 所示。

表 10-3   各方案评价指标的重要性评分结果

编号	指标层	方案一	方案二	方案三
A_{11}	企业与投资方关系	3.00	3.60	3.75
A_{12}	企业规模	3.10	3.50	3.63
A_{13}	信息通达度	3.20	3.70	3.70
A_{21}	水权交易风险	4.56	3.5	4.00
A_{22}	财务风险	3.83	4.00	4.33
A_{31}	融资成本	3.80	4.50	4.93
A_{32}	融资规模	4.75	3.67	4.73
A_{41}	资金结构	3.33	4.27	4.10
A_{42}	融资期限	2.87	3.33	3.40
A_{43}	融资便利	4.20	3.50	3.70
A_{51}	未来盈利能力	2.70	2.97	2.8
A_{52}	管理层状况	2.70	3.17	3.30
A_{53}	后续融资成本	3.50	3.8	4.1

表 10-4   各方案评价指标的重要性比重

编号	指标层	方案一	方案二	方案三
A_{11}	企业与投资方关系	0.2899	0.3478	0.3623
A_{12}	企业规模	0.3030	0.3421	0.3548
A_{13}	信息通达度	0.3019	0.3491	0.3491
A_{21}	水权交易风险	0.3781	0.2902	0.3317
A_{22}	财务风险	0.3150	0.3289	0.3561
A_{31}	融资成本	0.2872	0.3401	0.3726

续表

编号	指标层	方案一	方案二	方案三
A_{32}	融资规模	0.3612	0.2791	0.3597
A_{41}	资金结构	0.2846	0.3650	0.3504
A_{42}	融资期限	0.2990	0.3469	0.3542
A_{43}	融资便利	0.3684	0.3070	0.3246
A_{51}	未来盈利能力	0.3188	0.3506	0.3306
A_{52}	管理层状况	0.2944	0.3457	0.3599
A_{53}	后续融资成本	0.3070	0.3333	0.3596

对指标进行处理后，利用公式计算熵值和熵权，计算结果如表 10-5 所示。

表 10-5　　　　各方案评价指标的熵值与熵权

编号	指标层	熵值 H	熵权 w	百分数（%）
A_{11}	企业与投资方关系	0.995900861	0.097088732	9.71
A_{12}	企业规模	0.997983352	0.047764614	4.78
A_{13}	信息通达度	0.997940515	0.048779229	4.88
A_{21}	水权交易风险	0.994718254	0.125098976	12.51
A_{22}	财务风险	0.998813118	0.02811149	2.81
A_{31}	融资成本	0.994859769	0.121747163	12.17
A_{32}	融资规模	0.993786699	0.147162989	14.72
A_{41}	资金结构	0.99487234	0.121449428	12.14
A_{42}	融资期限	0.997500446	0.059202322	5.92
A_{43}	融资便利	0.997297654	0.064005482	6.40
A_{51}	未来盈利能力	0.99929332	0.016737826	1.67
A_{52}	管理层状况	0.996706181	0.078014615	7.80
A_{53}	后续融资成本	0.998106952	0.044837135	4.48

当对企业水资产融资项目进行评价时，假设上述 13 个指标得分分别为 M_{11}，M_{12}，M_{13}，…，M_{52}，M_{53}，则该企业水资产融资项目的最终评价结果为：

$$B = 9.71\% M_{11} + 4.78\% M_{12} + \cdots + 7.80\% M_{52} + 4.48\% M_{53} \quad (10-7)$$

运用熵权法分析企业水资产融资项目后,核心发现揭示了融资成本、水权交易风险、融资规模及资金结构四大指标占据最显著的权重位置,即它们对融资决策具有最大影响力。这一结论与企业在水资产融资实践中的考量高度吻合。首先,融资成本作为首要考量因素,其最小化是企业融资策略的核心目标,成本过高可能危及企业财务健康,构成重大风险源,因此成为决策过程中不可忽视的关键。其次,水权交易风险,其作为融资活动的基石,风险水平波动直接影响融资的安全性与可行性,高风险意味着更高的不确定性和潜在的融资障碍,故而被赋予较高权重。再次,融资规模,其适度性对于融资决策同样至关重要。过大规模可能超越企业承受能力,引发风险积聚;而过小则难以满足资金需求,制约企业发展。因此,融资规模的选择成为平衡风险与收益的关键环节。最后,资金结构,其合理性直接关系到融资成本、偿债压力及资金安全。不合理的结构可能导致额外的财务负担或资金流动性问题,而多元化资金来源则能在一定程度上增强财务韧性。

此外,其他影响因素按重要性递减排序依次为:企业与投资方关系、管理层状况、融资便利性、融资期限、信息透明度、企业规模、后续融资成本预期、财务风险评估及未来盈利潜力。这些因素虽然权重较低,但在全面评估融资项目时也不可忽视,它们共同构成了企业水资产融资决策的多维度考量框架。

10.3.3.2 各融资决策方案的评价指标取值

(1)融资主体自由度。

①企业与投资方关系。BHZY与商业银行合作较密切,有长期的信贷关系,所以商业银行比较了解企业各方面的信息和实际情况,向该银行融资受限小。但是企业与水资产管理公司属于首次合作。所以本指标方案一评分为3,方案二和方案三评分为8。

②企业规模。企业规模与融资约束大小成反比。根据BHZY的总资产规模以及固定资产、流动资产规模来看,其为行业龙头企业,三个方案本指标取值均为8。

③信息透明。BHZY为上市公司,信息披露水平高,三个方案本指标取

值均为10。

（2）融资风险。

①水权交易风险。三个融资方案都涉及水权交易，但是方案一和方案三只涉及水权交易，方案二中还涉及固定资产抵押，因此水权交易风险对方案一和方案三影响较大，对方案二的影响稍小，故方案一取值为3，方案二取值为8，方案三取值为3。

②财务风险。根据对BHZY的资产负债率、流动比率、速动比率等财务指标分析，可知以往财务指标显示企业成长能力有所削弱，公司规模扩张减缓，偿债能力有所削弱，偿还流动负债压力明显，故三个方案取值均为5。

（3）融资效果经济性。

①融资成本。根据计算的综合融资成本由高到低排列，方案三>方案一>方案二，故方案一取值为7，方案二取值为10，方案三取值为4。

②融资规模。结合融资需求分析，方案二最高，方案一次之，方案三最差，故方案一取值为4，方案二取值为8，方案三取值为2。

（4）融资实施可行性。

①资金结构。方案一直接出售水权和排污权，采用的是直接融资，资金来源分散，结构比例较为合理，取值为9；方案二和方案三采用间接融资法向银行借款融资，资金来源较为集中，资金结构比例一般，方案二取值为5，方案三取值为3。

②融资期限。根据各方案融资期限，虽然三个方案期限一样，但方案一期限可自由延长，方案二和方案三的融资期限受银行限制，而该项目建设期为14个月，三种方案融资期间都高于建设期，因此方案一取值为8，方案二与方案三取值为6。

③融资便利。根据年报信息和之前本书对国内水投融资市场的分析，我国水权交易制度不够健全，水权交易市场也不够完善，水权融资发展处于初级阶段，受限制的因素较多，且寻找直接融资所需的中介机构较贷款银行更为困难，因此方案一评分为3，方案二与方案三评分为6。

（5）后续管理方便性。

①未来成长潜力评估。基于BHZY公司在每股收益、成长性、盈利效

能、盈利稳健度及运营效能等多维度财务指标的综合分析，虽然当前盈利能力面临一定挑战，经营效率略有下滑，但鉴于近年来我国环保政策的强化趋势及纸业市场的洗牌效应，预示着行业整合加速，劣势产能逐步淘汰。作为行业领军者，BHZY 有望在政策扶持下，有效把握市场机遇，实现更稳健的发展前景。据此，针对未来展望，三个融资方案均被赋予 7 分的积极评价。

②管理效能分析。根据年度报告的详尽资料，BHZY 公司持续优化其法人治理结构，遵循现代企业治理模式，展现出良好管理效能与持续改进态势。鉴于此，对于所提三个融资方案，均因公司管理水平的积极影响而被赋予 7 分的评价。

③再融资经济成本考量。通过对过往类似融资活动的费用结构（包括使用成本与筹资成本）进行细致估算与对比，方案一在维持相同融资规模时，其成本波动幅度有限，但相较于其他融资途径，其经济性略显不足。而方案二与方案三虽然在扩大融资规模时成本有所增加，但增长原因合理且符合市场规律，然而因缺乏直接的比较基准，难以断定其绝对优势。因此，在成本效益权衡下，方案一获得 5 分评价，而方案二与方案三则因成本增加因素，各自获得 3 分的评分。各融资方案评价指标取值如表 10-6 所示。

表 10-6　　　　　　各融资方案评价指标取值

评价指标	方案一	方案二	方案三
一、融资主体自由度			
1. 企业与投资方关系	3	8	8
2. 企业规模	8	8	8
3. 信息通达度	10	10	10
二、融资风险			
1. 水权交易风险	3	8	3
2. 财务风险	5	5	5
三、融资效果经济性			
1. 融资成本	7	10	4
2. 融资规模	4	8	2
四、融资实施可行性			
1. 资金结构	9	5	3

续表

评价指标	方案一	方案二	方案三
2. 融资期限	8	6	6
3. 融资便利	3	6	6
五、后续管理方便性			
1. 未来盈利能力	7	7	7
2. 管理水平	7	7	7
3. 再融资成本	5	3	3
总分	79	91	72

将各评价指标取值与各指标权重相乘，企业项目水资产融资的最终评价结果为：方案一得分 5.76 分，方案二得分 7.32 分，方案三得分 4.84 分。

10.3.3.3 水资产融资方案的选择

经由熵权法深入剖析，结果显示方案一、方案二、方案三的评分依次为 5.76、7.32、4.84，据此判定方案二为最优选择，方案一紧随其后，而方案三则排名最末。进一步对比方案三与方案二，发现方案三蕴含的不确定风险更为显著，且其融资规模受限，导致项目资金缺口显著扩大，从而凸显方案二的优势。转而对比方案三与方案一，方案三不仅在融资额度上更显不足，且融资成本高昂，相比之下，方案一在遵循"融资成本最小化"原则及满足企业资金需求方面表现更佳。方案二通过结合水权质押与固定资产抵押的方式，有效提升了银行贷款的获得性，降低了融资过程中的不确定性风险，并实现了较低的融资成本，其融资规模也最贴近企业的实际需求。反观方案一，其融资机制依赖于转让未来 15 年的用水权与排污权指标，虽然能筹集资金，但面临项目未来收益波动及水权交易市场的双重风险，加之投资者招募难度较大及中介费用高昂，增加了融资的综合成本。

综上所述，本书强烈推荐企业采用方案二作为融资策略，以期实现资金的最优配置与风险的有效控制。此外，对于高耗水企业而言，加强水资产管理，积极探索并评估多元化的融资途径，精选最适合企业实际情况的融资方案，对于推动节水工程项目的顺利实施具有至关重要的意义。

第11章

企业水信息披露管理

随着人类社会对环境问题的日益关注，资源与环境发展问题得到了理论界与实务界的广泛关注，水信息披露也慢慢发展成全球性的热点问题。虽然如今关于水信息披露方面的研究仍然较少，但我们可以从环境信息披露和企业社会责任出发，更深层次地剖析水信息披露及其管理。现有研究资料表明，环境问题具有一定的外部性，这一特征要求人们对于环境问题的解决与管理要考虑内外部因素，而水信息披露问题作为环境信息披露的一个细化范畴，也应该结合企业面临的内外部环境问题等多种因素展开深入研究。

11.1 水信息披露内涵

11.1.1 内涵界定

水信息主要是指与水相关的信息，包含的内容较为丰富，主要包括企业水资源的使用情况，应对水污染的处理方法等。信息披露是指企业通过编制并发布招股说明书、董事会公告、年度报告等一系列报告文件，主动向股东、监管机构及所有其他信息需求方披露和报告其经营情况、财务状况、战略规划等相关重要信息的行为。水信息披露是指相关主体依据合理可靠的计量方法和原则，测量、记录和公示水信息的全过程，具体包括企业为全面满足信息使用者的决策需要，致力于提供详尽的水资源信息，并附加与之紧密相关的财务数据,以便他们能够基于这些综合信息作出明智决策的过程,披露内容以货币和非货币形式展现。从学术研究来看,水信息披露是企业环境绩效研究方面的重要课题,是环境信息披露的一个重要分支;从实际角度出发,水信息披露是利益相关者了解企业水资源使用情况不可或缺的渠道。企业可以通过信息披露向外界传递对环境保护责任的积极承诺,有助于减少外部利益相关者与企业内部之间的信息不对称现象。当前,尽管一些企业已通过年度报告、社会责任报告及可持续发展报告等渠道初步披露了水信息,但其披露的详尽度与透明度仍显不足,存在显著的提升空间,亟须进一步优化与完善。

11.1.2 披露方式

国家应加速立法进程,强制企业,特别是上市企业,公开披露水资源相关信息,以促进我国经济从粗放型增长模式向高质量发展模式转型。王玉春等(2016)建议,我国企业可采用补充报告或独立报告两种模式来披露水信息,具体实施分为四大步骤:第一步,利用企业的社会责任报告平台,特别是上市公司的报告,初步且前瞻性地以定性方式披露企业涉及水的活动及其对环境生态的潜在影响。第二步,深化披露内容,通过对企业水战略成本管理体系的深入剖析,采用专题报告形式,聚焦并详细报告企业在某一具体水资源利用领域的信息,旨在提升供应链各环节的水资源使用效率。第三步,改革财务会计账户体系,要求企业在现有财务报告中增设与水信息相关的新项目,以物理量形式记录并反映企业的水交易活动及其成效,从而改良现有的财务会计账户模式。第四步,实现水交易活动的要素化整合,并无缝嵌入财务会计核算系统中。这一步骤旨在通过传统财务账户全面展现水交易活动的全貌,从而确保企业水信息和水社会责任的全方位、透明化披露,为利益相关者提供更加完整、准确的企业水资源利用状况。

11.1.3 披露流程

水信息披露流程为:第一步,明确识别与水资源相关的各项业务活动。

这些活动广泛涵盖了水资源管理政策的制定与实施、管理计划的发布与执行、环保设备的采购与运用、因环保合规而可能产生的罚款或税费支付，以及成功争取到的环保领域投资或获得的环保奖励等。第二步，确认水资源信息，这涉及水资源信息库的核心任务，即确定需要收集和存储哪些关键信息，以及对外报告时应呈现的性质、范围和内容，以确保信息的全面性、准确性和实用性。第三步，进行水资源信息的采集工作。当相关的业务活动发生时，这些信息将通过两种方式被记录到水资源事项凭证中，一是利用电子数据自动化手段实现即时录入；二是通过人工操作手动输入。这一过程确保了水资源信息的全面、准确和及时采集。第四步，存储水资源信息，这些信息将被以一种高效且便捷的方式存储起来，以便后续快速处理和利用。第五步，输出水资源信息，以水信息披露等方式将收集和存储的信息输出，满足各利益相关者的信息使用需求。

11.2 水信息披露影响因素

目前，学术界对水信息披露影响因素的研究较少，而水信息披露是环境信息披露、企业社会责任中不可或缺的一部分。因此，以环境信息披露、企业社会责任影响因素为切入点，为该部分提供参考。研究发现，水信息披露影响因素可以归为两类：（1）法律法规、社会文化背景、市场化程度以及媒体报道等外部因素；（2）企业特征、公司信息披露动机以及行业特征等内部因素。

11.2.1 外部因素

11.2.1.1 法律法规的影响

法律制度是指一个经济实体开展某项活动时，面临的来自政治、社会、经济、文化等不同层面的制度规范要求。本节重点研究水信息披露的正式制度，即与节约用水、加强水循环的利用、水信息披露和履行企业社会责任相关的法律、政策,以及国家颁布的上市公司环境信息披露规范、操作手册和指引等相关文件。在一些环境信息披露的研究中,部分学者提出由于法律法规的约束,如在政治制度环境层面,地方政府会对企业环境信息的披露行为开展必要的监管活动,包括在当地出台一系列相关的法律法规等,企业基于合法性理论、制度理论等理论基础,会相应地督促企业以货币和非货币形式、定性和定量的方式对外公开环境信息,这有助于企业树立良好的社会形象,获得更多的投融资和发展机会。而水信息披露作为环境信息披露的一部分,相关的法律法规也将促进水信息披露水平的提升。

我国已有一些法律法规对环境信息公开提供依据,涉及环境信息披露的法律制度分别有《清洁生产促进法》《大气污染防治法》《环境保护法》等。其中《清洁生产促进法》是我国首部要求企业公开部分环境信息的国家立法,这些法律规定为企业披露环境信息提供了很大程度的保障,也对企业保护水资源和披露其使用情况提供了支持。为加大水污染防治力度,保障国家水安全,2015年4月,国家正式发布了《水污染防治行动计划》,该计划被简称为"水十条",并随即付诸实施。"水十条"提出狠抓工业污染防治,对装备水平低下、环保设施不完善的小型工业企业进行全面排查,并坚决取缔"十小"企业;针对造纸、焦化、氮肥、有色金属、印染、农副食品加工、原料药制造、制革、农药、电镀等十大关键行业,启动专项整治行动,对这些行业实施清洁化改造。这一政策在科学保护水资源、加强工业水循环利用以及促进水信息披露质量的提高等方面起到了重要的作用。

11.2.1.2 媒体关注的影响

随着信息化时代的迅猛发展,新闻媒体在社会生活中的角色日益凸显,其影响力不容忽视。当前的研究广泛而深入地探讨了媒体关注对企业治理的多重积极作用,从多个维度证实了媒体在促进企业健康发展、提升治理效能方面的重要价值。媒体作为信息的采集者、加工者与传播者,其核心功能在于显著降低外部中小投资者在信息收集方面的成本,并有效减轻因信息不对称所带来的风险。信号传递理论进一步指出,媒体在环保领域的报道具有举足轻重的影响力,它为外部利益相关者提供了一个重要窗口,使他们能够便捷地获取并了解企业在水资源利用与管理方面的相关信息，从而作出更为明智的决策。企业也可通过媒体报道发布承担环保责任的情况，媒体报道在帮助企业树立良好形象的同时也满足了利益相关者的信息需求。媒体监督具有有效填补法律保护不足的优点，其作用不仅限于为投资者揭开企业真实水资源管理活动的"面纱"，使其获得全面而深入的了解，更在于通过市场舆论的力量，对企业形成有效的监督与压力，进而激励和推动企业采取更加负责任、可持续的水资源管理行为。因此，在一定程度上，媒体关注具有促进企业水信息披露水平提高的作用。

除此之外，在环境信息披露（特别是水信息披露）领域，涉及媒体关注度的学术文献也相当丰富且多元。一方面，部分研究直接探讨了媒体关注对环境信息披露行为的积极影响，指出媒体的高度关注能够显著推动企业增强环境信息的透明度，促进更广泛、更详尽的环境信息披露。另一方面，也有学者从调节效应的角度出发，深入分析了媒体关注在不同情境下如何间接影响企业的环境信息披露行为，揭示了媒体关注在调节企业行为与外部环境关系中的重要作用。如，陈璇和陶峥嵘（2022）研究发现，在政府监管与媒体报道对企业水信息披露的影响力研究中，普遍发现了显著的"区间效应"，意味着企业水信息披露的效果并非线性增长，而是受到一定范围或条件的限制。特别是通过增强媒体关注的力度，可以有效提升政府对企业环境信息披露行为的监管效能，进而在一定程度上削弱高管过度补偿与环境信息披露质量之间原本可能存在的正相关关系。此外，也有学者聚焦于媒体关注在特定领域（如水信息披露）中的作用，他们发现媒体关注能够削弱水信息披露与企业非系统风险之间的正向关联，显示出媒体在缓解企业环境信息不确定性和降低市场风险方面的积极作用（曾辉祥等，2018）。更令人瞩目的是，一些实证研究进一步揭示了媒体关注的"双刃剑"效应：在企业发生环境违规事件时，虽然媒体关注可能加剧公众舆论的负面压力，导致企业市值在短期内出现下跌，但这也从另一个侧面强调了媒体监督在促进企业环境合规、维护市场公正方面的不可或缺性（周茜和陈收，2022）。因此，我们可以认为媒体关注对企业水信息披露具有一定的影响。

11.2.1.3 市场化程度

根据环境库兹涅茨曲线,在经济发展的初期阶段,一个地区的经济水平相对较低时,往往伴随着较低程度的环境污染。然而,随着经济的持续增长和工业化进程的加速,环境污染问题逐渐凸显,呈现出与经济发展水平同步上升的趋势。但这一关系并非无限制地线性增长,而是遵循一种类似于倒"U"型的曲线规律:当经济发展达到某个临界点后,随着产业结构优化、环保技术提升及公众环保意识的增强,环境污染状况会逐渐得到缓解和改善。目前,我国正处于这一倒"U"型曲线拐点的左侧,意味着我们仍处在环境污染程度可能随着经济发展而加剧的阶段。因此,在追求经济增长的同时,必须高度重视环境保护,采取有效措施减少污染排放,推动绿色低碳发展,以确保经济与环境的和谐共生。随着市场化程度的提高,在环境污染程度较为严重的地区,地方政府往往会采取更为严格的监管措施,特别是针对企业的水信息披露行为,以确保企业能够全面、真实地披露其水资源使用及污染排放情况。同时,这些地区的公众和媒体也对企业环境行为表现出更高的关注度,他们通过舆论监督、信息公开等方式,对企业施加更多的压力,要求其承担起应有的环保责任。这种政府、公众与媒体的多方合力,共同推动了企业水信息披露的规范化和透明化进程。因此在市场化程度不同的地区,企业水信息披露的程度也存在差异。周志方等(2019)研究发现,行业竞争强度与企业水信息披露呈倒"U"型关系,且温和竞争行业内市场地位最高的企业能够起到行业标杆作用,更愿意主动披露水信息。

11.2.1.4 其他外部因素的影响

社会文化背景不同的企业对水信息披露水平的程度也各有差异。学者们的跨国界研究表明,影响不同国家和地区公司环境信息披露状况的因素纷繁复杂,既存在普遍性的相同原因,也由于地理、文化、政策等差异而展现出显著的区域特性(Farooq et al, 2025; Burritt et al, 2016)。这些研究通过对全球范围内不同国家的公司样本进行深入分析,揭示了环境信息披露背后多维度、多层次的影响因素。因此，在探讨公司环境信息披露情况时，需要充分考虑国家和地区间的共性与差异，以全面把握其背后的复杂动因。当组织或其所在行业遭遇环境污染、人权侵犯、法律诉讼等困境时，往往会面临更为严格的公众监督和社会压力。为了回应这些挑战，组织倾向于增加其环境和社会信息披露的数量，以展现其应对问题的决心、采取的措施以及取得的进展。这种增加的信息披露不仅有助于提升组织的透明度，还能在一定程度上缓解公众的担忧和负面情绪，维护组织的声誉和形象，以减少监管压力、相关利益者向集团施压以及在社会、媒体和政治环境中的曝光。

11.2.2 内部因素

一些学者研究指出，公司的水信息披露实践与其内部环境管理制度之间存在着紧密的相互关联（Peng et al，2023；周志方等，2019）。为了提升水资源的透明度和管理效率，公司往往倾向于构建和完善自身的环境管理体系，确保水资源的使用、监测、报告等各个环节都符合既定的标准和规范。同时，公司也积极参与由第三方组织发起的水信息披露活动，这些活动不仅为公司提供了一个展示其环境管理成果的平台，还促使公司不断向行业最佳实践看齐，持续改进和优化其水信息披露工作。通过参与第三方组织的披露活动，公司能够进一步增强其环境管理的公信力和影响力，赢得更多利益相关者的信任和支持。可以实现在环保和可持续发展上的差异化战略，因此我们认为企业的内部因素也会对水信息披露程度产生影响。

11.2.2.1 产权性质

依据企业产权性质的差异，企业可被明确区分为国有企业与非国有企业两大类，这两者在多个核心维度上展现出显著的不同。就经营目标而言，非国有企业通常将追求经济利益的最大化作为其核心驱动力，致力于通过市场竞争实现盈利增长和股东回报的最大化。相比之下，国有企业则承载着更为广泛的社会责任与使命。作为国民经济发展的重要支柱和中坚力量，国有企业不仅关注经济效益，更将维护社会稳定、维持社会秩序以及调节市场经济作为其经营目标的重要组成部分。这意味着国有企业在追求经济效益的同时，还需积极履行社会责任，参与国家重大战略实施，促进经济社会的全面协调可持续发展。因此，国有企业与非国有企业在经营目标和资金来源等方面存在显著差异，这些差异体现了不同产权性质下企业角色的定位与功能的不同。从资金来源角度看，国有企业相较于非国有企业具有更为显著的优势，尤其是在获取债权人信任及外部融资方面。国有企业在寻求外部融资时，能够更顺畅地获得债权人的支持，从而以较低的成本和较高的效率筹集到所需的资金。这种融资优势为国有企业的持续发展和战略实施提供了坚实的资金保障，使国有企业更容易获得政府补贴和债券融资。因此，由于企业经营目标和资金来源等方面的差异，使得国有企业和非国有企业披露水信息的程度存在差异（周志方等，2019）。

11.2.2.2　企业规模

基于社会责任理论，企业在追求经济收益的同时，其规模的增长往往伴随着环境污染风险的增加。因此，规模更大的企业，在享受高额经济回报的同时，也被社会寄予了更高的期望，要求其承担更多的社会责任。随着企业规模的扩大，其生产经营活动对环境的影响也日益显著，这自然引起了政府和社会各界的广泛关注。为了维护公共利益和生态环境，政府会加强对这些大型企业的监管力度，制定更为严格的法律法规来约束其行为。这种外部压力促使大型企业必须更加注重环境保护和社会责任履行，以树立良好的企业形象，避免潜在的法律风险和声誉损失。企业内部的种种行为，无论是积极的还是消极的，都可能成为新闻媒体聚焦的热点和社会公众热议的话题。在这种高度透明的环境下，若企业在水信息披露上表现出不充分或不及时，一旦遭遇水资源或环境违法问题，其后果将是灾难性的。此类事件不仅会招致政府部门的严厉处罚，还会引发社会公众的强烈不满和媒体的广泛批评，企业长期以来精心构建的良好形象可能因此一夜之间崩塌。相反，那些能够充分、及时披露水信息的企业，则能有效降低自身面临的环境风险，并在公众心目中树立起负责任、可信赖的企业形象，这种正面效应产生的结果往往事半功倍。此外，从企业自身发展的角度来看，规模越大、资金实力越雄厚的企业，通常更有能力投资引进先进的污染防治设施和技术，推动绿色生产方式的转型。这些企业往往坚持经济效益与环境效益并重，倾向于通过公开披露水资源信息来展示自己在环保方面的努力和成果，以此彰显其社会责任感。

11.2.2.3 负债程度

根据委托代理理论的视角，企业与债权人之间构成了一种典型的委托代理关系。在这种关系中，双方各自追求不同的利益目标，从而可能引发利益冲突。债权人作为资金的提供者，期望企业能够稳健经营、按时偿还债务，以保障其资金安全并获得合理的回报。而企业作为资金的使用者，则可能更倾向于追求高风险、高收益的投资项目，以期实现更快的增长和更高的利润。这种利益目标的差异，使得企业与债权人之间存在一定的利益冲突，需要通过有效的治理机制来加以协调和平衡。当企业的负债水平较低时，其内部现金流通常较为充裕，足以覆盖借款需求，并展现出较强的偿债能力。这种情况下，企业可能相对较少依赖外部融资，且其财务状况稳健，容易获得债权人的信任。

然而，随着企业负债的增加，其资金需求也相应扩大，可能需要更多的外部资金支持以确保公司的正常运营和持续发展。在这种高负债情境下，企业面临着更大的偿债压力，同时也更需要赢得债权人的信心和支持。因此，企业倾向于通过更充分、更透明的信息公开来展示其财务状况、经营成果以及未来的发展规划，以此增强债权人的信任感，降低融资成本和风险。并且债权人为了保证自己的合法权益不受损害以及确保债务人能按期履行还款义务，也会对企业环境信息的披露程度提出要求，往往更多的环境信息足以降低债务人和债权人的信息不对称，当企业考虑进行投资时，环境信息成为评估投资决策的重要依据之一。债权人、投资者及其他利益相关者会密切关注企业的环境表现，以评估其潜在风险、可持续发展能力和长期价值。因此，企业披露更多的环境信息，特别是关于水资源使用和管理方面的信息，有助于这些利益相关者更全面地了解企业的运营状况和环境影响，从而作出更加明智的投资决策。

进一步地，企业的负债程度也会对其水信息披露程度产生影响。负债较高的企业，为了缓解融资压力、降低融资成本并增强债权人的信任，往往会倾向于更加积极地披露环境信息，包括水资源的利用情况、污染防控措施以及环境绩效等。通过提高环境信息的透明度，这些企业能够向市场传递出积极信号，表明其致力于环境保护和可持续发展，进而吸引更多的投资者和债权人。相反，负债较低的企业可能因为融资需求相对较小，而在环境信息披露上表现得相对保守。

11.2.2.4 其他内部因素

企业的股权集中度是一个衡量公司治理结构的重要指标，它可以通过观察第一大股东的持股比例来直观反映。具体而言，当第一大股东的持股比例较高时，这意味着企业的股权结构相对集中。在这种情境下，第一大股东的控制力也随之增强，其对公司决策的影响力、对公司资源的调配能力以及在公司治理中的话语权都会得到显著提升。因此，股权集中度的高低不仅关乎公司治理的效率与效果，也直接影响着企业内部的权力分配与利益格局，对企业的管理决策产生较大影响，相应地也会对企业水信息披露程度作出相应决策。

独立董事是指独立于公司股东且不在上市公司内部任职，但具备一定的专业能力且可以对公司事务作出独立判断的董事，其具有一定的专业性和独立性，可以客观公正地对企业经营决策进行建议和评价，从而保证企业经营战略的有效实施，并保障中小股东的权益，增强企业行为的外部性。因此，独立董事也会对企业水信息披露程度产生影响。

姚圣和郑诗瑶（2021）实证研究支持了这样的观点——国有企业、规模较大的企业以及盈利能力较强的企业，在信息披露方面更为积极，特别是倾向于披露更多关于企业社会责任履行情况和环境信息等方面的内容。这一发现与之前的阐述高度一致，进一步印证了这些企业在追求经济效益的同时，也注重展现其在环境保护、社会贡献等方面的努力和成果。通过充分的信息披露，这些企业不仅能够增强市场的信任度和透明度，还能够为自身的可持续发展奠定坚实的基础。然而社会责任和环境相关信息披露与公司治理的相关性并不统一：相关信息披露与股权集中度正相关，而与独立董事占比负相关，甚至不相关。

11.3 水信息披露管理体系

11.3.1 披露框架及内容

20世纪90年代以来，以美国、加拿大为首的发达国家环保、财务等研究机构开展了环境会计方面的大量研究，同时这些国家或地区的企业配合相对积极，能主动对相应环境信息进行披露，以更全面、整体地反映环境会计相关研究内容。随着全球水资源问题的日益严峻，并逐渐成为社会各界广泛关注的焦点议题，企业水信息披露已经跃升为环境绩效研究领域中的一个核心命题。这一变化凸显了社会各界对企业水资源管理实践的重视，以及对企业在水资源保护和可持续利用方面所承担责任的期待。企业水信息披露不仅关乎企业自身形象和信誉的构建，更是推动整个社会经济实现绿色、低碳、可持续发展目标的关键环节。水信息披露作为环境会计这一综合性学科的重要分支，其核心在于企业为了满足信息使用者（如投资者、债权人、政府及公众等）在决策过程中的信息需求，而主动提供的关于水资源状况及其相关财务影响的详细信息。这些信息不仅涵盖了企业对于水资源管理的目标与理念，还深入到具体的收益与支出、面临的风险与潜在的机遇等多个维度。因此，水信息披露的内容丰富多样，既包括以货币形式量化的水资源成本、效益等财务信息，也涉及以非货币形式展现的节水措施、水资源利用效率、环境政策遵循情况等非财务信息，共同构成了全面反映企业水资源管理状况的信息体系。

近年来，学术界逐渐将研究目光聚焦于企业水资源管理与水信息披露这一新兴领域。在企业水资源管理方面，研究主要沿着三个方向深入展开：一是从经济学（或福利经济学）的视角探讨企业应承担的水资源责任，分析企业行为对水资源利用效率和社会福祉的影响；二是从企业管理的视角出发，研究企业如何制定和实施水资源战略，以应对水资源短缺和环境污染的挑战；三是从会计学视角出发，聚焦于水资源价值的核算方法，旨在为企业提供准确的水资源成本和效益信息。国内方面，早在 2002 年，杨美丽等（2002）展现出前瞻性的洞察力，他们倡导微观企业应建立定期或特定情景下的水资源使用报告制度，旨在全面披露其经营周期内对水资源的利用情况。这一举措旨在促进社会各界对国家水资源开发利用状况及其成效的深刻理解与透明监督。国际方面，森川等（Morikawa，2007）开始关注企业水信息披露的实践与影响，而拉杰普特（Rajput，2013）则首次将"水信息披露"这一概念正式引入学术讨论中，标志着该领域研究的正式兴起。通过对相关文献的梳理，我们可以发现，当前学术界对企业水信息披露的研究主要集中在以下三个方面：一是构建和完善企业水信息披露的内容框架，明确应披露哪些关键信息；二是探索有效的水信息披露测度方法，以便对企业的水资源管理绩效进行客观评价；三是建立水信息披露的质量评价体系，以推动企业不断提升信息披露的透明度和准确性。这些研究不仅丰富了企业水资源管理理论，也为实践中的企业提供了有益的指导和参考。

  当前，尽管企业水信息披露的重要性日益凸显，但理论界与学术界尚未就水信息披露框架达成共识。这一现状促使众多研究者积极探索并提出各自的见解。其中，有研究表明，企业的首席执行官（CEO）正积极倡导并努力推行一套旨在成为行业标准的、通用的企业水信息披露框架体系（Santoso et al，2024）（见表 11 - 1）。

表 11 - 1 水信息披露指数

定性指标	定量指标
当地水资源条件（A1）；遵循国际、国内或地方环保法律法规的声明（A2）；水资源管理现状、趋势和成果描述（A3）；水资源用途（A4）；废水排放类型（A5）；水资源风险（物理风险、声誉、监管等）（A6）；水资源管理计划、目标或战略（A7）；与其他企业的水资源管理战略合作（A8）；设立专门环保部门或实施环保责任制（A9）；设计/提供清洁、高效的产品/服务（降低用水量）（A10）；与供应商合作（A11）；水资源高效利用（A12）；就水资源问题与利益相关者交流、沟通（A13）；第三方审核水资源数据（A14）；使用 GRI 的《可持续发展报告指南》（A15）	水资源需求量（B1）；水价及水资源费（B2）；自来水供应质量及标准（B3）；水资源消耗量（相对数、绝对数）（B4）；废水排放量（相对数、绝对数）（B5）；废水质量及标准（B6）；排污费与排污限额（B7）；废水排放的环境损害（B8）；水资源高效利用投资（B9）；水回收、循环利用效率或效果（B10）；水资源管理业绩或绩效（B11）；环保补助、专项资金奖励等（B12）

  当前，理论界与学术界在构建统一的水信息披露框架方面尚存空白，这

凸显了解决水资源复杂性问题的迫切需求。为此，旨在具体且简明地应对水资源挑战的信息披露框架被提出，其由三大核心支柱构成：一是建立公司水资源档案，作为信息披露的基础；二是明确定义报告内容，确保信息的准确性和相关性；三是具体披露内容的五个关键部分。

五个关键部分包括：（1）企业水资源现状，详细阐述企业运营所依赖的水资源环境，包括所在地区的水资源丰沛程度、水质状况等自然因素。同时，展示企业在水资源利用方面的绩效表现。此外，明确企业对于水资源保护的承诺与行动计划，体现企业的社会责任感与可持续发展理念。（2）企业水资源相关影响，深入分析企业活动对水资源领域产生的多方面影响。这包括潜在的商业风险，如水资源短缺或污染可能导致的生产中断、成本上升等；同时，也探讨了水资源管理为企业带来的商业机遇。此外，还考虑了企业与外部环境在水资源方面的相互作用与影响。（3）企业水资源相关响应，详细介绍企业为应对水资源挑战所采取的具体行动与措施。这包括制定并实施水资源管理政策与目标，明确节水减排的量化指标与时间表；采取内部行动措施以及积极参与外部合作活动。（4）与其他可持续发展议题的关联性，阐述水资源管理与其他可持续发展议题之间的紧密联系与相互影响。因此，企业在制定水资源管理策略时，需综合考虑多个可持续发展议题的需求与约束条件，实现整体协调发展。（5）整体与部分的关系，强调水资源管理在企业整体战略中的重要地位与作用，指出水资源管理状况直接影响到企业的生产成本、运营效率与可持续发展能力。因此，企业应将水资源管理纳入整体战略框架中予以高度重视与优先保障；同时，也要注重水资源管理与其他业务领域之间的协同与配合，共同推动企业的可持续发展进程。

在此基础上，伯格（Berg，2015）在其研究中深化了水信息披露的重要性，明确提出了六大核心要素，这些要素构成了水信息披露框架的基石。这些要素分别是：（1）直接控制，强调企业对其直接运营过程中水资源使用与管理的掌控力，包括监测、评估和改进措施。（2）供应链管理与流域管理（细分为两个子要素）。供应链管理，关注企业对供应链上下游水资源使用的监督与影响，确保供应链各环节均遵循可持续水资源管理原则。流域管理，涉及企业与所在流域生态系统的互动，强调企业在流域尺度上的水资源保护与合理利用责任。（3）综合行动，倡导企业采取跨部门、跨领域的综合策略，以实现水资源管理的整体优化与协同效应。（4）公共政策，指企业需关注并遵守国家及地方层面关于水资源管理的法律法规与政策导向，确保自身行为合法合规。（5）社区承诺，强调企业应与当地社区建立良好关系，尊重并回应当地社区对水资源保护的关切与期望，共同促进水资源可持续利用。（6）透明度，作为贯穿整个披露体系的核心原则，要求企业公开、清晰地报告其水资源使用与管理情况，接受社会各界的监督与评估，以增强信任与责任感。

这六大核心要素相互关联、相互促进，共同构成了水信息披露的完整框架，为企业实现水资源可持续管理提供了有力指导。这些方面至少包括：企业对未来水资源需求的精准预测，这是基于企业战略规划与业务发展的前瞻性考量；具体而详尽的降低水耗措施及其实际成效展示，这体现了企业在节水降耗方面的实际行动与成果；对潜在风险与机遇的深入评估，这有助于企业识别并应对水资源管理领域的挑战与机会。这些要素相互交织，共同构成了评估企业水资源管理水平不可或缺的重要维度，为企业持续改进水资源管理策略、实现可持续发展目标提供了有力的支持。

在实践中，不同企业已开始探索适合自身的水信息披露机制。以可口可乐公司为例，该公司通过详尽披露其水资源利用率、循环利用成效、严格的排放标准、积极的生态修复项目以及与世界自然基金会（WWF）等机构的合作成果，生动展示了其在水资源管理领域的积极努力与显著成效。这些信息的透明化不仅彰显了企业的社会责任感，也为行业树立了标杆。与此同时，诸如世界可持续发展工商理事会等国际组织，针对私营部门制定了详尽的水信息披露指导原则。这些原则着重强调了对水资源的潜在风险进行精准识别与科学评估的重要性，倡导企业进行水资源核算，深入分析其经济活动对水资源的影响，并据此制定和实施积极有效的应对策略。这一系列举措旨在推动企业全面实现水资源的可持续利用与保护。

从会计学的专业视角出发，企业水信息披露的内容可以被进一步细化为三个主要方面：水财务会计信息、水管理会计信息以及水审计信息。水财务会计信息关注水资源利用对企业财务状况的直接影响，如水资源成本、节水投资回报等；水管理会计信息则侧重于揭示企业水资源管理的效率与效果，如节水措施的实施情况、水资源绩效指标等；而水审计信息则是对企业水资源管理活动的独立审查与评价，确保其真实性与合规性。这三方面信息的综合披露，为企业内部管理层和外部利益相关者提供了全面、深入的决策支持。随着全球范围内对水资源问题关注度的不断提升以及研究的持续深入，一个更加完善、统一的水信息披露框架正逐步成型。这一框架的建立，将有力推动全球范围内企业水资源管理的规范化与标准化，促进水资源的高效利用与有效保护，为全球水资源可持续管理贡献重要力量。

11.3.2 质量要求及评价

目前有关企业水信息披露质量的研究主要集中于两个方面：一是水信息披露的质量标准研究；二是水信息披露质量评价研究。就前者而言，CDP 对水信息披露的质量要求参照温室气体核算体系（greenhouse gas protocal）的准则，主要包括：相关性、完整性、一致性（可比性）、透明性、准确性。而澳大利亚对于水会计信息的质量要求主要有：相关性、可靠性、可比性、可验证性、及时性、可理解性和约束性（WASB）。其中，相关性和可靠性属于基本性原则，可比性、可验证性、及时性和可理解性属于提高性原则，而约束性原则包括重要性原则和成本收益原则。

就水信息披露质量评价而言，森川等（Morikawa et al, 2007）列出了 24 项水信息披露测度指标，并就各指标给 11 个行业（包含披露相关水信息的 121 家企业）的水信息披露状况计分（披露率），最终得到各个行业在 24 项水信息披露测度指标上的平均得分，以及所有行业在各项指标上的平均得分，由此可知各个行业的水信息披露质量水平，以及各项指标被披露最多或最少的行业等相关信息。基于森川等（2007）的 24 项披露测度指标，伯里特等（Burritt et al, 2016）删除其中的内容可能重复项，并增加"水数据第三方审计—Third Party Audit of Water Data"指标（反映数据的可靠性），以构建"企业水信息披露指数"指标体系，用来评价日本企业水信息披露质量水平。曾辉祥（2018）根据《企业用水披露指南》（Corporate Water Disclosure Guidelines）对企业关键水信息披露的要求，对"企业水信息披露指数"指标体系进行了改进，将指标分为定性和定量两大类，并根据我国的实际情况剔除了两个指标、新增了四个指标、整合了两个相关指标、拆分了个别重点复杂指标。除此之外，巴顿等（Barton et al, 2019）提出企业可采用一个包含5个水相关范畴的"1~100分"量表（水会计信息36分/风险评估信息24分/直接运营信息27分/供应链信息7分/利益相关者参与度信息6分），通过自愿性披露或强制性披露的方法，评估水风险信息披露的质量、深度和透明度。瑞玛丽等（Remali et al, 2016）在以马来西亚水治理为例的研究中，为确保项目（指标）的适用性与客观性，将GRI和CDP的8个水相关项目改进为4大项目8项指标，用二分法打分（若项目被披露则计为1分，否则为0分）测度企业水信息披露指数，并将水信息披露质量水平的评价分为三个级别（0~2为低等；3~5为中等；6~8为高等）。伯格（Berg, 2015）则另辟蹊径，根据水相关概念的理论框架，采用内容分析法对企业水信息披露的报告质量进行评估。

11.3.3 管理及控制原则

目前我国企业信息披露质量水平较低，为维护各利益相关者的相关利益，企业水信息披露质量必须得到相应的保障和管理。本小节根据管理主体的不同，将企业水信息披露管理分为企业内部管治与外部监管，并研究各管理主体对企业水信息披露可施行的不同管理策略，即分析可行的企业水信息披露的内部管治办法与外部监管手段，以保障并提升企业水信息披露质量水平。与此同时，本小节将参考企业其他方面的信息披露质量，以信息披露的及时性、有效性、充分性和可比性作为企业水信息披露管理原则。

11.3.3.1 内部管治

（1）完善企业内部水资源管理制度。

首先，构建明确的水资源管理责任链，自上而下贯穿企业全层级。以公司总经理为起点，逐级细化至各职能部门总监直至基层员工，每位成员均需清晰界定其在企业环境管理中的具体角色、享有的权限及需履行的责任。此体系旨在构建一个责任明确、全员动员、共同担责的水资源管理网络，确保每项任务都能得到有效执行。其次，引入严格的环保绩效考核机制。各部门主管需亲自领导并推动本部门水资源管理工作的深入实施，包括但不限于策划并执行年度环保目标计划、及时汇报环保绩效成果等。在考核周期结束时，由专业的环境管理部门组织全面的绩效评估，对各部门的工作进行客观公正的评判，以此作为奖惩依据，激励优秀的同时鞭策落后，持续推动水资源管理效能的升级。最后，建立健全水资源管理技术规范体系。为确保环保设施的高效、稳定运行，需指定专业团队负责日常运维管理，并设立定期维护保养制度，保障设备始终处于最优运行状态。同时，建立详尽的运行记录档案，如实反映设施运行状况，为管理决策提供可靠依据。此外，加强对污染物排放的严密监控，定期汇总并公布监测数据，为科学的环境管理决策提供坚实的数据支持。

（2）明确负责企业水管理的个人或组织。

加强公司的内部管理和控制，企业应该明确应对企业节能减排、水资源管理承担直接责任的人员或组织，建立相关的环保部门、预警机制与水资源管理体系，提高企业相关战略决策与信息披露决策的科学性，以便有效实现对相关活动的积极监管和制衡作用。企业应赋予相应个人或组织在水行动相关及信息披露方面一定的权力，来切实达到对企业的监督管理作用，有力推进水信息披露行动，最终完成水信息披露的完整应用体系。

（3）加强水资源环保意识培训。

公司管理层应不断深化对环境法律法规与政策的学习与领悟，从根本上提升对环境保护工作及其重要性，特别是水资源管理与信息披露的认知水平。通过强化法治观念与环保意识，管理层将能够更有效地引领企业迈向绿色、低碳、可持续的发展轨道。与此同时，环境管理专业团队与会计部门人员需保持持续学习的态度，紧跟行业前沿，吸收最新的环境管理理论、实践案例及技术创新，以提升在水信息披露领域的专业素养与实践能力。通过系统的专业培训与丰富的实战经验积累，他们能够更加精准地捕捉信息披露的关键点与挑战，确保公司水资源的利用情况、管理成效及潜在风险等信息得到全面、准确、及时的披露,为内外部利益相关者提供高质量的决策参考。再者,普通员工同样是环境保护中不可或缺的中坚力量。通过参与环保知识培训,员工们能够显著提升自身的环保意识,深刻理解环境保护对于企业及社会的重大意义。在此基础上,他们应积极响应并参与到公司制订的各项环境保护计划中来,将环保理念融入日常工作的方方面面。特别是在水信息的收集与披露环节,员工的积极配合与努力至关重要,他们的一手数据与反馈是确保信息全面、真实的关键。当全体员工携手并进,共同努力时,公司将能够构建起一个全方位、多层次的环境保护体系。这一体系不仅能够有效促进资源的合理利用与污染的控制,还能为企业赢得良好的社会声誉与品牌形象,为企业的可持续发展奠定坚实而稳固的基础。各管理者应当能够深刻理解水信息方面的相关知识,从而在整体层面上正确地判断企业的水风险与水机遇,进一步提高企业环境意识,使企业管理层、职工对节能减排、水资源保护有一个正确的认识,从而提高对企业开展水信息披露的自觉性。企业应站在战略管理高度,落实水资源保护和水信息披露,从而在激烈的竞争中持续、健康发展。

11.3.3.2 外部监管

(1) 完善相关的法律体系。

在当前经济转型升级、追求高质量发展的宏观战略指引下,建立健全并持续优化水资源保护法律体系,对于增强企业管理层的环境责任意识、激发企业积极履行全面且透明的水资源会计信息披露义务,具有极为紧迫且深远的现实意义。一个完善的法律法规体系,不仅涵盖基础性的环境保护法,还融入环保税收政策、财政补贴与激励机制等多维度措施,这些法律手段共同构成了推动企业水资源管理实践的强大外部驱动力。通过法律的刚性约束与政策的正向激励相结合,能够有效促进企业采取更加积极、负责任的水资源管理行动,为实现经济社会的可持续发展贡献力量。然而,审视现状,我国环境法规体系尚存不足,特别是针对企业,尤其是上市公司,在水资源信息披露方面的法律约束力相对薄弱,导致企业环保意识普遍不高,主动披露的动力不足,相关实践缺乏显著进展。鉴于此,环保主管部门亟须携手会计与法学领域的专家学者，紧密围绕我国企业的实际情况，深入研讨并制定一系列旨在加强生态环境保护的法律法规，以此为基础，不断健全和强化适应我国国情的环境保护法律体系，为实现水资源管理的规范化、高效化奠定坚实的法制基础。

（2）制订全面细致的水信息披露章程。

采用会计准则来规范企业的水信息披露行为。鉴于上市公司水信息披露的现状，政府相关部门必须采取强制措施监督企业的水信息披露，要制定强制执行的适用于水信息披露的章程，参考国际上现有相关政策标准来拟订相应的会计准则（统一标准、框架、指南和细则），精确定义水信息披露的相关内容、适用范畴，披露对应责任主体的法律义务，规范标准化企业水信息披露，制定出符合我国国情的水信息披露章程，以及规范通用的数据统计流程。

（3）建立水信息披露审计制度。

企业在完成对外披露水资源会计信息后，核心任务在于对这些信息的真实性和可靠性进行严谨的核查与验证，确保其质量。同时，构建水资源审计制度的目标在于指导并评估环境会计理论在实务操作中的实施效果与成效。然而，我国当前的审计体系尚存不足，特别是在水资源会计信息披露的审计领域尚属空白，环境审计制度的建立仍处于理论摸索的初级阶段。为有效构建并推进水资源审计制度，需从三个关键维度发力：首先，强化法律基础。鉴于现行会计与审计法规中对于水资源审计的具体规定尚属空白，立法部门应加速立法进程，出台与环境审计相关的法律法规，为水资源审计提供明确的法律依据和操作规范，确保审计工作的合法性和规范性。其次，加快制定水资源审计准则体系。鉴于财务审计领域的成熟与标准化，水资源审计领域亟须一套完整、具体的准则与操作指南。这包括明确审计范围、细化审计内容、规范审计程序与方法等，财政部门应加快这一进程，通过构建科学的准则体系，推动水资源审计实践的规范化和专业化发展。最后，加大水资源审计专业人才培养力度。鉴于水资源审计概念在我国尚属新兴领域，专业人才储备不足，需从教育体系入手，加强审计学科中水资源审计相关内容的设置与讲授，提升审计人员的专业素养和业务能力。同时，通过培训、交流等多种方式，不断拓宽审计人员的知识面和实践经验，为水资源审计制度的深入实施提供坚实的人才保障。

(4) 加强水信息的监督管理工作。

防止企业借披露水信息发布误导性虚假信息。不同于政府强制的信息披露监管，对于企业的主动信息披露行为监管难度巨大。企业的主动信息披露主要服务于企业自身经济价值，因此存在信息选择性发布及作假的情况，故在对主动信息披露制订对应监管章程时需要重点关注以下四个方面：首先，信息全面性，企业主动披露的信息对公司有"利好""利空"两类，不能只见"利好"，少见甚至不见"利空"；其次，信息整体性，企业应满足不同信息受体对各信息的理解，多角度全方位完整揭示内容；再次，信息实时性，企业主动披露的信息在真实可靠的前提下需要能够实时反映不同时期的实际情况；最后，信息公开性，企业主动披露的信息应能无障碍地为个人或组织所获取。

(5) 加大社会公众监督力度。

推进生态文明建设与可持续发展战略，关键在于激发社会公众的广泛参与。作为企业环境表现的关键利益相关者，社会公众不仅拥有权利，更肩负着责任，应积极投身于对企业环境信息违规披露行为的监督与举报之中。特别是对于上市公司未按规范披露水资源信息的行为，社会公众的举报和监督是企业不可忽视的外部压力源。随着公众对环境议题关注度的日益增长与参与热情的高涨，企业正面临着前所未有的信息披露压力，这促使众多上市公司将环境管理置于更加突出的位置，积极采取主动措施，确保水资源会计信息的及时、透明公开。为有效应对这一趋势，国家相关部门应持续优化环境信息公开框架，加快推动公众环保监督的制度化建设，通过制定和实施一系列激励政策，不仅能激发公众的参与热情，还有助于提升其参与环保监督的实际效能。与此同时，环境教育与知识普及工作的紧迫性日益凸显。政府应携手网络平台、主流媒体、公益机构等多元化渠道，共同开展广泛而深入的环保宣传教育活动，旨在将环保知识普及到社会的每一个角落，逐步提升全民的环保意识和责任感，让公众深刻理解水资源信息披露对于环境保护的深远意义，从而形成全社会共同关注、支持和监督的良好氛围。通过这一系列举措，不仅能够激发社会公众在环保监督领域的热情与参与度，还能为提升水信息披露的整体水平构建良好的社会环境与舆论氛围。

11.4 案例应用——以 HFZY 股份有限公司为例

HFZY 股份有限公司是国家烟草总公司确定的卷烟辅料生产基地，国内首家通过科技部和中国科学院认定的造纸行业重点高新技术企业。公司于 2001 年在上海证券交易所上市，2005 年成立子公司，实现了地域多元化的发展格局。该公司拥有特种纸研发制造技术，特种纸产品可划分为烟草工业用纸、机械光泽纸、薄型印刷纸、其他纸等四大规格近千个品种。产品占据国内市场 1/3 以上份额，市场覆盖率达到 100%；行销亚、非、欧、南美、北美五大洲，出口量居行业前列。

11.4.1 HFZY 股份有限公司水信息披露现状

公司及旗下所有子公司均秉持高度的法律合规意识与社会责任感，严格遵循各项环境保护法律法规，通过一系列综合措施来维护并提升公司的环境质量。这些措施包括但不限于强化污染源头控制、实施全过程的严密监测，以及优化环保设施的管理与运营。针对公司的主要污染物——废水和固体废物，该公司采取了针对性的处理方案。废水在排放前均经过先进的生化处理工艺，确保各项指标均达到或优于国家及地方规定的排放标准后，方可安全排入牡丹江流域。而固体废物方面，该公司则坚持分类管理与资源化利用的原则，污水处理过程中产生的污泥等一般固体废物均交由具备相应资质的单位进行合规接收、处置及可能的综合利用。对于危险废物，如维修作业中产生的废机油、废油抹布等，该公司更是实施了严格的专项管理，确保所有危险废物均能得到具有危险废物经营许可证的专业单位进行安全、规范的收集、贮存、运输及处置。在报告期内，公司实现了重大环境污染事故及环境影响事件的零发生，充分证明了该公司在环境保护方面的努力与成效。同时，该公司的主要污染物排放总量始终控制在排污许可证所规定的许可排放量之内，且各项排放浓度指标均符合国家及行业的相关排放标准，体现了公司对环境保护的坚定承诺与实际行动。

在构建"企业水信息披露指数"指标体系时，该公司融合了伯里特等（Burritt et al，2016）开创性的"水信息披露指数量表"框架，并汲取了曾辉祥（2018）所设计的"水信息披露指数"量表的精华。同时，紧密依据《企业用水披露指南》（Corporate Water Disclosure Guidelines）中对关键水信息披露的具体要求，针对中国企业的实际情况，对指标体系进行了细致的调整与优化，包括剔除与中国环境管理实践不符的指标、对部分指标进行细化拆分以适应本土需求，以及新增符合当前中国水资源管理和信息披露趋势的指标。最终确立的"企业水信息披露指数"指标体系，共包含27个精心挑选的定性与定量指标，这些指标全面而深入地覆盖了HFZY股份有限公司在水资源管理、水风险应对、水效率提升及水信息披露透明度等多个维度。通过这些指标的综合评估，能够客观、准确地反映该公司水信息披露的现状与水平，为利益相关者提供有价值的参考信息，同时也为企业自身在水资源可持续管理方面的持续改进指明了方向。具体评价指标如表11-1所示。

如前所述，基于"水信息披露指数量表"，采用内容分析法从定性和定量两个维度对HFZY股份有限公司水信息披露现状进行评价。该量表由15个定性指标和12个定量指标组成，企业披露该项目则记1分，否则记0分，最后各项得分加总。

通过对HFZY股份有限公司2018年环境报告书分析可知，该公司水信息披露情况较好：（1）披露当地水资源条件；（2）遵循国际、国内或地方环保法律法规的声明；（3）描述企业水资源管理现状；（4）提及水资源用途；（5）废水排放类型；（6）水资源管理目标明确了废水排放达标率100%，水单耗达到公司《生产经营计划》要求，未来公司将持续深化完善环境管理体系，转变传统观念，开展循环经济和清洁生产，全方位推进节能减排，实现社会效益、经济效益和环境效益共赢；（7）设计和提供了清洁、高效的产品；（8）注重水资源的高效利用；（9）第三方参与水资源数据的审核;(10)使用 GRI 的《可持续发展报告指南》;(11)披露水资源需求量;(12)水资源消耗量;(13)废水排放量;(14)确定废水质量及标准;(15)水回收、循环利用的效果;(16)水资源管理绩效。因此,HFZY 股份有限公司的水信息披露得分情况为 16 分,具体情况如表 11-2 所示。其中文字描述较多,定量指标描述仍有待提高。除此之外,HFZY 股份有限公司主要在企业社会责任报告和环境报告书中对水信息使用情况进行披露,另外在企业年报中也涉及部分相关信息,但水会计信息披露未形成独立报告,没有通过监事会报告和独立报告这两种方式对水会计信息进行披露。

表 11-2　　　　HFZY 股份有限公司水信息披露得分情况

定性指标		定量指标	
当地水资源条件（A1）	√	水资源需求量（B1）	√
遵循国际、国内或地方环保法律法规的声明（A2）	√	水价及水资源费（B2）	
水资源管理现状、趋势和成果描述（A3）	√	自来水供应质量及标准（B3）	
水资源用途（A4）	√	水资源消耗量（相对数、绝对数）（B4）	√
废水排放类型（A5）	√	废水排放量（相对数、绝对数）（B5）	√
水资源风险（物理风险、声誉风险、监管风险等）（A6）		废水质量及标准（B6）	√
水资源管理计划、目标或战略（A7）	√	排污费与排污限额（B7）	
与其他企业的水资源管理战略合作（A8）		废水排放的环境损害（B8）	
设立环保部门或实施环保责任制（A9）		水资源高效利用投资（B9）	
设计/提供清洁、高效的产品/服务（降低用水量）（A10）	√	水回收、循环利用效率或效果（B10）	√
与供应商合作（A11）		水资源管理业绩或绩效（B11）	√
水资源高效利用（A12）	√	环保补助、专项资金奖励等（B12）	
就水资源问题与利益相关者交流、沟通（A13）			
第三方审核水资源数据（A14）	√		
使用 GRI 的《可持续发展报告指南》（A15）	√		

11.4.2 HFZY 股份有限公司水信息披露管理评价及优化

11.4.2.1 完善公司水信息披露形式

HFZY 股份有限公司当前披露的水信息呈现出明显的文字描述性偏重特征，而具体量化的数据则显得相对匮乏。这些披露内容大多以简单概括性的文字形式呈现，未能深入提供详尽的实质性信息，导致信息的实用性和价值性有所欠缺，难以满足利益相关者对水资源管理状况全面、深入了解的需求。这影响了水会计信息的真实性，同时也影响了利益相关者对水信息的真实判断，不利于公司的长远发展。为提升水信息披露的质量与深度，该公司可借鉴传统财务会计信息披露领域的丰富经验与成熟做法，积极拓宽会计信息确认与计量的边界，将水资源的各项关键指标纳入更为细致、系统的量化分析之中。通过不断探索和创新，力求在水信息的量化工作上实现新的突破，以更加精确、全面的数据展现公司在水资源管理方面的成效与挑战，为利益相关者提供更加有价值的信息参考。

HFZY 股份有限公司应采用表内和表外相结合的披露方式，除了披露表外信息，该公司还应在财务报表中披露货币化信息；HFZY 股份有限公司的水会计信息主要集中在社会责任报告中，仅一小部分在年报和官网中，因此，该企业有必要制定专门的报告书对水会计信息进行披露。

11.4.2.2 加强企业的环境制度建设

为提升 HFZY 股份有限公司水信息披露及环境管理能力，企业应构建完善的信息披露机制，并设立专门的环境管理部门。该部门以环境管理委员会为领导核心，汇聚资深独立董事，从战略高度规划环保方向。下设环境管理办公室，由高层直接领导，确保环保政策高效执行。办公室负责资源协调与任务落实，配备专业团队：环境监督员负责现场监督，确保环保措施到位；环保技术员专注技术研发与应用，推动创新；环境信息管理员则负责信息收集、整理与报告，确保水信息披露的时效性、准确性和全面性。此架构不仅彰显了公司对环保的坚定承诺，也为利益相关者提供了可靠的决策依据，以全面推动企业环境管理水平的跃升。

11.4.2.3 丰富培训内容

水会计信息披露的质量不仅依赖于规范与注意事项，还需企业内部人员的意识提升与知识积累。HFZY股份有限公司注重员工环保意识培训，但形式与内容需丰富化。公司计划通过多元化宣传渠道，如宣传栏、标语、企业媒体等，普及环保法律，增强法治意识。同时，组织专项环保技能培训，提升员工专业能力，确保全员参与环保行动。管理层将率先学习环保法规与政策，理解其与企业可持续发展的关系，以及环境会计信息的重要性，以此引领企业战略规划与日常决策的绿色化。为持续提升专业素养，公司将定期举办专题学习会、研讨会，邀请环保专家分享前沿理论与案例，特别是针对水信息披露的培训，确保相关人员技能精进。

此外，公司鼓励员工广泛参与环保活动，如知识竞赛、主题日等，激发环保热情，并积极参与环境会计信息的收集与披露。通过这些举措，HFZY股份有限公司旨在不断提升水会计信息披露的质量，推动企业实现绿色低碳发展。

第 12 章

企业水资源价值流管理

12.1 企业水资源价值流管理概述

12.1.1 水资源价值流管理的功能定位

在可持续发展的背景下，水资源紧张和污染问题受到高度重视，对工业生产中水资源消耗的核算要求进一步提高。目前，水会计核算基本上都集中于水资源实物量核算，水资源管理工具局限于技术层面，忽视了企业水资源的货币价值属性，无法对工业企业水资源管理活动进行精确计量。而且水资源性质特殊，有别于其他不可再生和状态稳定不变的资源，当前的财务会计核算制度和方法无法对其进行直接核算，因此对企业水资源进行价值流管理应运而生。

水资源价值流管理的目标是实现可持续发展的循环经济，其从水资源的物质流出发，追踪、核算水资源的价值流动，根据物质流与价值流的相互作用定律，对企业运行过程中水资源的物质流与价值流进行研究分析。

在水资源的物质流分析基础之上，企业先厘清生产过程中水资源输入输出的全局流转情况。对所获信息进行加工分析之后，企业可以发现生产过程中不合理耗水点和过量排放废水的原因，就此采取有关措施改进现状，以减少水资源的投入而节约利用水资源，并通过改进生产工艺和增强管理路径等方法提高水资源利用率和水资源循环量。在水资源价值流转的改进过程中，对企业的评价也不可或缺，合理的循环经济指标和相关标准是企业有效开展水资源价值流管理的反馈机制，其起到良好的评价督促作用。这种指标和标准还应根据企业的自身特色而有所差异。由此可见，企业水资源的价值流管理比水资源的物质流转分析更深入一步，它以水资源的物质流转为基础，从价值维度考察管理企业生产过程中每一个步骤的水资源物质流，并不断地进行反馈和改进，从而形成企业水资源的循环管理。

从企业的微观层面出发，水资源价值流管理作为该层面的资源管理工具，在准确核算水资源输入输出的基础上分析判别水资源的耗费情况，找出现存水资源物质流路线的不足点，并对症下药探索不足点的深层原因从而优化水资源的物质流转，增强循环利用，减少非必要的资源耗费。整个水资源的价值流管理过程是建立在物质流分析与价值流分析上的反复不断改进的闭环。水资源的物质流核算是价值流转管理的基础数据保障，价值流的分析管理结果又可以优化水资源物质流转的路径，优化后的物质流路线又为价值流计算再次提供分析与评价依据，两者相辅相成，缺一不可。

12.1.2 水资源价值流管理的基本原理

水资源价值流管理虽然建立在水资源的成本核算基础之上，但是和传统成本核算的内涵有所区别。企业的水资源价值流管理除了核算普通的水资源耗费成本以外，还增加了对外部损害价值和水资源附加价值的计量。它突破了只有货币资金作为会计核算管理对象的单一性思维，将企业的水资源管理提升至物质循环与价值循环的综合层面，并建立一个实时反馈、不断改进的PDCA循环管理模式。

企业水资源价值流管理的对象是水资源流价值量，水资源价值流可进一步分类为水资源流输入价值、水资源流有效利用价值、水资源流损失价值、水资源流附加价值（资源流转效）。开展水资源价值流管理的首要步骤就是核算，在此过程中，企业将采用"内部资源流转价值核算法"、"废弃物外部环境损害价值评估法"以及"资源流转内部损失—废弃物外部环境损害之二元核算与分析方法"。通过这些方法，企业水资源流有效利用价值（正制品成本)、水资源流损失价值(负制品成本)、废水排放的企业外部环境损害价值以及经济附加值等数据信息被及时搜集核算。其中,衡量废水排放的外部环境损害价值较为复杂,不仅需要会计财务的核算方法,更需要运用环境科学的有关知识,明确废水排放物中的污染物种类和浓度,然后查找该类污染物的单位损害系数,最后相乘得到外部环境损害价值的最终值。经济附加值的核算则与人工、税收等因素息息相关,它体现了生产流程中新创造的价值。企业的水资源价值流管理不仅是事后的成本核算,更体现了事前和事中的控制与调节,通过分析找出水资源损失消耗大且不合理的生产流程,明确企业生产过程中需要着重改善的节点,摸索出减少水资源浪费和污水排放过度的应对方法,为企业的绿色循环发展助力。

12.1.3 "物质流—价值流"的 PDCA 循环管理原理

PDCA 循环管理模式的建立是企业能否有效开展水资源价值流管理的重要保证。从"物质流—价值流"的二维分析出发,企业须总结归纳实施水资源价值流管理的核算方法和评价分析标准,建立相关的水资源数据库和信息系统,并量体裁衣结合企业自身的经营特点及工艺流程,建立一个科学合理的适用于自身企业的循环管理体系。

在整个循环管理体系的建立过程中,"物质流—价值流"的计算与分析方法尤为重要,它在标准体系和流程体系之间起到"起承转合"的连接作用,并且是整个循环管理模式的基础支撑。基于这个二维视角,通过企业生产经营过程中资源和成本的流转,衔接起不同的生产中心,也可称作物量中心,进而形成物质流、价值流的计算分析单元。再根据不同物量中心的资源流转,便可形成企业整体的资源价值流转图,通过企业的整体资源价值流转图可以直观地进行资源管理的分析与评价。同时,PDCA 的循环管理不只局限于该二维视角的分析与评价,更延伸至废弃资源的"内部资源成本损失—外部环境损害费用"双角度评估,同时保证经济效益和环境效益,达到企业绿色可持续发展的目标。

PDCA 循环管理首先出自休哈特博士,后来被戴明改进并加以推广,其在企业全面质量管理中起到举足轻重的作用。工作流程为PDCA这四个字母所代表的四个步骤——计划、设计（执行）、检查、处理。

总的来说，所有与环境管理相关的并基于二维视角"物质流—价值流"的PDCA循环管理模式也应当包括运用、调节、改进等流程。本书旨在建立一个有助于与企业水资源价值流管理相关的PDCA循环管理模式，那就需要对现存模式进行改进并结合水资源管理特点进行归纳。

因此，基于二维视角的企业水资源价值流管理的PDCA循环模式可以归纳为以下四个阶段。

（1）计划与安排阶段。企业开展水资源的价值流管理，属于环境管理会计的践行应用，在计算与分析方面采用了"物质流—价值流"的思维方法，解决了信息数据采集和计算单元的问题。该方法下的数据将取自企业现阶段各个职能部门的数据库，不局限于生产车间，还有财务、能源等部门。采集数据之后，再应用二维视角的流程与标准体系，确定复核方案。

（2）计算与分析阶段。在此阶段，每个车间都可视为一个物量中心，或者将具有相同或相似加工流程和耗水情况的几个车间视为同一物量中心。对每个物量中心采用前述的二维计算方法根据生产工艺的耗水特点和流动情况，诊断分析该物量中心所属环节的水资源损失及相应的废水环境损害费用，寻找出应当改进的不足点和方向。

（3）诊断与决策阶段。由于前一阶段找出的不足点和方向可能较多，而企业的资源和能力有限，所以需要逐个击破改进，要通过进一步对"内部资源成本损失—外部环境损害费用"的分析，选择较为严重亟须改进的生产节点进行优先改善。这里优先改进应当遵循如下原则：首先，对废水排放超标、造成严重环境污染后果的环节进行改进，其改进目标是排放达标，将对环境造成的不良影响降到较低水平；其次，在各个环节废水排放达标的前提下，选择改善潜力较大的环节，这里的改善潜力较大可以理解为负制品成本比重较大、废水排放多且处理成本高；最后，根据企业资金情况来进行选择判断，对各个改善方案依据所需资金多少的程度进行排序，优先选择资金投入少并能产生较大改善效果的实施方案，如果资金充足并且所有方案都能产生良好的环境效益则可考虑对所有方案予以实行。

（4）评价与持续改进阶段。该阶段并不是 PDCA 循环管理模式的最后一个阶段，因为 PDCA 是一个闭环的循环管理模式。在此阶段，需要对前一阶段实施方案的效果进行检验和评价，检查是否达到预期目标。如果还未达到预期目标，则应再深入挖掘原因，并设计新的方案予以改进。除此之外，如果企业尚有余力还可增设废水再利用的设备与环节，在企业内部提高水资源的利用率或者与专业的水资源循环利用公司合作，集中处理。

综上所述，在开展企业水资源价值流管理的 PDCA 循环管理模型中，"物质流—价值流"的二维分析方法是建立整个管理模型的基础，通过这个方法获取数据再进行核算分析、评价优化、决策控制等一系列流程形成综合循环反馈与优化，以此达到对企业水资源有效管理的目的。在 PDCA 的循环管理过程中还会涉及水资源信息的披露，这种披露有两种。第一种是基于内部管理的信息披露，该种披露信息的方式较为灵活，可以根据披露的个体和内容的差异设计适合自身特色的披露模式，主要是为企业内部改进提供数据材料；第二种则是对外披露，该种披露方式最好形成规范化的格式，既有货币信息又有非货币信息的描述说明，类似于环境会计信息披露的范式，可能会呈现在财务会计报告、社会责任报告等报告书中，以便外部使用者更好地理解和使用。

12.2 企业水资源价值流管理的计划与执行

12.2.1 企业水资源价值流管理的计划阶段

计划阶段主要是分配安排各部门的任务分工、确定实施水资源管理的物量中心并识别各物量中心的输入输出。

首先，企业在开展水资源的价值流管理之前，管理者应当了解掌握本企业所处的外部环境与内部自身特点。从外部环境来看，应当充分了解该方面的法律法规、相关政策以及行业内其他企业开展水资源管理的有关现状；从自身特点来看，应当充分把握企业在水资源管理方面存在的短板，企业目前是否已建立清晰的环境管理目标及环境管理办法，管理者和员工在环境管理方面的权责是否明晰，以及水资源管理的目标是否能与企业战略方向一致等情况。

其次，企业必须保证在开展水资源价值流管理的过程中有充分的人力、物力和技术保障。不同于传统的水资源管理，水资源价值流管理方法较为新颖特殊，因此对员工素质和技术的要求必然会高于普通的管理方法，投入的资金也会较多。企业应当在初期引入相关专业型人才，并对现有团队进行培训升级，加强各部门之间的协同合作，让全企业员工都有意识地参与到绿色生产中。同时，企业还应当有计划地拿出部分盈余资金，专款专用，用于购进相应的基础设施、技术和装备。在人力、物力和技术到位的情况下，企业还要加强生产、财务、环保等各部门协调合作，保证该管理过程取得的数据是有效完整的。

具体来说，企业管理层应做好统筹规划，水资源价值流管理是一个循序渐进的多步骤过程，员工职责的明确、管理资源供给的充足、数据核算的准确性、评价分析的合理性及优化方案的有效性等方面都需要予以关注。为了职责分工更加明晰及数据核算的准确性，企业还要根据自身的经营特点和生产工艺以生产车间为基础单元划分物量中心。在此基础上，财务部等相关职能部门协调合作建立价值流管理的数据库，收集各个物量中心水资源输入输出的情况。

整个管理有效开展的前提是水资源成本的准确核算，而水资源成本核算的基础则是明确产品的生产工艺流程，即明确水资源从投入到产品产出的全过程。若企业属于流程制造企业，水资源价值流管理则更为适用。对于只有单一产品生产的企业来说，成本的核算比较轻松，因为它只需将若干个生产流程划分为不同的物量中心，直接成本直接计入，间接成本按量归集和分配。而对于多种产品的企业或者虽然是单一产品却有复杂的生产线的工业企业而言，成本核算的过程要比前者略显复杂，但也有章可循，分产品进行成本的归集和分配，最后再汇总比较即可。在成本核算的过程中，需要谨慎的是，并非所有的生产流程都要全部纳入核算。只有当该生产流程还存在明显的改造提升空间，即通过优化可以明显地降低水资源耗费或减少废水排放，并且该流程优化的经济成本不能过度高于改造后带来的经济效益。因为企业中的许多生产流程可能已经过多轮改造，达到了比较优化的状态，而且各个生产流程都是环环相扣的，本级流程的大幅改动可能会影响到相邻生产流程的效率和水资源消耗。所以在计划阶段，应当审慎地选择可以纳入成本核算的生产流程，从而为后面的工作提高效率。在企业初次尝试实施水资源的成本核算时，核算对象的选择是有针对性的，特别是那些生产工艺明显滞后导致水资源的投入产出比很低或是造成较严重的环境污染后果的流程，这种流程的改造空间较大，经过优化可以得到较大的经济效益和环境效益。

分辨确定好企业生产的主要水资源价值流路径之后，准确界定物量中心是成本管理中一项既关键又具挑战性的任务。物量中心，作为成本计算的基石与成本控制的枢纽，其核心作用在于为水资源成本的全面计量、精细核算与有效控制提供了一个明确的框架。所有涉及水资源的成本活动，包括成本的归集、分配、分析及监控，均紧密围绕物量中心这一核心单元展开，确保成本管理的精确性与有效性。因此，科学合理地划分物量中心，对于实现水资源的优化配置、提升成本管控效率具有重要意义。

物量中心的设置应当适度、易核算，物量中心的数量过多会导致重点弱化，收集数据的困难增加，影响整体工作的效率；数量过少又可能会遗漏成本的核算。所以物量中心的设定需要经过仔细考察后确定，对于有些并不重要的生产车间，水资源的投入和产出都微乎其微，就可以将这些车间合并为一个物量中心甚至可以在核算的过程中忽略该类车间；而对于那些大量耗水或排放污水严重超标的生产车间应当作为核算对象的重中之重，一个车间就可设立为一个物量中心，若是单个车间内的流程较为复杂，还可将其拆分为多个物量中心。

在设立的过程中，应当区分物量中心和传统意义上成本核算中作业中心的异同点，尽管物量中心与作业中心在成本分配核算方面均扮演重要角色，但它们在应用范围和侧重点上存在显著差异。物量中心主要聚焦于生产成本的分配，其作为基本单位，将成本按照生产环节中所需的具体量度进行分配，这种分配方式更多地关注于生产过程中的物料消耗与成本归集。相比之下，作业中心则侧重于从流程的角度出发，对成本进行更为细致和动态的管理。它关注于每一作业环节从输入到输出的全过程，通过识别、计量和分析作业活动所消耗的资源，将成本精准地分配给相应的作业中心。这种分配方式不仅考虑了物料成本，还涵盖了作业过程中涉及的人工、设备折旧、维护等间接成本，因此其口径范围相对更为广泛和深入。

物量中心确定之后就是各个中心的成本数据收集。根据传统的成本划分方法，各个中心的成本仅包括在该物量中心发生的成本，而本章的目的是建立企业水资源的价值流管理，需要将各个中心的水资源流转衔接起来，因此水资源的成本分类可以分为：（1）前端输入成本。由于水资源的稀缺性，水权交易成本将成为水资源成本中不可忽视的部分；水权配额往往由企业层面取得，因此可以将整个企业的水权交易总成本根据各个物量中心的耗水量分配计入。（2）中端使用成本。这里的使用成本与传统意义上的成本基本上一致，即为生产产品过程中每个物量中心投入的水资源成本，还可以细分为水资源物料成本、水资源能源成本和水资源系统成本，水资源物料成本作为产品生产材料消耗的成本，可以直接按照水价乘以耗用量获得；水资源能源成本可以理解为生产产品过程中因耗用水资源而消耗的能源成本，比如电费；水资源系统成本则为物量中心分摊的管理成本等，可根据水资源物料成本占总成本比重进行分摊处理。（3）末端治理成本。由于生产过程产生的废水污染可能需要进行废水净化处理后才能排放，所产生的费用应当根据各个物量中心的废水产生量和污染物浓度分配计入。

收集水资源成本数据的方法一般有以下三种：（1）从财务部门的台账中收集；（2）根据生产车间的生产记录统计汇总；（3）直接进行实地测量。这三种水资源成本核算方法各具特色，前两者具有简便易行、成本节约的优势，然而，它们可能在数据的全面性和准确性上存在一定的局限性。相反，最后一种方法尽管能够提供极为详尽且精确的成本信息，但其背后需要人力和物力的高额投入。因此，企业在选择时应全面考量，基于当前的管理水平、成本效益的精细分析和长远发展战略的需求，权衡利弊，灵活选择最符合自身实际情况和目标的核算方法。

12.2.2 企业水资源价值流管理的执行阶段

执行阶段的主要工作是将企业各物量中心的各个成本项目进行汇总，编制企业的各工序成本分析汇总表。

实施的第一步聚焦于内部水资源流成本的归集工作。首先，我们需从计划安排与执行步骤中精心收集并初步整理相关数据。这一过程旨在构建每个物料中心详尽的投入与产出清单，具体涵盖投入的原材料、消耗的能源以及排放的废弃物等关键信息。其次，我们对这些费用进行细致地分类与归集。依据水资源的实际消耗数量及各要素在生产流程中的流转情况，将费用明确划分为直接费用与间接费用两大类别。直接费用直观反映了作为生产物料直接投入的水资源成本与能源成本，是生产成本中不可或缺的部分。而间接费用则涵盖了更为广泛的成本范畴，如系统维护成本、人工劳务成本、前端原材料采购成本以及末端废弃物处理成本等，这些费用虽不直接计入某一特定产品，但对整体生产活动至关重要。在归集过程中，我们遵循严格的会计准则。对于直接费用，我们采取以车间或部门为单位进行归集的方式，确保费用能够准确反映各生产单元的实际消耗情况。而对于间接费用，我们则遵循先集中汇总、再合理分配的原则，通过科学的分配方法，如作业成本法、产量基础分配法等，将间接费用公平、合理地分摊至各个成本对象，以实现成本信息的准确反映与成本控制的有效实施。

在内部水资源流成本管理的第二步，我们聚焦于成本的分配环节。通过构建内部水资源流核算模型，我们主要致力于核算两大关键成本——合格品成本与废水成本。这一核算过程不仅体现了水资源在生产过程中的价值流转，还深刻揭示了其经济效益与环境影响的双重维度。核算合格品成本，实质上是评估水资源在生产中的有效利用价值。从价值流的角度来看，这代表了水资源的正价值流，即水资源以有益的方式融入产品，增加了产品的附加值。相反，核算废水成本则是对水资源损失价值的量化，它体现了水资源在生产过程中未被有效利用而转化为废弃物的部分，形成了负价值流。这种负价值流不仅对环境构成了潜在的威胁，加剧了生态负荷，还通过废水的形式直接导致了水资源价值的流失，进而削弱了企业的经济效益。水资源流成本核算的核心思想在于精准捕捉并反映资源在生产过程中的正负价值流向，为管理者提供全面、深入的成本信息。这一特征不仅区分了水资源流成本核算与其他成本核算系统，更强调了其在促进企业资源高效利用、实现可持续发展目标中的重要作用。通过准确核算水资源的正负价值流，企业能够更清晰地认识到自身在资源管理和环境保护方面的优势与不足，从而制定更加科学合理的决策，推动生产方式的绿色转型与升级。

按照水资源的输入输出平衡公式：

$$\genfrac{}{}{0pt}{}{前端使}{用成本} + \genfrac{}{}{0pt}{}{中端使}{用成本} + \genfrac{}{}{0pt}{}{末端治}{理成本} = \genfrac{}{}{0pt}{}{输出端}{正制品} + \genfrac{}{}{0pt}{}{输出端}{负制品} \quad (12-1)$$

某物量中心核算的基本原理为：

$$\genfrac{}{}{0pt}{}{前一物量}{\genfrac{}{}{0pt}{}{中心输入的}{水资源价值}} + \genfrac{}{}{0pt}{}{本物量中心}{\genfrac{}{}{0pt}{}{新投入的水}{资源成本价值}} = \genfrac{}{}{0pt}{}{正制品负担的}{水资源成本价值} + \genfrac{}{}{0pt}{}{负制品负担的}{水资源成本价值}$$

$$(12-2)$$

从上述分析中可以推断，在当前水资源流成本核算体系中，物量中心的成本估算可能偏于保守，而传统成本核算中心的成本则可能因涵盖范围过广而显得偏大。为了优化这一状况，我们可以探索一种创新的成本再分配方法。具体而言，就是将传统成本核算中心已归集的成本，依据合理的标准，在各个资源流物量中心之间进行重新分配。这一举措有望有效缓解甚至消除成本估算偏差的问题，使成本核算更加贴近实际生产情况。在实施这一成本再分配策略时，我们需要认识到各物量成本中心的输出端会同时产生正制品（即合格品）和负制品（即废弃物）。企业可以基于自身实际运营状况，灵活设定正负价值流向的分配比例，以此为依据来分配所有投入的生产成本。这种分配方式不仅创新了成本核算的维度，更重要的是，它能够清晰地划分出三种资源流成本，即直接体现生产效益的正价值流成本、反映资源浪费与环境负担的负价值流成本，以及介于两者之间的其他间接成本。通过这样的成本划分，企业决策者能够获取到更全面、细致且准确的生产信息。这些信息不仅有助于企业精准评估水资源利用效率和经济效益，还能为制定更加科学合理的环保策略和生产规划提供有力支持。因此，这种成本分配方式的积极作用不容忽视，它为企业实现可持续发展目标奠定了坚实的成本管理基础。

第三步聚焦于外部环境损害成本的核算，这是水资源价值流分析不可或缺的一环。在公司的生产过程中，废水作为主要的污染源，其排放不仅造成了环境损害，也增加了企业的外部环境损害成本。水资源流成本会计体系纳入这一成本，旨在实现社会成本的内部化，让企业直观地看到废水排放所引发的社会成本。

核算外部环境损害成本的第一步是收集各成本中心的废水排放量数据，这通常需要与环境监测部门紧密合作，并参考环境信息报告进行统计。随后，采用科学合理的外部环境成本评价法，如借鉴国外成熟的评价模型，来精确核算外部环境损害成本。这些模型包括日本的 LIME 法、JEPIX 法和 MAC 法，瑞典的 EPS 评价法，荷兰的 Eco-indicator99 系数法，以及欧盟的 ExternE 等，它们各具特色，基于不同国家的环境背景设计而成。鉴于我国在量化环境成本研究方面的相对不成熟，我们需审慎选择并灵活应用适合我国国情的环境评价方法。其中，日本的 LIME 法因其全面性和实用性而备受推崇。该方法以产品生命周期为视角，综合考虑了外部环境因素，涵盖了超过 1 000 种环境损害物质，通过货币化手段评估环境负荷，其影响深远，不仅触及会计处理层面，更对企业决策乃至整个社会产生积极影响。LIME 法的独特之处在于其广泛的环境负荷物覆盖范围，能够同时计量负制品材料损失和能源损耗所产生的环境损害。它从产品初始投入阶段开始，直至产品完工，全程追踪并评价环境影响，是一种高度集成且实用的产品生命周期环境影响评价方法。因此，本书选择 LIME 法作为评估社会环境成本的主要方法，以期为企业提供更为精准、全面的环境成本信息，助力企业实现绿色生产与可持续发展目标。其公式为：

$$\sum_{j=1}^{J}\sum_{i=1}^{I} S_i \times DF_{ij} = \sum_{i=1}^{I} S_i \times \left(\sum_{j=1}^{J} DF_{ij} \times WTP_j \right) \qquad (12-3)$$

式中，S_i 表示物质 i 的生命周期清单；DF_{ij} 表示物质 i 对保护对象 j 的损害系数；WTP_j 表示保护对象 j 的 i 指标单位损害回避意愿支付额。

根据资源价值流的计算原理，以物质流分析及水资源物量流转平衡规律为基础，结合成本核算方法中的"逐步结转法"，辅之以价格、成本等信息，可构建水资源价值流转的基本计算模型：

$$RV_i = RAV_i + RUV_i + WLV_i + WEV_i \qquad (12-4)$$

式中，RV_i 为第 i 流程环节的资源流转价值；RAV_i 为第 i 流程环节的资源流转附加价值；RUV_i 为第 i 流程环节的资源流转有效利用价值；WLV_i 为第 i 流程环节的资源损失价值；WEV_i 为第 i 流程环节的资源消耗及废弃物外部环境损害价值。

当 $RV_i = RUV_i$ 时，说明实现了经济效应、环境效应和社会效应的最大化。借助会计系统的核算方法，将式（12-4）分解为式（12-5）~式（12-7）。

$$RUV_i = \frac{MC_i + EC_i + SC_i + OC_i}{QP_i + QW_i} \times QP_i \qquad (12-5)$$

$$WLV_i = \frac{MC_i + EC_i + SC_i + OC_i}{QP_i + QW_i} \times QW_i \qquad (12-6)$$

$$WEV_i = \sum_{i=1, j=1}^{m,n} WEI_{ij} \times UEIV_{ij} \qquad (12-7)$$

式中，MC_i 表示第 i 流程的材料输入成本；EC_i 表示第 i 流程能源输入成本；SC_i 表示第 i 流程系统成本；OC_i 表示第 i 流程的其他成本即前端输入成本和末端治理成本；QP_i 表示第 i 流程合格品重量或元素含量；QW_i 表示第 i 流程废弃物重量或元素含量；WEI_{ij} 为第 i 流程环节第 j 种废弃物质的含量或数量；$UEIV_{ij}$ 为第 i 流程环节第 j 种物质的单位环境损害价值。

式（12-4）左边为某流程环节的水资源流转价值，右边反映其价值构成类型。理想的状态是降低废水损失成本，并向水资源有效利用价值转化，增加利润或经济增加值，同时使废水排放量减少，外部环境损害价值降低。资源流转附加值核算是一个相对独立的核算过程，其核心目标在于精确计量企业产品在整个生产流程中所经历的价值增值环节。这一过程不仅关注产品从原材料到成品的物理形态变化，更深入地剖析了这些变化背后所蕴含的价值增长，为企业评估生产效益、优化资源配置提供了重要依据。

综上所述，水资源价值流的计算与分析是以货币为核心计量尺度，深入追踪水资源在企业内部各空间位置的转移过程，并对其价值进行确认、精确计量、全面报告、深入分析以及综合评价。这一过程不仅服务于循环经济战略下的决策制定，还强化了对生产过程的控制力。它巧妙地将"资源流转价值计算"与"外部损害价值评估"两大方法体系相融合,共同构建了一个全面而系统的水资源价值流分析框架,为企业可持续发展提供了强有力的支持。

12.3 企业水资源价值流管理的诊断与改进

12.3.1 企业水资源价值流管理的诊断阶段

诊断阶段是一个系统性的流程审视与评估过程,它依托于价值流核算所生成的数据集。在此阶段,企业会深入检查各个业务流程,通过细致地分析来定位问题的根源所在。一旦问题被明确,企业便会对该问题有针对性且有计划性地制定并实施诊断方案,旨在以此不断优化流程、提升效率,为后续的改进措施奠定基础。

借助物质流分析技术所采集的详尽数据,我们能够精准定位到水资源消耗量巨大及废水排放突出的生产环节。随后,通过实施价值流分析,我们将这些实物层面的数据转化为直观的经济指标,进而深入剖析企业的成本构成与盈利状况。这一过程不仅融合了"内部资源成本损失"的评估,还涵盖了"外部环境损失"的考量,实现了二维度的综合审视。此举为企业提供了宝贵的量化依据,不仅能帮助企业明确资源使用的经济成本,还揭示了其活动对外部环境造成的潜在经济损失,为企业制定资源优化策略与环境管理决策奠定了坚实的基础。其中,正负制品(即合格品与废弃物)占总成本的比重、内部资源损失的总和以及外部环境损害的价值等,成为我们判断资源利用效率与环境影响程度的重要依据,为企业制定科学合理的生产经营决策提供了坚实的数据基础。在推进改进方案的实施过程中,我们始终秉持的首要原则是:将解决环境污染问题置于首要地位,确保环境质量的持续改善。在此基础上,我们进一步关注并优化成本消耗,力求在保护环境的同时,实现经济效益的最大化。这一原则指导着我们所有的改进行动,确保企业在可持续发展的道路上稳步前行。具体而言,我们会首先聚焦于那些对环境污染严重、污染排放未达标的生产环节,作为重点改善对象。一旦这些环节的污染问题得到有效控制并达到排放标准,我们的注意力将转向水资源成本消耗过大、废水处理成本高昂的环节,力求在这些方面实现成本节约与效率提升。通过这样的策略,旨在最大限度地挖掘企业的改善潜力,促进企业在经济效益与环境保护之间实现双赢,显著提升其"经济—环境"双重效益。

如果想要更深入一步地进行评价,则可根据该条资源价值流转方程式来核算评价。

$$RW_i = RP_i \times VP_i \times EP_i \quad (12-8)$$

式中,RW_i 表示单位资源环境负荷率(环境损害价值/资源投入);RP_i 为资源效率(产值/资源投入),表示企业资源投入相对节约的程度,体现资源投入的减量化原则;VP_i 为附加值产出效率(工业增加值/产值),表示附加价值占产值相对比重的大小,体现资源循环的再利用原则;EP_i 为环境效率(环境损害价值/工业增加值),将每单位附加价值的环境污染排放量直接与废弃物资源关联,体现再生资源化原则。

12.3.2 企业水资源价值流管理的改进阶段

在改进阶段,我们的首要任务是验证并评估已实施决策方案的实际效果,通过细致分析,精准识别出未达预期目标的具体环节,并据此制定针对性的改进措施以深化优化过程。同时,我们还应积极探索并实践物质流管理中的创新策略,比如设计废弃物再资源化的循环流程,旨在将生产过程中的废弃物转化为可再利用的资源,从而显著提升整体资源利用效率。此外,考虑将部分废弃物处理任务委托给专业的环保处理公司,也是一种行之有效的策略,这不仅能够确保废弃物得到科学、合规处理,还能有效降低企业自行处理的相关成本,实现经济效益与环境效益的双赢。

借助水资源价值流分析,企业得以深刻洞察其内部水资源流动的细微脉络及其价值变动的核心机理。这一过程不仅实现了对水资源使用的精准核算与细致剖析,还精准地把脉了流程中亟须优化的关键节点,为后续改进工作明确了方向。基于这些发现,企业进一步设定了目标流程的改进优先级,确保资源能够集中投放到最迫切需要的领域。最终,企业聚焦于对选定目标环节的实质性改造,力求通过精准施策,实现水资源利用效率的显著提升。为达成这一目标，企业依据构建的评价指标体系，全面评估生产经营活动在水资源投入、水资源利用效率、水资源输出控制以及环境影响管理这四个关键维度上的表现。通过细致分析，企业能够精准识别出未达标的具体原因，进而有的放矢地制定并实施相应的改进措施，以期实现水资源管理的全面提升。通过分析各自的内部资源损失和外部环境损害价值，针对自身的优化提出整体的改善方案。

具体的改进措施应从多维度展开：首先，在原材料采购环节，企业应积极寻求并采纳那些易于循环利用且低毒性的材料，以降低生产周期中的环境风险，并削减后续处理所需的费用。其次，针对生产工艺流程，企业应保持灵活性，根据实际生产情况适时调整，无论是精简工序还是增设工序，都应旨在提升生产效率与资源利用效率。再次，在产品研发初期，企业应深植生命周期评估理念，全方位审视产品从设计到废弃的全过程环境影响，力求在设计阶段就融入环保元素，减少产品全生命周期的环境足迹。此外，企业应基于成本效益分析，加大对废弃物处理与循环利用设备的投资力度，通过技术革新与设备升级，提高废弃物的处理效率与资源回收率，实现资源的高效利用与环境负担的最小化。对于已验证有效的改进措施，企业应予以标准化处理，形成可复制、可推广的工作标准，为后续工作的持续开展提供有力支撑。同时，对于仍存在差异的遗留问题，企业应进行深入总结，剖析其未能达到预期效果的原因，并针对方案效果不显著或实施过程中出现的新问题，在评价阶段进行全面梳理与反思。这一过程不仅是对本轮 PDCA 循环的总结，更是为下一轮循环的启动奠定坚实基础，确保企业在持续改进的道路上不断前行，实现环境绩效与经济效益的双重提升。

12.4　案例研究——以 X 企业为例

12.4.1　X 企业介绍

X 公司是集生产、销售于一体的现代化食品工业企业。公司总投资 1.2 亿元，占地面积 100 余亩，现有员工 3 200 余人，其中高中级技术人员和管理人员700多人，年生产能力达10万吨。其主要以生产酱油为主，公司年设计生产酱油12万吨，生产原料以豆粕、小麦、麦麸、玉米等为主，在生产过程中水的使用量较大，贯穿整个生产过程，因此对该企业进行水资源价值流管理具有重要意义。

12.4.2　X企业水资源价值流管理的应用

X企业的酱油生产起点是炒麦，在小麦炒熟后进行粉碎，然后进行蒸煮，在蒸煮的过程中加入豆粕与麦麸，使之与小麦粉末充分混合蒸煮，在蒸煮冷却后进入制曲发酵过程，经过发酵浇淋、回淋处理后再进行加热灭菌处理，通过冷却等处理就能使酱油初步成型，进入毛油罐；在初步产品形成后就可以进行调配、煮色到最后进入成品油罐，最后经过包装就形成了酱油生产的整个生产流程。

根据酱油生产工艺流程，考虑到数据可获得性要求，可将酱油生产划分为三个物量中心，分别是蒸煮制曲中心、发酵沉淀中心和调配包装中心。其中，蒸煮制曲中心包括炒麦、粉碎、蒸煮、制曲、出曲等工序；发酵沉淀中心包括发酵、淋油、灭菌、过滤、沉淀等一系列工序；调配沉淀中心包括调配、煮色、灭菌、沉淀等一系列工序。

酱油的生产是一个逐步流转的过程，随着材料、能源、间接成本的逐步结转，可计算出X企业的水资源价值流转情况，在整个水资源价值流转过程中，能揭示生产过程中废水的数量及价值，这也是进行水资源价值流诊断的关键问题之一。

在未开展水资源价值流管理前，水资源仅在单个生产车间流转，单次使用直接排出，水资源的利用效率极低。该企业的价值流分析矩阵如表12-1所示。

表12-1　　　　X企业的水资源价值流分析矩阵（改善前）

价值物量中心	蒸煮制曲	发酵沉淀	调配包装	合计
正制品成本（元）	47 245.58	166 125.95	24 119.71	237 491.24
负制品成本（元）	10 157.80	28 291.25	3 376.76	41 825.81

第12章 企业水资源价值流管理

续表

价值物量中心	蒸煮制曲	发酵沉淀	调配包装	合计
负制品成本比重（%）	21.50	17.03	14	17.61
负制品再利用（元）	0	0	0	0
负制品排放（元）	10 157.80	28 291.25	33 761.76	41 825.81
内部资源损失合计（元）	10 157.80	28 291.25	33 761.76	41 825.81
外部环境损害价值（元）	4 589.82	17 728.91	2 516.00	24 834.73

该企业构建了高效水资源循环体系，其流转情况可直观展现于图12-1中。

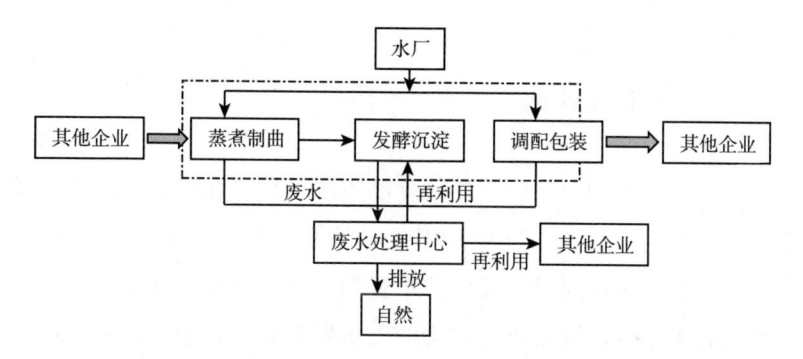

图12-1 企业水资源价值循环流转

通过建立企业内部废水处理中心，提高中水回用量。水厂为企业提供用水，蒸煮制曲中心的部分废水可以提供给发酵沉淀中心和调配包装中心循环利用，三个车间产生的废水经过废水处理后可以循环利用或直接排放。并且通过提高生产工艺以减少水资源消耗和污水排放。改善后该企业价值流分析矩阵如表12-2所示。

表12-2　　　　X企业的水资源价值流分析矩阵（改善后）

价值中心企业	蒸煮制曲	发酵沉淀	调配包装	废水处理中心	合计
正制品成本（元）	39 213.83	142 868.30	21 225.35	8 127.50	211 434.98
负制品成本（元）	8 031.75	23 257.63	2 894.37		34 183.75
负制品成本比重（%）	17.00	14	12		16.17
负制品再利用（元）	2 029.75	3 893.01	791.25		6 714.01
负制品排放（元）	6 002	19 364.62	2 103.12		27 469.74

续表

价值中心企业	蒸煮制曲	发酵沉淀	调配包装	废水处理中心	合计
内部资源损失合计（元）	6 002	19 364.62	2 103.12		27 469.74
外部环境损害价值（元）	3 529.24	13 119.05	1 746.21	673.50	19 068

X企业整体改善前后的内部资源损失和外部环境损害价值对比如表12-2所示，改善后供应链整体内部资源损失减少了34.43%，计14 356.07元；外部环境损害价值减少了23.22%，计5 766.73元，改善前后循环经济效益明显。

12.4.3 结果与启示

酱油加工行业作为典型的高耗水食品生产领域，在尚未实施水资源价值流管理之前，普遍面临着水资源利用效率低下、废水污染排放严重的问题。为应对这一挑战，企业通过构建内部水资源绿色循环流转体系，创新性地将资源价值流分析工具与投入产出方法融入水资源管理之中。这一举措不仅精准识别了各生产环节中水资源低效利用与污染严重的"痛点"及其成因，还促使企业采取针对性措施，实现了内部资源损失的大幅降低（34.43%），同时显著减少了外部环境损害价值（23.22%），循环经济效益得到了显著提升。

这一成功案例充分证明，要提高工业制造过程中的水资源利用效率，减轻水体污染负担，企业实施水资源价值流管理至关重要。通过加强与各生产节点的沟通协作，全面掌握水资源消耗情况，推动水资源的二次循环利用，并借助科学、客观的价值流核算分析方法，企业能够精准施策，实现水资源管理的精细化与高效化。因此，对于所有致力于可持续发展的工业企业而言，开展水资源价值流管理，无疑是一条值得探索与实践的绿色发展之路。

尽管X企业在实施改进后取得了显著进展，但尚未达到最优运营状态，这可能与企业在循环指数方面的相对薄弱有关。为了进一步提升改进效果，X企业可考虑采取以下策略：首先，积极引入并应用先进的科学技术，特别是那些能够显著提升废水循环利用率的创新技术。这些技术可能包括高效的废水处理设备、先进的过滤与净化工艺等，它们能够有效降低废水中的有害物质含量，提高废水的再利用价值，从而实现水资源的节约与循环使用。其次，加强中水回用系统的建设与完善。中水回用是将经过处理的废水再次利用于生产或生活的技术，对于缓解水资源短缺具有重要意义。X企业应加大对中水回用系统的投入，优化系统设计，提高回用效率，确保中水水质符合使用标准，从而在实现水资源循环利用的同时，降低新鲜水的消耗。最后，X企业还应重视信息系统的建设与应用。通过配备高效的信息系统，可以实现各车间之间水循环合作的实时沟通与信息共享，提高协作效率。信息系统可以收集、整理和分析各车间的水资源使用情况、废水产生量及回用情况等信息，为企业的水资源管理提供科学依据，帮助企业更好地制定和实施水资源循环利用策略。

企业水资源价值流管理的引入，无疑为生产过程中水资源的精准核算与管理决策提供了强有力的方法与工具。然而，要使这一先进理念与方法得到广泛推广与深入应用，还需企业与政府双方携手并进，共同推动。企业方面，应积极探索适合自身特点的水资源管理模式，加强内部培训与宣传，提升全员水资源管理意识与能力；同时，加强与同行业企业的交流合作，共享成功经验与最佳实践。政府方面，则应出台更多鼓励性政策与措施，如提供资金支持、税收优惠等，以激发企业实施水资源价值流管理的积极性与主动性；同时，加强监管与指导，确保水资源管理工作的科学性与规范性。通过企业与政府的共同努力，水资源价值流管理必将在更广泛的范围内得到应用，为实现水资源的可持续利用与环境保护目标贡献力量。一方面，企业自身需不断提升资源管理能力，深化对社会责任的认识与践行，通过优化内部管理流程、提升资源利用效率、加强环保措施等手段，实现经济效益与环境保护的双赢。另一方面，政府应发挥积极作用，制定并确立关于企业水资源价值流管理的标准文件与标准管理模式。这些标准文件与模式旨在为企业在理解、构建及实施价值流分析过程中提供明确的指导与规范，帮助企业更加系统地认知水资源价值流，构建科学合理的分析框架，并有效应用于实际管理中。此举将显著降低价值流分析在企业内部的实施难度，缩短构建周期，推动更多企业积极采用水资源价值流管理，共同促进水资源的可持续利用与生态环境的保护。

第13章

结 论

13.1 基本结论与观点

本书针对水资源供需矛盾日渐尖锐背景下水管理会计研究的重点难点，通过水流分析，构筑了基于企业生产流程的水管理会计的理论结构与框架体系。该水流分析能够提供企业生产经营过程中从资源投入到资源输出的全部情况和资源价值的流向信息，而且该方法能够在各个阶段从成本角度分解水流，为企业生产活动提供详细的数据支持，使企业能明晰进入生产的水流流转情况及其承担外部环境负荷的情况。此外，本书对基于企业生产流程的水流分析作了初步研究，提出了基于水流分析的企业水管理会计的框架体系、核算体系和评价体系等。该水流分析作为缓解水资源供需矛盾下水管理会计研究分析方法的一种扩展，对实现节约水资源与降低环境负荷双赢目标具有重要的理论与现实意义，能有效促进企业的生态经济与可持续发展。

归纳本书主要研究内容，可得出如下结论和观点。

（1）水管理会计属于现行会计体系，并能够与现行会计系统及数据进行对接。本书指出了水管理会计的基本目标是追踪分析水足迹，达到企业实现经济利益和节约水资源的双重目标；水管理会计理论基础涉及会计学、环境经济学、工业生态学等多个学科，主要采用了集成耦合方式确定其概念框架与理论结构；按照会计学的分类，水管理会计属于管理会计范畴。而水管理会计与现行会计的系统对接及数据衔接问题主要表现在：一是现行会计系统数据与水管理会计中水成本流分析、评价所需数据的统一问题,即调整改造现行会计数据为企业水管理会计与生态循环经济发展所需;二是水资源流分析与水成本流分析所需数据的融合问题,包括资源价值分流(合格品与水利用)计算、水资源流图向水成本流图的转换问题;三是水管理会计和环境管理的系统对接问题,水管理会计可以采用相同的模式,通过建立相关管理系统,使企业可以进行更加有效的环境管理。

(2)提出了企业水资源"供给—处理—循环利用"全流程预算管理体系,构建了基于环境价值链视角的内部水成本核算模型及基于生命周期评价的外部损害价值核算程序。由于企业不同环节水资源的消耗与流转,会引起企业相应水流以及水成本流的变动,最终导致水资源消耗及环境污染问题,将对企业的经济绩效产生重大影响;通过环境价值链视角,结合生命周期环境影响评价方法,构建企业水预算体系、企业内部水成本核算模型和水资源环境损害成本核算程序作为水成本核算程序,对促进企业贯彻可持续发展战略,合理有效计算水成本流,减少污水排放,降低企业负外部性和减轻环境负担具有重大意义。

(3)基于"经济—社会—环境"多维度及"投入—循环—产出"全流程,设计了一套科学适宜的流程企业水效率评价指标体系,提出企业水效率决策优化方法。本书从财务、社会、环境三个层面出发,针对各指标层分别设立指标,用层次分析法构建企业水管理会计综合评价指标体系,根据全排列多边形综合图示法的基本思想,通过标准化函数将指标体系中的经济指标标准化,并通过面积比例表示出来,衡量综合指标的优劣,最后结合相应的指标权重,确定目标层水效率得分,依照指标评价对应结果,得出企业水效率水平。在此基础上,综合考虑内部成本损失和外部环境损害成本,设立水效率评价水流方程式,形成水流路线优化模型,深入剖析企业、生产系统或不同流程间水消耗、废水排放量与经济效益(如产值或工业增加值)之间的相互影响关系及精确的数量关联。

(4)基于COSO框架,从"风险识别—风险评估—风险控制"全流程出发,系统构建了企业水风险管控体系。本书以现有会计核算数据、环保统计数据的集成为基础,通过水成本流追踪与核算,形成对应的价值(成本)流转图表,从企业水管理会计应用模式和企业水管理会计系统的数据基础集成入手构筑了水管理会计的应用体系,并提出了基于水成本流信息的企业水风险识别与控制模型。通过对企业能源消耗及流动进行水流分析,获取企业生产经营过程中的实时水流信息。在此基础上,本书提出构建一套基于COSO框架视角的水风险管控体系,对水资源在生产过程中的输入、循环、输出进行分析,结合产品生命周期理论,从产品设计、材料采购、产品生产、产品使用及废弃物使用等阶段进行水风险识别,构建风险评估指标体系,引入结合物元可拓模型和层次分析法对构建的指标进行评估,对企业内部水管理活动导致的水风险进行应对分析,完成水风险管控体系及应用模式的构建。

(5)提出了经济效益、环境效益、社会效益、管理效益和技术效益"五位一体"的企业污水处理项目投资评价指标体系,构建了企业水资产融资决策评价模型。本书从三个方面对企业污水处理项目投资方案评价展开研究,涵盖污水处理项目的投资运营成本、投资风险和项目综合效益,界定了企业污水处理项目面临的风险,建立了企业污水处理项目运营成本预测评价体系和综合效益评价体系,并构建投资决策评价模型。为进一步推动企业节水工程项目的开展,水资产融资不可或缺,本书对直接和间接融资的融资成本及风险进行分析,综合决策内容、目标、标准等方面,构建水资产融资决策评价指标体系并建立评价模型,为国内企业提供普适性的水资产融资决策评价方法。

(6)从内部管制与外部监管两个层面构建水会计信息披露体系,基于"物质流—价值流"的二元分析方法提出企业水资源PDCA循环管理模式。本书深层次剖析水信息披露及其管理,根据管理主体的不同,将企业水信息披露管理分为企业内部管治与外部监管两个层面,以信息披露的及时性、有效性、充分性和可比性作为企业水信息披露管理原则。提出内部管治应完善企业内部水资源管理制度、设立水资源管理机构、加强水资源环保意识培训,外部监督应依靠完善的相关法律体系、建立水信息披露审计制度、加强社会公众监督力度。总结水成本流转分析在企业水管理及水流优化决策中的应用要点为:一是生产流程节点的水成本诊断与水流排放分析;二是企业水管理措施实施或可持续发展模式开展前后的比较分析;三是最优能源消耗方式以及水流转路径的决策优化问题，即在资源消耗、环境负荷、经济效益以及技术条件刚性约束下的最优线路选择。

13.2 研究局限

由于时间仓促，同时受限于笔者的学术水准及精力，本书并未能对企业水流分析后续研究的相关衍生问题进行深入分析，存在以下局限。

（1）本书对水成本的控制方法选择单一，后续研究可以选择多种方法开展对水成本的控制和探索，在成本分析中还可引入对于水成本控制的考核机制，全方位提高水成本控制的效率。

（2）水绩效评价指标的选取标准仍带有一定的主观色彩，指标体系的建立不够全面完善，在数据不足的情况下体系的构建缺乏科学性和代表性。

（3）本书尝试将COSO内部控制框架和水风险管控相结合，构建水风险管控指标体系，但由于该领域相关研究文献和政府文件较少，尚未形成规范的水风险管控标准和要求。此外，本书在案例分析中未能就生产流程中各个生产环节的水风险进行分析和评估，生命周期理论优势有待进一步发挥。

13.3 未来展望

现阶段国内外对水管理会计的研究仍处于起步阶段，然而全球水资源枯竭和环保要求日益严格化的趋势，对企业水管理会计体系提出了新的要求和挑战。

（1）未来需结合水效率评价与水成本和水风险管理进行研究，一方面促进水信息披露体制的建设，另一方面结合我国各行业发展情况，充分丰富评价体系的指标层，进一步对水效率的评价研究进行深入扩展。

（2）应进一步细化水风险管控对象，针对企业各生产环节的水风险情况进行分析并提出改进建议。此外，水风险管控的执行对制造行业影响重大，国家和行业应加快制定针对该行业水风险管控方面的标准和体系，完善相关的制度安排和技术要求，为企业的绿色发展提供指导。

（3）水管理会计理论基础涵盖会计学、环境经济学、工业生态学等多学科。作为一门多学科、多领域交叉形成的新兴学科，如何从学科融合角度考虑其与多学科的集成耦合、系统对接及数据衔接是未来水管理会计研究的发展方向。

主要参考文献

[1] 阿布都热合曼·哈力克,瓦哈甫·哈力克,卞正富.且末绿洲水资源与经济社会耦合系统可持续发展的量化分析[J].干旱区资源与环境,2010,24(4):26-31.

[2] 蔡威熙,周玉玺,胡继连.农业水价改革的利益相容政策研究:基于山东省的案例分析[J].农业经济问题,2020(10):32-39.

[3] 曾辉祥,李世辉,周志方,等.水资源信息披露、媒体报道与企业风险[J].会计研究,2018(4):89-96.

[4] 陈波,杨世忠.会计理论和制度在自然资源管理中的系统应用:澳大利亚水会计准则研究及其对我国的启示[J].会计研究,2015(2):13-19,93.

[5] 陈波.水资源国家治理现代化研究:以内蒙古河套灌区为例[J].中国软科学,2022(3):11-23.

[6] 陈东景,徐中民,陈仁升.水资源账户的建立:环境经济综合核算的一个实例[J].水科学进展,2003(5):631-637.

[7] 陈洁,许长新,田贵良.中国水权配置效率分析[J].中国人口·资源与环境,2011,21(2):49-53.

[8] 陈艳利,弓锐,赵红云.自然资源资产负债表编制:理论基础、关键概念、框架设计[J].会计研究,2015(9):18-26,96.

[9] 陈韶君,阮本清,杨小柳.我国水资源开发利用中亟待解决的几个认识问题[J].中国人口·资源与环境,2000(4):60-64.

[10] 陈卫,冯平.水资源循环经济核算与配置问题研究[J].干旱区资源与环境,2010,24(8):6-10.

[11] 窦明,王艳艳,李胚. 最严格水资源管理制度下的水权理论框架探析[J]. 中国人口·资源与环境,2014,24(12):132-137.

[12] 方国华,钟淋涓,吴学文,等. 水资源利用和水污染防治投入产出最优控制模型研究[J]. 水利学报,2010,41(9):1128-1134.

[13] 冯丽,冯平,张保成,等. 水会计恒等式探讨及其在水会计核算中的应用——以滨海新区为例[J]. 水资源与水工程学报,2020,31(1):44-51.

[14] 付湘,陆帆,胡铁松. 利益相关者的水资源配置博弈[J]. 水利学报,2016,47(1):38-43.

[15] 高旭阔,刘奇. 再生水项目国民经济评价体系研究[J]. 环境科学与技术,2019,42(4):229-236.

[16] 耿建新,胡天雨,刘祝君. 我国国家资产负债表与自然资源资产负债表的编制与运用初探——以 SNA 2008 和 SEEA 2012 为线索的分析[J]. 会计研究,2015(1):15-24,96.

[17] 郭少华,郝光荣,于小满. 领导干部水资源资产离任审计研究[J]. 审计研究,2017(1):12-22.

[18] 韩君,宋传智. 自然资源资产负债核算:理论进展、实践困境与中国特色体系构建[J]. 统计与决策,2024,40(1):35-40.

[19] 韩淑丽. 水资源核算研究的新视角——《完全消耗口径的中国水资源核算问题研究》评介[J]. 财经问题研究,2016(11):145.

[20] 郝光玲,王烜,罗阳,等. 基于改进的综合评价模型的北京市水资源短缺风险评价[J]. 水资源保护,2017,33(6):27-31.

[21] 何丽梅,侯涛. 环境绩效信息披露及其影响因素实证研究——来自我国上市公司社会责任报告的经验证据[J]. 中国人口·资源与环境,2010,20(8):99-104.

[22] 何伟军,李佳琪,袁亮. 时空异质性视角下长江经济带水资源系统韧性评估及调控因子分析[J]. 水资源与水工程学报,2024,35(3):29-39,50.

[23] 贺颖奇. 管理会计概念框架研究[J]. 会计研究,2020(8):

115-127.

[24] 胡剑锋,朱剑秋.水污染治理及其政策工具的有效性——以温州市平阳县水头制革基地为例[J].管理世界,2008(5):77-84.

[25] 户艳领,陈志国,刘振国.基于熵值法的河北省农业用水利用效率研究[J].中国农业资源与区划,2015,36(3):136-142.

[26] 黄贤金.自然资源二元价值论及其稀缺价格研究[J].中国人口·资源与环境,1994(4):44-47.

[27] 黄晓荣,郭碧莹,奚圆圆,等.水资源资产负债表编制理论与方法研究进展[J].水资源与水工程学报,2017,28(4):1-5.

[28] 黄晓荣,秦长海,郭碧莹,等.基于能值分析的价值型水资源资产负债表编制[J].长江流域资源与环境,2020,29(4):869-878.

[29] 贾玲,甘泓,汪林,等.论水资源资产负债表的核算思路[J].水利学报,2017,48(11):1324-1333.

[30] 贾玲,甘泓,汪林,等.水资源负债刍议[J].自然资源学报,2017,32(1):1-11.

[31] 贾亦真,沈菊琴,王晗.区域水资源资产确认、计量及报表编制[J].自然资源学报,2022,37(12):3297-3312.

[32] 贾亦真,沈菊琴.水资源资产负债表体系构建与编制实践[J].统计与决策,2022,38(15):5-9.

[33] 贾亦真,沈菊琴,孙付华,等.水资源资产负债表研究综述[J].水资源保护,2017,33(6):47-54.

[34] 姜秋香,王天,付强,等.基于EBM的水资源失衡风险导致的社会经济损失模型及应用[J].农业工程学报,2018,34(19):104-113.

[35] 阚大学,吕连菊.中国城镇化和水资源利用的协调性分析——基于熵变方程法和状态协调度函数[J].中国农业资源与区划,2019,40(12):1-9.

[36] 柯任泰展,陈建成.公益性建设项目的PPP投融资模式创新研究——以河南省水生态文明项目为例[J].中国软科学,2016(10):175-183.

[37] 姜秋香,隆睿睿,王子龙,等.黑龙江省水资源绿色效率时空演

变及影响因素分析［J］. 应用基础与工程科学学报, 2024, 32（4）: 1035 - 1048.

［38］李大元, 孙妍, 杨广. 企业环境效益、能源效率与经济绩效关系研究［J］. 管理评论, 2015, 27（5）: 29 - 37.

［39］李方一, 刘卫东, 刘红光. 区域间虚拟水贸易模型及其在山西省的应用［J］. 资源科学, 2012, 34（5）: 802 - 810.

［40］李世辉, 程宸, 王淑窈, 等. 水信息披露、机构投资者与股价同步性［J］. 财经理论与实践, 2020, 41（6）: 57 - 63.

［41］李世辉, 刘一洁, 雷新途. "水十条"与企业水信息披露水平——基于高水敏感性行业的准自然实验［J］. 中南大学学报（社会科学版）, 2021, 27（3）: 88 - 99.

［42］李英, 刘国强. 新中国自然资源核算的新突破——十八届三中全会提出编制自然资源资产负债表［J］. 会计研究, 2019（12）: 12 - 21, 33.

［43］刘秀丽, 陈锡康. 投入产出分析在我国九大流域水资源影子价格计算中的应用［J］. 管理评论, 2003（1）: 49 - 53, 64.

［44］罗喜英, 肖序. 基于 MFCA 的企业低碳经济发展路径选择［J］. 中南大学学报（社会科学版）, 2012, 18（1）: 108 - 114.

［45］吕雁琴. 干旱区水资源核算研究［J］. 当代财经, 2005（1）: 35 - 39.

［46］马北玲, 敖曈, 朱康福, 等. 数字技术赋能半导体制造业水资源绿色管理的理论模式与实践探索［J］. 资源科学, 2023, 45（12）: 2311 - 2321.

［47］潘闻闻, 吴凤平. 水银行制度下水权交易综合定价研究［J］. 干旱区资源与环境, 2012, 26（8）: 25 - 30.

［48］秦长海, 甘泓, 汪林, 等. 实物型水资源资产负债表表式结构设计［J］. 自然资源学报. 2017, 32（11）: 1819 - 1831.

［49］任国玉, 姜彤, 李维京, 等. 气候变化对中国水资源情势影响综合分析［J］. 水科学进展, 2008, 19（6）: 772 - 779.

［50］沈洪涛, 周艳坤. 环境执法监督与企业环境绩效: 来自环保约谈

的准自然实验证据［J］. 南开管理评论，2017，20（6）：73-82.

［51］沈菊琴，杜晓荣，陆庆春. 水资源会计若干问题探讨［J］. 生产力研究，2005（7）：211-213，216.

［52］沈菊琴，聂勇，孙付华，等. 河道水资源资产确认及计量模型研究［J］. 会计研究，2019（8）：12-17.

［53］沈菊琴，叶慧娜. 水资源会计研究的必要性和可行性分析［J］. 水利经济，2005（6）：22-24，73.

［54］沈满洪. 水权交易与政府创新——以东阳义乌水权交易案为例［J］. 管理世界，2005（6）：45-56.

［55］石薇，汪劲松. 水资源资产负债表的编制方法［J］. 统计与决策，2021，37（12）：24-28.

［56］孙才志，郑靖伟. 基于投入产出表的中国水资源消耗结构路径分析［J］. 地理科学进展，2021，40（3）：370-381.

［57］孙振亓，王世金，钟方雷. 冰川水资源资产负债表编制实践［J］. 自然资源学报，2021，36（8）：2038-2050.

［58］谭雪，石磊，马中，等. 基于污水处理厂运营成本的污水处理费制度分析——基于全国227个污水处理厂样本估算［J］. 中国环境科学，2015，35（12）：3833-3840.

［59］檀勤良，韩健，刘源. 基于投入产出模型的省际虚拟水流动关联分析与风险传递［J］. 中国软科学，2021（6）：144-152.

［60］唐登勇，张聪，杨爱辉，等. 太湖流域企业的水风险评估体系［J］. 中国环境科学，2018，38（2）：766-775.

［61］田贵良，胡雨灿. 市场导向下大宗水权交易的差别化定价模型［J］. 资源科学，2019，41（2）：313-325.

［62］佟金萍，秦国栋，王慧敏，等. 水资源价格扭曲与效率损失——基于长江经济带的实证分析［J］. 软科学，2022，36（8）：100-107.

［63］屠建平，杨雪. 基于电子商务平台的供应链融资模式绩效评价研究［J］. 管理世界，2013（7）：182-183.

［64］汪劲松，石薇. 我国水资源资产负债表编制探讨：基于澳大利亚

水资源核算启示 [J]. 统计与决策, 2019, 35 (14): 5-9.

[65] 汪倩, 陈军飞. 南水北调工程通水对受水区水资源集约利用效率的影响——基于河南省市级层面的实证 [J]. 中国人口·资源与环境, 2022, 32 (6): 155-164.

[66] 王达蕴, 肖妮, 肖序. 资源价值流会计标准化研究 [J]. 会计研究, 2017 (9): 12-19, 96.

[67] 王浩, 苏杨, 甘乱. 中国水风险评估报告 [M]. 北京: 社会科学文献出版社, 2013.

[68] 王红瑞, 王岩, 王军红, 等. 北京农业虚拟水结构变化及贸易研究 [J]. 环境科学, 2007 (12): 2877-2884.

[69] 王晶. 带有不确定性成本的水资源研发投资研究 [J]. 统计与决策, 2015 (14): 36-38.

[70] 王林秀, 钱佺. 污水处理PPP项目跨境联动创新路径——以徐州市邳州污水处理项目为例 [J]. 科技进步与对策, 2016, 33 (16): 27-31.

[71] 王苗苗, 马忠, 惠翔翔. 基于SDA法的水资源管理评价——以黑河流域张掖市为例 [J]. 管理评论, 2018, 30 (5): 158-164.

[72] 王瑞波, 姜文来. 水资源生命周期理论初探 [J]. 中国农业资源与区划, 2012, 33 (5): 29-33, 67.

[73] 王舒曼, 曲福田. 江苏省自然资源核算及对GDP的修正——以水、大气资源为例 [J]. 中国人口·资源与环境, 2001 (3): 70-74.

[74] 王树林, 李静江. 绿色GDP国民经济核算体系改革大趋势 [M]. 北京: 东方出版社, 2001.

[75] 王亚华, 舒全峰, 吴佳喆. 水权市场研究述评与中国特色水权市场研究展望 [J]. 中国人口·资源与环境, 2017, 27 (6): 87-100.

[76] 王湛, 刘英, 殷林森, 等. 从自然资源资产负债表编制逻辑到平行报告体系——基于会计学视角的思考 [J]. 会计研究, 2021 (2): 30-46.

[77] 魏娜, 仇亚琴, 甘泓, 等. WWF水风险评估工具在中国的应用研究——以长江流域为例 [J]. 自然资源学报, 2015, 30 (3): 502-512.

[78] 吴凤平, 于倩雯, 沈俊源, 等. 基于市场导向的水权交易价格形成

机制理论框架研究 [J]. 中国人口·资源与环境, 2018, 28 (7): 17-25.

[79] 吴青龙, 郭丕斌. 纳入环境容量资源的自然资源资产负债表核算理论与编制实践——以山西省水资产负债表为例 [J]. 资源科学, 2024, 46 (5): 924-935.

[80] 吴应甲. 国际水资源法视角下地下水利用和保护制度的构建研究——评《中国跨界水资源利用和保护法律问题研究》 [J]. 水资源保护, 2020, 36 (1): 99-100.

[81] 伍新木, 任俊霖, 孙博文, 等. 基于文献分析工具的国内水资源管理研究论文的可视化综述 [J]. 长江流域资源与环境, 2015, 24 (3): 489-497.

[82] 夏军, 邱冰, 潘兴瑶, 等. 气候变化影响下水资源脆弱性评估方法及其应用 [J]. 地球科学进展, 2012, 27 (4): 443-451.

[83] 肖国兴. 论中国水权交易及其制度变迁 [J]. 管理世界, 2004 (4): 51-60.

[84] 肖序, 曾辉祥, 李世辉. 环境管理会计"物质流-价值流-组织"三维模型研究 [J]. 会计研究, 2017 (1): 15-22, 95.

[85] 肖序, 刘三红. 基于"元素流-价值流"分析的环境管理会计研究 [J]. 会计研究, 2014 (3): 79-87, 96.

[86] 肖序, 熊菲. 环境管理会计的PDCA循环研究 [J]. 会计研究, 2015 (4): 62-69, 96.

[87] 肖序, 张凯欣, 曾辉祥. 基于PDCA循环的造纸企业资源价值流分析 [J]. 化工进展, 2017 (3): 1093-1100.

[88] 新夫, 封春晨, 周海炜, 等. 可持续发展背景下企业水资源管理体系框架构建 [J]. 财会月刊, 2023, 44 (17): 52-57.

[89] 幸红. 流域水资源管理相关法律问题探讨 [J]. 法商研究, 2007 (4): 89-95.

[90] 徐晓鹏, 武春友. 水资源价格理论研究综述 [J]. 甘肃社会科学, 2005 (3): 218-221.

[91] 许家林, 王昌锐. 论环境会计核算中的环境资产确认问题 [J].

会计研究，2006（1）：25-29，93.

[92] 严婷婷，贾绍凤. 河北省国民经济用水投入产出分析 [J]. 资源科学，2009，31（9）：1522-1528.

[93] 杨雅雪，赵旭，杨井. 新疆虚拟水和水足迹的核算及其影响分析 [J]. 中国人口·资源与环境，2015，25（S1）：228-232.

[94] 杨艳昭，陈玥，宋晓谕，等. 湖州市水资源资产负债表编制实践 [J]. 资源科学，2018，40（5）：908-918.

[95] 姚鹏，牛靖. 资源节约型城市创建、企业策略选择与水环境治理 [J]. 财经研究，2023，49（4）：79-93.

[96] 姚治君，王建华，江东，等. 区域水资源承载力的研究进展及其理论探析 [J]. 水科学进展，2002（1）：111-115.

[97] 叶金育，张祥. 水资源税改革：试点文本评估与统一立法构想 [J]. 中国人口·资源与环境，2021，31（8）：121-136.

[98] 余灏哲，韩美. 基于水足迹的山东省水资源可持续利用时空分析 [J]. 自然资源学报，2017，32（3）：474-483.

[99] 张丹丹，沈菊琴. 基于循环耦合视角的区域水资源资产核算 [J]. 自然资源学报，2024，39（1）：153-169.

[100] 张凯泽，沈菊琴. 准市场下我国排水权交易管理研究——基于演化博弈视角 [J]. 河南大学学报（社会科学版），2019，59（4）：21-29.

[101] 张兆方，沈菊琴，何伟军，等. "一带一路"中国区域水资源利用效率评价——基于超效率 DEA-Malmquist-Tobit 方法 [J]. 河海大学学报（哲学社会科学版），2018，20（4）：60-66，92-93.

[102] 甄婷婷，徐宗学，程磊，等. 蓝水绿水资源量估算方法及时空分布规律研究——以卢氏流域为例 [J]. 资源科学，2010（6）：1177-1183.

[103] 郑俊敏. 后金融危机时期中国环保投融资策略研究 [J]. 生态环境学报，2013，22（5）：905-910.

[104] 郑新业，李芳华，李夕璐，等. 水价提升是有效的政策工具吗？ [J]. 管理世界，2012（4）：47-59，69，187.

[105] 郑子龙. 政府治理与PPP项目投资：来自发展中国家面板数据的

经验分析 [J]．世界经济研究，2017（5）：62 – 77，136．

[106] 周海炜，王洪飞．节水视域下企业可持续水管理动因及路径研究 [J]．软科学，2024，38（2）：88 – 94．

[107] 周普，贾玲，甘泓．水权益实体实物型水资源会计核算框架研究 [J]．会计研究，2017（5）：24 – 31，96．

[108] 周守华，陶春华．环境会计：理论综述与启示 [J]．会计研究，2012（2）：3 – 10，96．

[109] 周志方，蔡严斐．基于价值流分析的汽车回收企业逆向物流成本优化研究 [J]．软科学，2016，30（1）：124 – 128．

[110] 周志方，肖序．两型社会背景下企业资源价值流转会计研究——基于循环经济视角 [M]．北京：科学经济出版社，2013．

[111] 周志方，肖序．企业碳管理会计研究 [M]．北京：中国社会科学出版社，2019．

[112] 祝慧娜，袁兴中，梁婕，等．河流水环境污染风险模糊综合评价模型 [J]．中国环境科学，2011，31（3）：516 – 521．

[113] 左其亭，马军霞，陶洁．现代水资源管理新思想及和谐论理念 [J]．资源科学，2011，33（12）：2214 – 2220．

[114] 左其亭．水资源可持续利用研究历程及其对我国现代治水的贡献 [J]．地球科学进展，2023，38（1）：1 – 8．

[115] Ayres R U, Kneese A V. Production, consumption, and externalities [J]. The American Economic Review, 1969, 59 (3): 282 – 297.

[116] Barber M, Jackson S. Indigenous engagement in Australian mine water management: The alignment of corporate strategies with national water reform objectives [J]. Resources Policy, 2012, 37 (1): 48 – 58.

[117] Barton A N, Farewell S T, Hallett H S, et al. Improving pipe failure predictions: Factors affecting pipe failure in drinking water networks [J]. Water Research, 2019, 164114926.

[118] Berg A P. The World's Need for Household Water Treatment [J]. Journal American Water Works Association, 2015, 107 (10): 36 – 44.

[119] Burritt R L, Christ K L, Omori A. Drivers of corporate water-related disclosure: Evidence from Japan [J]. Journal of Cleaner Production, 2016, 129: 65 – 74.

[120] Chalmers K, Godfrey J M, Lynch B. Regulatory theory insights into the past, present and future of general-purpose water accounting standard setting [J]. Accounting, Auditing & Accountability Journal, 2012, 25 (6): 1001 – 1024.

[121] Christ K L, Burritt R L. Water management accounting: A framework for corporate practice [J]. Journal of Cleaner Production, 2017, 152: 379 – 386.

[122] Choi J H. Accrual accounting and resource allocation: A general equilibrium analysis [J]. Journal of Accounting Research, 2021, 59 (4): 1179 – 1219.

[123] Corona C, Huang Z, Hwang H. Accounting uniformity, comparability, and resource allocation efficiency [J]. The Accounting Review, 2024, 99 (1): 139 – 161.

[124] Delavar M, Eini M R, Kuchak V S, et al. Model-based water accounting for integrated assessment of water resources systems at the basin scale [J]. Science of the Total Environment, 2022, 830: 154810.

[125] Feng X, Fu B, Piao S, et al. Revegetation in China's Loess Plateau is approaching sustainable water resource limits [J]. Nature Climate Change, 2016, 6 (11): 1019 – 1022.

[126] Ghisellini P, Cialani C, Ulgiati S. A review on circular economy: The expected transition to a balanced interplay of environmental and economic systems [J]. Journal of Cleaner Production, 2016, 114: 11 – 32.

[127] Gramlich D, Walker T. Water risk modeling: A framework for finance [J]. Journal of Environmental Management, 2023, 342: 117991.

[128] Hasanbeigi A, Price L. A technical review of emerging technologies for energy and water efficiency and pollution reduction in the textile industry [J].

Journal of Cleaner Production, 2015, 95: 30 – 44.

[129] Guo H, Chen X, Liu J, et al. Joint analysis of water rights trading and water-saving management contracts in China [J]. International Journal of Water Resources Development, 2020, 36 (4): 716 – 737.

[130] Huskova I, Matrosov E S, Harou J J, et al. Screening robust water infrastructure investments and their trade-offs under global change: A London example [J]. Global Environmental Change, 2016, 41: 216 – 227.

[131] Joa B, Hottenroth H, Jungmichel N, et al. Introduction of a feasible performance indicator for corporate water accounting—a case study on the cotton textile chain [J]. Journal of Cleaner Production, 2014, 82: 143 – 153.

[132] Kurland N B, Zell D. Water and business: A taxonomy and review of the research [J]. Organization & Environment, 2010, 23 (3): 316 – 353.

[133] Kwakye T O, Welbeck E E, Owusu G M Y, et al. Determinants of intention to engage in Sustainability Accounting & Reporting (SAR): The perspective of professional accountants [J]. International Journal of Corporate Social Responsibility, 2018, 3: 1 – 13.

[134] Liang D, Wang M, Xu Z, et al. Risk appetite dual hesitant fuzzy three-way decisions with TODIM [J]. Information Sciences, 2020, 507: 585 – 605.

[135] Liang D, Xu Z, Liu D, et al. Method for three-way decisions using ideal TOPSIS solutions at Pythagorean fuzzy information [J]. Information Sciences, 2018, 435: 282 – 295.

[136] Lopes de Sousa Jabbour A B, Jabbour C J C, Godinho Filho M, et al. Industry 4.0 and the circular economy: A proposed research agenda and original roadmap for sustainable operations [J]. Annals of Operations Research, 2018, 270: 273 – 286.

[137] Lyu F, Zhang H, Dang C, et al. A novel framework for water accounting and auditing for efficient management of industrial water use [J]. Journal of Cleaner Production, 2023, 395: 136458.

[138] Martinez F. A three-dimensional conceptual framework of corporate water responsibility [J]. Organization & Environment, 2015, 28 (2): 137 – 159.

[139] Morikawa M, Morrison J, Gleick P H. Corporate reporting on water: A review of eleven global industries: Executive summary [J]. Pacific Institute for Studies in Development Environment and Security, 2007.

[140] Hanemann M, Young M. Water rights reform and water marketing: Australia vs the US West [J]. Oxford Review of Economic Policy, 2020, 36 (1): 108 – 131.

[141] Mu L, Bai T, Liu D, et al. Impact of climate change on water diversion risk of inter – basin water diversion project [J]. Water Resources Management, 2024: 1 – 22.

[142] Nakamura S, Kondo Y. Input-output analysis of waste management [J]. Journal of Industrial Ecology, 2002, 6 (1): 39 – 63.

[143] Oki T, Kanae S. Global hydrological cycles and world water resources [J]. Science, 2006, 313 (5790): 1068 – 1072.

[144] Pedro-Monzonís M, Solcra A, Ferrer J, et al. Water accounting for stressed river basins based on water resources management models [J]. Science of the Total Environment, 2016, 565: 181 – 190.

[145] Piao S, Ciais P, Huang Y, et al. The impacts of climate change on water resources and agriculture in China [J]. Nature, 2010, 467 (7311): 43 – 51.

[146] Pirmana V, Alisjahbana A S, Yusuf A A, et al. Environmental costs assessment for improved environmental-economic account for Indonesia [J]. Journal of Cleaner Production, 2021, 280: 124521.

[147] Pot W D, Dewulf A, Biesbroek G R, et al. What makes decisions about urban water infrastructure forward looking? A fuzzy-set qualitative comparative analysis of investment decisions in 40 Dutch municipalities [J]. Land Use Policy, 2019, 82: 781 – 795.

[148] Remali M R A, Husin M N, Ali M I, et al. An exploratory study on water reporting among top malaysian public listed companies [J]. Procedia Economics and Finance, 2016: 3564-3573.

[149] Reverte C. Determinants of corporate social responsibility disclosure ratings by Spanish listed firms [J]. Journal of Business Ethics, 2009, 88: 351-366.

[150] Schaffers H. Computer-based models and the problem of investment in water resources: A case study [J]. European Journal of Operational Research, 1987, 32 (2): 205-224.

[151] Shen F, Ma X, Li Z, et al. An extended intuitionistic fuzzy TOPSIS method based on a new distance measure with an application to credit risk evaluation [J]. Information Sciences, 2018, 428: 105-119.

[152] Tilmant A, Marques G, Mohamed Y. A dynamic water accounting framework based on marginal resource opportunity cost [J]. Hydrology and Earth System Sciences, 2015, 19 (3): 1457-1467.

[153] Vorosmarty C J, Green P, Salisbury J, et al. Global water resources: Vulnerability from climate change and population growth [J]. Science, 2000, 289 (5477): 284-288.

[154] West C, Kenway S, Hassall M, et al. Integrated project risk management for residential recycled-water schemes in Australia [J]. Journal of Management in Engineering, 2019, 35 (2): 04018063.

[155] Yang H, Pfister S, Bhaduri A. Accounting for a scarce resource: Virtual water and water footprint in the global water system [J]. Current Opinion in Environmental Sustainability, 2013, 5 (6): 599-606.

[156] Yang Y, Yu H, Su M, et al. Urban water resources accounting based on industrial interaction perspective: Data preparation, accounting framework, and case study [J]. Journal of Environmental Management, 2024, 349: 119532.

[157] Zeng H, Zhang T, Zhou Z, et al. Water disclosure and firm risk: Empirical evidence from highly water-sensitive industries in China [J]. Business Strategy and the Environment, 2020, 29 (1): 17-38.